지방자치 철학자들

그리고 한국의 지방자치

지방자치
철학자들

그리고 한국의 지방자치

김석태 지음

—

지방자치에 관심을 가진 분께 드립니다.

추천서평

최 진 혁

(한국지방자치학회 회장; 충남대학교 자치행정학과 교수)

그동안 국내학계에 소개된 지방자치제도에 대한 이론적 연구는 그 뿌리를 근대 시민적 민족통일국가를 이뤄낸 유럽에서 찾았으며, 이는 서구민주주의 국가의 지방행정에 대한 두 가지 대립적인 형태로 발전해 왔음을 지적해 왔다. 즉, 분권화된 지방자치단체의 존재를 오랫동안 강화한 "자치정부(self-government)"의 영국적 전통에 기인하는 것이 하나이고, 쟈코방주의(Jacobinisme)와 나폴레옹주의(Napoléonisme)에 각인된 프랑스적 도청체제(le système de préfecture)로 설명될 수 있는 지방분산(행정분권)이론(la théorie de la déconcentration)이 또 다른 하나인 것이다. 전자는 주민자치라 하여 지방적 사무를 국가에 의하지 않고, 그 지방의 주민에 의해서 처리하는 행태에 강조를 두는 지방자치모형으로 정치적 의미를 부여한 자치로 이해하였고, 후자는 단체자치라 하여 국가로부터 독립한 지방자치단체에 의해서 자치를 운용해 가는 법률적 의미의 자치로 이해하였다. 요컨대 자치의 중점이 어디에 있는가의 논의로 주민자치는 자치단체와 주민과의 관계, 즉 지방행정에의 주민참여에 중점을 두고 발전된 자치제도인 데 비하여, 단체자치는 지방자치단체와 중앙정부와의 관계, 즉 중앙정부로부터의 자치단체의 독립에 중점을 두고 발전된 자치제도로 이해하였다.

이런 논의 배경에는 이미 1950년대 민주주의와 지방자치의 관계를 조명해 보면서 지방자치의 고전적 가치에 대한 논쟁을 지피게 하였던 것으로 볼 수 있는바, 랭그로드(Georges Langrod)와 팬터브릭(Keith Panter-Brick)이 대표적이다. 즉, 랭그로드는 대륙계 지방자치의 논거에 근거해 지방자치와 민주주의와의 관계를 부정하는 논리를 유럽대륙의 역사적 우연, 민주주의에 반대되는 현상들을 통해 지적하였으며, 이와 반대로 팬터브릭은 지방자치와 민주주의 관계는 국가권력의 제한원리, 민주주의 전제로서의 지방자치, 민주주의의 학교, 훈련장, 민주주의 이념의 실천적 원리, 중앙정국의 혼란의 방지 및 지방행정의 안정성 확보라는 논리로 절대적으로 떼어서 생각할 수 없는 밀접성을 주장하였던 것이다. 결국 전자는 대륙계 단체자치에 근거를 둔 주장이었고, 후자는 영·미 주민자치에 근거를 둔 논거였던 것이다. 따라서 영국(앵글로색슨국가)은 주민이 지방정부에 어떻게 참여하게 할 것인가가 주요 의제가 되어 민주주의가 강조되었고, 그 기저에는 자치권이 자연법적 고유권적 입장을 견지하게 되었으며, 프랑스는 지방자치단체가 국가로부터 독립하여 자치권을 부여받아(전래권설) 어떻게 하면 자치단체가 주민에게 값싸고 양질의 행정서비스를 창출하고 배분할 수 있을 것인가에 대한 고민이었던 것으로 이해하고 있다.

이런 20세기의 논쟁의 근원을 보다 깊이 있게 고찰하여 그 선구자적 지방자치 사상가들의 이론을 체계적으로 정리할 필요가 있음을 항상 고민하고 있던 차에 김석태 교수님의 본 저서는 자치분권의 망망한 대해에 등대와 같은 소중한 지침서로 작용할 것으로 보여 매우 기쁘고 설레는 마음 헤아리기 어렵다. 지방주의자의 계보를 BC 4세기 아리스토텔레스(Aristoteles)의 폴리스(polis)의 정치참여논리로부터 시작해 16~7세기 알투지우스(Johannes Althusius), 18세기 몽테스키외(Baron de Montesquieu), 루소(Jean-Jacques Rousseau), 19세기 제퍼슨(Thomas Jefferson), 쿨리(Thomas Cooley), 토크빌(Alexis de Tocqueville), 툴민스미스(Joshua Toulmin Smith), 튀르고(Anne-Robert-Jacques Turgot), 뚜레(Jacques Guillaume Thouret), 슈타인(Friedrich von Stein), 그나이스트(Rudolf von Gneist), 기르케(Otto Friedrich von Gierke)의 이론, 20세기 챈들러(James A. Chandler), 티부(Charles Tiebout)에 이르기까지 지방민주주의의 선구자적 사상을 소개하고, 아울러 국가주의자의 계보를 BC 4세기 플라톤(Platon), 16~7세기의 보댕(Jean Bodin)과 홉스(Thomas Hobbes), 19세기 헤겔(Georg W. F. Hegel), 딜런<참고문헌>, 밀(John Stuart Mill), 20세기 랑그로드(Georges Langrod)에 이르기까지 그 사상적 맥락을 일목요연하게 잘 정리해 주고 있기 때문이다.

오늘날 21세기 지방자치연구를 수행하면서 우리나라 지방자치의 바른 미래를 제시하기 위해서는 무엇보다도 이를 가늠해 볼 수 있는 척도 내지 근거기준으로 삼을 수 있는 규범적 이론이 매우 필요함을 절실히 느끼고 있다. 저자가 밝히고 있듯이 지방자치가 바른 길을 가기 위해서는 지방자치의 장점만을 주장하는 것으로 부족하며, 지방자치가 탄탄한 규범적 이론에 근거를 둘 수 있을 때 그 힘을 받을 수 있기 때문이다.

그런 배경에서 본 저서는 지방자치 철학자들에 대한 사상과 지방자치에 대한 규범적 이론을 정리하여 우리나라 지방자치의 과제에 나침반 역할을 제공할 수 있다는 점에서 그 의의가 매우 큰 연구서로 볼 수 있다. 특히 그동안 국가주의 내지 중앙집권적 국정운영을 정당화한 논리로부터 간과했고 어떤 면에서는 무시당한 지방주의, 지방자치에 대한 규범적 이론을 정리하였다는 점에서 우리 지방자치학계에 주는 울림은 더욱 크다고 할 것이다.

그런 면에서 이 책을 통해 지방자치전공 대학생, 대학원생은 물론 현장에 행·재정서비스를 창출하고 배분하는 공무원, 그리고 일반 주민들이 지방자치(풀뿌리민주주의)의 중요성을 다시 인식하여 우리의 자치분권정책이 어디로 어떻게 나아가야 할 것인가의 바른 길잡이로서의 사명을 이끌어 내는 훌륭한 안내서가 되기를 기대해 본다.

2019. 1. 25.

이 책을 펴내면서

2017~2018년 사이에 추진되던 '지방분권형 헌법개정'이 일단 무산되었지만 지방분권적 체제에 대한 열기가 아직 가시지는 않고 있다. 1991년 지방의회 부활과 1995년 지방자치단체장 민선으로 우리 지방자치가 새로이 출발하였지만 아직도 중앙집권적 통치구조가 지방은 물론 국가의 발전을 저해하고 있다는 판단 때문이다. 하지만 해묵은 중앙집권적 구조를 개편하여 지방의 '자기지배'라는 이상을 실현하자는 주장은 아직도 많은 국민들의 공감을 얻지 못하고 있는 실정이다.

지방분권적 구조로의 통치체제 개편이 어려운 이유는 겉보기와 달리 속으로는 중앙 정치인이나 관료들이 기득권을 내려놓지 않으려는 것이 직접적이지만 보다 근본적인 원인은 지방자치나 지방분권에 대한 다수 국민들의 이해 부족이나 견해의 차이이다. 그 단적인 예가 2018년 3월 대통령 발의 헌법개정안을 두고 한 원로 헌법학자의 언론 기고문이 이를 대변한다(조선일보 2018. 04. 17.).

이 기고문은 헌법 제1조 제3항에 '대한민국은 지방분권국가를 지향한다'를 추가하는 것을 두고 이는 "'권력분립'에 관한 내용이어서 '국민주권'을 강조하는 제1조와는 전혀 어울리지 않는 내용이다"라고 하고 또, "분권(分權)국가라는 말도 통용되는 헌법 개념이 아니다"

라고 하였다. 나아가 "또 지방자치단체를 지방정부라고 헌법에 규정하는 것도 옳지 않다"고 하면서 "지방정부는 연방국가에서 독립적인 입법·행정·사법권을 갖는 주(州)정부를 지칭하는 개념이기 때문이다"라 하였다. 이는 우리 헌법체제에서 주민은 지방의 일이라 할지라도 그들은 독자적인 권한(주권)을 갖지 못하며, 또 지방은 국가에 준하는 통치단체로서 인정할 수 없다는 주장이다.

전통적인 중앙집권국가인 우리나라에서 '지방'은 국가의 단순한 부속물로서 현실 정치에서나 학문적으로 핍박을 받고 또 멸시를 받았다. 1961년 군사 쿠데타 이후 지방의회가 해산되고 단체장이 임명되던 지방자치 암흑기 30여 년간에는 헌법과 법률에 지방자치가 엄연히 규정되었음에도 불구하고 지방자치 그 자체가 금기시되었다. 지방자치에 대한 연구는 소홀하였고 교육도 제대로 이루어지지 못하였다.[1] 지방자치 부활 이후에도 지방자치는 '생활자치'라 하여 정치적 의미를 부여하는 것을 꺼려하였다. 그 결과 지방자치에 대한 규범적 연구를 찾아보기 쉽지 않다.

사실 이런 문제가 꼭 우리나라만의 문제는 아니다. 민주주의와 지방자치가 발전한 서구에서도 국민국가 형성 이래 국가주의(Statism)가 팽배하여 하나의 학문 분야로서 지방자치에 대한 규범적 연구는 보기 드물다. 세계 어느 나라보다 분권적 정부운영이 일찍이 자리 잡아 지방자치의 모국(Homeland)이라 불리는 영국에서도 맥캔지(Mackenzie 1961)는 "지방자치정부에 대한 이론은 없다. 지방정부가 어떤 것이 되어야 하는지에 대해 추론해 낼 수 있는 규범적인 일반

---

1) 한국지방자치학회가 창립된 것은 지방자치 부활에 즈음한 1988년 12월로 2018년에 30주년을 맞고 있다. 한국정치학회(1953년 창립)와 한국행정학회(1956년 창립)에 비하면 그 연륜이 반밖에 되지 않는다. 참고로 지방자치법학회는 2001년 6월에 창립되었다.

이론이 없다"고 하였다. 그리고 거의 반세기 뒤에 챈들러(Chandler 2008)도 '중앙집권화의 논리에 맞서는 지방분권의 논리는 없는 실정'이라 하였다.

민주주의를 발전시킨 서구의 학문적 사정이 이러함을 감안하면 우리 학계의 사정은 더 말할 것도 없다. 지방자치의 이론적 근거에 대한 규범적 문헌은 찾아보기 어렵다. 지방자치에 대한 법적 논리로서 지방자치권이 지방에 고유한 권리라는 '고유권설'이 소개되고 있지만 이것은 곧 국가로부터 전래된 것이라는 '전래권설'에 압도당하고 만다. 정치적 논리로는 인민주권의 원리를 뉴잉글랜드의 지방자치에서 찾았다는 토크빌(Tocqueville)의 주장이나 '민주주의의 최고의 학교이고, 성공의 열쇠가 지방자치'라는 브라이스(Bryce)의 주장 정도가 소개되고 있는 정도이다.

하지만 시야를 넓혀 보면 지방자치를 정당화하는 규범적 이론이 없는 것만은 아니다. 이들 이론은 중앙집권화를 정당화하는 주장에 밀려 늘 무시되어 왔을 뿐이다. 아리스토텔레스(Aristotle)의 폴리스(*polis*) 정치 참여 논리는 플라톤(Plato)의 이상적 국가론에 밀려 주민자치 이론으로 발전하지 못하였다. 근세 초기 아리스토텔레스의 사상을 이어받아 다원적 정치체제 이론을 발전시킨 알투지우스(Althusius)의 주장도 당시의 사회적 혼란 속에서 보댕(Bodin)이나 홉스(Hobbes)의 국가주의 주장에 밀려 400년 이상 빛을 보지 못하였다. 몽테스키외(Montesquieu)의 3권 분립에 더하여 중앙과 지방 사이의 분립 주장도 봉건 귀족제를 지지하는 논리라며 외면당하였다.

19세기 초반 제퍼슨(Jefferson)의 인민주권과 개인의 자유와 참여를 보장하기 위한 미니 공화국 주장도 그의 기대와 달리 법적으로는 큰 반향을 얻지 못하였다. 19세기 중반 영국의 중앙집권적인 정책에 반대하며 전통적 자치를 옹호하였던 스미스(T. Smith)의 저작들도 제대로 평가를 받지 못한 채 공리주의자의 국가편의주의 물결에 의해 사장되었다. 권력의 법칙이라 할 수 있는 중앙집권화의 관성에 대응하기 위한 논리인 지방자치 이론이 무시된 것은 아쉬운 일이 아닐 수 없다.

보댕의 국가론을 번역하는 등 그에 대한 연구로 명성을 얻었던 맥래(K. McRae)는 캐나다 정치학회장 퇴임연설에서 오늘날 서구 통치구조의 적실성에 대한 회의를 표명하면서, 보댕이 아니라 알투지우스, 루소가 아니라 몽테스키외의 사상을 따라 통치구조를 만들었다면 오늘날 중앙집권적 국가에서 나타나는 문제는 없었을 것이라 하였다(Heuglin 1999: 21).[2]

이 책은 이렇게 무시당한 사람의 주장이나 간과된 주장을 중심으로 지방자치에 대한 규범적 이론을 정리하고자 한다. 여기에서는 앞에서 언급한 사람 외에 루소와 토크빌 같은 정치철학자, 투레와 같은 정치가, 튀르고와 슈타인 같은 고위관료, 그나이스트, 기르케, 포덤 같은 법학자, 딜런과 쿨리 같은 법률가, 티부 같은 경제학자를 모두 지방자치 철학자로 규정하고 이들의 주장을 살펴본다. 이어 이들을 플라톤, 보댕, 홉스, 헤겔 그리고 랭그로드와 같은 국가주의자들과 대비해 본다.

사실 우리가 서구 정치문화의 산물인 지방자치 사상을 이해하는 것은 쉽지만은 않은 일이다. 고대국가가 형성된 이래 중앙집권적 체

---

2) 그의 연설문 일부 내용은 다음과 같다. "400년간 국가주권의 논리 아래에서 우리는 이와 대치되는 다른 서구의 정치사상을 바보스럽게 무시하였다. … 우리가 보댕보다 알투지우스, 루소보다 몽테스키외, 헤겔보다 기르케 …를 받아들였으면 어떨까? 한마디로 우리는 잘못된 사상가와 잘못된 통치구조를 선택한 나라를 공부하였다."

제 안에서만 살아왔기 때문이다. 다른 말로, 우리는 지방분권적 체제의 경험과 지방자치의 모태라 할 수 있는 고대 그리스의 폴리스, 로마의 공화정, 중세의 분권적 봉건사회, 시민대표가 통치하는 독일이나 이탈리아의 자유도시 등 권력이 분산된 민주정이나 공화정의 경험이 전혀 없기 때문이다.

우리는 중국의 정치사상의 영향을 받아 일찍이 중앙집권국가가 형성된 이래 국왕에게만 충성하는 것을 최고의 덕목으로 삼았고 또, 국왕이 지명하는 관리가 지방에 파견되어 지방을 통치하는 것을 당연시하였다. 따라서 우리 사회에는 지방이 중앙으로부터 독립하여 지방의 일을 지방민이 스스로 처리한다는 지방자치의 개념 자체가 제대로 발전하지 못하였다. 지방 사람들은 그저 통치의 대상으로서 국가에서 지시하는 대로 그 지역의 일을 처리한다는 관습에 젖어 왔다.[3] 그 결과 지방이 자기의 일을 본인들이 스스로 공동으로 해결한다는 의식이나 공공의 장으로서 커뮤니티의 개념도 제대로 발전하지 못하였다.

오늘날 지방자치는 민주주의 필수 요소로서 또 국가발전의 원동력으로서 그 가치를 부정하기 어렵다. 지방단위에서 진정한 인민들의 자기지배가 실현될 수 있고, 또 주민들의 지역발전에 대한 인센티브 없이는 국가발전이 어렵기 때문이다.

지방자치가 바른 길을 가기 위해서는 지방자치의 장점만을 주장하는 것으로 부족하다. 지방자치가 탄탄한 규범적 이론에 근거를 두어야 한다. 현실에서 그러한 규범적 이론의 부재는 지방자치 철학자

---

3) 고려시대의 사심관(事審官) 제도나 조선시대의 향청(鄕廳) 제도를 우리 지방자치의 원형이라 보는 견해도 있기는 하지만 이들은 오늘날의 지방자치같이 국가로부터 독자적인 공적 권한을 가진 기관으로 보기 어렵다.

들의 가르침에 대해 배우고 실천하려는 노력의 부족이라 하지 않을 수 없다. 이런 규범과 현실의 간극을 메우기 위해서는 지방자치를 사상적 맥락에서 탐구할 필요가 있다.

필자가 이 책에서 여러 학술논문의 성과를 교양도서로 정리하려는 이유는 지방자치 사상을 정리한 서적을 전혀 찾아볼 수 없기 때문이다. 이 책에서 나오는 '지방자치 철학자'라 하는 용어도 필자가 처음으로 사용하는 것으로 생각된다. 『지방자치 철학자들』이란 서명으로 책을 기획하게 된 것은 우리의 지방분권이나 지방자치의 요구가 세계 어떤 나라의 어떤 시대보다 강하기 때문이다.

이 책의 모델이 되는 교양서는 우리 대중에게 인기 있는 경제학 분야의 '『죽은 경제학자의 살아 있는 아이디어』(김영사 2009)와 『세속의 철학자들』(이마고 2008)'이다. 이 외에도 경영학 분야의 '『자본주의 철학자들: 테일러에서 드러커까지』(황금가지 2006)', 행정학 분야의 '『행정학의 익히기: 웨버부터 왈도까지』(미번역)'가 또 다른 모델이다. 이들 도서와 같이 학문적인 소재를 지방자치에 관심 있는 독자들이 더 쉽게 접근하고 읽을 수 있도록 하는 것이 이 책의 저술 목적이다. 더불어 이 분야의 연구가 일천한 만큼 지방자치를 공부하는 대학생이나 연구자, 지방자치정책 담당자나 지방분권 운동가에게도 상당한 도움을 줄 것으로 기대한다.

지방자치 철학자들에 대한 고찰은 이들의 살았던 당시의 상황을 배경으로 서구 지방자치의 역사적 발전을 살펴보는 것이다. 여기서 다뤄지는 사람들이 대부분 지방자치 문제에 대해 직접적인 언급을 하고 있지는 않다는 점에서 이 책에서 다루는 지방자치 철학자가 필자의 편의적인 선정일 수 있다. 또, 필자가 이들에 대한 충분한 자료를 수집하고 검토하지 못했다는 지적이나 필자의 이해 부족으로 인한 오류를 우려하지 않을 수 없다. 지방자치의 문제에 대해서는 사사건건이 논쟁의 대상이 될 만큼 견해 차이가 큰 분야인 만큼 편향적이라는 비판도 감수해야 한다는 것 역시 인지하고 있다.

이 책은 한국연구재단의 교양도서 출판지원 과제로 선정되어 본격적인 집필이 시작되었다. 이 과정에서 이 책의 내용과 관련된 상당한 부분이 학술지 논문이나 학술대회 논문으로 발표되었다. 이 기회에 논문심사와 토론에 참여하여 다양한 의견을 주신 여러분에게 감사드린다.

이 책의 출간에는 여러 분들의 도움이 있었다. 이 책에 대한 큰 관심을 가지고 해박한 자치이론을 바탕으로 추천서평을 써 주신 충남대학교 최진혁 교수님, 원고를 두루 읽고 조언을 해 주신 경북대학교 이시철 교수님, 법학자의 시각으로 추천사를 써 주신 숭실대학교 고문현 교수님, 원고를 단숨에 읽고 교정까지 봐 주신 친우 이기우 박사님, 편집과 교정에 큰 도움을 준 김선영 박사님 모두에게 감사의 마음을 전하고 싶다. 그리고 집필을 지원해 준 한국연구재단과 익명 심사자에게도 감사를 드린다. 마지막으로 이 책의 집필에 힘이 되어 준 나의 가족 희주, 재영, 나연, 경림, 태오와 함께 발간의 기쁨을 나누고 싶다.

2019. 3. 15
법이산 자락에서 필자가

◆ 목차 ◆

◆ 그림 목차 ◆

◆ 표 목차 ◆

일러두기

1. 목차의 순서는 시대순으로 하고자 하였다. 그러나 내용상 불가
피하게 시대순이 지켜지지 못한 경우가 상당하다. 괄호 안의
숫자는 특별한 경우가 아니면 연도를 표시한다.

2. 그리스, 로마, 프랑스 그리고 독일의 인명이나 지명은 가능한
원어 발음에 가깝게 표기하려 하였다. 그러나 필자에게 불분명
한 것은, 이 책의 참고문헌이 주로 영문이기에, 영어식으로 표
기하였다.

3. 용어에서 '지방자치단체'와 '지방정부'는 같은 것을 지칭하고
전자는 주로 법적인 의미의 맥락에서 사용하고 후자는 정치적
의미의 맥락에서 사용한다. 이들은 때로는 편의상 단순히 '지
방'으로 표기하기도 한다.

4. 이 책의 사진은 구글(Google) 이미지(image)에서 다운받은 것이고
개별적으로 출처가 표시되어 있다.

5. 이 책 중 필자의 발간된 학술지 논문을 기초로 하여 작성된 부
분은 다음과 같다. 제3장은 『지방정부연구』, 21(1): 315~337;
제5장과 13장은 『지방정부연구』, 20(1): 1~24; 제8장은 『한국
지방자치학회보』, 29(2): 65~89; 제12장은 『한국지방자치학회
보』, 28(4): 1~23이다.

이 책은 한국연구재단의 저술출판지원사업(사사번호: NRF-2016S1A6
A4A01017683) 지원에 의한 것임

제1장

들어가며

이 장에서는 우선 지방자치를 '정치적 본능의 표현'이라 한 브라이스경의 지방자치의 역사적 흐름에 대한 견해를 소개하면서, 고대에서부터 현대에 이르기까지 중앙집권화와 지방분권화의 시대적 변화를 살펴본다.

다음으로 지방자치의 3요소라 할 수 있는 자치권, 구역, 주민을 소개한 후 단체자치와 주민자치를 설명하고 이들과 관련된 통치구조 문제를 고찰한 사람을 찾아내어 이들의 계보를 정리한다. 몇몇 철학자에만 관심 있는 독자는 이 부분을 간과해도 책을 읽는 데 무리가 없다.

그리고 이 책에서 장별로 다루는 내용을 간단히 설명한다. 마지막으로 여기서 다루는 철학자들의 가르침이 우리 지방자치에 어떻게 반영된 것인가를 보는 데 도움을 주기 위해 우리 지방자치제 발전과정을 간단하게 살펴본다.

Ⅰ. 정치질서와 지방자치

민주주의나 지방자치가 그 자체로 자연적인 사회질서라고 할지라도 인류 역사의 대부분은 민주주의의 시대가 아니었다. 역사의 대부분은 (절대) 왕정의 시대였고, 지방자치가 허용되던 분권적인 시대가 아니라 국가 지배의 중앙집권적 시대였으며, 아직도 많은 나라에서 이런 흐름이 지속되고 있다.

<그림 1-1> 브라이스경
(commons.wikimedia.org)

이런 역사의 흐름 속에서, 브라이스 (James Bryce)경이 지적하듯이, 지방자치는 간간이 희망의 불빛이 보이긴 하였다. 하지만 근래에 이르기까지 아주 희미하고 또 언제 사라질지 모르는 불빛이었다. 브라이스경은 명저 『현대 민주주의 *Modern Democracy*』(1921)에서 지방자치의 역사적 발전을 다음과 같이 묘사하고 있다.

> (인민의) 작은 공동체라는 민주주의의 원천이 되는 샘의 물줄기는 바위 틈에서 나타났다가 때로는 길을 완전히 잃기도 하고, 때로는 지하로 흐르다가 마침내 그 모습을 온전히 드러내 보인다. 이는 인민에 의한 정부가 새로운 것이 아니고 많은 나라에서 사람들의 정치적 본능의 표현이라는 것을 보여 준다(1권: 78~79).

그리고 그는 영국과 독일에서 중세에 발전된 자치제도가 근세에 쇠퇴하였음을 아쉬워하였고, 아일랜드와 프랑스에서는 자치제도가 발전하지 못하였음을 불행한 일이라 하였다. 반면 16세기 후반부터 스위스와 북미 지역에서 지방자치가 살아난 것을 다행이라 하였다.

브라이스경이 '정치적 본능의 표현'으로 표현한 지방자치는 분명히 정치질서의 한 부분이다. 중앙집권적 정치질서에서는 권력의 힘에 밀려 지방자치가 잠복하게 되고 지방분권적 정치질서에서는 다시 되살아난다. 중앙집권적 정치질서와 지방분권적 정치질서는 서구의 경우 시대의 흐름에 따라 시계추와 같은 흔들림이 있었다.[1] 이를 흔히 집권과 분권의 시계추 현상이라 한다. 정치권력의 구심력(求心力)과 원심력(遠心力)이 교대로 작용하는 것을 의미하는 것이다.

고대 그리스의 폴리스(*polis*) 경우 작은 지역별로 정치권력이 분산되어 있었다. 하지만 고대국가는 전쟁과 정복의 과정을 통하여 지역을 통합하는 정부를 수립하면서 중앙에 권력을 집중시켰다.

로마제국 같은 고대국가가 쇠퇴하고 지역적으로 분열하면서 형성된 중세 시대에는 중앙 권력이 쇠퇴하고 지방으로 다시 권력이 분산되었다. 이때 유럽의 많은 도시 지역을 중심으로 도시자치가 발전하였다. 그러나 중세 봉건 시대를 마감하고 절대왕정 체제가 수립되면서 중앙집권화는 더욱 강화되었다. 근대 국민국가가 출범하면서도 이런 중앙집권적 체제는 계속 유지되지만 그 안에서 지방에 일

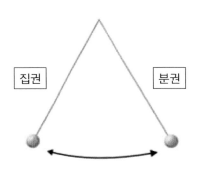

<그림 1-2> 집권과 분권의 시계추 현상

---

1) 고대국가 형성 이후 줄곧 중앙집권적인 체제가 유지되어 온 중국이나 우리나라에서는 이런 사실을 확인하기 어렵다. 그 결과 민주주의도 자생적으로 발전하지 못하였다.

정한 권한을 인정하는 지방자치가 허용되면서 분권화가 이루어지기 시작하였다. 20세기로 넘어오면서 복지나 산업 등의 분야에 정부의 기능이 확대됨에 따라 불가피하게 신중앙집권화(new centralization)로 가게 되었다. 이후 21세기로 넘어오면서 과도한 국가 중심의 문제를 극복하기 위하여 신지방분권화(new decentralization)의 길로 나아가고 있다. 유럽에서는 국민국가의 황혼 시대를 맞고 있다고 한다.

이런 체제의 변화에서 지방자치제도와 가장 관련이 깊은 것은 봉건제와 연방제이다. 이들은 모두 정치권력의 수직적 분산 체제라는 면에서 개념상 유사하기 때문이다. 또, 역사적 발전과정에서 지역에도 주권이 인정된 봉건제가 연방제나 지방자치제의 이론적 모델이 됨을 부정하기는 어렵다는 점에서 이들을 지방자치와 함께 고찰할 필요가 있다.[2]

근대 국민국가는 연방제처럼 주권을 공유하면서도 상대적으로 권력이 분산된 경우와, 국가만이 주권을 가지는 단방제 국가로 나누어진다.[3] 단방제 국가나 주 안에서도 권력이 지방에 분권화된 자치제가 있는가 하면 권력이 중앙에 집중된 관치제가 있다. 이렇게 발전해 온 정치체제를 권한의 분산과 집중의 연속선상에 나타낼 수 있는데 정리하면 <표 1-1>과 같다.

---

[2] 하지만 봉건제는 약한 군주와 상당한 실권을 가진 지방영주들 사이에 권력이 분산된 체제인 데 비해 연방제는 연방과 주 사이의 합의로 권력이 나누어진 체제이다. 지방자치제는 법적으로 국가가 가진 권력 안에서 지방에 일정한 권한을 인정하는 제도이다.

[3] 형식으로는 연방제와 단방제가 확실히 구분되지만 실제 운영에서는 단방제 국가이면서도 사실상 연방제 국가와 비슷하게 운영되는 네덜란드 같은 나라도 있다. Toonen(1990)은 네덜란드를 '분권화된 단일국가'가 아니라 독자적 권한을 가진 '지방의 합의를 구하는 국가'라 하였다.

〈표 1-1〉 영토상 분권체제 대 집권체제

분산		<-->		집중
체제	폴리스	봉건제	연방제 (연방-주)	국가-지방, 주-지방 자치제 --- 관치제
주권	독립	분산	공유	국가 독점
관계		상향적	상호적	하향적

자료: 필자가 정리

  지방자치가 국가 내의 하나의 법적 제도로서 인정받은 것은 19세기이다. 국가 헌법에서 지방정부를 처음 인정한 것은 프랑스 혁명 즈음으로 1789년 룩셈부르크와 1803년 스위스이다. 이는 유럽에서 근대국가 출범 후 전통적 지방자치를 법적으로 인정한 것이다. 법적으로 지방정부가 정치적 자율성을 확보하는 저변에는 자유, 시민사회의 확대, 중세의 자유도시 사상 등이 그 바탕을 이루고 있다.

  하지만 지방자치에 대한 시각이 결코 우호적인 것은 아니었다. 위키피디아의 '근대국가의 형성과 지방제도'에 대한 설명이 이를 대변한다.

> 일반적으로 말해서 근대국가의 지방자치제도는 역사적으로 중세에 자치권을 누렸던 도시·길드·봉건귀족 및 기타 폐쇄적인 여러 특권세력의 분립 상태를 절대군주가 타파해서 일반적인 중앙집권국가를 형성해 가던 과정에서 생겨난 것이다. ... 절대군주는 한편으로 중앙집권국가에 일체의 공권력을 집중시키고 그 권력을 확대시키기 위한 수단을 제도화시키려고 하면서 또 한편으로는 통치의 안정을 기하기 위해 지방단체에 일정 범위의 권한을 주어서 그 지방의 관리를 구 특권세력에 맡김으로써 국가에 대한 잠재적 반항을 약화시키려고 했다. 따라서 근대국가의 지방제도는 국가의 지방 말단을 규제하기 위한 제도이지만, 중앙정부가 각 지방을 직접 통치하지 않고 각 지방단위가 각각 지방의 실정에 따라 독자적으

로 관리하는 형태, 다시 말해서 자치의 형태를 정한 것이라고 말할 수 있다(ko.wikipedia.org).

하지만 위와 같이 중앙집권을 찬양하는 주장은 브라이스경이 지적한 바와 같이 지방자치가 발전하지 못한 아일랜드나 프랑스의 경우에 맞을지 모르지만 지방자치가 발전한 뉴잉글랜드나 스위스의 지방자치 발전을 설명하지 못한다. 또 아테네의 민주주의나 공화정의 로마, 한자(Hanse)동맹의 활기찬 도시들, 르네상스를 이끌어 낸 피렌체나 베네치아 등의 자유도시의 자치를 무시한 주장으로 볼 수 있다.

19세기 독일에서 전제적인 국가(state)와 자유를 갈망하던 시민 사회(society) 간의 갈등과 대립으로 시민혁명의 조짐이 나타나고 있을 때 지역공동체는 이런 갈등을 예방할 수 있는 국가와 국민 간의 중간단위로 여겨져 왔다. 지방의 민주화를 바탕으로 국가의 민주화를 이끌어 낼 수 있다고 본 것이다. 따라서 위와 같은 중앙집권 관점의 주장은 근세 국민국가의 형성 당시 통일국가를 열망하던 국가주의의 논리로 오늘날에도 버젓이 내세워지는 것은 민주주의나 지방자치의 시각에서 볼 때 당혹스럽지 않을 수 없다.

II. 지방자치 철학자의 범주

인류 역사의 발전 과정에서 국가와 국민, 그리고 중간 조직으로서 지방 간의 관계가 어떻게 정립되어야 하는가에 대한 문제는 여러 정치철학자의 관심거리였다. 하지만 이들 중 어떤 사람을 지방자치 철학자로 규정할 것인지는 쉽지 않다. 지방자치란 이름으로 그들의 생각을 제시한 학자들은 찾아보기 힘들기 때문이다. 따라서 이들을 찾는 방법은 지방자치의 개념적 요소를 분해하여 이들 요소와 관련된 주장을 한 사람들을 찾을 수밖에 없다.

<그림 1-3> 지방자치의 3요소

지방자치는 자치권, 구역, 주민이란 요소로 구성되어 있다. 자치권은 지방이 얼마만큼의 독자적 권한을 가지느냐의 문제이다. 이 권한을 지방의 고유한 권한으로 보는 견해와 국가로부터 주어진 것이라는 견해가 대립한다. 지방자치의 당위성을 주장하는 사람이라면 이 권한이 지방에 고유한 것이라 여기는 것은 두말할 필요가 없다.

국가가 영토로 구분되듯이 지방은 구역으로 구분된다. 국가의 영토를 세분한 구역은 대부분 역사적으로 형성된 것으로 시대의 요구에 맞추어 개편되어 왔다. 하지만 구역개편을 놓고는 큰 것이 바람직한 것인지 아니면 그 반대인지를 두고 늘 논쟁의 대상이 되어 왔다. 구역의 크기 결정에서는 지역적 다양성 보장이라는 가치와 공공서비스 제공의 효율성이라는 가치 등 여러 가지를 고려할 필요가 있기 때문이다.

주민은 지방자치단체의 주인이고, 주인인 주민의 의사에 따라 공동체가 운영되어야 한다. 주민의 의사에 따라 운영되기 위해서는 주민이 쉽게 정치에 참여할 수 있어야 한다. 전통적으로 직접민주주의가 이상적인 정치체제로 여겨져 온 이유이다. 모든 주민이 쉽게 지방의 일에 참여할 수 있게 하기 위해서는 그 규모가 작아야 한다는 점에서 구역과 참여의 문제는 동시에 논의되는 경우가 많다.

이상의 3요소는 지방자치의 두 가지 다른 전통, 즉 단체자치와 주민자치에 따라 주안점에 차이가 있다. 단체자치는 자치권이라는 법적인 측면을 중시하는 것으로 국가와의 관계에서 지방이 별도의 법인으로 자치권을 인정받아 지방의 일을 처리한다는 데 중점을 두고 있다. 한편 주민자치는 주민들이 지방의 일에 스스로 참여하여 공공의 문제를 해결한다는 것에 방점을 두고 있다. 단체자치는 유럽 대륙계 국가에서 발전한 개념으로 보는 반면 주민자치는 영미에서 발전된 개념으로 간주되곤 한다.

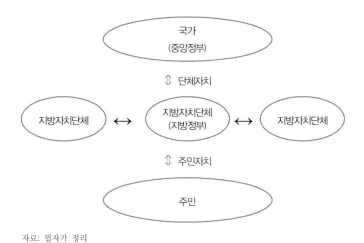

자료: 필자가 정리

<그림 1-4> 국가-지방-주민: 단체자치와 주민자치

앞의 논의에서 본 바와 같이 자치권, 구역, 주민으로 구성된 지방자치의 3요소는 단체자치와 주민자치 양자에게 동일하게 적용된다. 자치권, 즉 지방에 정치적 권한이 주어지지 않으면 사실상 주민참여가 불가능하다. 또 구역의 규모가 너무 커지면 주민들에 의한 자치

가 어렵게 된다. 따라서 큰 권한을 가진 규모가 작은 전통적 공동사회에서의 지방자치가 이상적인 모델로 제시된다.

이상의 논의에 비추어 보면 자치권 내지 지방권, 정치체제의 규모 내지 구역의 문제, 주민의 권리 및 참여 등의 문제를 고찰한 사람 모두를 여기서 지방자치 철학자로 볼 수 있다. 학문적으로 보면 정치철학자들이 중심이지만 법학자와 경제학자도 포함된다. 또 학자뿐만 아니라 지방제도 개혁을 추진한 정치인이나 관료와 국가-지방 간의 권한 분쟁에 대한 판결을 한 법관도 이 범주에 포함된다. 주요 철학자를 예시하면 다음과 같다.

주민참여와 구역의 문제에 대해서는 아리스토텔레스와 루소, 제퍼슨, 스미스, 티부 등을, 자치권과 통치구조와 관련해서는 알투지우스와 몽테스키외를, 자치권과 국가와 자치제의 권한 관계에 대해서는 튀르고와 투레, 슈타인과 그나이스트, 기르케, 딜런, 쿨리를 들 수 있다.

Ⅲ. 지방자치 철학자의 계보

다른 사회사상과 마찬가지로 지방자치사상에도 그 시대의 이상과 가치, 사람들 간의 이해관계가 반영되어 있다. 여러 계보의 지방자치 철학자들의 주장을 보다 쉽게 이해하기 위해서는 이들을 정리하고 분류할 필요가 있다. 하지만 지방자치 사상 계보를 정리한 전례를 찾아보기는 어려워 조심스럽다.

<표 1-2> 지방주의자 및 국가주의자 계보

세기	지방주의자					국가주의자	
BC 4	아리스토텔레스					플라톤	
…	…					…	
16~17	알투지우스					보댕 홉스	
18	몽테스키외	루소					
19		제퍼슨 쿨리	토크빌	T.스미스	뷔르고, 투레, 슈타인, 그나이스트, 기르케	헤겔 딜런	밀
20				챈들러	티부	랭그로드	사프
평가	지역적 다원주의	지역(주민)주권	지역의 자유	지방자치제도 설계	지방 공공재의 효율적 배분	국가 주권	공리 주의

자료: 필자가 정리

우선 철학자를 지방주의자(localist)와 국가주의자(statist)로 구분한다. 국가주의자는 국가가 주권을 가진 존재로서 지방의 권한은 국가가 부여한 것에 불과하다고 주장을 하는 자이고, 반대로 지방주의자는 지방에 고유한 권한이 있고 국가가 이를 침해하여서는 안 된다고 주장하는 자이다.[4] 다른 측면에서 보면, 국가주의자에게 지방은 국가의 영토를 편의상 나눈 것에 불과하며 반대로, 지방주의자에게 국가는 지방이 모여 만들어진 공동체라는 것이다.

지방주의자는 지역적 다원주의의 범주에 묶을 수 있는 아리스토텔레스와 이를 이은 알투지우스와 몽테스키외, 인민주권과 사회계약의 루소와 이를 이은 제퍼슨과 토크빌, 지역적 자유주의의 툴민스미스, 지방자치제도를 설계한 프랑스의 튀르고와 투레, 프로이센의 슈타인과 그나이스트, 지방공공재의 효율적 배분을 주장한 티부로 정리하였다. 한편 국가주의자로는 플라톤을 이은 보댕과 홉스, 그리고 헤겔, 랭그로드, 그리고 공리주의의 밀을 정리하였다. 이들에 대한 자세한 설명은 제2장부터이다.

Ⅳ. 이 책의 구성

제2장은 아리스토텔레스의 『정치학』에서 주민자치의 논리적 근원을 찾아본다. 이 책은 서구 문명 발전의 중심지인 그리스 폴리스의 정치문제를 다룬 것으로 폴리스는 오늘날로 보면 자치도시와 유사하다. 아리스토텔레스는 폴리스를 국가보다 앞서는 주권적 존재

---

4) 국가주의에 극단적으로 반대는 국가권력 그 자체를 부정하는 무정부주의자(anarchist)이다. 지방주의자는 권력이 국가에 집중되는 것을 반대하는 자이다.

로서 공동선을 추구하는 정치단위로 보았다. 그는 시민이 폴리스에서의 일에 참여하는 것을 권리인 동시에 의무로 보고, 민주주의가 발전한 아테네 등 여러 폴리스의 정치체제의 장단점을 분석하였다. 또 그는 폴리스의 적정규모에 대한 논의를 하였는데 이것은 오늘날 지방자치에서 가장 중요한 문제이다.

제3장은 아리스토텔레스의 다원주의적 정치체제의 사상을 이어받은 17세기 초의 알투지우스에 대해 다룬다. 그는 절대권력에 대항하는 사상적 무기로서 연방주의적 정치 질서라는 논리를 제시함으로써 그가 신탁자로 있던 자치도시의 자유를 수호하려 하였다. 그는 사회단체를 가족·조합·도시·주·국가의 5단계로 나누었는데, 각 단체는 작은 단체의 계약적 연합이 되는 것이라 간주하여, 국가를 다원적 사회 구성물의 하나로 생각하였다. 그리고 그는 인간다운 삶을 가장 잘 실현할 수 있는 사회의 질서를 보충성과 연방주의의 원리에 충실한 아래로부터 위로의 분권적 사회 구조라고 하였다.

제4장에서는 절제된 정부를 이상으로 하는 몽테스키외를 다룬다. 그의 3권 분립론은 잘 알려져 있지만 그의 지방분권론은 거의 주목을 받지 못해 왔다. 주저 『법의 정신』에서 그는 영국의 중앙권력의 분립을 명시적으로 칭송하는 반면, 중앙과 지방 간의 분권에 대해서는 중세 프랑스의 분권적인 법제도를 자세히 고찰하면서도 그 의미를 명시적으로 나타내지 않았기 때문이다. 하지만 그는 부르봉 왕조의 중앙집권화가 정점으로 치닫는 과정에서 기존의 지방 공동체가 해체되는 과정을 보면서 중세의 분권 체제의 장점을 낱낱이 열거하였다. 하지만 절대왕권에 도전하는 그의 우회적인 주장은 주목을 받지 못하였고 중앙집권화된 프랑스는 200년 이상 정치적 소용돌이에

휘말리게 되었다.

제5장은 루소에 대해 다룬다. 그는 계몽사상가 중에서도 가장 깊이 있는 인민주권 사상을 전개하였으며, 또 가장 이상적인 정치사회의 모습을 제시하였다. 그는 사회계약에 따른 일반의사의 지배가 가능한 정치체제의 규모는 작아야 한다고 하였다. 그는 이런 정치체제로서 고대 그리스의 아테네 같은 도시국가와 그가 태어난 자유도시였던 제네바 공화국(당시 인구 2만 정도) 같은 작은 정부라고 하였다. 이러한 그의 주장은 프랑스 인권선언을 기초한 지롱드파 투레의 지방권 사상에 영향을 주었을 뿐만 아니라 제퍼슨이나 토크빌의 지방정부 논리에 큰 영향을 주었다.

제6장은 제퍼슨에 할애한다. 미국 제3대 대통령인 제퍼슨은 로크의 사상에 따라 독립선언문을 기초했을 뿐만 아니라 몽테스키외나 루소의 사상에도 정통했다. 그의 분권적 정치체제를 실현하기 위한 이상적 미니 공화국론은 루소의 일반의사 실현을 위한 정치단위에서 영감을 받았다. 미니 공화국으로서 워드는 워드 미팅에 모인 사람들이 서로를 알 수 있을 정도의 작은 규모이다. 그는 주민들이 지방정부의 일에 적극적으로 참여하는 것은 공화정에 대한 헌신과 독립에 대한 의지를 높이는 동시에 사소한 일에 대한 카운티 정부의 부담을 줄여 줄 수 있다고 하였다.

제7장은 토크빌에 대해 다룬다. 루소의 인민주권 사상에 심취한 토크빌은 그 표상을 뉴잉글랜드 지방의 타운십에서 찾은 것처럼 『미국 민주주의』에서 서술하였다. 또, 그는 '인민주권이 인정되는 나라에서는 모든 개인이 동등한 지분의 권한을 가지고 동등하게 국정에 참여한다'고 하였다. 또한, 인민주권과 개인주권을 동일한 것으로

보고 개인 주권의 연장선상에서 개인으로 구성된 법인체인 타운도 주권을 가진다고 하였다. 그는 대혁명 후 민주주의 정착에 실패한 프랑스와 달리 미국의 민주주의가 정착될 수 있었던 이유를 프랑스에서는 찾아볼 수 없는 타운미팅에서 찾았다. 토크빌의 '지방자치의 민주주의 학교론'은 우리 지방자치 논의에서 가장 많이 회자된다. 그뿐만 아니라 토크빌은 『앙시앵 레짐과 혁명』에서 대혁명 후에 더욱 강화된 중앙집권화를 비판하면서 중앙집권화가 수도인 파리에 인적·물적 자원을 집중시켰을 뿐만 아니라 사회 계급 간에 틈새를 더 벌려 놓았다고 그 폐해를 지적하였다.

제8장은 툴민 스미스에 대해 다룬다. 영국에서 19세기 중반은 낭만적 자유주의자들의 시대이다. 그는 벤담의 제자들이 공리주의에 입각한 국가주도의 지방개혁에 반대하며 반집권연대(1854~1857)를 결성하였다. 이들 운동의 선봉에 선 사람이 스미스로서 그는 당시 전문직 중산층의 진보적 지방자치운동의 이론적 근거를 제공하고 또 운동을 이끌었다. 그는 중앙집권의 폐해와 지방자치정부의 장점을 상세히 기술하면서 패리시를 기본으로 하는 전통적인 분권체제를 옹호하였다.

제9장은 프랑스의 튀르고와 투레, 프로이센의 슈타인과 그나이스트, 그리고 기르케를 조명한다. 19세기 국민국가 형성 시 지방자치제도를 설계한 사람들이다. 이들이 설계한 자치제도의 기본이 19세기 말 일본을 거쳐 우리나라에도 수입된다. 이들이 생각한 이상적 지방모형, 지방단위, 자치권의 범위 등을 살펴본다.

제10장은 대륙계의 국가주의와 관련하여 플라톤, 보댕, 홉스, 헤겔과 그리고 랭그로드의 주장을 살펴본다. 플라톤의 이상국가와 헤

겔의 절대적 공동선의 이상적 존재로서 국가라는 사상적 전통을 이어받은 랭그로드는 일반 주민이 참여하는 오늘날의 지방자치에 대해 매우 부정적인 견해를 보였다. 이들 주장은 대륙법 체계의 자치 전통을 이어받은 우리에게 큰 영향을 미치고 있기 때문에 이들에 대한 연구의 필요성은 매우 크다.

제11장은 밀과 그의 사상을 이어받은 영국의 지방자치학자들을 다룬다. 오늘날 영국에서 지방자치에 대한 지배적인 견해는 밀로부터 유래된다. 19세기 자유주의자들이 루소의 인민주권 사상이나 토크빌의 미국 민주주의에 대한 해석에 심취했던 당시 정작 밀은 그의 『자유론』에서 유추할 수 있는 것과는 정반대의 주장을 하였다. 그는 지방 일을 잘 알고, 그 일에 관심이 있는 주민들이 참여하여 일을 처리하도록 하여야 한다고 하면서도 지방 인재들은 미숙하게 일을 처리할 가능성이 높다고 우려하였다. 그리고 각 지방은 그 지방에만 한정된 고유한 일이 있지만 그래도 상당수 많은 일들은 전국적으로 서로 영향을 미치기 때문에 한 지역에서의 미숙한 일 처리는 다른 지역에 나쁜 영향을 미칠 수 있으므로 더 큰 능력을 가진 중앙정부가 지방의 일을 지도하고 통제하지 않을 수 없다고 하였다. 이런 생각은 샤프(Sharpe) 등에게 그대로 이어지고 있는데 호사가들은 (대영제국) '의회의 마지막 식민지가 지방'이라고 한다.

제12장은 미국의 딜런과 쿨리, 포덤 등 지방자치법학자들을 살펴본다. 19세기 미국에서 지방은 단순히 주의 창조물에 불과하다는 딜런 룰(Dillon's Rule)에 따라 지방의 이니셔티브는 매우 제한되어 있었고 또, 지방 일에 대한 주의 간섭이 매우 심하였다. 그 결과 여러 주에서 홈룰(Home Rule) 운동이 일어난다. 홈룰 운동의 배경에는 지

방자치에 대한 정치이론을 법이론으로 발전시켜 실제 사건에 적용한 쿨리 판사의 업적과 이를 확산시킨 포덤 교수의 이론이 있다. 더불어 독특한 미국의 지방자치제도를 살펴본다.

제13장은 티부를 중심으로 한 미국의 다중심주의자들을 다룬다. 미국의 LA 등 대도시권에는 전체를 통할하는 하나의 정부가 없이 수백 개의 작은 지방정부가 흩어져 있다. 이런 상식적으로 납득이 되지 않는 지방정부체제를 합리화하는 주장이 티부, 오스트롬, 와렌 등의 다중심주의 이론이다. 이 이론은 우리에게 '투표함에 투표'가 아니라 '발에 의한 투표'로 잘 알려져 있는 티부 모형으로부터 출발하는데 이 모형을 담은 티부의 논문은 '지방' 문제 연구에 새로운 지평을 열었다. 티부는 완전경쟁시장에서 자원배분이 효율적으로 되는 것과 같이 대도시 내에서 다양한 조세와 공공서비스의 패키지를 제공하는 지방정부가 있으면 주민들의 이주에 의한 선호표시가 이루어져 지방공공재의 공급이 효율적으로 될 수 있다고 하였다.

제14장은 지금까지의 논의를 정리하면서 지방자치의 규범적 이론의 가능성을 모색한다. 구체적으로 아리스토텔레스, 알투지우스, 몽테스키외의 저술에서 지역적 다원주의, 토크빌, 루소, 제퍼슨의 저술에서 주민주권, 스미스의 주장에서 지역적 자유, 티부의 저술에서 지방공공재의 효율적 배분이라는 규범적 가치를 도출한다. 그리고 이들 주장을 플라톤, 보댕, 홉스에서 랭그로드까지 국가주의자들과 대비한다. 마지막으로 지방주의자의 주장을 종합하면서 지방자치는 수단으로써 단순한 기술적인 제도가 아니라 민주주의와 같이 그 자체가 바람직한 가치라는 관점에서 지방자치에 대한 규범적 연구를 심화시킬 것을 주장한다.

Ⅴ. 한국 지방자치의 조감

우리나라 지방자치에 대해 익숙하지 않은 사람을 위하여, 또 뒷부분의 논의에 대한 이해를 돕는 데 필요한 수준으로 이 절은 정리되어 있다. 물론 여기에도 필자 나름대로의 해석과 견해가 섞여 있다.

1. 지방자치의 역사

우리의 지방자치는 제헌 헌법부터 시작한다. 1948년에 제정된 헌법 제8장에 지방자치를 규정하였고, 이어 1949년에 지방자치법이 제정되었다. 제1공화국 때에는 지방자치법에 따라 지방의회가 구성되었고, 단체장은 지방의회에서 간선, 임명, 주민들의 직접선거에 의한 선출 등 광역과 기초자치단체, 그리고 때에 따라 달랐다. 1960년 4.19 혁명 후 출범한 제2공화국은 지방의회 구성은 물론 광역과 기초의 모든 단체장 모두를 직선하였다. 하지만 1961년 5.16 쿠데타로 지방의회는 해산되고 단체장은 모두 임명되었다. 군사정권 아래서 우리의 지방자치는 암흑기였다. 제3·4·5공화국 헌법 본문에는 지방의회를 두도록 하였지만 부칙에 지방의회 구성에 관한 유보조항을 두었다. 헌법과 지방자치법에 지방자치를 규정하고 있었지만 핵심적인 내용에서 이를 무시하여 실질적·정치적 의미의 지방자치는 없었다.

민주화의 흐름에 따라 1987년 제정된 제6공화국 헌법은 지방자치 부활을 위해 종래 지방의회 구성 유보조항을 삭제하였다. 이에 따라 1991년 지방의회는 30년 만에 다시 구성되었다. 이어 1995년에는 역사적인 지방자치단체장의 민선이 실시되었다. 지방의회 구성과 단체장 민선으로 정치적 의미의 지방자치가 부활한 것이다.

2. 법적 구조

하지만 지방자치제도가 크게 바뀐 것은 아니다. 헌법상에서 지방자치를 옥죄는 '법령의 범위 안에서 자치에 대한 규정 제정'이라는 조항이 그대로 살아 있다. 이는 자치권은 국가에서 준 권한이라는 국가 전래권설의 실정법적 표현이다. 사실 헌법-법률-명령(대통령령-총리령-부령)-조례-규칙으로 이어지는 일사불란한 법체계에서 지방자치단체의 조례는 4천 개가 넘는 법령의 제약 아래 입법권이 매우 제약되어 있다. 지방자치단체는 입법부의 통제를 받는 것뿐만 아니라 행정부의 통제하에 있는 것이다. 또 헌법상의 조세법률주의와 죄형법정주의 때문에 조례로써 독자적인 조세나 형벌의 부과가 법률의 위임이 없이는 아예 불가능하다.

3. 재원 배분

국가 위주의 재원 배분(국세 8 : 지방세 2)으로 대부분의 지방자치단체들은 국가에서 주는 지방교부세나 국고보조금으로 살림을 살고 있다. 2할 자치라는 말이 회자되는 이유이다. 국가가 지방에 주는 돈에는 꼬리표가 붙게 마련인데 이런 돈을 한 푼이라도 더 따 가기 위해 지방자치단체끼리 온갖 경쟁을 한다. 재정분권이 진정한 지방분권이라는 말이 나오는 이유이다.

하지만 이러한 구조를 바꾸는 것은 쉽지 않다. 지역 간 경제력의 격차 때문이다. 현행 국세-지방세의 구조에서도 서울이나 수도권의 도시들은 재정상 큰 어려움이 없다. 국세를 지방으로 이양하는 경우 이들 지역이 다른 중소도시보다 더 큰 혜택을 받기 마련이다. 가난한 지역의 경우 지방세를 늘리는 것보다 지방교부세를 늘리는 것이 실질적으로 도움이 된다. 지방자치단체 간의 재정 격차가 한편으로는 중앙집권적 재정 구조를 합리화하고 있는 실정이다.

4. 자치구역과 계층

우리나라의 경우 '자치'가 아니라 실제로는 '관치(官治)'라는 것을 상징적으로 보여 주는 사례가 자치의 기반이 되는 자치단위를 국가가 자의적으로 바꾼 것이다. 5.16 쿠데타 후 공동체로서 전통적 자치단위인 읍·면(일본의 정·촌) 자치를 폐지하고 공동체라고는 보기 어려운 군(郡)을 자치단위로 하였다. 또 군 아래에 있는 읍의 시 승격, 시와 군의 통합, 도(道)에서 광역시 분리 등 자치의 기반을 흔드는 구역개편을 정치인이나 관료들의 편의에 따라 수행해 왔다. 또 중앙정부의 편의에 따라 외국에서 보기 어려운 특별자치도나 특별자치시가 만들어졌다. 우리나라의 지방자치 계층 구조는 다음 그림과 같다.

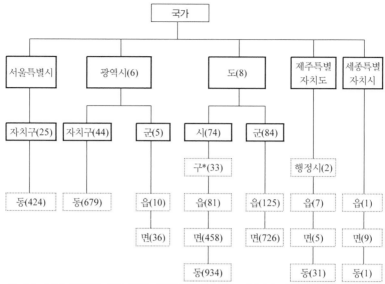

주: 굵은 실선은 자치단위, 굵은 점선은 행정단위임. 괄호 안은 (대략적인) 개수임.
* 표시는 인구 50만 이상인 시의 구임.
자료: 필자가 정리

<그림 1-5> 우리나라 지방자치단체의 계층 구조

5. 사무배분과 이양

국가는 국가사무를 한편으로는 지역에 일선기관(특별지방행정기관)을 만들어 직접 처리하기도 하고, 다른 한편으로는 지방자치단체에 맡겨 대신 처리하도록 하기도 한다. 지방에 맡기는 경우 사무를 완전히 지방에 이양(移讓)하여 지방자치단체가 자신의 사무로 처리하는 것이 아니라 국가의 사무를 위임(委任)받아 처리하게 하는 방식을 취하고 있다. 이렇게 하는 것은 각부 장관들이 행정명령으로 각각의 업무 분야에서 지방을 통제할 수 있도록 하기 위함이다. 지방에 위임사무가 많은 반면 고유사무는 적다. 이뿐만 아니라 지방의 고유사무는 그 자체로 매우 불분명하다. 지방자치법 9조 2항에 지방사무가 예시적으로 열거되어 있으나 1항에 다른 법률에 이와 다른 규정이 있으면 이 법률이 우선하도록 하고 있다.

6. 지방인사와 관료제

우리나라 지방자치단체의 관료제는 잘 발달되어 있다. 지방공무원들은 국가공무원과 유사한 제도에 의하여 임명, 승진 보수 등이 규율되고 있다. 1995년 단체장 민선 이전에는 광역자치단체의 과장급은 5급 국가공무원의 신분이었다. 민선 후에 이들 직급은 한 계급 올려서 지방직으로 전환되었고, 국장급도 마찬가지였다. 하지만 광역자치단체 요직에는 아직도 국가공무원이 남아 있다. 행정부시장(지사)이나 기획조정실장이 국가직이다. 기초자치단체의 부단체장의 경우에는 사실상 상급 자치단체의 장인 시도지사가 인사를 담당하고 있다. 이는 관치의 유산이 그대로 남아 있는 것을 의미한다.

우리나라의 지방공무원은 일본의 경우와 같이, 전임직으로 국가공무원과 별반 다르지 않지만 영국의 지방정부 근무자와는 판이하게 다르다. 영국의 경우 시빌 서비스(civil service)는 중앙정부에 근무하는 사람을 지칭한다. 지방정부 근무자는 자체적으로 고용한 법인체의 피고용인으로서 민간기업 종사자와 유사한 지위를 갖는다 (Naiki 2012: 7). 지방정부에서 일하는 많은 사람들이 시간제이거나 자원봉사자이다. 이런 사실에서 영국의 지방정부는 중앙정부와 별개의 것으로, 거대한 관료 조직에 의해서가 아니라 주민의 적극적 참여에 의해 운영된다는 점에서 지방자치의 참모습을 볼 수 있다.

7. 교육자치와 경찰자치

전통적인 지방자치제에서 자치사무 중 가장 중요한 것이 주민이 통제할 수 있는 치안과 학부모들이 원하는 방식으로 운영되는 초중등 교육이다. 하지만 우리의 경우 둘 다 자치와는 거리가 멀다. 경찰은 모두 국가경찰로 되어 있어 지역 주민의 통제가 불가능하고,[5] 교육은 광역에서만 자치를 하고 있어 학부모에 의한 통제는 사실상 불가능하다. 지방교육청은 자치단체의 한 기관이지만 사실상 교육부의 일선기관 같은 모습을 보이고 있다.

8. 지방자치에 대한 인식과 지방분권운동

지방자치는 국가 내의 일정한 구역 내의 사람들이 자기의 권리와 책임으로 자기 구역 내의 살림을 사는 것이다. 국가의 지시나 통제에 따라 살림을 사는 것이 아니라 자기의 창의와 노력으로 살림을 사는 것이다. 도시나 지역의 미래를 중앙정치인이나 관료에 맡기지 않고 자기 책임으로 꾸려 나가는 것이다.

하지만 우리는 이러한 지방자치에 대해 부정적인 견해를 가진 사람들이 많다. 국가만이 주권을 가진 존재로 지방은 독자적인 권한을 가질 수 없다는 것이다. 왕조시대에 지방의 반란을 염려하여 지방관을 전국에 파견하여 다스리던 것같이 국가관리가 지방을 다스려야 국가적 통일성을 기할 수 있다는 것이다.

사실 이런 국가(지상)주의 사상을 가진 사람이 많다는 것을 나무랄

---

5) 제주도에는 자치경찰이라는 이름의 경찰이 있다. 하지만 이 자치경찰의 임무는 다른 지역의 경우 시·군에서 담당하는 업무가 대부분이다.

수만은 없는 형편이다. 오랜 관치 시대에 살아왔기 때문에 지방자치의 경험이 일천하기 때문이다. 그뿐만 아니라 지방자치에 대한 연구와 교육이 지금까지 매우 부실했기 때문이다.

이런 가운데서도 중앙집권적 국가 통치구조에 반대하며 2001년경부터 시민운동으로 지방분권 운동이 지속되고 있다. 이런 운동은 최근 '지방분권형' 헌법개정 캠페인으로 큰 동력을 얻었지만 국가권력의 지방분권과 경제력의 지역분산을 동시에 내세운 이 운동이 개념상의 혼란을 겪고 있다. 그 이유는 중앙집권이 수도권 비대를 가져온 것의 반대 논리로 지방분권만 되면 균형발전이 저절로 해결된다는 잘못된 관념에서 이 운동이 출발하였기 때문이다.

9. 지방분권과 지역분산(국가균형발전)

우리의 초중앙집권화된 구조는 여러 가지 면에서 국가적 문제를 야기하여 왔다. 권력과 재원의 중앙 집중은 수도권 중심의 자원배분을 야기하였다. 그 결과 지역 간 격차가 심화되어 비수도권 지방은 '지방 소멸'이 우려되고 있다. 헌법상의 국가 균형발전이란 이상은 권력의 중앙 집중으로 훼손되어 온 것이다.

권력의 중앙 집중으로 인한 지역적 격차를 해소하는 처방으로 지방분권을 주장한다. 하지만 지방분권만으로 지역격차를 해소한다는 처방은 적절하지 않다.

지방분권으로 지역격차를 해소할 수 있다는 주장은 지방분권과 지역분산을 혼동한 데서 비롯된 것이다. 논리상으로나 정책적으로 양자는 엄연히 구분된다. 지방분권은 중앙정부와 지방자치단체 간의 수직적 권한 배분 문제이다. 반면, 지역분산은 수도권과 비수도권, 대도시와 중소도시 간 경제력의 공간적 배분 문제이다. 서울도 엄연히 지방자치단체 중의 하나이므로 지방분권의 혜택을 받는다. 하지만 서울이나 경기도는 지역분산 정책에서 제외될 뿐만 아니라 발전 억제 지역이다.

문제는 지방분권과 지역분산이 상호 상충된다는 것이다. 그 예를 가장 확실히 볼 수 있는 것이 지방분권 중에 가장 중요한 지방의 과세권을 확대하는 문제이다. 재정분권을 위해 국세가 지방에 이양되는 경우 서울이나 수도권은 강한 경제력을 바탕으로 훨씬 더 많은 세수를 올릴 수 있다. 수도권에서 강력한 지방분권을 요구하는 이유이다. 반면, 중소도시나 농촌의 경우 세원의 부족으로 세수의 증가를 기대할 수 없는 곳이 대부분이다. 이들 지역에는 지방세에 대한 권한의 확대가 실제 세수 증대로 연결되지 않는 것이다. 설상가상으로 이들 지역의 경우 세수의 증가보다 지방교부세의 축소규모가 커지기 때문에 전체적으로 해당 지방자치단체의 전체 수입이 줄어들 수 있다.[6] 재정분권이 빈익빈 부익부의 결과를 가져와 지역균형발전에 역행하는 결과가 된다는 것이다.

지방분권과 지역분산이 모두 추구하여야 할 가치이지만 자유와 평등같이 양자를 동시에 추구하는 것은 어렵다. 마치 다른 방향으로 달리는 두 마리의 토끼를 동시에 잡으려는 것과 같다. 따라서 전통적인 국세-지방세 양분법이나 자체수입-의존수입의 구분 방법으로는 이런 문제를 해소하기 어렵다. 내국세 같은 재원을 국가와 지방

---

6) 지방교부세는 재정 형평화를 목적으로 만들어진 제도로 내국세의 일정 부분(현재 19.24%)을 재원으로 하여 행정안전부가 지방자치단체의 표준적으로 계산한 재정부족액을 보전해 주는 제도이다. 서울이나 경기도의 부유한 도시들은 계산의 결과 매년 보통교부세의 교부대상에서 제외된다.

이 공유하는 재원으로 규정하고 이런 공동재원의 사용에 대해 중앙
정부가 통제나 간섭을 줄이는 것이 지방분권화의 방법이다.[7]

10. 주민자치

지금까지 국가와 지방자치단체 간의 관계에 대한 문제를 살펴보
았다. 다음은 지방자치의 또 다른 한 축은 지방자치단체와 주민 간
의 관계이다. 우리 지방자치법에는 주민투표, 주민제안, 주민소송,
주민소환 등의 제도가 규정되어 있고 지방재정법에는 주민참여 예
산제를 규정하고 있다. 제도로 보면 주민참여제도는 거의 완비되어
있다고 할 수 있다.

하지만 실제 주민참여가 잘 이루어진다고 보기 어렵다. 한 예로
정책에 대한 투표나 단체장이나 의원에 대한 주민소환 투표가 대부
분 법에 정한 투표율, 유권자의 1/3 투표 기준을 충족하지 못하여
개표 자체가 무산된 사례가 허다하다. 이뿐만 아니라 일부 주민들이
자기 이념이나 이익을 지키기 위해 주민소환을 주도하지만 법상의
서명요건을 충족시키지 못해 주민투표까지 가지 못한 사례는 더욱
많다. 아직 우리의 경우 참여의 문화가 성숙하지 못하였기 때문이
다. 이와 관련하여 다음 장에서 다루는 사람은 정치적 동물로서 폴
리스 일에 참여하는 것은 권리인 동시에 의무라고 하는 아리스토텔
레스의 가르침을 되새길 필요가 있다.

---

7) 공동세와 관련한 자세한 논의는 김석태(2015)에서 볼 수 있다.

11. 맺음말

이 책의 관심은 지방자치이고 이를 가능하게 하는 지방분권이다. 지역분산의 문제가 가끔 언급되기는 하지만 주된 관심사는 아니다. 이 책의 주된 관심사는 지역이 자기 지배를 가능하게 하는 권한의 문제이다. 지역의 자기 지배를 가능하게 하는 것이 자유민주주의와 진정한 지방자치의 출발점이기 때문이다.

〈주요 참고문헌〉

Bryce, James.(1921). *Modern Democracy*. vol. 1. chapter Ⅶ. (oll. libertyfund.org/titles/2084).

Scott, Kyle.(2011). Federalism: *A Normative Theory and its Practical Relevance*. The Continuum International Publishing Group.

제2장

아리스토텔레스의 폴리스와 주민자치

아리스토텔레스는 사람은 '정치적 동물'로서 폴리스 일에 참여하는 것은 권리인 동시에 의무라고 하여 오늘날 주민자치의 원형을 제시하였다.

아리스토텔레스의 『정치학』은 그의 생애 후반 아테네에서 학당 라이시움을 운영할 때 집필된 것으로 당시 아테네는 마케도니아왕국의 지배하에 있던 자치도시였다. 하지만 그는 군주국보다 폴리스를 정치학의 연구대상으로 삼았다. 폴리스를 국가보다 앞서는 고유한 정치적 존재로서 시민의 정치 참여로 공동선을 실현하는 장으로 보았기 때문이다. 마케도니아왕국이나 로마제국 시대에는 폴리스가 상당한 자치권을 가진 자치단위였다는 점에서 그의 폴리스 정치에 대한 분석이 우리에게 시사하는 바가 크다.

Ⅰ. 머리말

소크라테스가 인민법정에서 사형을 언도받고 살해된 이후 그의 제자들은 이상적인 정치체제의 모습을 찾아 나섰다. 아테네의 직접민주주의에 환멸을 느끼고 스스로 유배의 길에 올랐던 플라톤은 '철인 왕(philosopher king)'이 다스리는 나라를 이상적인 국가로 제시하였다. 반면, 그의 제자 아리스토텔레스는 아테네 등 여러 폴리스의 다른 헌정체제를 분석하면서 현실적으로 가능한 정치체제를 모색하였다.

<그림 2-1> 아리스토텔레스
(commons.wikimedia.org)

아테네를 중심으로 한 여러 폴리스(*polis*)[1] 정치에 대한 아리스토텔레스의 연구는 국가처럼 큰 단위가 아니라 지방 같은 작은 단위를 그 대상으로 하고 있다. 그는 '사람은 정치적 동물'로서 정치에 참여하는 것이 권리인 동시에 의무라고 하였다. 또 폴리스에서 모든 시민은 시민으로서 지배를 받는 존재인 동시에 공직자로서 지배를 하는 존재라 하였다. 그리고 그것이 가능한 공간은 국가(nation state) 같이 규모가 큰 것이 아니라 지방같이 작은 것이라 보았다.

아리스토텔레스의 『정치학 *The Politics*』에 나타난 폴리스에 대한 분석에서 주민자치의 바람직한 모습을 찾을 수 있다. 종래 폴리스를 주권을 가진 존재, 즉 (도시)국가의 문제로만 보아 이를 지방자치와

---

1) 폴리스는 도시국가(City-state)로 번역된다. 근세 이탈리아의 도시국가나 오늘날 도시국가와 구분하기 위해 여기서는 폴리스라는 용어를 그대로 쓴다.

관련시키는 일을 등한시한 듯하다. 그의『정치학』이 아테네가 마케도니아왕국의 지배하에서 자치권만을 인정받던 때에 집필된 것이고 이후 로마제국 시대에도 자치권을 보유한 도시였다는 것을 감안하면 아쉬운 일이라 아니할 수 없다.[2)]

아리스토텔레스의 폴리스 논의를 지방자치와 관련시키는 이유는 다음과 같다. 폴리스가 국가보다 앞서는 정치적 존재라고 주장하는 점, 공동선을 추구하는 폴리스는 참여정치를 필수적인 요소로 한다는 점, 여러 폴리스의 정치체제의 장단점을 분석하고 있다는 점, 폴리스의 적정규모에 대한 논의가 있다는 점이다. 이들이 오늘날에도 지방자치의 핵심적인 문제임은 말할 것도 없다.

II. 시대적 배경과 생애

1. 시대적 배경

정치(politics)라는 말의 어원은 고대 그리스의 폴리스에서 왔다고 한다.[3)] 사람들이 모여 사는 폴리스의 공공 문제 해결을 위한 장에서 정치가 시작되었다는 의미이다. 이런 폴리스 중 가장 앞선 것이 민주주의를 발전시킨 고대 아테네(Athens)이다. 하지만 아테네의 민주주의 발전이 순탄한 것만은 아니었다.

폴리스는 고대 그리스의 암흑기 시대에 존재하던 왕정이 무너지

---

2) 아리스토텔레스 생애에서 46세 때부터 마지막까지 16년간 아테네는 마케도니아왕국 및 알렉산더대왕의 대제국의 지배하에 있었다.

3) 이 외에 'Police(경찰)'도 마찬가지이다.

면서 BC 9세기경부터 형성되기 시작하였다. 당초 폴리스는 귀족들의 과두정으로 출발하였다. 귀족정 아래에서 아테네는 경제적 위기를 겪는 동안 부유한 귀족과 심각한 부채에 시달리던 농민 간의 갈등이 극심하였다. BC 6세기 초 이런 갈등을 해결하고자 나선 사람이 귀족 출신 권력자 솔론(Solon)이다. 그는 BC 594년 종래 귀족들이 독점하고 있던 정치를

<그림 2-2> 클레이스테네스
(commons.wikimedia.org)

일반 시민에게도 확대하였다. 그는 시민의 재산 정도에 따라 차별화된 참정권을 부여하였고, 성인 남자들이 참가할 수 있는 일반 시민회(Ekklesia)와 400인 의회(Boule), 그리고 시민들이 배심원으로 참여하는 인민법정(Heliaia) 제도를 도입하였다. 하지만 이런 개혁에도 불구하고 참주(tyrant)의 재등장과 경제적 위기 및 정치적 갈등은 지속되었다.

이런 가운데 나타난 사람이 민주주의의 아버지라 불리는 클레이스테네스(Cleisthenes)이다. 그는 귀족 출신 권력자로 BC 508년 '위로부터의 개혁'을 단행하였다. 우선 정치 참여 자격에서 재산 기준을 폐지하였고, 세력가를 아테네에서 추방하기 위한 방편으로 인민법정의 도편추방제(Ostracism)를 도입하였다. 아울러 아테네의 지역 제도를 개편하는 동시에 지역대표로 500인 평의회를 구성하여 투표에 참여할 수 있는 계층을 확대하였다. 또한 그는 공직 담당자를 추첨으로 선발하고 수당을 지급함으로써 가난한 시민도 정치 참여를 할

수 있도록 했다. 이로써 BC 5세기 아테네에서는 시민 중심의 직접 민주주의가 정착되었다. 하지만 참정권은 모든 주민에게 부여되지 않았으며, 유권자는 남성 시민권자로 제한되었다.4)

아테네 민주주의의 기반은 튼튼한 것이 아니었다. 아테네 민주주의는 정의나 평등 등 고상한 이상에 바탕을 둔 것이 아니라 당시의 고질적인 경제적·정치적 문제를 해결하여 시민들이 적극적으로 아테네의 방위에 참여하도록 하기 위한 방편이었다. 그리스-페르시아 전쟁(BC 450~499) 이후 아테네가 패권을 장악하고 번영을 누리던 때 (BC 448~430)에는 민주주의가 유지될 수 있었다. 하지만 BC 5세기 말 펠로폰네소스 전쟁(BC 431~404)에서 패하면서 아테네 민주주의는 급속히 쇠퇴하게 되었다. 아테네의 전통적인 공동체 정신은 파괴되고 사회적·경제적 불평등은 심화되었다.

이런 가운데 BC 399년 소크라테스의 처형은 민주주의에 대한 회의를 가중시키는 계기가 되었다.5) 그의 제자인 플라톤은 대중이 지배하는 민주주의에 환멸을 느끼고 소크라테스가 대화의 주인공으로 등장하는 『국가론 *The Republic*』에서 '철인 왕'의 지배를 주장하였다. 하지만 그의 수제자 아리스토텔레스는 스승과 완전히 다른 해법을 제시하였다. 플라톤이 '궁극적 진리'를 추구하였다면 아리스토텔레스는 '실용적 지혜(practical wisdom)'를 찾고자 하였다. 손가락을 하늘로 향하고 있는 스승과 손바닥을 땅으로 향하고 있는 제자를 대비하여 그린 라파엘로(Raffaello)의 아카데미 학당 그림은 이러한 차이를

---

4) 이에 따라 미성년자, 여성, 노예, 외국인 등은 투표에 참여할 수 없었다. 아테네의 주민은 총 25~30만 명 정도였으며, 이 가운데 유권자는 3~5만 명 정도였다.
5) 그는 인민 법정에서 '청년을 부패시키고 국가의 여러 신을 믿지 않는 자'라는 죄명으로 고소되고, 500명 배심원들의 투표 결과 40표 차이로 사형이 언도되었다.

잘 나타내고 있다.

<그림 2-3> 아카데미 학당: 플라톤의 손가락은 하늘을,
아리스토텔레스의 손은 땅을 향하고 있다.
(commons.wikimedia.org)

아테네의 직접민주주의는 클레이스테네스의 개혁이 이루어진 BC 508년에서부터 아테네가 마케도니아왕국의 지배하에 들어간 BC 338년까지 170년간 지속되었다. 당시 시대 상황과 3대 철학자를 연결하면 <표 2-1>과 같다.

〈표 2-1〉 고대 그리스 시대 상황과 3대 철학자

정체	클레이스테네스 개혁 508 후 민주주의~				마케도니아 왕정 338~	
사건	페르시아 전쟁 499~450	페리클레스 황금시대	펠로폰네소스 전쟁 431~404		알렉산더 사망 323	
철학자	소크라테스 470~399					
		플라톤 427~347				
				아리스토텔레스 384~322		

* 숫자는 연도이고 BC임
  자료: 필자가 정리

2. 생애

아리스토텔레스(Aristotle, BC 384~322)는 그리스 북쪽 변방에 있는 마케도니아왕국의 작은 마을(Stagira)에서 태어났다.[6] 그의 아버지는 마케도니아 왕실의 의사로서, 그는 왕자였던 후일의 필립 2세 왕과 함께 자랐다. 어릴 적에 그는 아버지로부터 해부학 등을 배웠고, 아버지의 사후에는 친척들의 돌봄을 받다가 17세 때에 당시 문명의 중심지인 아테네로 유학을 가게 되었다. 아버지가 그에게 남긴 상당한 유산은 그의 유학 및 평생 학문적 자료 수집 및 연구에 큰 도움이 되었다. 아테네에서 그는 플라톤의 「아카데미」에 등록하여 공부를 시작하였다. 그는 이곳에서 20년간 지내면서 처음에는 학생으로서 수학, 윤리학, 정치학을 공부하였고 나중에는 동료 교수로서 플라톤이 사망(BC 347)할 때까지 교육과 연구에 몰두하였다.

아리스토텔레스는 플라톤의 사후 아카데미의 후계자가 되기를 기대했지만 그가 싫어하던 사람인 플라톤의 4촌 제노크라테스(Xenocrates)가 후계자가 되고, 또 당시 반마케도니아 운동 조짐이 일어나면서 아테네를 떠나야만 하였다. 그는 소아 지역의 여러 도시(Lesbos 등)를 여행하며 학문적 자료, 특히 해양생물학 자료를 모았다. 이 기간 중 그는 「아카데미」에서 인연을 맺은 노예 출신 지역 통치자인 허미아스(Hermias)의 도움을 많이 받았고, 37세 때에는 18살의 허미아스의 조카와 결혼하였다.[7] 그가 『정치학』 제1권에서 노예제도를 자연스러운 것으로 합리화하여 오늘날 상당한 비판을 받고 있

---

6) 마케도니아에는 왕국으로 폴리스는 존재하지 않았다. 하지만 마케도니아인들도 그리스어를 사용하였고 스스로 그리스인이라 생각하였다.

7) 그는 『정치학』 제7권에서 결혼 적령을 남자 37세, 여자 18세라고 한다.

는 사실과는 뭔가 엇박자가 있는 부분이다.

40대에 아리스토텔레스의 학문적 명성은 그리스 전역에 자자하였다. 그리스를 평정한 마케도니아 왕 필립 2세는 BC 342년 그를 14살 왕자의 튜터로 초빙하였다. 이 왕자가 후일 대제국을 세운 알렉산더대왕이다.[8] BC 336년 필립 2세가 암살당하고 알렉산더가 즉위하자 이듬해에 그는 다시 아테네로 돌아왔다.

아테네로 복귀한 그는 당시 아테네를 통치하고 있던 마케도니아 총독의 도움을 받아 아테네 동쪽에 위치한 교외지역에 그의 학교를 설립하였다. 이 학교는 라이시움(Lyceum)이라 불리었는데 「아카데미」와는 다른 성격의 대학이었다.[9] 그는 이곳에서 12년간 여러 분야의 학문적 자료를 모으고, 강의와 연구, 저술에 매진하였다. 오전에는 상급반 연구자를 위하여 논리학과 철학을 강의하였고, 오후에는 수사학, 정치학, 윤리학을 강의하였다. 현존하는 저작의 대부분은 이 시기의 강의 노트이다. 그는 녹음이 우거진 길을 거닐면서 강의한다고 하여 '소요학파'라는 이름을 얻었다.

BC 323년 알렉산더 대왕의 갑작스러운 죽음이 전해지자 아테네에는 다시 반마케도니아 저항운동이 일어났다. 마케도니아 사람이면서 왕실 및 관리들과도 친밀했던 아리스토텔레스는 불경죄로 몰렸다. 그는 76년 전 소크라테스와 같은 철학자로서 학문적 순교자의 전철을 밟지 않기 위하여 모친의 고향(Chalcis)으로 피신하였다. 그가 운영했던 라이시움과 평생 모은 장서, 수많은 학문적 자료를 버릴 수밖에 없었다. 그리고 이듬해 62세의 나이로 생을 마감하였다.

---

8) 하지만 아리스토텔레스가 3년간 왕자의 튜터로 일했지만 왕자에게 미친 영향은 알기 어렵다. 호머의 아킬레스를 영웅으로 섬기던 어린 왕자는 그에게 좋은 학생은 아니었던 듯하다.

9) 아카데미가 19세기 옥스퍼드(Oxford) 같은 곳이라면 라이시움은 오늘날의 MIT 같은 곳이라 한다.

<그림 2-4> 아리스토텔레스의 소요학파
(commons.wikimedia.org)

　10대 후반에 아테네로 온 이후 아리스토텔레스의 45년간의 삶은 평온하지 않았다. 그는 펠로폰네소스 전쟁 이후 아테네의 재건과정에서 겪는 혼란과 폴리스들이 마케도니아의 지배하에 들어가는 것을 목격하였다. 그는 아테네에서 인생의 대부분을 보냈지만 외국인으로서 아테네 시민권을 얻을 수도, 정치에 참여할 수도 없었다. 반면, 그는 마케도니아인으로서 평생 정치적 소용돌이 속에 휘말렸다. 하지만 그는 『정치학』에서 어떤 정치체제보다 아테네 정치체제를 높게 평가하고 있다.

　아리스토텔레스는 전형적인 학자로서의 삶을 살았다. 그는 '태어나서 평생 생각하다 죽었다'고 할 만큼 연구에 몰두하였고 거의 모든 분야의 철학과 과학의 학문적 원조가 되고 있다. 그의 스승인 플라톤의 형이상학적 학문과 달리 그의 학문은 과학적 기반을 가진 것으로 평가된다. 그는 어떤 사물에 대해 최종 판단을 내리기 전에 온갖 각도에서 관찰하고 분석하는 귀납적인 방법을 사용하였기 때문이다.

Ⅲ. 폴리스와 주민자치

아리스토텔레스의『정치학』은 그의 이상과 폴리스의 현실을 접목한 저작으로 평가된다. 그는 이상적 존재로서 공동선을 실현하기 위한 최상의 단위로서 폴리스와 아테네, 스파르타, 카르타고, 크레타 등과 같은 당시 폴리스의 정치 현실을 분석하면서 현실적으로 가능한 최선의 정치체제를 모색하였다. 아래에서는 폴리스 형성, 시민의 정치 참여, 정치체제와 민주주의, 그리고 폴리스의 규모로 나누어 그의 주장을 살펴본다.

1. 폴리스의 형성

아리스토텔레스는 인간 행위는 어떤 목적(*Telos*)을 추구하는 것으로 그 궁극적인 목적은 행복(*Eudamonia*) 추구라 보았다. 그리고 이런 행복을 위해서는 고결한 도덕적인 생활이 요구되는데 가장 높은 수준의 공동선을 추구하는 모임이 폴리스라고 하였다. 그의『정치학』은 다음과 같은 구절로 시작한다.

> 모든 폴리스는 일종의 커뮤니티이고 이들 모두는 공동선을 목적으로 형성된다. 왜냐하면 사람들은 선이라 생각하는 것을 추구하기 때문이다. 모든 커뮤니티가 공동선을 추구한다면, 이들 중 최고이고 다른 모든 것을 포괄하는 폴리스 혹은 정치체제는 다른 모임보다 더 심오하고 높은 수준의 공동선을 추구한다(1권 1장).

아리스토텔레스가『정치학』을 저술할 당시 아테네 등 여러 폴리스는 이미 마케도니아왕국의 지배하에 있던 자치권을 가진 도시였다. 그럼에도 불구하고 그는 공동선을 추구하는 존재로 폴리스가 최고의 정치체제라 하였다. 이는 폴리스가 왕국같이 정복에 의해 인위적으로 만들어진 것이 아니라 자연적으로 형성된 주권적 존재라는 그의 주장에서 근거를 찾을 수 있다.[10] 폴리스가 자연적으로 형성된 것이라는 주장과 사회를 하나의 유기체로서 계층 구조로 되어 있다는 주장은 생물학자로서 그의 시각이 다분히 들어 있다.

> 가족은 남자들의 필요를 충족하기 위해 자연적으로 만들어진 것이다. … 여러 가족 모임은 발전하여 단순한 일상의 욕구 충족을 넘어선 첫 사회로 마을이 형성된다. 자연적인 부락은 가족들의 집합체로 … 연장자에 의해 운영된다. 몇 개의 마을이 하나의 커뮤니티로 결합하여 자족할 정도의 규모가 되면 폴리스가 된다. 이는 일상생활의 욕구를 충족시키기 위해 시작하여 행복한 생활을 위해 존속한다. 또 작은 커뮤니티가 자연적인 것이듯 폴리스도 자연적이다(1권 1장).

아리스토텔레스는 폴리스의 도움 없이는 개인이 자신의 자연적 능력을 충분히 발전시키고 실현할 수 없다고 하면서 폴리스는 개인에 우선한다고 하였다.[11] 나아가 그는 폴리스와 같은 정치공동체에 살지 않는 인간은 진정한 인간이 될 수 없다고 하였다.

> 폴리스는 개인에 우선하는 자연의 창조물이기 때문에 개인은 스스로 자족할 수 없는 전체의 한 부분이다. 사회에 서로 같이 살 수 없거나 자족할 수 있기 때문에 같이 살 필요가 없는 사람은 짐승이거나 신(神) 중의 하나로 폴리스의 한 부분이 아니다(1권 1장).

---

10) 그는 주권의 문제에 대해 논의하고 있지는 않다. 하지만 그가 폴리스를 최상의 단위라고 규정하는 점에서 폴리스는 주권을 가진 존재라고 하겠다.

11) 폴리스 내의 작은 모임도 마찬가지로 별도의 존재로 인정받지 못한다. 시민과 시민조직이 모두 폴리스의 한 부분에 불과한 것이다. 폴리스는 그 자체로 민주적인 조직인 것은 아니다.

아리스토텔레스는 폴리스가 다양한 형태로 존재한다고 한다. 그는 서로 다른 폴리스 간 시민들의 다른 기질과 서로 다른 정부형태에 대해 다음과 같이 설명하였다.

> 행복은 지상의 선으로 완벽한 미덕을 성취하는 것인데, 어떤 폴리스는 이것을 온전히 성취하는 반면 어떤 폴리스는 조금밖에 또는 전혀 성취하지 못한다. 여러 다른 품성을 가진 시민이 있고, 또 이들이 다양한 유형의 정체와 정부형태를 가지고 있기 때문이다. 시민들이 각기 다른 방법과 수단으로 행복을 추구하기 때문에 상이한 생활형태와 정부형태를 가질 수밖에 없다(7권 8장).

이는 그리스라는 민족 내지 국가 안에서 지역 간 다름을 인정하고 각기 다른 방식의 생활형태와 정부형태를 인정하는 주장이다. 지방의 다양성을 인정하는 것이 지방자치의 근거에 대한 논리의 시작이라 할 수 있다.

2. 시민 참여

아리스토텔레스는 사람은 본성적으로 '정치적 동물'이라 하였다. 사람은 다른 동물이 갖지 못한 로고스(Logos), 즉 언어와 이성적 판단능력을 갖고 있기 때문에 사람은 다른 군집 동물보다 훨씬 더 정치적 동물이라 하였다.

> 폴리스가 자연의 산물임이 분명하듯 사람들은 본성적으로 정치적 동물이다. 원래부터 폴리스에 속하지 않은 사람은 나쁜 사람이거나 인간을 초월하는 사람으로 종족과 법과 애정이 없는 존재이다. 사람들은 벌이나 다른 군집 동물보다 더 정치적 동물인 것이 분명하다. 사람은 언어 능력이 주어진 유일한 동물이기 때문에(1권 2장).

아리스토텔레스가 주장하는 '정치적 동물'은 폴리스에만 한정되는 것이 아니다. 이 주장은 최상위 조직인 폴리스뿐만 아니라 하위 단위인 크고 작은 지방과 마을, 민간 모임 모두에 마찬가지로 해당된다. 사람들의 모든 조직적 활동에는 정치가 관여되기 때문이다.

아리스토텔레스는 폴리스와 시민이 파트너 관계라고 하였다. 그는 시민을 단순히 시민권을 가지고 있는 자로 보지 않았다.[12] 그는 시민을 공직 담당의 의무를 다하는 자로 보았다.

> 시민과 시민이 아닌 자를 확실하게 구분하는 것은 공적인 문제의 결정에 참여하거나 공직을 담당할 수 있느냐의 여부이다. ... 이런 방식의 시민에 대한 개념 규정은 민주제에 가장 잘 맞는다(3권 1장).

아리스토텔레스가 민주제에서 참여라고 하는 말은 대표자의 선출과 같은 간접적인 것만이 아니라 주민총회에 참여하거나 의회의원이나 재판의 배심원 등으로 직접적으로 참여하는 것을 의미한다. 실제 그의 생존 당시 아테네에는 클레이스테네스의 개혁에 의해 여러 참여제도가 확립되어 있었다.[13]

아리스토텔레스는 시민을 공직을 맡아 통치하는 통치자인 동시에 통치자의 지배를 받는 존재라 하였다.[14] 이들은 타운미팅에 참가하고, 또 추첨에 의한 공직을 담당한다. 이때 시민은 유한계급으로서 정치에 참여할 시간적 여유가 있는 사람을 의미한다. 그리고 시민들

---

12) 아테네에서는 양쪽 부모가 시민일 경우 시민이 된다. 정체의 변혁으로 새로 공직자로 임명된 자도 시민 자격이 부여된다.

13) 클레이스테네스는 종래 4개의 종족 지역을 10개 지역(Phylai)으로 개편하고 각각의 지역에서 10명을 선출하여 500인회(Boule)에 참여하도록 하였다. 그리고 이들의 임기는 1개월이었다. 또 4만의 시민 중 6천 명 이상이 참가해야 성원이 되어 열리는 주민총회(Ekklesia)를 두었다.

14) 시민들은 통치를 하는 동시에 통치에 따르는 것이다. 폴리스에서는 이런 상호 평등(Reciprocal Equality)을 실현할 수 있다.

의 삶에 필요한 물자의 생산이나 거래는 여성이나 노예, 외국인들이 담당해야 한다고 하였다.15)

아리스토텔레스도 플라톤과 마찬가로 폴리스를 하나의 공동체라 한다. 하지만 공동체로서 시민들 사이의 자원의 공유 정도에서는 큰 차이가 있다. 그는 자원의 공유 정도가 시민들의 공공문제 참여에 큰 영향을 미친다는 점에서 플라톤의 주장을 비판하였다.

> 플라톤이 『국가론』에서 주장하는 것과 같이 시민들이 여인, 자식 그리고 재산을 공유할 수 있다. 하지만 우리는 우리의 현재 상태와 플라톤이 제시하는 소크라테스의 입을 빌려 새로운 사회 질서 중 어느 것이 더 좋은가에 대한 물음을 가질 필요가 있다(2권 1장).

> 이런 [플라톤의] 주장에 대한 또 다른 반론도 있다. 다수가 공유하는 것에 대해서는 가장 적은 관심이 주어진다는 것이다. 모든 사람들이 자기 이익에만 관심이 있지 공공의 이익에는 관심이 적기 때문이다. 또 공공의 의무에 있어서도 다른 사람이 이것을 다하는 것을 기대하면서도 정작 자기의 의무를 등한시한다(2권 3장).

이는 인간의 본성을 감안하여 현실에 바탕을 두고 제도를 만들어야 한다는 아리스토텔레스의 주장이다. 그는 일찍이 사람들은 사유재에 비해 공유재에 대한 관심이 적다는 사실을 적시하고 일찍이 공유재의 비극(tragedy of the commons) 문제를 설파한 것이다. 그리고 그는 정치체가 현실을 반영하지 못한다면, 아무리 이상적인 목적을 추구하는 것이라도, 사람들은 그 체제를 믿거나 지지하지 않아 결과적으로 비효율적이고 해로운 것으로 된다고 보았다.16)

---

15) 아리스토텔레스가 이런 사람들 간의 불평등한 관계를 그의 『정치학』 1권 후반에서 정당화하고 있어 오늘날 많은 비판을 받고 있다.

16) 플라톤의 철인 왕의 주장이 히틀러 등의 전체주의를 합리화하는 논리로 되고, 마르크스의 공산주의 이론이 결과적으로 인민의 생활을 더욱 피폐하게 만들었다는 사실에서 그 예를 찾을 수 있다.

아리스토텔레스는 건전한 폴리스가 되기 위해서는 시민들 사이에 동료애와 신뢰, 충성심, 시민적 연대가 형성되어 있어야 한다고 보았다.[17] 그리고 이런 조건을 갖추는 방법으로서 그는 『정치학』의 마지막 부분인 8권에서 공적인 시민교육의 중요성을 역설하고 있다.

3. 정치체제와 민주주의

아리스토텔레스는 아테네를 중심으로 여러 폴리스들의 정치체제를 분석하면서 현실적으로 가능한 최선의 정치체제를 모색하였다. 그는 지배자의 수와 정치체제의 공익-사익 지향성에 따라 6가지 정체를 구분한다. 올바른 정치체로서 군주정, 귀족정, 혼합체제의 3가지를, 왜곡된 정치체제로서 참주정, 과두정 그리고 민주정 3가지를 제시하였다.[18]

〈표 2-2〉 정치체제 구분

지배자의 수	공동이익 추구	사적 특수이익 추구
1 인	군주정(monarchy)	참주정(tyranny)
소 수	귀족정(aristocracy)	과두정(oligarchy)
다 수	혼합체제(polity)	민주정(democracy)

자료: 필자가 정리

군주정은 덕성과 능력을 갖춘 성인군자가 통치하는 체제이고, 귀족정은 부유하고 교육을 받은 소수가 통치하는 체제이며, 혼합정체

---

17) 오늘날의 용어로 해석하면 사회적 자본(social capital)이 중요하다는 것이다.

18) 이런 구분은 당시 유행하던 정치체제 구분이고, 플라톤의 저서인 『정치인 Statesman』에서도 발견할 수 있다.

는 민주정과 과두정의 혼합적인 형태로 법의 지배가 이루는 체제이다. 반면에 참주정은 군주정의 타락한 형태로 군주가 자신의 이익만을 위하여 통치하는 체제이고, 과두정은 귀족정의 타락한 형태로 소수 부자들의 이익만을 위한 정체이며, 민주정은 가난하고 교육을 받지 못한 계층 사람들이 그들의 이익을 위해 통치하는 체제이다.

아리스토텔레스도 플라톤과 같이 가장 덕망이 높은 사람, 즉 '철인 왕'이 통치하는 군주정이 이상적이라는 것을 부정하지 않는다. 하지만 폴리스는 대부분 평범한 비슷한 사람들로 구성되어 있기 때문에 현실적으로 이런 사람을 찾는다는 것은 사실상 불가능하다는 것이 그의 주장이다. 마찬가지로 귀족정도 바람직하기는 하지만 덕성을 갖춘 귀족들을 현실에서 기대하기는 어렵다고 보았다. 따라서 그는 현실에서 기대할 수 있는 사람은 사적인 이익을 추구하는 사람들이 통치하는 것인데 이런 체제 중에서는 민주정이 가장 덜 해롭다고 보았다.[19]

아리스토텔레스에 따르면 민주적 정의는 모든 사람들이 각기 동일한 대우를 받는 것이고, 또 모든 사람이 참여하는 공공의 결정에서 다수의 원칙을 따르는 것이라 하였다.

> 자유의 한 가지 원리는 모든 사람이 지배하기도 하고 지배받기도 하는 것이다. 민주적 정의는 수적 평등의 원칙을 따르는 것이지 질적인 평등을 따르는 것이 아니다. 따라서 다수의 의견이 최고가 되어야 하고 다수가 인정하는 것이 목적이 되고 합당한 것으로 되어야 한다(6권 2장).

---

19) 정치에서의 부패 가능성을 늘 염두에 둔 그는 다수의 지배가 소수의 지배보다 부패 가능성을 줄인다고 하였다. 다수의 이익을 희생으로 소수가 그들만의 사적 이익을 추구하는 것이 부패의 온상이 되기 때문이다. 그의 스승 플라톤도 비슷한 이유로 비슷한 주장을 하였다.

그리고 그는 민주제의 특징적 요소로 다음 11가지를 제시하였다. 이들은 ① 보편적 선거권, ② 지배자와 피지배자 역할 교대, ③ 추첨에 의한 공직 담당(전문직 제외), ④ 재산에 따른 공직 담당 자격 제한 금지, ⑤ 동일한 공직의 재임 금지(군인은 제외), ⑥ 공직 임기의 최소화, ⑦ 배심원 선임 기회의 균등, ⑧ 의회 주권, ⑨ 공직자에 대한 정기적인 보수 지급, ⑩ 신분, 소득, 교육, 직업 등에서 열등한 사람 우대(과두제에 비해), ⑪ 고위 공직의 영구적 재직 금지이다(6권 2장).

이러한 민주제에 대해 아리스토텔레스는 호의적이지만은 않았다. 그는 무엇보다 수적으로 다수인 가난한 사람이 권력을 장악하는 것을 우려하였다. 그는 가난하고 교육을 받지 못한 다수 평민들의 지배는 '폭도의 지배(rule of mob)'로 된다고 하였다.[20] 특히 시민들이 이성적 판단을 결여한 경우에는 위험성이 커질 수 있다고 보았다.

실제로 민주적 제도로서 도편추방제의 원래 목적은 시민들 간의 평등 유지였으나 걸출한 인물을 꺾기 위한 수단, 당파 싸움의 무기로도 남용되었다.[21] 또, 민중선동가의 출현으로 민주제는 계급 간 투쟁과 파당으로 얼룩졌다. 이뿐만 아니라 민주주의자로 민중의 지지를 받던 정치인이 점차 참주로 전락하였다는 것이다. 이런 점에서 그는 유덕하고 교육을 잘 받은 소수의 부유한 귀족 지배가 이들보다 더 정당하다고 하였다.

아리스토텔레스는 당시 아테네의 부자와 빈자 간의 갈등을 줄이는 방법으로써 중산층(middle class)의 역할을 중시하였다. 과두제는 부유한 소수가 지배하는 반면 민주정은 가난한 다수가 지배하는 체

---

20) 아리스토텔레스는 부자들은 너무 오만한 반면 가난한 사람은 너무 원한에 사무쳐 있다고 하였다.

21) 걸출한 인물들이 변론할 기회도 없이 도편 추방제의 희생양이 되었다. 대표적인 사람으로 페르시아 전쟁 때 살라미스(Salamis) 해전의 영웅인 테미스토클레스(Themistocles)이다.

제로 극단적인 선택이 난무할 우려가 크다. 그러므로 부자와 빈자 간의 갈등을 줄이고 안정된 정치체제를 이룩하기 위해서는 양자처럼 극단적인 선택을 하지 않는 중산층이 정치체의 중심이 되어야 한다고 하였다. 그는 이성적인 중산층은 정치적 투쟁과 혼란의 주범인 파당(faction)으로부터 자유롭다고 보았다(4권 2장).

아리스토텔레스는 민주제를 왜곡된 정체로 분류하였지만 그런 가운데도 그는 다수의 사람들이 참여하는 집합적인 결정이 현명한 한 사람의 결정보다 더 합리적이라 하였다. 개인 각자로 보면 현명한 한 사람에 비해 열등하지만 다수가 참여하여 각자의 덕목과 지혜의 풀(pool)을 결정에 반영하면 더 좋은 결정이 된다는 것이다. 이런 논리는 콩도르세(Condorcet)의 배심원의 정리(Jury Theorem)와 같은 '다수의 지혜' 논리로 발전되었다.[22] 다른 측면에서 보면 이것이 주권이 인민에게 있어야 한다는 논리적 근거가 된다(Hueglin 1999: 60).

아리스토텔레스는 사람의 지배보다 법의 지배가 부패의 가능성을 줄인다고 하였다. 하지만 그가 법의 완전성을 주장하는 것은 아니다. 예전에 만들어져 시대에 맞지 않는 법이 권력자의 이기적인 결정보다 더 불공정한 것이 될 수 있기 때문이다. 하지만 그는 현실적으로 소수자 보호를 위한 법의 지배가 이루어지는 공화정(republican regime)을 가장 이상적 정치체제로 보았다.[23] 그는 법이 없으면 사람은 최악의 동물이 된다고 하였다.

---

22) 콩도르세는 프랑스 혁명 당시의 정치인으로 투표이론을 발전시켰다. 이 정리는 개인의 결정이 옳은 확률이 $P > 0.5$이면 사람이 많을수록 더 옳은 결정이 된다는 것이다.
23) 아리스토텔레스는 법에 입법자의 성향이나 이해관계가 반영되는 문제점을 지적하는 것을 게을리하지 않았다.

4. 폴리스의 규모

아리스토텔레스는 좋은 정치체제는 인구나 영토에 있어서 규모가 적절하여야 한다고 보았다. 그는 많은 사람들이 큰 규모의 폴리스를 좋아한다는 사실을 인정하였다. 하지만 사람의 수가 너무 적으면 자족하기 어렵고 사람의 수가 너무 많으면 더 이상 좋은 정치체가 되기 어렵다고 보았다. 규모가 커지면 정치적 동물로서 사람들이 쉽게 정치에 참여하고 교대로 공직을 담당할 기회가 적어지기 때문이다.

> [폴리스]의 인구가 너무 적은 경우 자급자족하기 어렵다. 반면, 국가와 같이 자급자족을 위해 인구가 너무 많은 경우는 더 이상 폴리스가 아니며, 이는 더 이상 좋은 정치체가 되기 어렵다(7권 4장).

그는 폴리스의 적정 시민의 수를 다음과 같은 하한과 상한으로 설명하였다. 하한은 숫자가 너무 적어 도시가 자체적인 삶이 어려운 숫자이고, 상한은 숫자가 너무 많아 시민들이 서로의 성향을 알지 못하는 규모이다. 그는 또 모든 사람들이 한 장소에 모여서 육성으로 연사의 연설을 들을 수 있는 규모가 되어야 한다고 하였다. 이런 주장은 그의 스승 플라톤의 주장과 유사하다.

플라톤은 민주주의자가 아니었음에도 불구하고 폴리스는 시민들이 서로 알고 또 친숙해질 수 있을 정도로 작은 규모가 되어야 한다고 하였는데, 그는 폴리스의 적정한 가구의 장의 수를 5,040명으로 제시하기도 하였다(Hueglin 2008: 37).[24] 당시 폴리스의 인구가 25만에

---

24) 플라톤의 아카데미에는 기하학을 모르는 사람은 들어오지 말라고 하는 문구가 있었다는 사실에서 볼 수 있듯이 수학적 정밀성을 내세운 주장이다. 하지만 그 근거에 대한 자료는 찾아보기 어렵다.

서 30만, 시민의 수가 4만 명임을 감안하면 상당히 작은 숫자라 하지 않을 수 없다.

아리스토텔레스는 시민들의 의무 중 하나인 공직담당자의 선발과 관련하여 적정규모를 다음과 같이 규정하였다.

> 공정한 일처리를 할 수 있도록 하기 위해서, 또 능력에 따라 공직을 담당하게 하는 견지에서 보면 시민들이 서로의 성품을 잘 알 수 있는 규모가 되어야 한다. 그렇지 않으면 공직자 선출이 미숙하게 이루어질 수밖에 없다(7권 4장).

여기서 유의할 것은, 앞에서도 언급한 바와 같이, 시민은 폴리스에 사는 모든 사람이 아니라는 것이다. 시민은 성인 남성만이고 여성, 노예, 외국인은 여기서 제외된다. 시민은 전체 인구의 15~20% 정도로 교육을 받은 부유층이다. 이들은 유한계급으로 다른 직업에 종사하지 않기 때문에 언제라도 공직을 담당할 수 있는 사람이다.

아리스토텔레스는 인구뿐만 아니라 영토도 그 규모가 적정해야 한다고 하였다. 그는 성벽으로 둘러싸인 폴리스는 주민들이 자유로이, 그러나 절제하면서 여가를 즐기기에 충분한 크기가 되어야 하지만, 동시에 외적으로부터 영토를 쉽게 방어할 수 있는 작은 규모가 되어야 한다고 하였다.

아리스토텔레스는 폴리스의 영토 규모가 크다고 모두 자급자족할 수 있는 것이 아니라고 하였다. 사실 아테네의 경우 농촌지역이 없었던 것은 아니지만 식량의 대부분을 무역이나 식민지와의 무역을 통하여 조달하였다.

사실 어떤 규모의 정치체이든 그 자체로 완전한 자족의 규모라고 하기는 어렵다. 크든지 작든지 간에 정치체제는 연맹으로 정치적 목적을 달성할 수 있다. 그 예가 그리스 황금기의 델로스(Delos) 동맹이다. 이 동맹은 BC 5세기 페르시아 전쟁을 대비할 목적으로 아테네의 주도하에 델로스 섬에서 체결되었다. 이 동맹 덕에 그리스는 당시 최대 강국이던 페르시아를 물리치고 황금기를 맞을 수 있게 되었다.25) 이는 작은 정치체제의 문제를 해결하는 방법으로 큰 나라를 만드는 것이 아니라 연맹이나 연합체를 형성할 수 있다는 것을 보여 주는 것이다.

Ⅳ. 아리스토텔레스의 유산

폴리스 정치 현실에 바탕을 둔 아리스토텔레스의 혼합정체와 법의 지배 논리는 플라톤의 이상국가 논리에 밀려 천 년간 망각될 운명에 처하였다. 로마가 공화국 시절에는 아테네와 유사한 민주정이 상당 기간 존속하여 그의 주장이 완전히 망각된 것만은 아니었다. 하지만 로마제국 시절 이후에는 황제의 절대 권력과 가톨릭 교황의 절대 권위를 정당화하는 플라톤의 '철인 왕'이 지배적인 논리가 되면서 그의 주장은 천 년 이상 빛을 보지 못하였다.

13세기 아랍인들의 번역에 의해 아리스토텔레스의 저술이 중세 유럽에 전해지고 아퀴나스(Thomas Aquinas, 1225~1274)나 마르실리우스(Marsilius of Padua, 1275~1342) 등이 현실 정치와 관련하여 그를 연구하면서 그의 주장이 부활하였다. 그의 『정치학』이 후세에 미친

---

25) 하지만 전후 아테네의 독주 체제에 대해 반항하며 스파르타를 중심으로 한 동맹국들은 펠로폰네소스 전쟁을 일으키게 된다.

영향은 지대하여 그 정도를 짐작하기도 어렵다. 여기서는 지방자치와 관련하여 그의 주장이 어떻게 부활되고 있는가를 앞에서 다룬 네 가지 관점에서 살펴본다.

1. 공동체와 주권 공유

'정치적 동물'이란 주장을 바탕으로 시민의 정치 참여가 필수적이라는 아리스토텔레스의 주장을 맹렬히 비난한 사람이 보댕과 홉스이다. 이들은 근세 초기의 종교적 유혈사태와 내전의 사회적 혼란의 와중에서 시민들의 정치 참여는 더 큰 재앙을 불러올 뿐이라고 하였다. 보댕은 교회나 대학, 길드(guild) 등이 가진 권한 때문에 사회적 갈등이 유발된다고 보고 이들의 권한을 박탈하는 방법으로 군주주권론을 주장하였다. 홉스는 사회를 '만인 대 만인'의 투쟁의 장으로 규정하고 이를 막기 위한 리바이어던(Leviathan), 즉 국가의 절대권력을 주장하였다. 이런 보댕이나 홉스의 국가지상주의 주장에 맞선 사람이 알투지우스이다.

보댕보다는 한 세대 뒤 그리고 홉스보다는 한 세대 전에 살았던 알투지우스는 아리스토텔레스의 가족-마을-폴리스가 자연적으로 형성된 것이라는 논리를 당시 존재하던 주(州)와 신성로마제국의 상황에 맞게 정치이론을 발전시켰다.[26] 그는 상위 정치단위의 권위는 하위단위에서 준 것이라는 논리를 발전시켜 오늘날 연방주의(federalism)와 보충성의 원칙(principle of subsidiarity)의 아버지라 불린다.

법학자이자 신학자인 알투지우스는 아리스토텔레스의 가르침에

---

26) 아리스토텔레스에게 정치는 사람들이 공동으로 폴리스의 공공의 문제를 해결해 나가는 것이었다. 따라서 그는 상하 정치단위 간의 문제나 주권의 소재 문제에 대한 논의를 발전시키지 않았다.

따라 인간은 고립되어 혼자서는 살 수 없는 사회적 동물이라 보고 사회를 가족과 작은 하위단위에서부터 도시국가와 같은 큰 상위단위로 구성된 유기체로 보았다. 그리고 그의 주저『폴리티카』(1603; 1610; 1614)에서 이들 단위 간의 관계를 상호 호혜적인 것으로 보고 이들 간의 이상적인 질서를 모색하였다.[27] 그는 정치질서를 공생체(symbiosis)의 문제로 보고 공생체 간의 합의와 계약, 상호 연대를 새로운 정치 질서로 제시하였다. 알투지우스에 대해서는 다음 장에서 살펴본다.

2. 정치적 참여

지방자치와 관련하여 정치적 참여를 중시한 주장은 토크빌이나 툴민 스미스에서 찾아볼 수 있다. 이들이 아리스토텔레스를 공부한 것은 틀림없겠지만 그의『정치학』을 직접 인용하였는지는 분명하지 않다.

토크빌은 명저『미국 민주주의』(1835)에서 군주국가나 공화국은 인위적으로 만들어진 것이지만 타운십은 신이 만든 자연적인 것이라 한다. 그리고 타운십을 주가 만든 것이 아니라, 그 반대로 타운십이 그 주권의 일부를 양도하여 주를 만든 것이라고 하였다. 이는 타운을 인민주권의 가장 작은 단위로 보고 있음을 의미하는 것이다. 또 그는 '타운미팅과 자유와의 관계는 초등학교와 학문과의 관계와 같다'고 하면서 주민과 근접한 거리에서 쉽게 참여할 수 있는 타운미팅은 '자유를 어떻게 이용하고 향유하는지를 가르쳐 준다'고 하였

---

27) 『폴리티카』의 앞부분의 정치적 요소에 대한 논의는 아리스토텔레스의 『정치학』의 요약이라고도 한다(Hueglin 1999, 60).

다. 그리고 국가는 자유 정부를 가질 수는 있지만 지방정부가 없이는 자유의 정신을 가질 수는 없다고 하였다(Tocqueville 1835: 78).

툴민 스미스는 19세기 영국의 사회사상가로서 당시 의회가 주도한 중앙집권화 정책에 대한 반대 투쟁의 선봉에 선 사람이다. 그는 『지방자치정부와 중앙집권화』(1851)에서 지방자치권이 지방의 고유한 권리라고 주장하면서 지방민의 참여와 책임으로 운영되는 패리시가 국가의 기본 단위임을 주장하였다. 그는 주민들의 참여에 의한 공공문제 해결을 바람직한 것으로 보았다. 그리고 사회적 환경이 사람의 심리와 행태를 좌우한다는 골상학(phrenology)의 논리에 따라 정부는 참여가 용이한 패리시와 같은 작은 단위가 중심이 되어야 한다고 하였다. 반면에 '집권화는 모든 독자적인 생각과 행동, 모든 자립심을 짓밟아 버리고, 이들의 행사를 방해한다. 고귀한 인간의 본성 발전을 억압하는 반면 비열하고, 추악하며, 비굴한 것들을 자라나게 한다'고 하였다. 토크빌은 제7장에서, 스미스에 대해서는 제8장에서 살펴본다.

3. 직접민주주의

인류의 역사 속에서 보면 전제 왕권이 대부분의 기간과 지역을 지배하였다는 점에서 보면 아테네의 직접민주주의는 170여 년이라는 아주 짧은 기간 아주 조그만 지역에서 나타난 가련한 한 떨기 꽃 같은 정치체제이다. 역사적으로 시민들이 직접 공직을 담당한 정치체제의 예는 찾아보기 힘들다.[28] 따라서 후세 사람들이 이런 기적

---

[28] 스위스의 주민 총회나 뉴잉글랜드 지방의 타운미팅(Town Meeting)에서 핵심적인 요소는 주민이 회의에 참석하는 것이다. 이들 모임에 참여율이 높지 않다고 한다. 스위스의 주민총회의 참

같은 제도를 칭송하는 것은 당연하다고 하겠다.

아리스토텔레스 이후 루소나 몽테스키외 이전까지는 민주주의라는 말은 바로 직접민주주의를 의미하였다. 그리고 시민이 공직을 맡아 통치하는 동시에 통치자의 지배를 받는 아테네의 민주주의와 같은 민주주의는 소규모 지역, 즉 폴리스 같은 단위에서만 가능하다고 보았다.

루소도 아리스토텔레스와 마찬가지로 공동체 내에서 개인의 독자적인 지위를 인정하지 않았는데, 그의 일반의사(general will)는 아리스토텔레스의 공동선의 개념과 유사하다. 루소는 아리스토텔레스의 수적 절대 평등 논리에 따른 민주정의 논리와 같이 개인주권은 일반의사 형성에 있어 인민의 수(N) 분의 1, 즉 1/N만큼 반영된다고 하였다. 한편, 그는 아리스토텔레스의 다수에 의한 지배인 민주제에 대해 우려를 표시한다. 그는 많은 사람이 지배하고 소수가 지배를 받는 것은 자연의 질서에 어긋나기 때문에 '민주주의'라는 말 그 자체에 부합하는 진정한 민주주의는 결코 있을 수 없다고 한다.[29] 도시와 같은 작은 단위는 민주제가, 지역은 귀족제가, 폴리스는 군주제가 적합하다고 하였다.

19세기 중반 밀의 대표민주주의 이론이 등장하면서 이런 사고는 바뀌게 된다. 대표민주제는 국민들은 직접 정책결정에 참여하지 않아도 그들의 대표자를 통해서 그들의 의사를 국정에 반영시킬 수 있다는 것이다. 작은 단위뿐만 아니라 큰 단위에서도 민주주의가 가능하다고 보는 것이다.

여율은 3% 정도라고 한다.

29) 루소는 신(God)들로 구성된 나라에서만 민주정부를 가질 수 있는 것으로 민주제와 같은 완벽한 정부는 사람들의 몫이 아니라고 한다.

이런 사고의 전환은 지방의 경우에도 큰 변화를 가져오게 된다. 종래 작은 단위에서 모든 주민이 참여하는 타운미팅 같은 정부 운영뿐만 아니라 지방대의제 같은 형태로도 지방 민주주의를 이룩할 수 있다는 것이다. 하지만 주민과 가장 가까운 단위에서 통치가 이루어져야 한다는 이상은 불변이다. 따라서 직접민주주의의 이상과 작은 단위에서 보다 좋은 지방자치가 이루어질 수 있다는 생각은 오늘날에도 적실하다고 할 수 있다. 오늘날 주민의 참여를 용이하게 하는 지방주의 주장이 부활되는 이유이다.

4. 지방정부 규모

몽테스키외는 아리스토텔레스와 비슷한 논리로 정치체제의 규모에 대해 논하였다. 그는 '공화국이 작으면 외적에 의해 파멸되는 반면, 이것이 크면 내적 결함에 의해 멸망한다'고 하였다. 그리고 '이런 두 가지 불편함은 민주제나 귀족제 모두에 있다. … 공화제의 내적 장점과 군주제의 외적 힘을 모두 가지는 것이 공화국 연합체이다. … 이런 연합체가 그리스의 번영에 오랫동안 기여하였다'고 한다.

제퍼슨의 미니 공화국은 농민이 중심이 되는 농민 민주주의 주장과 닮아 있다. 그는 농촌지역의 자치단위로 워드는 카운티를 5~6평방 마일로 다시 분할한 작은 규모로서 워드 모임에 참석한 사람들이 서로를 알 수 있고 개별적으로 접촉할 수 있을 정도로 작은 규모어야 한다고 주장하였다. 모든 시민들이 참여하고 행동할 수 있는 규모인 워드는 카운티 행정의 모든 분야의 일을 경감할 뿐만 아니라 더 잘 수행할 수 있게 하고, 모든 시민들이 공직을 담당할 수 있게 하며, 개인이 가장 근접하여 관심이 있는 정부에 참여해 일하게 할 수 있도록 함으로써 국가의 독립과 공화국의 헌법에 대한 가장 강한 애착을 느끼게 할 것이라고 하였다.

다알과 터프트(Dahl and Tufte 1973)는 아리스토텔레스의 논리에 따라 민주주의국가의 적정 규모에 대한 문제에 접근하였다. 이들은 『규모와 민주주의』에서 국가의 크기를 놓고 두 가지 가치, 즉 외적으로부터 방어능력으로 체제능력(System Capacity)과 시민들이 정치인들을 통제할 수 있는 효과적인 수단(Citizen Effectiveness) 간의 절충 문제를 다루고 있다. 전자의 경우 규모가 클수록 유리하고 후자의 경우 규모가 작을수록 효과적이라는 것이다. 하지만 뉴턴(Newton 1983) 등이 지적하듯이 지역의 다양한 특성 때문에 최적 규모를 찾는 것은 철학자의 돌(philosopher's stone)을 찾는 것과 같다고 하겠다.

V. 우리 지방자치에 대한 시사점

1. 지방자치의 기원과 자치권

폴리스는 자연적으로 형성된 정치공동체로서 주권을 가진 단위로 출발하였다. 폴리스는 마케도니아에 정복당하고 로마제국의 지배하에 있는 동안에도 이들은 상당한 자치권을 가진 정치단위였다. 또 지역의 특성에 따라 다양한 헌법 내지 헌장과 정부형태를 가지고 있었다.

이에 반해 우리 역사에서는 폴리스 같은 독자적인 권력을 가진 지방 정치체제를 찾아보기 어렵다. 지방은 단지 국가권력의 지배하에 있는 단순한 행정단위로만 취급받아 중앙에서 관리가 파견되어 지방을 지배하였다. 그 결과 주민이 참여하여 지역의 문제를 스스로 해결하는 정치공동체는 형성되지 못하였다.

이런 가운데 1948년 헌법이 제정되면서 헌법에 지방자치제가 도입되었다. 그 형태는 국가가 지역별 기존 행정단위를 법인의 형태로 단체를 만들어 자치권을 부여한 것이었다. 하지만 자치입법권을 '법령의 범위 안에서'로 매우 제한하여 아주 작은 권한만 부여하였다. 정부형태도 지역적인 특성을 고려하지 않는 획일적인 것이었다. 지방자치제가 도입되었지만 주민들의 자기 지배라는 정치의 원리에 따라 자치제도를 만든 것이 아니라 국가의 지방통치를 편리하게 하기 위한 제도로 만들진 것이다.

모든 대한민국 사람은 국민인 동시에 지자체의 주민이다. 하지만 국민으로서의 권리로 국가에 준 권한과 주민으로서의 지자체에 준 권한의 불균형이 매우 심하다. 국가 권한을 지방으로 이양하는 분권에 대한 논의는 활발하지만 정작 국민으로서의 국가에 부여한 국가주권과 주민으로서 지방에 부여한 지방주권 문제 간의 논의는 부족한 편이다.

2. 참여 제도

아리스토텔레스는 시민의 폴리스의 참여를 권리인 동시에 의무라고 하였다. 추첨에 의해 단기간 공직을 담당하는 아테네의 제도같이 번갈아 가며 공직자로서 통치를 하고 시민으로서 지배를 받는 것을 민주제라 보았다. 하지만 한편으로는 민주제에서 도시민들의 과도한 참여를 우려하였다. 그러면서 농사일에 바빠 주민회의에 참여하기 어려운 농민들이 주축이 되는 민주주의를 최고라고 하였다(4.4).30)

오늘날 아테네와 같은 참여제도는 우리나라는 물론이고 세계 어느 나라에서도 찾아보기 어렵다. 시민들은 공직을 담당할 권리나 의무는 없는 대신 선택적인 정치 참여를 권리 정도로 인식하고 있을 뿐이다. 물론 사법적 참여로 형사재판의 배심원 제도가 있으나 권리라기보다 의무로서 모두 피하고 싶어 하는 공무담당의 의무로 취급할 뿐이다.

우리나라에는 주민참여를 용이하게 하는 제도가 잘 구비되어 있다. 주민투표제, 주민소환제, 주민제안제도로서 조례개폐청구, 주민감사청구, 주민소송제가 있고, 근래 주민참여예산제까지 도입되었다. 하지만 이런 제도는 실효성이 있는 장치라기보다 형식적인 장식에 불과하다는 비판도 만만하지 않다.

주민참여를 활성화한다는 취지에서 서명자 수나 투표율 등 참여의 요건을 완화하자는 주장이 많다. 하지만 이런 요건을 낮출 경우 소수의 횡포를 불러올 수도 있다. 지방정부 정책에 특정한 이해관계를 가진 일부 주민들이나 시민단체 등 정치적으로 활동적인 모임이 이를 악용하고 있기 때문이다.31) 따라서 주민 참여는 주민 서명부터가 하나의 정치적 게임이므로 주민이 직접 권력을 행사하기보다 지역 정치인을 견제하는 '문 뒤의 총(gun behind the door)'으로서 가치가 있다고 하겠다.

---

30) 이런 경우 무분별한 법의 제정이나 개정이 적어져 안정된 법의 지배가 용이하다고 말한다.

31) 그 예로써 주민투표에서 다수의 찬성으로 군항 유치 결정을 추진한 제주도지사 주민소환이나, 통합공항 유치 반대자들이 서명을 시작한 경북 군위 군수 주민소환 운동을 들 수 있다. 전자는 주민투표율 미달로, 후자는 서명인 수 미달로 무산되었다.

3. 정치체제와 직접민주주의

아테네 민주제가 역사적으로 많은 칭송을 받은 것은 사실이다. 하지만 당시에도 이에 대한 비판은 만만하지 않았다. 소크라테스는 민주제를 '바보들이 운영하는 제도'라고 평가절하 하였고, 다수 지배의 민주제에 실망한 플라톤은 가장 현명한 한 사람이 다스리는 철인 정치를, 그리고 현실주의자인 아리스토텔레스는 민주제와 과두제의 혼합체제를 주장하였다. 당시 어느 누구도 오늘날 우리가 이상적인 제도라 당연시하는 직접민주제를 최고의 정치체제라 하지 않았다.

하지만 대의민주제에 실망한 곳에서는 직접민주제에 대한 열망이 높다. 캘리포니아 주의 직접민주제도는 1860년대 선출된 정치인들이나 관료의 부패에 대응하기 위해 시작하여 20세기 초 진보개혁운동의 영향하에서 주정부 정치인의 부패를 막을 목적으로 도입되었다. 1978년 주의 세금 인상을 제한하는 수정헌법 조항(Proposition 13)의 도입으로 정점에 이르렀다. 하지만 캘리포니아는 이런 직접민주제 때문에 통치불능의 주로 전락하였다며 조롱받기도 하였다.[32]

그럼에도 불구하고 근래 우리나라에서도 직접민주제에 대한 열망이 높다. 최근 분권 논의에서 "중앙정부 권한을 단체장 아닌 주민에게 줘야" 한다는 주장이 제기될 정도이다. 2018년 개헌안에는 국민소환제의 도입 주장도 있다. 하지만 이런 직접민주제는 2,500년 전에 소크라테스와 플라톤, 아리스토텔레스 모두가 우려했던 바와 같은 중우정치의 우려가 다분하다.

---

32) Economist 2009. 5. 14.

아리스토텔레스는 과두제는 물론 민주제도 그 극단적인 형태를 바람직한 것으로 보지 않았다. 그는 경제적 불평등(빈부 간의 격차)과 정치적 절대 평등(1인 1표)이 불가피하게 공존하는 사회에서 과두제와 민주제를 혼합한 공화정을 현실적으로 가능한 최상의 제도로 제시하였다.33) 그의 혼합정체는 오늘날 대의민주주의 논리와 합치된다. 모든 사람들이 똑같은 투표권을 가지고 있다는 점에서 절대 평등의 민주제이지만 실제 정부의 운영은 소수의 선출된 엘리트에 의해 운영된다는 점에서 과두제이기 때문이다. 이런 점에서 그의 2,400여 년 전 주장은 오늘날에도 여전히 큰 생명력을 가지고 있다.

4. 자치단체 규모

민주제는 자기 지배의 원칙이 실현되는 곳이다. 모든 사람들이 자유롭게 정책결정에 참여할 수 있고 또 공직 담당의 기회가 주어져야 한다. 하지만 규모가 큰 경우 이런 자기 지배의 원칙이 실현되기 어렵다. 참여나 공직 담당의 기회가 제한될 뿐만 아니라 정치체제 내에 파당이 만들어질 가능성이 크기 때문이다. 하지만 오늘날 아리스토텔레스가 주장하는 정치공동체 참여를 용이하게 하는 측면에서의 적정 규모에 대한 논의는 많지 않다.

오늘날 많은 나라에서 추진되었고 진행 중인 구역개편은 구역의 통합으로 그 규모를 키우는 것이다. 그리고 통합 근거로서 제시되는 것은 주로 공공서비스 제공의 경제성이나 지역의 경쟁력이다. 아리스토텔레스가 일찍이 제기했던 정치적 측면에서의 적정 규모에 대

---

33) 이를테면 중용(Golden Mean)의 철학이 배여 있는 주장이다. 중앙집권과 지방분권의 문제에서 이런 '골든 민'을 찾아야 한다는 것이 그의 가르침이다.

한 논의 없이 경제적 논리를 앞세운 통합 기준만 제시되고 있다. 자치단위에서 모든 자원을 조달하거나 생산하기 어렵다. 직접생산보다 아웃소싱(outsourcing)이 경제적인 경우가 많다. 경제적 측면에서 규모의 경제의 문제가 어느 정도 충족되면 주민 참여의 용이성을 중시하는 방식으로 구역개편 기준이 달라져야 할 것이다.

VI. 맺음말

아리스토텔레스는 생의 대부분을 아테네에서 보냈지만 아테네 시민이 아니었다. 평생 이방인이어서 재산을 소유할 수도, 정치에 참여할 수도 없었다. 단지 마케도니아 왕실과 가까워 필립 왕과 알렉산더 대왕 시절에는 왕실의 후원을 받아 그의 학당 라이시움을 운영할 수 있었다. 하지만 그 당시에 집필된 그의 『정치학』에서 마케도니아의 군주제를 옹호하는 것은 물론 이에 대한 언급도 찾아보기 어렵다.

아리스토텔레스는 고대 폴리스가 점차 쇠퇴하고 마침내 멸망한 시대에 살았지만 주저 『정치학』에서 민주정에 기반을 둔 폴리스를 현실적으로 가능한 차선의 정치단위로 분석하고 있다. 그만큼 다원적인 존재인 폴리스를 정치공동체로서 중시하였다. 하지만 이 위대한 철학자의 가르침은 국가주의의 논리에 밀려 최근까지 되살아나지 못하였다.

사실 그리스가 서구 문명의 보금자리가 된 것은 하나의 통일된 국가여서가 아니라 200여 개에 이르는 작은 폴리스가 존재하는 다원적 체제였기 때문이다. 이 폴리스들이 상호 경쟁하면서 당시 세계의 다른 곳에서 볼 수 없던 학문과 예술, 스포츠, 민주주의를 발전시켰다. 독자적인 권한을 가진 작은 도시의 창의력과 경쟁력의 결과라고 하지 않을 수 없다. 폴리스가 후세에 미친 영향력은 어떤 제국이나 국민국가를 넘어서는 것이다.

아리스토텔레스는 폴리스를 자연적으로 형성된 주권적 정치단위라고 하며 폴리스에 사는 사람은 정치적 동물로서 폴리스 일에 참여하는 것을 시민의 권리인 동시에 의무라고 하였다. 시민들은 번갈아 가며 공직을 담당하고 또 공직자의 지배를 받는 민주주의를 이상적 정치체제로 여겼다. 이런 참여를 가능하게 하는 폴리스의 규모에 대한 논의도 오늘날 지방자치에 큰 시사점을 제공한다. 따라서 그의 참여와 민주적 정치과정을 중시하는 『정치학』은 비록 자치권의 문제를 다루지 않았지만 지방자치 이론으로서 큰 의미를 가진다.

아리스토텔레스의 『정치학』이 주는 가장 큰 메시지는 정치공동체로서 폴리스가 국민국가보다 더 중요하다는 것이다. 정치적 동물로서 사람들이 더 쉽게 지역의 일에 참여할 수 있는 작은 정치공동체가 큰 국가보다 더 의미 있는 정치단위라는 것이다. 하지만 이런 정치공동체가 스스로 기능하는 것이 아니라고 하였다. 공공의 일을 처리하기 위해 모인 공적인 장에서 사익을 추구하려는 자가 대부분인 현실에서 바른 정치란 매우 어렵기 때문이다. 따라서 그는 공공의 장에서 주민과 정치인에게 덕성(virtue)을 기르는 것을 강조하였다. 지방이 중앙의 절대 권력의 손발 같은 존재가 아니라 민주적 정치공동체로서 기능하기 위해서는 그의 가르침대로 주민들의 부단한 노력이 필요하다고 하겠다.

아리스토텔레스의 자치구조에 대한 논리는 약 2,000년이 지나 새로이 조명을 받았다. 중세를 마감하고 근세의 새로운 통치 질서를 모색하는 가운데서 다음 장에서 보는 알투지우스는 아리스토텔레스의 가족-마을-폴리스라는 계층 구조와 관계의 논리를 더욱 발전시켰다.

〈주요 참고문헌〉

Aristotle.(BC 335～323). Translated by T. A. Sinclair and revised by Trevor J. Saunders. *The Politics*. Penguin Books.

Clayton, Edward.(1995). *Aristotle: Politics*. The Internet Encyclopedia of Philosophy (IEP) (ISSN 2161-0002).

Hueglin, Thomas O.(2008). *Classical Debates for the 21st Century: Rethinking Political Thought*. Broadview Press. 제3장.

제3장

알투지우스의
다원주의 정치이론:
다층 거버넌스와 보충성 원칙

지방자치 철학자 중에 가장 중요한 한 사람을 든다면 그는 당연히 알투지우스이다. 그는 다층 거버넌스 형태의 사회적 연방(협약)주의를 이상적 통치형태로 제시하였을 뿐만 아니라 실제 엠덴이라는 작은 도시의 정치지도자로서 지방자치를 지켜 내는 데 선봉에 선 사람이기도 하다.

　　알투지우스는 독자적인 권한을 가진 작은 하위단위들이 모여 국가가 형성되었을 뿐만 아니라 국가의 권한은 하위단위로부터 나온다고 하였다. 그의 이러한 주장은 사회의 모든 단위는 자기의 권한과 책임을 가진다는 분야별 주권에 대한 논리와 더불어 상위단위는 하위단위가 할 수 없는 일만 제한적으로 담당하여야 한다는 '보충성 원칙'의 근거가 된다.

　　알투지우스의 사상은 보댕이나 홉스 등의 국가주의 논리에 밀려 400여 년간 빛을 보지 못하다가 20세기 후반부터 새로이 조명을 받고 있다. 유럽연합(EU) 창설의 논리적 기초가 되었을 뿐만 아니라 많은 나라에서 중앙집권적 국가주의자에 대항하는 분권적 지방주의자의 최고 논리가 되고 있다. 그의 주장은 그의 생존 당시보다 중앙집권화의 문제에 대한 처방으로 오늘날 더 적합하다고 할 수 있다.

I. 머리말

오늘날 대부분 국가의 통치구조는 보댕이나 홉스의 논리에 따라 만들어져 있어 국가와 국민 사이에 있는 지방자치단체와 같은 중간 단위의 독자적 권리를 인정하지 않는다. 보댕의 주권론을 비판하면서 지역의 독자적 권리를 주장한 사람이 바로 알투지우스이다. 그는 독자적인 권한을 가진 작은 사회단위가 모여 큰 단위인 국가가 만들어졌을 뿐만 아니라 큰 단위의 권한은 작은 단위로부터 나온다고 하였다. 그리고 그는 실제 엠덴(Emden)이라는 독일의 소도시의 정치지도자로서 주(州)로부터 지방의 독립과 자치를 수호하는 데 선봉에 섰다.

알투지우스의 정치사상은 보댕이나 홉스 등의 국가주의 관점에 밀려 400여 년간 빛을 보지 못하였다. 하지만 20세기 후반에 와서 새로운 통치구조의 논리로 조명을 받고 있다. 그의 보충성 원칙은 EU(European Union) 창설의 이론적 기초가 되었을 뿐만 아니라 지방 분권주의자의 최고의 무기가 되고 있다. 그가 주창한 연방주의는 오늘날 다층 거버넌스(multi-level Governance) 이론으로 발전하고 있다. 따라서 그의 논리는 중앙집권화가 시작되던 근세 초기보다 과도한 중앙집권화가 이루어진 오늘날에 더 적합하다고 할 수 있다.

알투지우스의 라틴어로 된 *Politica Methodice Digesta*(정치학의 체계적 분석 1603; 1610; 1614: 이하 폴리티카)는 19세기 후반부터 독일어로 일부 번역되기 시작하였고 1960년대에 와서는 카니(Carney 1964)에 의해 영어 번역본이 출간되었다. 그 후 연방주의나 보충성과 관련한 여러 학자[Endo(1994), Follesdal(1998), Benoist(1999)]의 많은 논문에서 알투지우스를 재조명하였다. 하지만 알투지우스에 대한 영미권에서의 본격적인 연구로서 단행본으로 발간된 것은 휴그린(Hueglin 1999)의 책이 유일하다.[1]

알투지우스의 주장의 핵심인 공동체, 사회적 연방주의, 지역대표성, 보충성 그리고 주권 공유의 5가지 원칙을 따른 현재 우리나라에서 논의되고 있는 지방분권형 헌법개정의 주요한 개정 포인트를 대부분 포함하고 있다. 이를 중심으로 알투지우스가 우리에게 주는 가르침을 살펴본다.

II. 생애와 『폴리티카』

1. 시대적 배경과 생애

<그림 3-1> 알투지우스
(commons.wikimedia.org)

알투지우스(Johannes Althusius, 1557~1638)는 중세에서 근세로 넘어가던 시대의 사람으로 그가 살았던 독일의 북서부 지역은 당시 신성로마제국(Holy Roman Empire)에 속해 있었다. 신성로마제국은 영토뿐만 아니라 종교적으로도 분할되어 있던 곳이라 신구교 간의 갈등이 극심하였을 뿐만 아니라 정치적·종교적 자유를 쟁취하기 위하여 군주제에 대한 저

---

1) 휴그린은 독일에서 대학을 다녔고, 이 책에서 많은 독일 문헌을 참고하고 있다.

항 운동이 일어나고 있었다. 황제는 형식적으로 군림하고 있었지만 실질적인 권력은 영주에게나 헌장(charter)을 부여받은 자유도시(free city)에 있었다.[2]

알투지우스는 1557년 베스트팔리아(Westphalia) 주에 있는 작은 마을(Diedenhausen)에서 태어났다. 당시 이곳을 지배하고 있던 공작(Wittgenstein-berleburg County)은 칼뱅교 전파에 주도적인 역할을 한 인물이다. 그는 농민의 아들이라는 주장도 있고 이 공작의 서자라는 설도 있지만 그가 당시에서는 보기 드물게 좋은 교육을 받았고 또 젊은 시절부터 명사와 교류가 있었다는 사실에서 후자에 무게가 실리기도 한다.

알투지우스는 1581년에 쾰른(Köln) 대학 재학 시 여러 학문 분야의 기초를 정립한 고대 그리스의 아리스토텔레스를 공부하였는데 이때의 학습이 그의 정치사상의 기초가 되었다.[3] 그 후 그는 스위스에서 가장 오래된 명문인 바젤(Basel) 대학

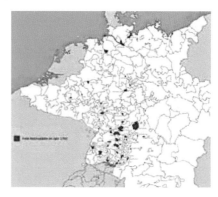

<그림 3-2> 신성로마제국의 자유도시
(commons.wikimedia.org)

(1460년 설립)에서 공부하여 박사학위를 받았다. 바젤 대학 재학 당시 그는 저명한 칼뱅교 신학자의 집에서 거주하면서 신학을 공부하였

---

2) 국민국가가 형성될 당시 프랑스의 계몽철학자 볼테르(Voltaire)는 신성로마제국은 '신성하지도, 로마인의 것도, 또 제국도 아니었다'라고 꼬집고 있다.

3) 고대 그리스의 여러 사상가의 저작은 13세기 아랍인들의 번역에 의해 중세 유럽에 전해진 것이다.

으며, 제네바(Geneva)로 가서 로마법을 공부하기도 하였다. 1586년에는 민법과 교회법의 연구로 법학박사 학위를 받았고, 학위를 받은 해에 로마법에 대한 저작을 내놓았다.

같은 해에 그는 곧바로 나소(Nassau) 공작에 의해 신설된 칼뱅교 대학인 헤르본(Herborn) 아카데미의 법학 강사로 초빙되었다. 언약신학(Federal Theology)의 본거지인 이곳에서 그는 매우 인기 있는 강사로서 여러 나라의 학생들을 불러 모았다. 1594년에는 교수로 승진하였으며 1595년에는 공작의 자문위원이 되었다. 그리고 하이델베르크(Heidelberg) 대학에서 신학을 몇 달 공부하고 돌아온 후인 1597년에는 이곳의 학장(Rector)이 되었다. 그는 교수직 외에 지방법원의 변호사로 활동하면서 지방귀족이나 관리의 간섭으로부터 대학의 자유를 지키려 하였다. 이런 과정에서 그는 교회 문제와 정치 문제를 구분하지 않는 대학과 마찰을 빚게 되고 마침내 이 대학을 떠나게 되었다. 그 후 부당한 권력에 저항하는 당시 그의 모습은 평생 지속되었다.

대학교수 시절 알투지우스의 가장 큰 학문적 성과는 『폴리티카』이다. 이 책은 출간 당시부터 큰 주목을 받았고, 출간 다음 해에 그는 엠덴시로부터 신딕(syndic: 법률 고문) 직책으로 초청받았다. 그의 제자 중 한 사람이 엠덴의 지도자의 아들이었는데 그가 『폴리티카』를 이 도시에 널리 알린 것과 더불어 그의 법학자로서의 명성과 신학적·정치적 주장이 엠덴시의 시대적 요구에 맞았기 때문이다.

엠덴은 독일 북서쪽 변방에 위치한 동프리시아(East Frisia) 주의 항구도시로 다른 지역에 비해 정치적·경제적 발전이 늦었던 곳이다. 하지만 16세기 중반부터 북해 무역의 중심지로 부상하면서 부유한

도시가 되었다. 지리적으로
네덜란드와 인접해 있을 뿐
만 아니라 영국과도 멀지 않
은 곳에 위치해 있어 영국과
스페인 간의 전쟁 당시 영국
상인들이 그들의 군사적 거
점을 네덜란드로부터 이곳
으로 옮긴 곳이기도 하다.

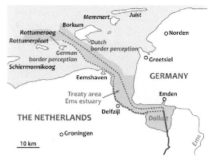

<그림 3-3> 엠덴의 위치
(en.wikimedia.org)

또 네덜란드의 병영부대가 이곳에 주둔하기도 하였다. 하지만 동프
리시아 주 대부분은 농업 중심 지역으로서 루터파 교도가 지배하고
있었다.

　독일에서는 처음으로 1526년 칼뱅교 도시가 된 엠덴은 '북쪽의
제네바'로 불리던 칼뱅주의자의 도시로 네덜란드 개신교의 모교라
불릴 정도로 개신교 신앙의 중심지였다. 이러한 엠덴은 루터파 교도
가 대부분이던 가난한 동프리시아 주와는 마찰이 많았다. 특히 주의
부유한 상공업자에 대한 조세 부과를 두고 엠덴은 많은 저항을 하
였다. 이런 저항은 1595년에 시작된 엠덴 혁명(Emden Revolution) 이
후 더욱 심해졌다.[4] 엠덴시가 추구하던 것은 당시 신성로마제국에
서 존재하던 50여 개 자유도시에[5] 상응하는 독자적인 권한을 갖는
것이었다.

　알투지우스는 엠덴의 지도자로서『폴리티카』에서 주장한 상하 계

---

4) 엠덴의 자치권을 확보하기 위한 혁명으로 당시 에드자드 2세(Edzard Ⅱ)의 수차례에 걸친 세금인
　상과 시의원 임명에 항거해 일어난 것이다. 그 결과 엠덴은 자유도시에 준하는 자치권을 얻었다.
5) 자유도시는 황제 직속의 도시로서 광범한 자치권을 가지고 있는 곳으로 황제는 이들 도시에 대
　해 명목적인 권한만을 가지고 있었다. 동양의 제국 내에서는 이런 도시를 찾아볼 수 없다.

층 간 계약(covenant)의 논리에 따라 주로부터 도시의 독립을 지키기 위해 노력하였다. 이런 노력 중 주목할 만한 것은 그가 세금 문제로 인해서 1618년에 엠덴을 방문한 프러시아 주의 공작을 계약위반을 근거로 내세우며 시의회가 그를 가택에 연금하도록 주도한 일이다. 게다가 이 사건에 대해 그는 자연법과 세속법의 논리를 동원하여 정당화하면서 시의회의 행위는 공작의 불법행위로 시의 권한이 침해된 것에 대한 정당방위라고 변호하였다(Maselnik 2009). 이 사건은 마침내 영국 왕의 중재로 해결되었는데, 그 후 그는 도시의 영웅으로 대접받았다.

알투지우스는 엠덴에 온 후 10년 만에 시의 최고위 관리가 되었다. 하지만 그의 학문적 노력은 멈추지 않아, 책 서문에서 밝히고 있듯이, 자투리 시간을 내어 1610년에 『폴리티카』의 2판을 네덜란드의 2개 도시에서, 1614년에 3판을 헤브론에서 출간하였다. 그는 제3판에서 주의 행정에 대한 장과 독재자에 대한 저항권을 정당화하는 장을 추가하였는데 이는 1609년 네덜란드가 스페인으로부터 독립한 것을 정당화하는 논리를 담은 것이다. 1617년에는 성서법, 교회법, 관습법을 망라한 거작 『정의론(Theory of Justice: Decaeologica…)』을 헤브론에서 출간하였다. 이로써 그는 1601년에 출간한 『윤리학(Civil Interaction)』과 더불어 윤리학, 정치학, 법학의 3대 분야 대작을 완성하였다.

알투지우스는 몇 개 대학으로부터 좋은 조건으로 초빙 제의를 받았으나 모두 거절하였다. 1638년 81세의 나이로 생을 마감할 때까지 34년간 고위관리로서, 또 17년간 장로로서 엠덴의 정치와 종교의 두 분야를 동시에 이끌면서 작은 도시였던 엠덴의 독립과 자치를 지켰다. 그는 제네바의 정치적·종교적 지도자로 신정(神政)을 하였던 칼뱅에 비유되곤 한다. 칼뱅이 엄격한 개신교 윤리의 도시를 건설하였다면 알투지우스는 절대 권력에 대항하여 엠덴의 자유를 수호하고자 하였다.

알투지우스의 이론은 당시 엠덴 인근 지역에서 인기가 있어 1654년 『폴리티카』의 제5판이 헤브론에서 출간되기도 하였다. 하지만 그의 저술은 유럽 중심이 아니라 독일의 변방 지역에서 출간되어 널리 전파되는 데 한계가 있었다. 이뿐만 아니라 베스트팔렌 조약 (1648) 이후 국민국가 내지 절대국가로 전환되던 시대의 새로운 정치질서의 흐름과도 맞지 않았다. 그의 저술은 젊은이의 정신을 오염시키는 반국가주의적인 책으로 낙인찍혀 당시 권력자들에 의해 불태워졌다. 그리고 보댕이나 홉스 등의 절대주의 국가이론에 밀려 400여 년 이상 빛을 보지 못하였다. 그리고 그의 사상이 담긴 책이 세상에 다시 알려지기 시작한 것은 19세기 후반부터이다.

2. 『폴리티카』의 저술 배경과 목적

1) 『폴리티카』의 배경

중세를 마감하고 르네상스 시대로 넘어오면서 학문적으로 새로운 정치질서를 모색하려는 사람들이 나타났다. 마키아벨리나 보댕이 대표적인 사람들이다. 마키아벨리는 『군주론』에서 현실 정치에서의 군주의 절대적 권력의 필요성을 역설하였다.[6] 보댕은 당시의 영토

---

6) 하지만 마키아벨리는 동시에 로마 공화정을 연구한 공화주의자이기도 하다. 『군주론』은 사회적 혼란 상황을 극복하기 위한 방편을 담은 것이다.

<그림 3-4> 폴리티카 표지
(dl.ub.uni-freiburg.de)

및 종교적 갈등과 혼란을 중앙집권적 체제로 극복하고자 군주주권론을 주장하였다.

보댕의 절대주의 국가체제를 비판하면서 그와는 완전히 다른 체제로 당시 혼란을 극복하고자 한 사람이 알투지우스이다. 그는 『폴리티카』에서 정치질서를 공생체(Symbiosis)의 관계로 보고 공생체 간의 합의와 계약, 그리고 상호 연대를 새로운 정치 질서로 제시하였다. 알투지우스에게 정치 사상적으로 큰 영향을 미친 것은 아리스토텔레스의 정치이론, 독일의 전통적인 공동체주의, 칼뱅교의 언약이론 3가지이다(Hueglin 1999: 56). 이를 차례로 살펴본다.

아리스토텔레스는 가족, 마을, 도시라는 인간 공동체의 현상을 생물학적 시각으로 보고 정치 이론을 정립하였다. 그는 인간을 고립되어 혼자서는 살 수 없는 사회적 동물이라 보고, 사회를 가족과 작은 하위단위에서부터 도시국가와 같은 큰 상위단위로 구성된 유기체로 보았다. 알투지우스는 이러한 그의 사회 구성의 논리를 그대로 이어받았다.

알투지우스는 신성로마제국의 사회구조가 지역의 독립을 지키는 데 이상적인 것으로 보았다. 당시 신성로마제국은 300여 개의 반독립적인 지역으로 나누어져 있었고, 길드, 대학, 교회 등의 사회조직도 국가로부터 독립적인 지위를 누리고 있었다. 제국의 황제나 고위

지도자가 교회영지, 세속영지, 자유도시의 대표로 구성되는 제국회의(Imperial Diet)에서 선출되기도 하였다.

칼뱅교도로서 알투지우스는 칼뱅교의 정치이론을 그대로 받아들였다. 제네바에 본거지를 둔 칼뱅은 프랑스 개신교인 위그노(Huguenots) 신도 박해 사건을 겪으면서 가톨릭 군주의 정치적 박해에 저항하며 항거의 논리를 발전시켰다. 칼뱅은 구약성서에 나타난 하느님과의 언약에 대한 개념을 군주와 국민 간의 관계로 발전시켜 언약을 어긴 권력자에 대한 항거는 당연히 인정된다고 주장하였다. 알투시우스도 젊은 시절에 당시의 개신교이던 네덜란드 지역이 가톨릭이던 스페인의 지배로부터 벗어나 독립한 것을 보면서 부당한 권력에 저항을 당연한 것으로 주장한 것이다.[7]

정리하면, 알투지우스의 이론은 공동체주의, 반절대주의, 반중앙집권주의의 성격을 지니고 있다. 그는 '통치자의 권한이 작을수록 헌정체제는 안정된다'라고 『폴리티카』에서 기술하였다. 그리고 통치자의 부당한 행위에 대한 저항권도 명시하였다(Heuglin 1999: 143).

2) 『폴리티카』 저술의 목적

『폴리티카』는 알투지우스가 생각하는 바람직한 정치질서를 신학, 법학, 철학의 이론과 함께 성서와 세속의 사례를 모아 정리한 책이다. 여기서 그는 구약성경과 아리스토텔레스, 아퀴나스(T. Aquinas), 보댕 등의 고전 문헌 150여 권의 내용을 인용했을 뿐만 아니라 또 비판도 하였다. 특히 그는 보댕의 주권론에 대해 신랄한 비판을 하

---

7) 네덜란드의 반란은 종교의 자유 추구와 더불어 당시 부유한 상공업자들에 대한 과도한 세금으로부터 벗어나고자 한 것이다. 분리 독립운동은 1572년에 정점에 이르렀다.

였다. 이 책은 정치학에 입문하는 학생들을 위한 것이라고 그는 그 저술의 의미를 서문에서 밝히고 있다.[8]

알투지우스는 정치학을 사회생활에 필요한 체제를 설계하고 발전시키며 유지하기 위한 '공생체를 위한 학문'으로 보았다.[9] 『폴리티카』의 전반부 목차는 가족-사회적 모임-도시-주-국가의 순으로 구성되어 있다. 이는 작은 단위부터 큰 단위의 순으로 사회단위를 기술하면서 이들 간의 관계를 다층 거버넌스 체제 논리로 설명하고 있다. 그리고 후반부에서는 이런 체제에서 그가 정치학의 기본이라 생각하는 사물, 서비스, 권리의 소통과 배분 문제를 다루면서 정치 지도자의 덕목으로서 신중함과 행정의 기술에 대해 서술하고 있다. 공생체의 학문으로서 정치학의 필요성을 『폴리티카』 초판 서문에서 그는 다음과 같이 기술하고 있다.

> 이제 정치학자들은 주권의 근원이 어디에 있는지에 대해 적절히 가르쳐야 하며, 국가 구성요소에 있어 기본이 무엇인지에 대해 탐구하고 또 제시할 수 있어야 한다. 반면, 법률가는 주권에서 연유되는 구체적인 권리와 국민과 군주 간의 계약을 적절히 다루어야 한다(제1판 서문).

그리고 그는 공생체의 학문인 정치학의 문제로서 주권 문제와 더불어 모세(Moses)의 십계명에서의 윤리와 법을 내세우고 있다.

> 나는 무엇보다 정치학자들이 침묵하고 있는 십계명과 주권을 여기에 포

---

8) 후세 학자들은 『폴리티카』를 두고 정치학을 하나의 독자적이고 체계적인 학문으로 정립한 것으로 평가하고 있다. 정치학과 법학과의 관련에 대해 알투지우스는 『폴리티카』 초판 서문에서 '정치학이 끝나는 점에서 법학이 시작된다'라고 하였다.

9) 공생체는 질서유지를 위한 계층적 구조와 상호 호혜적 의존성의 구조로 이루어져 있다고 하였다. 질서유지의 예는 여왕벌과 일벌과의 관계로, 호혜적인 구조는 악어와 악어새의 관계를 예로 든다.

함시키고 있다. … 십계명 첫째 판의 신심(信心)과 둘째 판의 정의가 없다면 인간사는 어떻게 될 것인가? 국가에서 인간생활에 필요한 (작은 공생체 간의) 교감과 소통이 없다면 어떻게 될 것인가. 이런 (십계명) 계율에 의해 여러 좋은 일에서 보는 자선(慈善)이 가능해진다(제3판 서문).

『폴리티카』의 본문 첫 페이지는 다음과 같이 시작하고 있다.

> 정치학은 사회생활을 설계하고 발전시키며 유지하기 위한 목적으로 만들어지는 모임의 기술에 대한 것으로 공생학(symbiotics)으로 불린다. 정치학의 주제는 모임으로 각각의 공생원(symbiotes)은 명시적으로나 묵시적 합의로 사회생활의 조화로운 영위를 위하여 유용하고 필요한 상호소통을 한다(Ⅰ: §1~2).

> 공생하는 사람들의 정치적 목적은 신성하고 정의로우며 안락하고 행복한 공생체를 만드는 것으로 필요한 것이나 유용한 것이 부족하지 않는 생활이다. 사실인 것은 이 세상의 삶에서 어떤 사람도 자족적일 수 없으며 또한 자연에 의해 충분한 것이 주어지지 않는다(Ⅰ: §3).

이는 아리스토텔레스가 『정치학』에서 시민들의 연대에 의해 자연적으로 만들어진 것이 폴리스이고, 폴리스의 목적이 시민의 행복을 추구하는 데 있다고 한 주장과 유사한 서술이다.

3. 『폴리티카』의 주요 내용

알투지우스의 사상에 대한 소개는 통상 연방주의와 보충성의 원칙을 중심으로 하고 있다. 하지만 휴그린(Hueglin 1999)은 『폴리티카』의 내용을 정치공동체, 사회적 연방주의, 지역대표성, 보충성, 주권 공유의 5가지 요소로 나누어 자세히 설명하고 있다.

1) 정치공동체(consociation)[10]

알투지우스는 사회를 공생적 단위 사이에 존재하는 계층적 질서로 보았다. 그는 공생적 단위를 구분하여 사적인 것과 공적인 것으로 나누었는데, 전자는 개인 상호 간의 이익을 위해 상호 언약을 통해 만들어진 것으로 이들은 가족과 민간모임(collegium)으로서 협회, 길드, 교회 등의 기능적(functional) 모임을 뜻한다. 그리고 후자는 도시, 주, 국가 등의 지역적(territorial) 모임이다. 도시는 자유시, 일반시, 혼합시, 대도시로 구분되며, 주는 그 영역 안에 마을, 타운, 도시, 요새 등을 포함한다. 그리고 국가는 이 모두를 포괄하는 전체적 모임으로 설명된다. 지역적 모임은 상호 이익을 위한 정치공동체라는 의미에서 코먼웰스(commonwealth)라고 칭해지고 있다.[11]

알투지우스는 '시민들 간의 합의와 동의가 정치적 모임의 원인'이라고 하면서 이들 모임 모두가 독자적인 권리를 가진 단위라 하였다. 즉, 그는 길드나 대학은 동업자나 구성원 간에 협의에 의해 만들어진 것이기 때문에 그 자체로 정당성을 가지는 것이지 상위단위의 인정으로 정당성이 생겨나는 것이 아니라고 보았다. 동일한 맥락에서 기능적 모임뿐만 아니라 지역적 모임인 도시의 경우도 마찬가지이다(Heuglin 1999: 63~66).

알투지우스는 사회단위 간의 질서와 조화를 중시하였다. 특히 지배자와 피지배자 간의 사회적 화합을 강조하였다. 그는 '지배자와 피지배자 상호 간 조화가 사라진다면 더 이상 지배자-피지배의 관

---

10) 옥스퍼드 사전의 'consociation'의 정의는 '권한 공유에 근거해 상호 적대적인 사회 집단들이 협력해 만든 정치체제'이다. 오늘날에는 다양한 정당, 언론, 직능단체, 시민단체 등이 그 구성원이라 할 수 있다.

11) 코먼웰스라는 용어는 15세기경부터 사용된 것으로 주, 국가, 국제단체 등에 사용된다.

계가 아니다'라고 하였다. 이런 조화가 없는 상태를 '신(God)이 분노한 것의 상징'이라고 하였으며 이들 간의 조화의 관계를 다음과 같이 설명하였다.

> 힘을 가지고 태어난 자는 약한 자를 다스릴 때 신중해야 하는 반면, 약한 자로 태어난 자는 스스로 복종해야 한다. 본성적으로 약한 여자는 본성적으로 강한 남자에게 복종해야 한다. 남자는 정신이 신체와 마음과 욕정을 다스리도록 해야 한다. 파멸의 길로 가지 않기 위해서는 남자의 자부심이나 고양된 정신이 이성이나 법의 고삐를 벗어나지 않도록 해야 한다(Ⅰ: §38~39).

이는 알투지우스가 약육강식의 사회에서 질서와 조화를 강조한 것이다. 즉, 그는 강자는 지배하고 약자는 스스로 복종해야 하지만 동시에 강자가 그들의 힘을 자제하고 약자를 보호함으로써 사회적 안녕과 조화가 달성된다고 하였다. 그리고 강자들이 이런 의무를 이행하지 않을 때 주어지는 저항의 권리를 뒷부분에서 서술하였다.

2) 사회적 연방주의

알투지우스는 흔히 연방주의의 아버지라 불린다. 고대 그리스에서는 도시국가를 넘어서는 정치체제에 대한 관심은 희박하였다. 이와 다르게 광대한 영토를 지배하던 로마제국의 경우에는 중앙집권적 정치체제의 논리에 집착하였다. 중세의 경우 소규모 지역으로 나누어져 있었기 때문에 전체적 질서에 대한 관심이 없었다. 이런 가운데 보댕의 절대적 국가주권론이 등장한 것이다. 그는 보댕의 국가만이 주권을 가진다는 주장에 대항하여 다층 거버넌스의 논리를 전개하였고 이것이 최초의 연방주의 주장으로 간주되고 있다.

알투지우스는 가족, 길드, 교회의 기능적 모임과 도시, 주, 국가의 지역적 모임이 계층적 체계를 이루고 있는데 이들 각자의 독자적 권리를 가진 모임은 계층적 체제 내 공생체로 이들 사이의 관계를 언약이라 하였다. 이들 사회단위 간의 언약은 상하 계층 간에 연속적인 계약으로 맺어지는 것이다.

계약적 관계라는 것은 일방적 지배의 관계가 아니라 상호 합의의 관계를 의미한다. 연방주의(federalism)라는 말은 라틴어 언약 'foedus'에서 유래한다. 그의 연방주의 이론은 성경에서 나타난 언약의 개념과 당시 신성로마제국의 사회적 구성을 조합하여 만든 것이라 한다 (Benoist 1999; Heuglin 1999).

언약은 양방의 합의하에 체결되는데 각 측이 지켜야 할 의무 조항들로 이루어지며 한쪽이라도 의무를 불이행할 경우 언약은 파기된다.[12] 알투지우스는 칼뱅교 신학자들에 의해 체계화된 성경 해석에서의 언약 개념을 정치학에 도입하였다. 이런 언약 개념은 칼뱅교의 한 분파인 미국의 청교도들에 의해 미국이 연방제 정부를 건국하는 데 신념적 기초가 되기도 하였다.[13]

알투지우스의 영향을 받은 유럽식 연방주의는 미국식 연방주의와는 몇 가지 차이가 있다. 첫째, 사회를 하나의 유기체로 보며, 둘째, 지역적 단위뿐만 아니라 기능적 단위를 내포하는 가운데 규범적이고 윤리적 측면이 강하며, 셋째, 사회구성 단위가 개인이 아니라 집단이라고 본다는 것이다(Stein 2008: 6).

---

12) 성경에서의 언약은 하나님의 선언으로 이루어지는 것으로 '구속의 언약', '행위의 언약', '은혜의 언약'으로 구분된다.

13) 연방주의 학자이고 『폴리티카』 번역판(Carney 1964)의 서문을 쓴 Daniel J. Elazar는 이런 주장을 한다. 하지만 미국 연방주의는 권력분립의 개념에 바탕을 두고 있는 것으로 보는 견해가 지배적이다.

봉건국가는 영주가 대부분의 권한을 가진 국가이고 군주제는 군주가 모든 권한을 가진 통일국가이다. 알투지우스는 중세의 봉건제와 새로이 등장하는 통일국가로서 군주제 간의 조화를 모색하였다고 볼 수 있다. 그는 국가를 다원적 사회의 구성물로 보면서 통일국가를 형성하면서도 중앙집권적이지 않은 체제, 즉 주권을 공유하는 연방주의체제를 이상적으로 본 것이다.

3) 지역 대표성

왕권신수설같이 통치자의 권한을 위로부터 주어지는 것으로 본다면 대표기관은 문제가 되지 않는다. 하지만 통치자의 권위가 아래로부터 나온 것이라 보면 통치자와 피통치자 사이의 관계를 규정하는 논리가 필요하다. 이런 관계가 바로 대표성의 문제이고 정치과정에의 참여 및 정당성 문제는 이 관계에 걸려 있기 때문이다.

알투지우스는 상위단위의 권위는 하위단위에서 나온다고 보고 상향적인 방식의 대표기관 구성을 제시하였다. 가족-사회적 모임-도시-주-국가라는 단위의 공생 관계에서 상위단위의 권한은 하위단위가 위임한 것에 불과하기 때문에 각 단위의 공직담당자는 하위단위에서 선출되어야 한다는 것이다.

하위단위 모임의 대표로서 상위단위의 구성은 하위단위의 자기지배의 연속이라 할 수 있다. 자기 지배의 연속제로서 대표기관을 구성하면 정치체제가 안정된다는 것은 말할 것도 없다. 알투지우스의 이러한 논리는 그가 살았던 신성로마제국의 제국회의가 교회영지와 세속영지의 제후, 자유도시의 대표로 구성되어 운영되던 모습에서 영감을 받은 것으로 보인다.

4) 보충성 원칙

알투지우스가 『폴리티카』에서 보충성 원칙을 직접적으로 분명하게 기술한 것은 아니다. 하지만 이 원칙은 책 전반에서 찾을 수 있다(Follesdal 1998; Heuglin 2003).[14] 그는 주권은 사회단위 간에 공유되어야 한다는 원칙의 전제하에서 각 단위는 독자적인 권리와 능력으로 그 삶을 영위해 나갈 것을 주장하였다. 그리고 계층적 구조에서 상위단위의 임무는 하위단위가 스스로의 힘으로 수행할 수 없는 것을 보충해 주는 것이라 보았다. 전자는 상위단위가 하위단위의 권한을 침해하지 않는다는 의미에서 소극적 의미에서의 보충성이라 할 수 있고, 후자는 상위단위가 하위단위의 능력을 보충한다는 의미에서 적극적 의미에서의 보충성이라 할 수 있다.

다시 말하면, 상위단위는 하위단위가 주어진 일을 적절히 수행할 수 없을 때만 관여한다는 것을 원칙으로 하기 때문에 하위단위가 적실하게 수행할 수 있는 일에는 간섭하지 않는다는 것을 의미한다. 이 원칙은 하위단위의 이니셔티브 보장과 예속을 방지하기 위한 것뿐만 아니라 사회 유기체의 온전성을 지키기 위한 것인 동시에 계층 간 균형을 이루기 위한 것이다. 농민 등 하층민들의 생존 자체가 어려웠던 당시의 상황을 통해 유추해 보면 보충성은 그 자체가 사회적 미덕의 하나로 간주될 수 있다.

보충성의 원칙은 알투지우스에 의해 구체화되었지만 이런 논리는 그가 처음은 아니었다. 아리스토텔레스는 공동체의 윤리의 틀 안에

---

14) 라틴어인 'subsidium'은 정규 군대가 필요할 때 지원하는 예비군을 의미하는 것이다. 하지만 Benoist(1999)는 알투지우스가 'subsidium'에서 유래한 'subsidiarity'란 용어를 자주 사용했다고 한다.

서 개인과 전체의 유기적 관계를 비슷하게 주장했으며, 중세의 아퀴나스도 교회나 사회가 할 수 있는 일에 대한 국가의 권한 행사는 제한되어야 한다고 하였다. 아퀴나스의 이런 주장은 후일 교황의 교서로 나타난다.

5) 주권 공유

오늘날 절대적 권력으로서의 주권 개념이 확실히 정립된 것은 보댕의 군주 주권론 이후이다. 중세 시대까지는 주권이란 개념 자체가 없었다. 신성로마제국의 황제는 지역의 영주들과 권력을 공유하였다. 이런 역사적 사실에 바탕을 두고 알투지우스는 주권 공유론을 주장하였다. 그는 사회 계층적 구조에서 각층의 의무 및 사회적 책임으로 권한을 행사하는 것을 바람직한 것으로 보았고 각각의 단위가 독자적인 권한을 가진다는 의미에서 주권론을 주장한 것이다 (Benoist 1999).

알투지우스는 가족-사회적 모임-도시-주-국가의 공생의 관계는 계층적인 상하 관계이기도 하지만 부분과 전체 간의 관계라고 하였다. 그는 주는 도시로 구성되고 국가는 지역공동체로 구성된다고 보았다. 도시나 주는 사회계약에 의해 만들어진 하나의 협의체이고, 이런 협의체 간의 사회계약으로 국가가 구성된다는 것이다. 그러므로 이런 연속적인 계약에 의해 만들어진 협의체의 권한이 이를 만든 하위의 사회적 단위에 있다는 것은 당연하다. 주권은 사회단위 간에 공유되며 그 정당성은 아래로부터 나온다. 그는 하위단위의 권한을 중요시하면서 다음과 같이 사회단위 간 주권의 공유를 주장하였다.

정치에서 주권을 뺏는 자는 큰 공생체를 파괴한다. … 여러 작은 공생체에서 주권이 박탈되는 경우 공생체는 해체되고 더 이상 존재하지 않게 된다. 이런 주권을 행사하는 작은 공동체가 존재하지 않는다면 군주가 무슨 권한을 가질 수 있나?(제3판 서문).

알투지우스는 공동체와 그 연합들은 개인, 특히 영속적·사회적 소수자를 보호하기 위하여 존재하며 국가의 역할은 하위단위 간 합의를 구현하는 것으로 보았다. 주권에 근거하여 실제 권력 행사는 하위단위를 위한 것이어야 한다고 하였다. 그리고 권력을 수임 받은 자가 그 수임을 다하면 주권 재민의 원칙에 의해 주권은 다시 전체 인민에게 돌아간다고 보았다.

알투지우스는 연합체인 국가는 하위단위의 위임에 의해 권한을 갖게 되므로 하위단위는 당연히 탈퇴권과 비토(veto)권을 갖는다고 하여 하위단위의 자유를 높은 수준으로 인정하였다. 그는 『폴리티카』의 서문에서 이런 논리로 개신교 네덜란드가 가톨릭의 스페인 왕의 지배로부터 벗어나 독립한 것을 주권을 회복한 것으로 정당화하였다.

III. 알투지우스의 유산

1. 망각

17세기 이후 시대적 흐름은 알투지우스 편이 아니라 보댕이나 홉스의 편이었다. 당시의 정치적 혼란을 극복하는 것이 시대의 과제였기 때문이다. 30년 종교전쟁을 종식한 베스트팔렌 조약(1648) 성립

후 국민국가가 출범하면서 보댕이나 홉스의 군주주권론이 보편적으로 수용되었다.

이들의 군주주권론은 그 후 절대왕정의 중앙집권적 체제의 이론적 기초가 되었다. 프랑스의 태양왕 루이 14세의 '짐은 국가이다'라는 언명이 그 유산이다. '법은 국왕의 명령에 불과하다'고 하여 실정법의 근원에 대한 정당성의 문제를 야기하였지만 그럼에도 불구하고 당시의 법학자들은 군주주권론을 옹호하였다.

보댕이 그 시대의 혼란을 막기 위해 내놓은 군주주권론에 근거한 중앙집권화의 불가피성에 대한 논리는 그 뒤 절대왕정 시대를 넘어 루소의 인민주권 시대에도 그대로 계승되었다. 프랑스 혁명 당시 루소의 사회계약론에 심취한 자코뱅당 지도부는 일반의사를 그들 집권자의 의사로 해석하여 전체주의적이고 매우 중앙집권적인 국가체제를 발전시켰다. 1791년 프랑스 헌법은 '국가가 존재하므로 국가는 주권을 가진다'고 규정하였다. 여기에서 주권이 절대적이라는 것은 권력을 장악한 자의 독재적 권력행사를 의미한다고 볼 수 있다.

홉스나 루소의 사회계약에서는 국가와 개인만이 존재한다. 사실 루소의 사회계약론은 홉스의 이론과 별반 다르지 않다. 홉스의 국가이론에다 '일반의사'라는 개념으로 장식을 더한 것이 루소의 사회계약론이다. 루소도 사회단체를 파당적인 존재로만 취급하였다. 루소의 가르침을 따르던 프랑스 혁명 지도부는 사회단체의 결성 권한을 인정하지 않았다. 이런 단체는 개인의 자유를 구속하기 때문에 이를 인정할 경우 절대적인 개인의 자유라는 이념과 맞지 않다는 이유였다(Benoist 1999: 53).

알투지우스의 사회계약론은 홉스보다 50년을, 루소보다 150년을 앞선 것이다.15) 그의 사회계약은 사회단위 간 계약으로 홉스와 루소의 국가-개인 간의 계약과는 동일하지 않다. 이들의 사회계약이 국민과 국가 간의 가상적(假想的) 계약인 데 비해 알투지우스의 계약은 사회단위 간의 좀 더 구체적인 소통 과정으로서의 계약이다.16) 국가와 개인 사이의 계약이 아니라 사회단위 간의 계약인 그의 이론은 뒤이은 자유주의 내지 개인주의 시대의 흐름에 밀려 계승되지 못하였다.17)

제네바 출신으로 당시 제네바를 이상적인 정치체제라 주장했던 루소도 『폴리티카』를 공부했다고 한다(Hueglin 2008: 107). 사실 사회계약론에서 루소의 논리는 알투지우스의 사회계약 이론과 상당 부분 유사하다. 하지만 루소는 알투지우스와 달리 사회주체로서 국가와 개인만을 인정하고 중간단위를 인정하지 않았다. 루소는 개인의 의사가 국가의 일반의사로 되는 논리에 맞추어져 있다. 그 결과 루소의 논리에는 다층 거버넌스나 보충성이라는 개념이 들어설 여지가 없다(Benoist 1999: 52).

보댕, 홉스, 루소 등의 절대적 국가권력의 주장은 이후 국가만이 주권을 가진 존재로 인정되고 지방자치단체 등 사회단체는 독자적인 권한이 없는 존재로 만들었다. 대륙국가에서 지방자치권은 국가에서 전래되었다는 전래권설이 통설이 되며, 영국에서는 의회가 정한 법을 위반하지 않는(Ultra Vires) 범위 내에서만 지방의 권한이 인

---

15) 사회계약에 대한 이론은 13세기경부터 나타났다. 마그나 카르타(1215)가 대표적인 계약이다. 여기서 계약은 통치계약(government contract)으로 군주와 귀족들 간의 충성과 특혜 부여, 그리고 세금에 대한 계약이다.

16) 참고로 헤겔 등 독일의 역사학파 학자들은 사회계약론은 허구적인 것이라 하며 이를 수용하지 않는다.

17) 알투지우스 시대에는 개인은 가족이나 도시의 한 구성원으로서 인식되었지만 독자적인 권리를 가진 존재로는 인정되지 못하였다.

정되며, 미국에서는 지방은 '주의회의 창조물'이라는 딜런 룰(Dillon's Rule)이 지배적인 견해가 된다. 이런 견해는 국가나 개인만을 주권을 가진 존재로 보고 양자의 중간에 있는 단위인 지방의 독자적인 권한을 인정하지 않음에 기인한다.

개인주의가 확대되면서 국가와 개인 간의 중간단위의 존재에 대한 개념이 점차 희석되었다. 국가와 개인 사이의 중간단위가 사라지면 국가를 견제할 사회적 힘이 사라져 대중국가나 독재국가 중 하나로 전락할 우려가 크다. 이런 우려 때문에 몽테스키외는『법의 정신』에서 이에 대한 견제 장치로서 중간단위의 중요성을 역설하고 있다. 하지만 국가 수준에서 입법·행정·사법의 3권 분립은 수용되었지만 국가와 지방 사이의 수직적 권력 분립은 수용되지 못하였다.

2. 명맥과 부활

1) 학계에서의 부활

하지만 알투지우스의 사상이 완전히 망각된 것만은 아니다. 그의 사상은 개별 지방과 지역의 독자성을 대변하는 이론적 근거가 되었다. 그가 세상에 다시 알려진 것은 19세기 후반 독일의 법학자 기르케(Otto Gierke)가 1880년 논문에서 알투지우스를 서양 정치철학의 대가로 인정하면서부터이다. 기르케는 단체법으로 저명한 학자로서 알투지우스의 논리와 유사하게, 사회는 가족에서부터 국가까지 사람들이 집단을 형성하는 데서 시작한다고 하였다.[18] 그 후 알투지

---

18) 기르케는 지방자치권이 지방의 고유권이라 주장한 사람으로 알려져 있다. 이에 대해서는 제9장에서 살펴본다.

우스의 저작을 1932년에 일부 번역한 신학자 프리드리히(Carl J. Friedrich)는 그를 보댕(1530~1596)과 홉스(1588~1679) 사이에 살았던 가장 심오한 정치철학자로 평가하였다.

1980년대에 와서 알투지우스의 학문에 관한 국제 심포지엄이 열리고 알투지우스 학회(Althusius Society)가 생겨났다(Benoist 1999). 이때까지도 영어권에서는 알투지우스의 '보충성' 개념이 잘 알려지지 않았다. 영국 등은 1992년 마스트리히트(Maastricht) 조약과 1997년 암스테르담(Amsterdam) 협정의 기본 개념인 보충성에 대해 들어 보지 못한 채 서명했다고 한다. 옥스퍼드 영어사전에 보충성이란 단어가 처음 등재된 것이 1989년 판일 정도로 1990대 초까지 영국은 이 개념에 대한 이해가 없었다고 한다.

2) 가톨릭의 보충성 원칙

칼뱅주의자인 알투지우스에 의해 창안된 보충성은 그가 반기를 들었던 가톨릭교회에서도 가톨릭 사회철학으로 체계화되고 발전되었다. 정부기능이 확대되면서 점차 교구의 일이 줄어들게 되었던바, 교회의 입장에서는 교구에서 감당할 수 없는 일만 정부가 관여해야 한다는 입장을 취할 수밖에 없었다. 19세기 후반 사회계급 간의 갈등과 사회주의 사상의 혼란 속에서 1891년의 레오 8세(Leo Ⅷ)는 국가의 역할은 사회적 악이나 불행을 고치거나 완화하는 것에 한정되어야 한다고 하면서 자연법 질서 중의 하나로서 사유재산제를 옹호하였다(Hueglin 2013: 3). 교회의 보충성에 대한 견해는 1931년의 교황 비오 11세(Pius XI)의 교서에서 더욱 분명하게 나타난다.

확고하고 불변하는 사회철학의 기본원리는 개인이 그들의 노력과 근면으로 할 수 있는 일을 지역사회가 박탈하지 않는 것이다. 또한 하위단위에서 수행하고 제공할 수 있는 기능을 상위단위로 가져가는 것은 정당하지 않고 큰 죄악일 뿐만 아니라 정의를 해치는 일이다. 본질적으로 모든 사회활동은 그 하위 구성원을 돕는 것이 되어야 하지 이들을 망가뜨리거나 상위단위에 흡수하는 것이 되어서는 아니 된다.

이 교서는 국가주의자들이 사회적 존재로서 국가와 개인만을 인정하는 것을 잘못으로 지적하면서 사회의 중간단위인 가족, 길드, 대학 등의 존재의 중요성을 인정한다는 점에서, 그리고 상위단위는 그것의 한 부분인 하위단위를 흡수하거나 파괴하는 것이 아니라 도와주는 존재임을 명쾌히 밝혔다는 점에서 알투지우스의 논리와 동일하다. 실제 가톨릭교회의 보충성에 대한 믿음은 작은 지역의 주민들이 경제정의의 실천이나 빈곤퇴치 프로그램 등에 직접 참여하는 데서 나타나고 있다. 가톨릭에서의 보충성은 국가가 사회의 권한을 침해해서는 안 된다는 의미로서 소극적 의미의 보충성이다.

3) EU 등의 보충성 원칙

EU의 보충성 원칙은 1990년대 초 EU 창설 당시 이를 주도한 들로(Jacques Delor) 위원장에 의해 널리 알려지기 시작하였다. 독일의 가톨릭 사회주의자로 알려진 그는 보충성의 원칙을 EU 창설에 적합한 기본 원리라고 보았다. 그가 주도한 EU 연구팀은 1571년의 엠덴시 교회 지도자의 결의안에서 보충성의 원칙이 처음 천명된 것을 찾아내었다. 그는 "모든 기능은 그 기능을 가장 잘 수행할 수 있는 단위에 배분하는 것이고, 이것은 각각의 단위가 그의 능력을 최대한 발휘할 수 있는 방법으로 이루어져야 한다"라고 주장하였다.

보충성의 원칙이 명백하게 등장하는 것은 1992년 마스트리히트 조약 제5조 제2항이다. 이에 따르면 EU는 그 배타적인 권한에 속하지 않는 영역에서는 보충성의 원칙에 따라 '회원국 수준에서 해당 조치를 충분히 할 수 없고 그 범위나 효과에 있어서 EU 수준에서 보다 잘 수행될 수 있는 분야의 경우'에 한하여 활동하여야 한다. 이것은 EU와 구성 국가 간에서 EU의 권한을 제한하는 것에 그치지 않고, 국가가 그 목적을 달성하도록 도와준다는 의미도 내포하고 있다. 이 원칙은 2009년의 리스본(Lisbon) 조약에서 더욱 분명하게 되었다. 여기서 정책결정은 주민들과 가장 가까운 단위에서 공개적으로 이루어져야 하고, EU는 회원국이 할 수 있는 일을 수행하지 않으며, 회원국들은 국내에서도 보충성의 원칙을 준수해야 한다고 규정하였기 때문이다.

유럽 국가 내에서 보충성 원칙의 천명은 EU에 앞선 유럽지방자치정부헌장(European Chapter of Local Self-government)에서도 찾아볼 수 있다. 1985년에 서명되고 1988년에 효력을 발휘한 헌장 제4조 3호에서 "공적 책임수행은 일반적으로 시민으로부터 가장 가까운 공공단체에 부여되는 것이 선호되어야 한다. 다른 공공단체에 책임을 배분하게 될 때에는 일의 범위와 성격 그리고 효과성 및 경제성 요구를 충족시킬 수 있는지 고려해야 한다"고 규정하여 보충성 원칙을 천명하였다. EU의 등장과 함께 새로운 '다층 거버넌스'라는 개념이 등장하게 된다.

4) 유럽 국가의 연방주의

유럽 국가의 연방주의는 알투지우스의 다층 거버넌스의 모델이 되었던 신성로마제국 통치구조의 유산이 남아 있다. 스위스 헌법 제1조는 스위스는 26개의 칸톤(Canton)으로 구성되어 있으며, 제3조에는 '각 칸톤은 연방헌법에 의하여 제한되지 아니하는 한 주권을 가지며, 연방에 맡기지 아니한 모든 권리를 행사한다'고 규정하고 있다. 그리고 제5a조는 '국가임무는 보충성의 원칙에 따라 분배되고 수행되어야 한다'라고 규정하여 보충성의 원칙을 규정하고 있다.[19]

독일도 알투지우스의 다층 코먼웰스의 통치 방법의 이상인 상향적 대표 방식을 따르고 있다. 상원(Bundesrat)은 연방 공화국을 구성하고 있는 16개 주의 정부각료나 행정공무원, 즉 지방정부의 대표로 하고 있다. 또 독일은 1992년 개정헌법 제23조 1항에 보충성 원칙을 규정하면서 "유럽의 통일을 위하여, 독일은 민주적·법치국가적·사회국가적·연방국가적 원칙과 보충성 원칙을 준수하며 기본법에 본질적으로 상응하는 기본권을 보장한다"고 하였다.

Ⅳ. 우리 지방자치에 대한 시사점 – 지방분권형 헌법 개정문제와 관련하여

알투지우스의 사회질서에 대한 관념은 우리 사회의 전통적인 수직적·하향적 정치질서와는 거리가 멀다. 법체계에서 헌법-법률-명령-조례-규칙이라는 수직적인 계층구조와 이에 따라 권한과 사무배분이 이루어지는 체제가 우리의 기본적 구조이기 때문이다. 헌법 제117조 제①항 후단에 지방자치단체는 '법령의 범위 안에서 자치에

---

19) 헌법연구 자문위원회 참고 자료집(2009).

대한 규정을 정할 수 있다'고 하고 있고, 지방자치법에서는 조례를 '법령의 범위 안에서'와 '법률의 위임에 따라' 정할 수 있다는 엄격한 제약을 두고 있다. 국법질서의 통일성 유지의 차원에서 법률에서 스스로 위임한 법규명령 아래에서만 조례의 효력이 인정되는 것이다. 그뿐만 아니라 '시·군 및 자치구의 조례나 규칙은 시·도의 조례나 규칙을 위반하여서는 아니 된다'고 규정하고 있다.

이뿐만 아니라 지방자치 단위에서도 하위단위인 기초보다 상위단위의 광역을 중시하는 행태가 그대로 나타나고 있다. 2006년 제주도를 특별자치도로 만들면서 종래 4개의 자치단위였던 시·군을 2개의 행정단위인 행정시로 바꾸었다. 즉, 기초에서의 자치를 포기하고 광역자치만을 인정한 것이다. 이런 상위단위를 중시하는 풍조는 지방교육자치에서도 그대로 나타나 지방교육은 애초부터 광역에서만 지방교육자치를 하고 있다.[20]

재원의 배분도 국가가 우선이다. 조세수입 중 국세가 80%이고 지방세는 20%에 불과하다. 하지만 순 지출은 국가가 45%, 지방이 55% 정도를 차지하고 있어 전체 조세수입의 약 35%가 지방교부세나 국고보조금 등의 형식으로 지방에 이전된다. 이런 재정구조에서 국가는 지방교부세나 국고보조금 배분 방식을 그때그때 필요에 따라 바꿈으로써 사실상 지방을 통제하고 있다.

이런 가운데 지방분권형 헌법 개정 문제가 제기되고 있다. 우리 헌법상 지방자치에 대한 규정은, 제헌 헌법부터 제6공화국 헌법까지 모두 2개의 조항으로 매우 간단하다. 전래권설의 논리에 따라 지

---

[20] 보충성의 원칙에 입각하여 다양한 지역의 교육 욕구를 충족시키기 위하여 기초단위에서도 지방교육자치를 하여야 한다는 주장도 상당히 많다.

방자치단체의 입법권한을 '법령의 범위 안에서'로 제한하는 규정과 의회를 둔다는 것이 주된 내용이다. 더 이상의 규정은 모두 법률에 위임하고 있다. 헌법규정이 지방자치 보장에 미흡할 뿐만 아니라 지방자치법 등 하위법에 규정된 내용 중에는 헌법적 근거를 갖추고 있지 못한 것들도 있다.

오늘날 탈국가주의와 협치의 시대에 알투지우스의 주장은 우리에게 시사하는 바가 크다. 아래에서는 사회공동체, 다층 거버넌스, 지역대표성, 보충성, 주권 공유 주장이 우리나라의 '지방분권형' 헌법개정에 시사하는 바를 살펴본다. 알투지우스의 주장은 스위스나 독일 헌법에 상당 부분 명시적으로 반영되어 있다.

1. 사회공동체에 기반한 국가

알투지우스는 가족-사회적 모임-도시-주-국가의 순으로 사회단위를 규정하고 있다. 그에 의하면 국가도 사회단위의 하나로서 이런 단위의 연합체로 이들의 사회계약으로 국가가 형성된 것이다. 이렇게 계약에 의해 만들어진 협의체의 권한은 이를 만든 하위의 사회적 단위에서 나온다는 것이 당연하다.

이런 하위단위의 권한을 분명히 한 예는 스위스나 독일, 그리고 프랑스 헌법에서 발견된다. 스위스 헌법 제1조는 '스위스는 26개의 칸톤으로 구성되어 있다'고 하고, 독일연방헌법 전문에도 연방을 구성하는 주를 열거하고 있다.

우리도 헌법 제3조에 '대한민국의 영토는 한반도와 그 부속도서로 한다'는 영토 규정과 더불어 영토 구성의 단위인 지역을 명시하는 방안을 생각해 볼 수 있다.[21] 또 지역공동체를 중시한다는 의미에서 '대한민국은 지방분권 국가이다'라고 명시할 뿐만 아니라 주민자치권을 천명하는 규정을 두어야 할 것이다. 그리고 1994년 이래 지방자치법 개정으로 새로이 규정된 주민투표, 주민소환, 주민제안 등 주민참여 관련 조항의 헌법적 근거를 마련할 필요가 있다.

2. 다층 거버넌스–연방제

알투지우스에 의하면 국가의 권위는 사회단위의 연속적인 계약에 의해 주어진 것이기 때문에 각 사회단위는 당연히 독자적인 권한을 가진다. 그리고 이런 사회단위 간의 관계는 명령-복종의 관계가 아니기 때문에 여러 단위 간 공동 문제 해결은 상호 협의에 의해 이루어진다. 그의 거버넌스 체제는 보댕이나 홉스의 중앙집권적 체제와 매우 다르다. 국가와 지방은 상하 관계가 아니라 상호 협력적 관계이다. 지방은 국가의 명령에 따르는 단순한 하위단위에 불과한 것이 아니라 독자적인 권한을 가진 존재이다.

연방주의는 연방국가에 맞는 말이다. 단일국가인 경우 연방주의보다 다층 거버넌스가 더 적합한 용어이다. 우리의 경우도 다층 거버넌스의 논리로 알투지우스의 주장을 우리 헌법에 수용할 수 있다. 한 예로 '중앙-지방 협력회의'를 헌법상 규정하는 것이다. 그 형태는 대통령 소속의 자문회의로 중앙에서 국무총리와 관련 장관, 지방에서는 4대 협의체 대표를 참여시키는 것이다.[22]

---

21) 연방국가가 아닌 단일국가에서는 부적절하다는 반론이 있을 수 있다. 하지만 우리의 경우도 연방제 주장이 없었던 것이 아니다. 일본은 도주제 개혁으로 연방국가를 지향하고 있다.

22) 이 협의체를 '제2국무회의'라는 이름 아래로 최근 논의되었다. 이러한 명칭은 지방의 독자성을 인정하고 않고 단지 중앙행정체제의 한 부분으로 지방을 인식한다는 점에서 적절하다고 보기

다층 거버넌스의 틀을 확실히 하기 위한 방안은 지방자치단체의 종류를 지방자치법이 아니라 헌법에 규정하는 것이다. 이런 방안은 종래 중앙의 자의적인 지방행정체제 개편을 헌법상 조항으로 제한하는 효과가 있을 것이다. 또한 지금도 제기되고 있는 광역시나 도의 통합, 광역시의 자치구 폐지 등 지방자치에 반하는 주장을 원천적으로 봉쇄하는 의미도 있다.

전통적인 중앙집권국가인 우리나라에서 알투지우스의 연방제 논리는 대체로 무시되어 왔다. 하지만 2007년 대선 당시 이회창 후보의 '강소국 연방제론'과 2012년 및 2017년 대선 당시 문재인 후보의 '연방제 수준의 지방분권' 공약 등에서 보는 바와 우리의 경우에도 연방제에 대한 논의가 없었던 것은 아니다.[23] 이런 논의는 남북통일 후의 정치체제와 관련해서도 큰 관심의 대상이 될 수 있다. 특히 이웃 일본에서 지역주권과[24] 도주제에[25] 대한 관심이 상당한 만큼 국가구조 개편과 관련해 상당한 영향이 있을 것으로 보인다.

3. 지역대표성: 지방원

오늘날 대부분의 헌법은 국민주권의 원리에 기초해 있다. 홉스의 『리바이어던』 이래 개인을 국가구성의 기본단위로 보고 개인의 자

어렵다.

23) '강소국 연방제'는 중앙정부가 외교 국방을 중심으로 국가통합과 조정기능의 업무를 맡고 지방정부는 독자적인 입법 · 사법 · 행정 · 재정 · 교육 · 경찰 등의 자치권한을 갖는 것으로 전국을 6~7개 권역으로 나누는 것이다.

24) 2009년 11월 민주당의 하토야마 내각은 '지역주권개혁'을 내세웠는데 이는 부분적인 지방자치제도 개선이나 일부 사무와 재원의 지방 이양에 그치는 것이 아니고 국가와 지방의 새로운 역할분담을 통해서 국가의 운영시스템을 총체적으로 개혁하자는 것이다.

25) 2000년대 초반 이래 국가 운영단위 개편으로 현행 47개 도도부현(都道府縣)제에서 외교나 국방 외의 내정에 관한 모든 권한을 가진 10개 내외의 도주(道州)로 개편하려는 구상이다.

유를 중시하는 것이 근대 헌법의 정신이다. 따라서 통치기관으로서 국민의 대표기관도 국민 개개인의 대표로서 의회가 구성되어 있다.

홉스의 개인주의가 등장하기 전인 중세 말기의 알투지우스는 국가를 사회모임으로 구성된 것으로 보아 독자적인 개인의 지위를 인정하지 않고 이들을 집단의 일원으로 보았다. 따라서 통치를 담당하는 대표기관도 개인이 아닌 집단의 대표로 여겨질 수 있었다.

알투지우스의 논리에 따라 만들어진 것이, 앞에서 지적한 바와 같이 독일의 상원이다.[26] 이는 연방 공화국을 구성하고 있는 16개 주의 정부각료 또는 그들이 파견한 행정공무원, 즉 지방정부의 구성원으로 이루어진다. 의원 수는 각 주의 인구수에 비례하여 배분되며, 하나의 주를 대표하는 의원들은 특정 안건에 대하여 동일한 투표권을 행사한다.[27]

중앙정부에 지방자치단체의 대의기관이 없는 우리 현실을 극복하기 위한 방안으로 제안되고 있는 것이 '지방원'의 설치이다. 지방자치단체의 대표로 구성되어 국민 개개인이 아니라 지역단위별 이해관계에 대한 의견을 국정에 반영하도록 하자는 것이다.

4. 보충성 원칙

알투지우스와 관련하여 가장 많이 논의되고 있는 것은 상하단위 간 혹은 작은 단위와 큰 단위 간의 역할 배분에서의 보충성 원칙이다. 지방의 독자적인 권한을 인정하는 것과 동시에 지방의 부족한

---

26) 프랑스나 미국의 상원도 지역대표성이 있다. 하지만 이들이 알투지우스의 논리에 따른 것인지는 분명하지 않다.

27) 제4장 연방상원 제51조 ① 연방상원은 주정부가 임면하는 주정부의 구성원으로 구성된다. 구성원은 주정부의 타 구성원에 의하여 대리될 수 있다.

것을 보충해 주어 국가적 연대를 강화하는 것이다.

스위스 헌법 제5a조는 '국가임무는 보충성의 원칙에 따라 분배되고 수행되어야 한다'라고 규정하고 있다. 프랑스 헌법 제72조 2항에 "지방자치단체는 지방 차원에서 최대한 실행할 수 있는 권한 전반에 관한 결정권을 가진다"라고 규정한다. 독일 헌법도 사회적 연방주의와 보충성 원칙을 천명하고 있다.[28]

우리 헌법에도 보충성의 원칙을 명시하자는 제안은 흔히 찾아볼 수 있는 주장이다. 국가 중심의 권한과 사무배분의 문제를 개선하자는 것이다. 구체적으로 권한이나 사무를 하향적으로 배분하지 말고 상향적으로 배분하자는 것이다.

우리 헌법상에 아직 보충성의 원칙이 규정되어 있지 않지만 우리 법률에는 규정되어 있다. '지방분권 및 지방행정체제개편에 관한 특별법' 제9조(사무배분의 원칙) 제2항이 그 예이다. 여기서 '국가는 제1항에 따라 사무를 배분하는 경우 지역주민생활과 밀접한 관련이 있는 사무는 원칙적으로 시·군 및 자치구의 사무로, 시·군·구가 처리하기 어려운 사무는 특별시·광역시·특별자치시·도 및 특별자치도의 사무로, 시·도가 처리하기 어려운 사무는 국가의 사무로 각각 배분하여야 한다'고 하여 보충성의 원칙을 명시하고 있다.[29]

---

28) 제23조 ① 유럽 통합을 실현하기 위하여 독일연방공화국은 민주적·법치국가적·사회적·연방주의적 원칙과 보충성의 원칙을 존중하며, 기본법과 본질적으로 동등한 기본권 보호를 보장하면서 유럽연합의 발전에 기여한다.

29) 또 지방자치법 제10조(지방자치단체의 종류별 사무배분기준) 제③항에서 '시·도와 시·군 및 자치구는 사무를 처리할 때 서로 경합하지 아니하도록 하여야 하며, 사무가 서로 경합하면 시·군 및 자치구에서 먼저 처리한다'라고 하여 제한적이지만 보충성의 원칙을 따라야 함을 규정하고 있다.

5. 주권의 공유

알투지우스는 사회단위 간 사회계약으로 국가가 형성된 것으로 보고 상위단위의 권한은 하위단위의 위임으로부터 나온 것에 불과한 것이라 하였다. 즉, 주권은 사회단위 간에 공유되고 있고 그 정당성은 아래로부터 나온다는 것이다.[30]

국가 형성의 기초는 지방단위이기 때문에 지방의 능력이 증대되고 있는 시대에는 지방도 일정한 범위 내에서 주권을 갖는 것이 바람직하다. 지방주권(local sovereignty)이란 지방정부가 자기 구역 내의 일에 대해서 최고의 기관임을 의미하는 것이다. 이를 반영하기 위해서는 헌법에 국민주권과 더불어 주민주권을 선언할 필요가 있다. 헌법 제1조를 '대한민국의 주권은 국민과 각 지역의 주민에게 있다'라고 규정하는 것이다.

우리 헌법상 지방자치권의 가장 큰 제약은 지방자치단체의 입법권을 '법령의 범위 안에서'로 제한한 것이다. 이는 지방자치단체인 자치입법이 국회의 법률뿐만 아니라 행정부의 명령의 범위 안에서 이루어져야 한다는 것이다. 이것은 자치입법권의 심각한 제약이 아닐 수 없다.[31] 미국의 입법형 홈룰(legislative home-rule)에서는 모든 사안에 지방 입법이 가능하도록 지방의 주도권(initiative)을 확대하고 있다. 그 대신 지방에 대한 면책(immunity)의 범위를 좁히고 주의회의 선점권(preemption)의 범위를 폭넓게 인정하고 있다. 1953년 포덤(J.

---

30) 이런 논리에 따르면 지방자치권은 국가에서 전래된 것이 아니라 지방의 고유한 권리이다.

31) 일본 헌법 제94조에는 「법률의 범위 안」에서 조례 제정이 가능하도록 하고 있으나 지방자치법 14조 ①항에는 「법령에 위반되지 아니하는 한도 내」에서 조례 제정이 가능하도록 하고 있다. 그러나 환경규제 등에서는 지역에 법령이 규정한 것보다 더 엄격하게 규정하는 '초과조례'가 인정되고 있다. 지방적 특수성으로 인한 규제수요가 있는 경우에 법령우위의 원칙의 합당성이 문제가 아닐 수 없다.

Fordham) 교수에 의하여 제안된 이런 모형을 반영하는 헌법 개정이 필요하다.[32)]

헌법상 죄형법정주의와 조세법률주의가 지방의 권한을 극도로 제한하고 있다. 죄형법정주의에 따라 지방자치법 제22조 단서는 '주민의 권리제한 또는 의무의 부과 시는 법률의 위임이 있어야 한다'라고 규정하고 있기 때문에 지방 입법의 효력이 제한되고 있다.[33)] 조세법률주의에 따라 지방의 과세자주권을 인정하고 있지 않고 있다.[34)] 지역주권의 논리에서 보면 조세법률주의와 죄형법정주의는 당연히 폐지되어야 할 조항이다.

6. 정리

알투지우스의 논리에 따른 우리 헌법 개정의 방향은 중앙집권적인 하향적 통치구조에서 지방분권적인 상향적 합의의 다층 거버넌스 구조로 바꾸는 것이다. 이를 위해서는 국민주권의 단일 논리에서 벗어나 국민주권과 더불어 주민주권 양자를 모두 인정하는 것이 필요하다. 또 국가주의의 다수결의 원리와 개인주의 및 경쟁 구조에서 벗어나 사회적 다원주의 원칙 아래 사회적 합의를 존중하는 공동체

---

32) 입법형 홈룰에 대한 구체적인 내용은 제12장에서 찾아볼 수 있다.

33) 헌법 제12조 제1항은 '모든 국민은 신체의 자유를 가진다. 누구든지 법률에 의하지 아니하고는 체포·구속·압수·수색 또는 심문을 받지 아니하며, 법률과 적법한 절차에 의하지 아니하고는 처벌·보안처분 또는 강제노역을 받지 아니한다'라고 규정하고 있다. 이런 규정에 맞추기 위해 종전 지방자치법 20조에 규정되었던 조례 위반에 대한 제재로서 '시·노 소례로서 3월 이하의 징역 또는 금고' 규정이 삭제되고 대신 '과태료 상한선 1,000만 원'이 신설되었다. 그 결과 조례위반에 대해서 행정형벌은 부과할 수 없고 질서벌만 부과할 수 있게 된 것이다.

34) 법률인 「지방세법」에 의해 지방세가 규율되도록 하는 제도하의 지방세는 지방세가 아니라는 주장이 있다. 이런 비난을 완화하기 위해 조례로 지방세법상의 세율을 부분적으로 조정할 수 있는 탄력세율제가 있으나 유명무실하다. 지방의회도 국회와 마찬가지로 민주적 정당성을 가진 기관이기 때문에 조례에 의한 지방세 규정도 허용되어야 한다.

주의와 시민사회 존중의 구조로 나아가야 한다. 이것이 21세기 국가가 지향하는 가치일 것이다. 이상을 정리하면 <표 3-1>과 같다.

〈표 3-1〉 국가주의 대 지방주의의 헌법적 가치

국가주의적 헌법의 가치	<======>	지방분권형 헌법의 가치
중앙집권적 하향적 통치구조	지배형태	지방분권적 상향적 합의 다층 거버넌스
국민주권	주권	국민주권+주민주권
자코뱅 국가주의	이념적 가치	사회적 다원주의
다수결 원리	결정 원칙	사회적 합의
개인주의와 경쟁	성향	공동체주의, 시민사회 존중
현대국가의 가치	경향	21세기 국가의 가치

출처: 필자가 정리

하지만 국가주의 관념이 오랫동안 대부분 사람들의 머릿속을 지배하고 있는 우리 현실에서 이러한 주장들을 모두 수용하는 헌법 개정은 쉽지 않을 것이다. 그렇지만 이 시대의 과제인 지방분권을 가장 확실히 하는 방법은 알투지우스의 가르침을 최대한 따르는 것이다.

V. 맺음말

알투지우스는 서구 정치사상의 대가 반열에서 빠져 있는 사람이다. 널리 읽히는 정치사상사에 관한 책에서는 그의 이름을 찾아보기 어렵다. 그는 주권 공유, 다층 거버넌스, 보충성 원칙 등 국가구조에 대한 거대 담론을 제시하였지만 근래까지 주목을 받지 못하였다. 그는 도시의 독립과 자치를 앞장서서 수호하였음에도 불구하고 지방자치의 투사로서도 최근까지 잘 알려지지 못하였다. 그 이유는 보댕이래 국가주의가 득세하면서 이에 반하는 그의 주장은 명맥을 유지하기 어려웠기 때문이다.

근래 부활한 알투지우스의 통치구조에 대한 논의는 중앙집권화가 시작되던 국민국가의 초기인 400년 전보다 과도하게 중앙집권화된 오늘날의 국가이론으로서 더 적합하다. 앞에서 본 바와 같이, 보댕의 연구로 저명한 맥래(Macrae)는 서구의 통치구조가 보댕이 아니라 알투지우스의 논리에 따라 만들어졌다면 오늘날과 같은 중앙집권국가로 인한 폐해는 없었을 것이라고 주장하였다. 국가주의에 근거한 헌법의 문제를 근본적으로 해결하기 위해서는 알투지우스의 논리를 따를 필요가 있다는 것이다.

알투지우스가 근세에 잘 알려지지 않았지만 그와 비슷한 생각을 가진 사람이 없었던 것은 아니다. 몽테스키외가 그 예이다. 그가 알투지우스의 저술을 읽었는지는 분명하지 않지만 몽테스키외 역시 알투지우스와 유사한 연방주의 체제를 주장하였다.

〈주요 참고문헌〉

Althusius, Johannes.(1603; 1610; 1614). *Politica [1614]* translated by Frederick S. Carney(1964). (oll.libertyfund. org).

Benoist, Alain de.(1999). The First Federalist: Johannes Althusius. *Krisis.* 2~34.

Carney, Frederick S.(1964). *Politica [1614].* translation. (oll.libertyfund.org).

Elazar, Daniel J.(1990). Althusisus and Federalism as Grand Design. (www.jcpa.org/dje/articles2/althus-fed.htm).

Endo, Ken.(1994). The PrincJacques Delors. 北法 44. (eprints.lib.hokudai.ac.jp).

Hueglin, Thomas O.(1999). *Early Modern Concepts for a Late Modern World: Althusius on Community and Federalism.* Wilfrid Laurier University Press.

Hueglin, Thomas.(2013). Two (or Three) Tales of Subsidiarity. (www.cpsa-acsp.ca).

제4장

몽테스키외:
중앙집권화의 경고

'권력이 절제된 정부'를 실현하기 위한 몽테스키외의 중앙정부 권한의 3권 분립론은 잘 알려져 있다. 하지만 그의 국가-지방 분권론은 거의 주목을 받지 못하였다. 그는 『법의 정신』에서 영국의 중앙권력의 분립을 명시적으로 칭송하는 반면, 중앙과 지방 사이의 분권에 대하여서는 중세 프랑스의 분권적인 법제도를 자세히 고찰했음에도 불구하고 명시적으로 나타내지 않았기 때문이다.

몽테스키외는 부르봉 왕조의 중앙집권화가 정점으로 치닫는 시대에 살았다. 그는 왕권이 강화되는 과정에서 기존의 지방에 존재하던 공동체의 해체를 목격하며 중세의 분권적 체제의 장점을 기술하였다. 하지만 절대왕권에 도전한 그의 주장은 너무 우회적이어서 주목을 받지 못하였다. 그 결과 중앙집권화는 계속되었고 프랑스는 결국 공동체적 삶의 터전을 잃은 시민들의 궐기로 절대왕정은 마감하게 되었다. 프랑스 대혁명과 연이은 정치적 변혁기에 '공화국은 하나'라는 강령 아래 자코뱅당이나 나폴레옹에 의한 중앙집권화는 더욱 가속화되었다. 몽테스키외의 지방분권을 통한 절제된 정부를 구성하라는 충고를 무시한 프랑스는 200년 이상 정치적 격변의 소용돌이에 휘말리게 되었다.

Ⅰ. 머리말

몽테스키외의 중앙 권력의 3권 분립론은 우리에게 잘 알려져 있다. 하지만 그의 국가-지방 간 권력 분립론은 거의 알려져 있지 않다. 국가수준에서 입법·사법·행정의 기능적·수평적 분립은 널리 수용되고 있는 반면 국가와 지방 사이의 수직적 권력 분립은 오랜 기간 철저히 무시되었기 때문이다.

몽테스키외는 절대국가가 확립된 부르봉 왕조시대에 살았다. 특히 '짐은 국가다'라고 한 루이 14세의 말년에 그는 청년기를 보냈다. 그는 절대왕정의 무모한 권력 남용을 보면서 권력이 절제되는 작은 공화국을 바람직한 정치체제로 보았다.

몽테스키외에게 법이란 사물의 본성에서 생겨나는 필연적인 상호관계이다. 이런 의미에서 그는 모든 존재에 그들의 법이 있다(1권 1장)고 하였다. 그의 주저『법의 정신』은 사변적 철학의 산물이 아니고 귀납적 방법을 인류 역사에 적용한 '통치의 과학(science of government)' 책이다(Bergman 1991). 그는 선험적 원리에 의거해 인류의 법과 습속을 연구할 수는 없다고 보고 다양한 민족과 국가가 생활해 온 구체적 현실의 상황에서 연구를 시작해야 한다고 믿었다. 즉, 그는 역사적 사실과 교훈에 근거하여 그의 정치철학을 발전시킨 것이다.

몽테스키외는『법의 정신』에서 영국은 입헌 군주정과 국가수준에서 수평적 권력분립으로 절제된 정부의 모습을 가지고 있다고 하였다. 하지만 이 나라에서도 중앙과 지방 사이의 수직적 권력분립은 이루어지지 않아 권력이 집중된 의회에서의 부패소지가 다분하다고 보았다. 한편, 영국과 비교해 볼 때 절대왕정 프랑스는 중앙정부는 물론이고 중앙과 지방 사이의 권력분립이 전혀 이루어지지 않은 나라로 입헌체제 그 자체가 없는 나라로 보았다. 이런 상황에서 그는 중세 프랑스의 국왕-영주들 간 권력의 공유로 견제와 균형을 이루는 헌정체제를 바람직한 것으로 보고 이 책의 마지막 부분에서 당시의 분권적인 법제도를 상세히 기술하였다.

몽테스키외는 절대왕정의 견제되지 않는 권력 행사를 치유하는 방법으로 3권 분립에 더하여 국가와 지방 사이의 권력분립을 주장하였다. 이것이 중앙정부의 독재를 방지하고 개인의 자유를 보장하는 방법이라 그는 믿었다. 이와 함께 영국의 수평적 권력분립체제와 더하여 중세 프랑스의 수직적 권력분립을 융합한 구조를 이상적 정치체제로 제시하고 있다(Ward 2007: 19). 그의 국가-지방 사이의 권력 공유 주장은 오늘날 연방주의나 지방분권의 논리로 연결된다.

몽테스키외의 『법의 정신』은 중세 시대의 제도로 회귀하거나 그 반대로 급격한 정치적 변화를 주장한 것이 아니다. 그는 영국이나 프랑스의 헌정제도를 고찰하면서 역사적으로나 문화적 환경에 맞는 적실한 제도를 제안한 것이다. 이 책에서 연방제나 지방분권과 관련된 부분은 공화국의 방위문제를 다루는 9권과 프랑스 중세 법제도를 다루는 30, 31권이다. 방대한 책인 마지막에 배치된 중세의 법제 부분은 크게 주목을 받지 못했다. 그 결과 몽테스키외를 지방자치와 연결시키는 연구는 많지 않다. 근래에 나온 논문인 워드(Ward 2007) 등에서 발견될 뿐이다.

몽테스키외가 제시한 지방분권이나 연방제의 이론은 프랑스 대혁명과 그에 이어진 정치적 변혁기에 거의 이해되지 못했으며 그가 가장 바람직한 방향으로 제시했던 '절제된 정부' 역시 무관심 속에서 방치되었다. 그 결과 중앙집권화는 계속되었고, 결국 공동체적 삶의 터전을 잃은 시민들의 궐기로 프랑스의 절대왕정은 마감되었다. 사회적 혼란 속에서 '공화국은 하나'라는 기치 아래 자코뱅당이나 나폴레옹에 의한 중앙집권화는 더욱 가속화되었다. 몽테스키외의 지방분권을 통한 절제된 정부의 충고를 무시한 프랑스는 이후 정치적 격변을 겪는 나라가 되었다.

II. 시대적 배경과 생애

1. 시대적 배경

몽테스키외가 살았던 시대는 루이 14세에 이어 루이 15세가 통치하던 시기로 프랑스의 역사상 중앙집권화가 정점에 이르렀던 시기이다.

프랑스의 절대주의는 백년전쟁 (1337~1453)[1] 말기 샤를 7세(Charles VII) 시대에서 시작되어 앙리 4세 (Henri IV) 시대에 그 기초가 확립되었다. 부르봉 왕조의 시초인 앙리 4세는 개신교(위그노) 출신으로 왕위에 오르면서 가톨릭과의 종교 대립을 완화하는 낭트 칙령을 발표하

<그림 4-1> 몽테스키외
(ko.m.wikipedia.org)

---

1) 백년전쟁(1337~1453)은 프랑스 출신 영국 왕족이 프랑스 국내에 갖고 있는 봉토에 대한 지배권을 둘러싸고 되풀이된 영국-프랑스 사이의 고질적인 분쟁이었다.

<그림 4-2> 올빼미당의 봉기
(commons.wikimedia.org)

여 왕권의 안정화를 기하였
다. 이를 이은 루이 13세 때
에는 재상 리슐리외(Richelieu,
1585~1642)의 주도로 중앙집
권을 강화하였다. 그는 지사
(知事)를 각지에 파견하여 지
방의 정치·치안·재정을 감
찰하게 하였다. 또 지방의 지
사로 임명된 귀족이 자기의
성(城)을 만드는 것을 단속하
였을 뿐만 아니라 위그노가 다수인 도시의 성을 해체하였다. 나아가
귀족들의 근거지인 지방기관(Parlement)의 권한을 축소시키고, 삼부회
(Estates-general)를 무력화하며 왕권을 강화하였다.

　루이 14세(출생 1638, 재위 1643~1715)의 어린 시절에는 이런 왕권
강화에 반대하는 귀족들의 반란인 프롱드(Fronde)의 난2)(1648~1653)
이 두 차례에 걸쳐 일어났다. 반란을 진압한 후 루이 14세는 재상
마자랭(Mazarin, 1602~1661)의 도움을 받아 왕권을 강화시켜 나갔다.
그는 72년간의 통치기간 동안 지방에 끝까지 남아 있던 지방 귀족
세력들을 모조리 제거하고자 하였다. 그 방법으로 그는 지방의 힘
있는 귀족들을 베르사유 궁전(1만 명 거주 가능) 곁으로 불러들여 사치
스러운 생활을 즐기게 하면서 이들의 힘을 제어했다.3)

---

2) 프롱드(Fronde)란 당시 청소년 사이에 유행한 돌팔매 용구인데, 관헌에게 반항하여 돌을 던진다
　는 뜻으로 빗대어 쓴 말이다. '고등법원의 프롱드'라고 불리는 1차 반란에 이어 고등법원과 왕
　족들의 2차 반란이 일어났다.

3) 어릴 때 농민과 귀족들의 반란을 경험한 그는 이들로부터 멀리 떨어진 곳 베르사유에 궁전을
　지었다고 한다.

루이 14세는 잦은 전쟁과 궁정의 사치스러운 생활을 영위하기 위해 백성들에게 과도한 세금을 부과하여 민생을 어렵게 하였다.[4] 또 위그노에 대한 핍박으로 경제적으로 부유한 이들로 하여금 프랑스를 떠나게 해 경제적 어려움을 가중시켰다. 정치권력을 상실한 지역 귀족들은 그들 영지의 주민들을 외면하였고 지역은 공동체로서 기능을 상실하게 되었다. 루이 14세 때 이미 핍박받은 민중에 의한 혁명의 싹이 트고 있었던 것이다.

계몽주의자 몽테스키외가 이러한 중앙집권적 절대왕정의 문제를 미리 인식하고 절제된 공화국을 주장한 것은 그의 선견지명을 보여주는 것이다. 사실 『법의 정신』 출판 후 51년 뒤에 프랑스 대혁명이 발발하게 되었다.

2. 생애

몽테스키외(Montesquieu, 1689~1755)는 프랑스 남서부의 귀족 가문 출신으로 와인 생산지로 유명한 보르도(Bordeaux)에서 태어났다. 11세 때 파리 근교의 명문 학교에 들어가 5년간 데카르트(Descartes) 학파의 철학, 수학을 공부하였다. 그는 관리가 되고자 법을 공부하기 위해 16세에 보르도 대학에 진학하였고 로마법, 프랑스 지방법 등을 연구하여 19세에 변호사 자격을 취득하였다.

몽테스키외는 귀족 신분이지만 장남은 아니었기 때문에 작위와 봉토를 물려받을 수 없는 처지였다. 그러나 26세에 백부의 권유로 부유한 여성과 결혼하여 평생 부유하게 살 수 있었다. 또, 결혼한

---

4) 중산층과 빈곤층만 세금을 부담하고 귀족, 성직자, 관리들은 전혀 세금을 부담하지 않았다.

이듬해에 사망한 백부의 작위와 봉토를 물려받아 제2대 몽테스키외 남작이 되었다.

백부의 작위를 상속한 몽테스키외는 고인이 맡고 있었던 보르도의 지방법원 원장직 역시 계승하게 되었다.[5] 법관 생활 11년간 주로 그는 형사부를 관장하였고 이때의 경험이 후일 형벌제도의 가혹함에 대한 우려를 표명하게 하였다.

일상적인 법관 생활에 싫증이 난 몽테스키외는 학문적 활동에 전념하기 위해 사업이나 자식 교육 등 집안의 모든 일을 모두 부인에게 맡겼다. 그리고 그는 자연과학에 눈을 돌려 물리, 생리, 지질 등의 분야를 연구하고 그 결과를 논문으로 발표하였다. 이때 이용한 자연과학적 연구 방법을 정치이론가로서 사회과학적 연구에도 그대로 적용하였다.

몽테스키외는 32세 때에 당시 프랑스 사회를 이방인의 눈으로 비판한 책인『페르시아인의 편지』를 네덜란드에서 익명으로 출판하여 대성공을 거두었다.[6] 이 책으로 그는 파리 사교계에서 유명 인사가 되었고 39세 때에는 프랑스 아카데미 회원으로 선출되었다. 이때부터 3년간 그는 빈, 헝가리, 베네치아, 밀라노, 로마, 나폴리, 뮌헨, 쾰른, 하노버, 헤이그, 런던 등 유럽 각지를 여행하며 당시의 지식인과 두루 교류하였다. 특히 그는 2년간 영국에 체류하면서 진보적인 휘그당(Whig) 의원들과 접촉하면서 회기 중에는 의회를 방문하여 의정

---

5) 이에 진로를 고심하던 몽테스키외는 세습하여 물려받은 그의 법원 원장직을 경매로 처분하고 파리로 이주하여 연구와 저술에만 전념하게 된다.

6)『페르시아인의 편지』(1721)는 프랑스를 여행 중인 주인공 위스벡(Usbek)과 그의 친구 리카(Rica)가 페르시아의 이스파한(Ispahan)에 있는 친구들과 위스벡의 하렘(Harem)에 속한 내시 및 여인과 주고받은 편지로 구성되어 있다. 이 저술에서 몽테스키외는 자연, 이성, 정의에 대한 깊은 신념을 바탕으로 18세기 전반 프랑스 사회를 은유적으로 예리하게 비판하였다.

활동을 관찰하였다. 또 철학자 흄(David Hume)과 가까이 지내며 지적 체험의 분야를 넓혔다.

45세 때에 그는 여행의 성과를 바탕으로 쓴 『로마인의 흥망성쇠 원인론』으로 전 유럽에 명성을 떨쳤다. 이 책에서 그는 로마가 멸망한 것은 정교한 법제도와 원시적인 종교7) 간의 괴리에 그 원인을 찾았는데 이 책이 후일 『법의 정신』의 모태가 되었다. 59세 때인 1748년에 20여 년 저술의 결과인 『법의 정신』을 출판하였다. 루소의 『사회계약론』이나 『에밀』보다 14년 앞선 것이다. 그리고 1755년 66세로 생을 마감하였다. 홉스나 로크, 루소가 귀족들의 후원하에 생을 영위한 것과 달리 그는 상당한 부로 평생 자기가 하고 싶은 일을 하며 여유롭게 살았다.

3. 『법의 정신』

『법의 정신 De L'esprit des Lois』은 부제로 '법이 각 정체의 구조, 풍습, 풍토, 종교, 상업 등과 가져야 할 관계에 대하여'를 붙임으로써 법이 사회 현실을 반영하는 것임을 암시하고 있다. 이 책은 단순히 여러 법을 모아 정리한 것이 아니라 법의 구조에 대한 새로운 접근을 시도한 것이다. 그는 법체계를 규명하기 위하여 사회규범을 분류하고, 역사적 분석을 통하여 사회적 규범과 법과의 동태적 관계를 규명하였다. 이뿐만 아니라 독재의 위험을 경고하고 시민의 자유와 인간화를 위한 법을 만들고자 하였다(Bergman 1990: 7).

이 책은 몽테스키외의 다양한 경험과 시각, 즉 법관, 사회과학자,

---

7) 몽테스키외는 종교가 국가정신을 좌우하는 중요한 사회적 힘이라 한다(Bergman 1990: 10).

<그림 4-3> 『법의 정신』 표지
(commons.wikimedia.org)

소설가, 역사가, 여행가로서 지적 경험이 담긴 것으로, 아리스토텔레스의 『정치학』 이래 처음으로 정치의 문제를 체계적으로 다룬 저작이라 평가된다. 몽테스키외는 이 책의 서문에서 20년의 각고 끝에 완성한 방대한 주제의 저술을 전체적으로 보지 않고 단지 몇 시간을 들여 일부분을 읽으며 비판하지 말 것을 주문하고 있다.

이 책은 출판 2년 만에 22판이 나올 정도로 프랑스 지식층들에게 환영을 받았다. 하지만 로마 가톨릭교회는 이 책을 금서 목록에 올렸는데 몽테스키외는 이에 항의하며 1750년에 『법의 정신에 대한 변론』이라는 책을 출판했다.

『법의 정신』은 전체적으로 중앙집권적 절대왕정인 부르봉 왕조를 비판하는 구조로 편성되어 있다(Shklar 1990: 265~266). 그는 군주제를 협의로 규정하면서 부르봉 왕조의 지방조직 말살 과정을 다루면서 여러 정치체제에 대한 분석을 하였다. 그는 영국의 권력분립과 대의제를 극찬하는 가운데 프랑스 절대주의를 간접적으로 비판하였는데 이는 영국의 제도에 매혹된 독자들이 부르봉 왕조에 대해 분노를 느끼지 않을 수 없게 하였다. 나아가 그는 절대왕정이 파괴한 중세 프랑스의 분권적 체제를 찬양하였다.

Ⅲ. 정치체와 3+1 권력 분립

1. 법과 정치체제

몽테스키외는 '법이란 사물의 본성에서 생겨나는 필연적인 상호 관계이며, 이런 의미에서 모든 존재에 그들의 법이 있다(1권 1장)'고 하였다. 그는 다양한 민족과 국가가 생활해 온 구체적 상황을 역사적 사실에 비추어 연구하였다. 선험적 방법이 아니라 이러한 귀납적 방법으로 인류 역사를 탐구한 결과로 얻어진 저술이 『법의 정신』이다.

몽테스키외는 여기서 통치자의 수에 따른 군주정, 귀족정, 민주정이라는 전통적 구분법을 버리고 자신만의 고유한 분석틀에 따라 공화정, 군주정, 독재정으로 구분하였다. 공화정은 다시 고대 폴리스 아테네의 예에 따라 귀족정과 민주정으로 구분하였다. 그리고 각 정부형태들의 활동원리로 군주정은 명예, 공화정은 덕, 독재정은 공포에 기초한다고 하였다(2권 1~5장).

군주정에서는 군주는 혼자 통치할 수 없기 때문에 군주와 국민들 사이에 있는 귀족들에게 상당한 권한이 위임되어 이들이 법 집행을 담당한다고 하였다. 그 결과 군주제에서는 권한이 군주와 귀족 간에 나누어져 '절제된 정부'가 된다고 보았다. 그리고 '군주제에서 귀족, 성직자, 도시의 특권을 폐지하는 것은 대중국가나 독재국가로 전락할 것이다(2권 4장)'라고 하였다. 그리고 그는 여행 중에 관찰한 영국의 입헌 군주정을 '절제된 정부'로서 이상적인 체제라 여겼다.

몽테스키외는 민주정을 인민 전체가 주권자로서 법을 만들고 통치자를 선택하는 체제로 보았다. 그는 민주정이 성공하기 위해서는 인민의 공공선에 대한 명료한 인식과 함께 공화국에 대한 헌신과 법을 존중하는 시민적 덕성이 요구된다고 하였다. 그는 공화국을 파멸로 치닫게 하는 것은 폭정보다도 오히려 공공선에 대한 무관심이라 보았다.

몽테스키외에 의하면, 고대 폴리스의 민주주의는 놀랄 만한 애국심과 자기희생의 덕성에 기반을 두고 있는데 이는 엄격한 시민교육과 균등한 재산 소유가 뒷받침되고 있다고 하였다. 그는 공화정의 정치적 덕성을 군주제의 허황한 명성과 구분하고 있는데 후자에서는 사회 계급 간의 자기 이익의 추구가 난무한다고 보았다.

몽테스키외는 공공선을 실천하려는 공화정을 최선의 정부로 보았다. 공화정은 국민의 관심을 지속적으로 유도하는 광범한 대중적 기반에 기초하고 있는 정부이다. 공화주의는 라틴어 어원인 'Res Publica(공적인 일)'의 의미에 따라 무분별한 사적 이익의 추구보다 공적 이익을 중시하여 사회공동체에 참여하는 정치체제이다. 공화정의 원리는 덕성(Virtue)으로 공화국에 대한 사랑이다.

몽테스키외는 공화국에 대한 사랑은 민주정에 대한 사랑이고, 민주정에 대한 사랑은 평등에 대한 사랑이며, 검소함에 대한 사랑이라 하였다(2권 5장). 그는 국민들이 공공선에 대해 관심을 갖게 하기 위해서는 공화국은 그 본래적 성격상 영토가 작은 것이 필수적이라고 보았다. 거대한 공화국에는 막대한 부가 존재하기 마련이므로 그 결과 절제의 정신이 거의 남아 있지 못하기 때문이다.

몽테스키외는 큰 나라는 전제적일 수밖에 없다고 보았다. 대국은 사회의 다양한 이질적 요소를 강제적으로 통합시켜야 하기 때문이다. 그는 통합의 필요에 따라 대국은 전제적 체제가 되고 이것이 그 자체의 해체적인 요소를 내포한다고 보았다(2권 3장). 큰 나라의 방비를 위해서는 국경 지역에 요새를 설치하고 많은 군대를 두어야 하기 때문이다. 그는 산맥이란 장벽으로 인해 지리적으로 쉽게 구분되는 유럽 국가와 다르게 지리적 구분이 쉽지 않은 평탄한 지리적 조건의 동양 국가들은 모두 독재정이 되었다고 하였다(17권 3장). 실제로 동양에서는 서유럽에서 보는 작은 국가나 베니스나 한자동맹에서와 같은 도시국가의 존재를 찾아볼 수 없다.

독재정에서는 권력을 가진 한 사람이 그의 의지나 변덕에 따라 모든 것을 결정하는 과정에서 아무런 견제 장치가 없다. 이는 획일적인 지배와 폭력으로 정치적 자유를 억압하는 체제이다. 몽테스키외는 정치권력은 남용되기 마련이므로 군주정이나 공화정 모두 독재정으로 전락할 우려가 있다고 보았다. 그리고 절제된 권력행사가 이루어지기 위해서는 권력의 분립이 필수적이며 이들 나누어진 권력 간의 견제와 균형이 이루어져야 한다고 하였다.

몽테스키외는 절제된 정부는 절제된 시민으로부터 나온다고 하였다. 아테네의 시민들은 페르시아와의 살라미스 해전(BC 480)에서 승리한 후 교만해졌고, 그 후의 경제적인 번영에 도취되어 내적인 평등의 문제를 소홀히 한 결과 약 50년 후 스파르타와 전쟁(BC 431~404)에서 패배하게 되었다. 그는 아테네의 패전이 궁극적으로 내적인 문제에 기인한 것이라 보았다. 아울러 그는 법의 큰 사명은 국민들을 겸허하게 하는 것이라 하였다.

2. 수평적 권력 분립

몽테스키외는 절제된 정부의 조건으로 입법·행정·사법권의 분립을 주장하였다(9권 10장). 권력의 분립은 고대 아테네에서 의회와 행정부, 인민법정에서 발견할 수 있고, 아리스토텔레스의 입법-행정 분립 주장에서나, 로크(J. Locke, 1632~1704)의 입법·행정권의 분립 주장에서도 발견할 수 있다.

몽테스키외의 업적은 로크의 권력분립보다 좀 더 정교한 권력분립을 주장하였다는 데 있다. 그는 당시 배심원제나 적법절차(due process) 등 영국의 사법제도를 보면서 입법과 행정의 분립에다가 사법권의 분립을 더했던 것이다.[8] 그는 입법이나 행정은 국가의 일반의사 표명인 반면 사법은 개별적인 사안에 대한 판단이라 보았던 것이다.

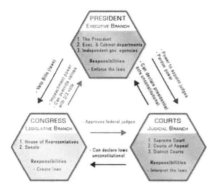

<그림 4-4> 권력의 분립과 견제
(commons.wikimedia.org)

몽테스키외가 유행시킨 권력분립은 단순한 분립 주장이 아니라 정부기관 사이의 견제에 의한 절제된 정부를 위한 장치이다. 그는 의회에 대한 행정부의 거부권을 중시하였다. 그는 '온건 군주정'과 같은 '혼합적 정부형태'를 가장 이상형 정치모델로 보았다. 혼합정부의 이념은 아리스토텔레스 이후 중세에서도 널리 알려진 개념이었지만 그 의미가 명확하지 않았는데, 몽테스키외는 그러한 혼합정부를 절제된 정부로 본 것이다.

---

8) 그는 법관 재직 당시 가혹한 형벌제도의 잔인함을 보면서, 사람은 법을 무서워해야 하지 재판관을 무서워해서는 안 된다고 하였다.

몽테스키외는 영국의 경우에는 주권자인 의회 내에서의 수평적 권력분립이 이루어졌음에도 불구하고 중앙과 지방 사이의 수직적 권력분립이 이루어지지 못한 것이 문제라고 보았다. 그는 의회가 집행부보다 더 부패할 우려가 있다고 하며 전권을 가진 의회가 부패하는 경우 발생할 수 있는 권력 남용을 우려하였다. 의회는 파당으로 나누어져 이들 간의 야합으로 공익을 해칠 우려가 다분하기 때문이다. 또, 의원들이 자기의 지지층을 확보하기 위해 정실 인사를 하고 자신들의 지역구만을 위한 예산을 배분하는 등 자원배분을 왜곡할 소지가 다분하다고 보았다.

몽테스키외는 중세 고딕풍의 분권적인 헌정체제가 다음 두 가지 요인으로 서서히 무너지고 중앙집권화가 된 것으로 보았다(Ward 2007: 12~13). 첫째, 영국 내전 당시에 크롬웰의 의회군이 국왕의 군대와의 전투에서 승리한 사실이다. 그 결과 국왕의 편에서 싸웠던 영주들이 찰스 1세의 처형과 함께 몰락할 수밖에 없었다. 둘째, 헨리 8세의 종교개혁 당시 전국의 수도원 폐쇄와 재산 몰수로 인해 가톨릭 성직자들 또한 몰락한 사실이다. 이렇게 전통적으로 지역적 기반을 가지고 있던 영주와 성직자들의 몰락으로 영국은 서서히 중앙집권화의 과정을 밟게 되었다는 것이다.[9]

몽테스키외는 영국의 의회(중앙정부)에 집중된 권한 때문에 절제된 정부의 이상을 실현하기 어렵다고 비판하였다. 그리고 절제된 정부를 위해 수평적 권력분립뿐만 아니라 중앙과 지방 사이의 수직적 분권이 필요하다고 하였다. 그리고 수직적 권력분립의 역사적 선례를 중세(Gothic) 프랑스 헌정제도에서 찾으려 하였다.

---

9) 이는 프랑스의 리슐리 등에 의한 정책적 중앙집권화와 비교되는 것이다.

3. 수직적 분권

몽테스키외는 군주제를 다음과 같이 정의하면서 중간 단위로서 지방의 중요성을 역설하고 있다.

> 군주제는 기본법에 따라 한 사람이 통치하는 것이지만 군주의 권력행사는 하위의 중간단위에 의존하게 된다. … 기본법은 권력이 행사되는 중간단위를 반드시 전제한다. … 군주가 귀족, 성직자, 젠트리, 도시의 특권을 폐지한다면 국가는 곧 대중국가나 독재국가로 전락할 것이다 (Wickwar 1970: 7).

몽테스키외는 이런 중간단위의 헌법적 지위를 인정하면서 중세 프랑스의 국왕과 영주 간 권력의 공유로 견제와 균형을 이루는 헌정체제를 『법의 정신』의 마지막 부분에서 기술하고 있다.

『법의 정신』 30권과 31권은 중세 봉건법의 문제를 다루고 있다. 여기서 몽테스키외는 중세 고딕풍의 헌정체제를 '시민의 자유, 귀족과 성직자의 우대, 군주의 특권 간 완벽한 조화'를 이루는 체제로 '유럽의 각 지역에서 가장 오랫동안 지속된 정부로' 역사상 보기 드문 것으로 칭송하고 있다(11권 8장). 몽테스키외는 중세 헌정체제의 다양한 법적 네트워크와 중복되는 관할 구역이 국가 전체의 공공선을 실현하는 것이라 보고 있다.

서로마제국이 멸망하고 5세기 말 수립된 프랑크왕국은 여러 지역이 독자적인 권한을 가진 지방단위로 나뉘어 있었다. 몽테스키외는 이 프랑크왕국을 중앙과 지방 간의 권력이 절제되어 균형을 갖춘 군주제로 묘사하고 있다.

왕권과 귀족의 특권, 교회법, 지역의회가 공존하는 복잡한 봉건적 혼합체는 제국의 운영이 절제되도록 하였으며, 무정부 상태의 소지가 없는 것은 아니지만 동시에 질서와 조화의 무정부 상태를 이루었다(30권 1장).

몽테스키외는 이런 체제를 여러 지역의 사람과 부족들이 합의하여 선출된 군주 아래에서 서로 호혜적인 권리 행사를 할 수 있는 정치체제라고 하였다(31권 6~7장). 또 그는 9세기에 오면서 모든 자유민은 왕이나 영주를 자기들이 선택할 수 있다(31권 25장)고 하였다. 그리고 지역의 영주들이 가진 자율권은 다음과 같이 기술하고 있다.

대부분의 귀족들은 종래 왕에게 직접 부름을 받았지만 이제는 간접적인 부름만 받게 되었다. 종래 왕의 편에서 시중을 들던 처지에서 이제는 왕과 자유민의 중간에 서게 되었다. 권력이 크게 이동하게 된 것이다(31권 28장).

몽테스키외는 중세 프랑스에서는 군주와 영주 간에 주권이 분할되어 공유되는 체제로 군주든 영주든 독자적인 결정을 할 수 없는 체제라고 하였다(30권 18장). 또 군주라고 하여 직접 신민들을 통치할 권한이 없기 때문에 권력은 절제되어 권력의 균형이 이루어질 수 있었다는 것이다.

몽테스키외는 외적이 침략했을 경우를 제외하고는 귀족들이 전통적으로 외교나 전쟁 등에 대한 법적 권한을 가진 것을 칭찬하였다(31권 21장). 중세 다수의 소규모 봉건국가 체제는 연방제와 유사한 모습을 가지고 있다. 그는 작은 국가의 문제를 공화국 연합체의 문제로 해결할 수 있다고 주장하였다.

그리고 몽테스키외는 정책적 방안으로 18세기 영국에 대해서는 중앙정부의 권력 집중을 완화하기 위해 지방이나 지역정부로의 권한 이양을, 프랑스 부르봉 왕정의 경우에는 국왕의 권한을 절제하는 방안으로 중세(Anglo-gothic)식 지방제도의 부활과 삼부회와 같은 대의제도 확립을 제안하였다(Ward 2007: 23).

절대왕정 시대에 몽테스키외가 어디에서 분권적 정치구조의 아이디어를 얻었는가에 대해 논자들은 다음 두 가지를 들고 있다. 첫째는 그가 지방 법관으로 재직할 당시의 과도한 형벌의 경험과 포도농장주로서 과세에 대한 중앙정부의 횡포에 대한 경험이고, 둘째는 18세기 당시에 이상적으로 본 네덜란드, 독일, 스위스의 연방제도이다(Hueglin 2008: 137).

4. 공화국 연합체(federal republic)

『법의 정신』에서 몽테스키외는 아리스토텔레스의 『정치학』에서의 주장과 비슷한 논리로 정치체제의 규모에 대해 논하고 있다. 거기에서 그는 '공화국이 작으면 외적에 의해 파멸하게 되는 반면, 이것이 크면 내적 결함에 의해 멸망한다'고 하였다. 그리고 '이런 두 가지 불편함은 민주제나 귀족제 모두에 있다. … 공화제의 내적 장점과 군주제의 외적 힘을 모두 가지는 것이 공화국 연합체이다. … 이런 연합체가 그리스의 번영에 오랫동안 기여하였다(9권 1장)'고 하였다. 그리고 그는 구체적인 형태를 다음과 같이 설명하였다.

> 이런 정부형태는 작은 국가가 그들이 만들고자 하는 하나의 큰 국가의 한 구성원이 되는 방식이다. 이것은 새로 구성된 사회 내 사회(society of societies) 같은 것으로 연합을 통하여 그들이 바라는 힘을 축적해 전체의

안전을 기할 수 있다. … 작은 공화국으로 구성된 정부는 각자 내적인 행복을 기할 수 있고 연합의 방식으로 외적으로는 큰 군주제와 같은 이점을 가질 수 있다(9권 1장).

그리고 사회 집합체로서 연합체가 적절히 운영될 조건으로 첫째, 구성원 간의 정치문화나 기질의 유사성, 둘째, 구성원의 자의적 이탈 금지, 셋째, 구성원의 능력에 따른 투표권이나 재원부담, 넷째, 연합체 운영자 선출의 적절성을 들고 있다(9권 3장). 연합체나 연방제에서 나타날 수 있는 문제점을 완화하기 위한 조건인 셈이다.

몽테스키외는 군주제가 추구하는 것은 전쟁과 영토의 확장인 반면 공화국이 추구하는 것은 평화와 절제이기 때문에 이 두 다른 정체는 연합공화국 안에서 공존할 수는 없다고 하였다(9권 2장).

공화국은 그 규모가 너무 작을 때 외세에 의해서 파괴되기 쉽고, 그것이 클 때 내부적인 결함에 의해서 멸망할 수 있다면 대외적인 국방과 대내적인 민주주의를 겸비할 수 있는 체제는 어떤 것인가. 몽테스키외는 연합제적 공화정에서 그 해답을 찾는다. 고대 그리스나 그리고 초기 로마가 오랫동안 번영했던 이유를 자유로운 공화국들의 연맹체에서 찾았던 것이다.

Ⅳ. 몽테스키외의 유산

18세기 후반 『법의 정신』은 널리 읽혔다. 하지만 이 책에 대한 비판도 만만하지 않았다. 볼테르는 몽테스키외가 중세의 헌정체제를 칭송한 것을 두고는 '봉건제와 귀족적 특권 보장에 사로잡혀 있다'

고 비판하였다. 루소는 의회 구성과 대의제를 주장한 것에 대하여 개혁에 미온적이라 비판하였다(Ward 2007: 22~23).

1. 프랑스 대혁명과 중앙집권화

몽테스키외의 연방주의적 주장은 대혁명 기간 중 콩드로세(Condorcet)의 단일 국가론에 의해 무시되었다. 혁명의 와중에서 지롱드당의 분권적 체제에 대한 주장은 사회적 혼란을 가중시키는 것 정도로만 취급되었다. 한편 자코뱅당이 중앙집권화를 추진하는 가운데서 1793년 지방분권을 주장하는 '연방주의자(Federalist)'의 난이 일어났다. 파리 중심적인 정책에 반대하며 보르도, 가엔, 리용, 마르세이유 등의 지역에서 일어난 이 난은 당시 자코뱅당의 무자비한 테러로 진압되었다.

연방주의자의 반란 이후 자코뱅당은 공안위원회를 중심으로 중앙집권화를 가속화하였다. 우선 기존의 귀족 세력을 약화시키기 위해 대대적으로 지방제도를 개편하였다. 단일국가의 원칙에 따라 전통적인 지방단위인 프로뱅스(Province)를 폐지하고 전국을 획일적으로 83개 데파르트망(Department)으로 재편하고 중앙에서 파견하는 지방장관(국가대표) 제도를 통하여 지방을 통제하였다. 공화정 3년(1795)에는 구체제의 프로방스를 89개의 데파르트망으로 대체하였다. 나폴레옹 때에도 마찬가지로 국가가 임명하는 도지사를 파견하였다.

1830년 7월 혁명 후 자유주의적 왕정은 선거를 통한 시의회의 구성을 허용하여 부분적으로 자치가 허용되는 조짐이 있었다. 제3공화정 수립 직후인 1871년에 보통선거를 통한 도의회를 구성하였으나, 행정은 중앙정부가 임명하는 지사가 담당하도록 하여 중앙집권의 고삐를 놓지 않았다.

프랑스적 국가중심주의는 국가주권의 불가분성과 단일성의 원칙에 근거하고 있다. 이러한 원칙이 고수된 것에는 좌파의 분리 운동에 대한 우려도 한몫을 하였다. 그 결과 지방조직은 국가(행정)기구의 직접적 연장선 위에 존재하고 있는 것으로 인식되고 있다.

프랑스에 있어 지방체제는 국가 행정조직의 지방 분산에 기초를 두고 발달했다. 이러한 이유 때문에 지방기구에 대한 권력의 배분은 지방자치단체와 주민과의 관계에 중점을 둔 앵글로-색슨 국가와는 달리 국가와 지방자치단체와의 관계에 그 기초를 두고 있다. 이런 국가와 지방의 관계는 국가직과 지방직의 겸임에서 분명하게 나타난다.[10] 몽테스키외의 주장이 완전히 무시된 것으로 보아야 할 것이다.

2. 미국의 건국

『법의 정신』은 미국의 건국의 아버지(Founding Fathers)들에게 널리 읽혔다. 하지만 이들이 책을 통하여 그들의 주장을 합리화하는 결과물은 달랐다. 제퍼슨 등 반연방주의자(Anti-federalists)들은[11] 공화국은 규모가 작아야 공화정의 미덕, 즉 공공선에 대한 헌신, 절제가 가능

---

10) 2003년 11월 현재 하원의원 577명 가운데 하원의원직만 수행하는 사람은 53명(92%)에 불과하고 겸직자 90.8%로 시장을 겸직하는 자가 239명(41.4%)이고 나머지는 시·도의원을 겸직하고 있다. 또 상원의원 321명 가운데 상원위원직만 수행하는 사람은 62명(19.3%)이고 겸직자는 80.7%로 이 중 시장을 겸직하는 사람이 73명(22.7%)이고 나머지는 시·도의원을 겸직하고 있다(민유기 2007: 231).

11) 이들은 내륙 지방의 소농이나 소상인들로 강한 정부나 중앙은행 설립을 반대하였다. 이들은 큰 정부는 과중한 세 부담을 초래하며 부유한 소수가 다수를 지배하는 것을 우려하였다.

하다는 부분을 따와 그들의 주장을 합리화하고자 하였다. 반연방주의자의 태두인 제퍼슨은 연방주의에 대해 '양떼는 늑대의 보호 밑에 있는 것보다 자기들끼리 있을 때 더 행복하다' 하였다. 즉, 분권이 가장 바람직한 정부형태라는 것이다.

반연방주의자들은 영토가 넓은 나라는 필연적으로 독재로 흐른다고 주장하며, 국가가 커지고, 더 부유해지고, 인구가 증가할수록 전쟁을 꺼리지 않게 되며, 전쟁에서 승리하기 위해서 독재적 권력을 필요로 하게 된다는 점을 경계하였다. 이들은 연방파의 국가주의 속에서 억압과 압제의 가능성을 감지하고 정부의 과업은 부강과 번영이라는 목적보다 인민의 권리 보장이 앞서야 한다고 주장하였다.

반면 해밀턴, 매디슨 등 연방주의자(Federalists)들은[12] 다른 각도에서 『법의 정신』의 명성을 빌려 그들의 주장을 합리화하고자 하였다. 해밀턴은 몽테스키외의 연합공화국(confederate republic)이 '사회의 모임이고 몇 개의 국가가 하나의 국가가 되는 논리'로서 명쾌히 연방을 지지하는 논리라고 『연방주의자 논설』(Federalist Paper) 9장에서 주장하였다.[13] 매디슨은 3권 분립과 큰 공화국 내의 다양한 세력과 여러 파당 간의 상호 견제는 독재를 예방하여 시민의 정치적 자유를 보호할 수 있다고 하였다.

『법의 정신』에서 강조한 로마식 '공화국의 미덕'과 영국식의 '정치적 자유' 중 미국의 건국의 아버지들이 따른 것은 정치적 자유이다. 연방주의자들 주장에 따라 종래의 연합제(federation)에서 하나의

---

12) 이들은 연안 지방의 교육을 잘 받은 도시민들로 강한 정부와 중앙은행 설립을 지지하였다. 이들은 다수의 교육을 받지 못한 사람들의 지배를 우려하며 신생국인 미국이 새로운 도전에 대응하고 경제적으로 발전하기 위해서는 강한 정부가 필수적이라 하였다.

13) 하지만 해밀턴은 분권적인 주 중심의 몽테스키외의 연합공화국을 중앙집권적인 연방 중심의 국가로 해석하는 것으로 오도하고 있다(Hueglin 2003: 280).

국가로서 연방제로 미합중국이 탄생하게 되었다. 작은 공화국의 미덕이라는 가치는 사라지고 권력분립에 의한 개인의 자유 보장만이 우선하게 된 것이다.

하지만 당시 연방정부에 의한 독재의 우려는 불식되지 않았다. 이를 보완하기 위해 새로운 헌법의 인준과정에서 반연방주의자들의 약속을 바탕으로 한 그들의 주장에 따라 '인권조항'이 곧바로 수정헌법에 들어가게 된다. 이 조항에는 '연방정부에 명시적으로 부여되지 않은 권한이나 주에 배제되지 않은 권한은 인민이나 주에 있다'고 규정하였다.

미국은 최초의 연방제 국가로 출발하였지만 건국의 아버지들은 『법의 정신』 마지막 부분에서 몽테스키외가 제시한 다중심적 연합체제의 이론을 거의 이해하지 못하였다고 한다. 주의 권한 이외에 다른 지방의 권한에는 전혀 관심을 두지 않았기 때문이다.

3. 토크빌의 연방제 찬양과 중세 지방자치

토크빌은 몽테스키외에 정통해 있었다. 『법의 정신』 출간 후 85년 뒤에 나온 『미국 민주주의』(1권 9장)에서 그는 몽테스키외와 유사한 주장을 하였다. 그는 '작은 공화국은 자유의 온상이 되어 왔다'라고 작은 공화국을 찬양하면서 '연방제도는 큰 공화국의 힘과 작은 공화국의 안정을 이룰 수 있다'고 하였다(Hueglin 2009: 164).

토크빌도 몽테스키외와 마찬가지로 중세의 봉건제도와 지방자치에 대해 높게 평가하고 있다. 그는 『앙시앵 레짐과 혁명』에서 중세의 마을 사람들은 영주들로부터 독립된 공동사회를 형성하였으며,

그들은 영주의 감시하에 있었음에도 불구하고 공동의 재산을 가지고 있으면서 그들의 지도자를 선출하고 민주적으로 공동체의 일을 처리하였다고 하였다(2권 3장). 이런 분권적인 체제가 무너지고 중앙집권화되면서 프랑스는 혁명과 반동의 연속으로 이어지고 있다고 그는 진단하였다.

4. 노르딕 국가들

『법의 정신』에서 말하는 작은 분권적인 공화국이란 이상이 가장 잘 실현된 국가로 오늘날 스칸디나비아 여러 나라를 들 수 있다. 이들의 인구 규모는 약 500~1,000만으로 작은 모범적 나라로 형식적으로는 왕국이지만 실제로는 공화국이다. 또 오늘날 국가 중 지방의 자율성 측면에서나 국가재정에서 지방이 차지하는 비율이 가장 큰 지방분권적인 국가이다. 이들 나라에서는 1980년대 이래 상당수의 도시를 대상으로 국가 법령의 적용을 예외로 하고 지방의 자율성을 대폭 부여하는 '자유지방정부제도(Free Commune System)'를 운영하고 있다.

5. 우리 지방자치에 대한 영향

우리나라에서도 몽테스키외는 다른 나라와 마찬가지로 지방분권과 관련하여 아무런 주목을 받지 못하였다. 법의 정신에 대한 번역서나 해설서가 상당히 많지만 지방분권과 관련해서는 별다른 언급을 하고 있지 않다. 반면, 몽테스키외가 우려했던 중앙집권적 지방제도에 대한 관심은 지대하다. 지방분권을 원하지 않는 중앙 정치인이나 관료들이 선호하는 모델이기 때문이다.

하지만 프랑스의 중앙집권적 체제는 한계를 드러내고 있다. 제5공화정 헌법 제1조 '하나의 분리 불가능한 공화정'의 원칙 아래 제2차 세계대전 후 지방분권화 정책이 수립되기도 하였지만 성공적이지 못하였다. 1980년대 사회당의 미테랑(F. Mitterrand)이 집권하면서 분권화가 이루어지기 시작하였고 2003년에는 헌법 제1조 후단에 '프랑스는 단일 공화국으로서… 그 조직이 지방분권화된다'는 규정을 하게 되었다. 우리는 이 조항을 본떠 '대한민국은 지방분권국가이다'라고 규정하자는 논의가 한창이다. 뭔가 오해가 있음을 부정하기 어렵다.

Ⅴ. 맺음말

몽테스키외는 고대나 중세의 역사적 사실과 교훈에 근거하여 그의 정치철학을 발전시켰다. 그는 이상적 국가의 모델로 권력의 행사가 절제된 영국 입헌군주제의 권력분립과 중세 프랑스의 지방분권 체제를 제시하였다. 중앙정부 수준에서 그의 3권 분립론은 크게 환영을 받았다. 국가 권력의 집중으로 인한 독재와 개인의 자유 침해를 우려했기 때문이다. 하지만 작은 공화국을 통한 미덕 실현과 분권적인 체제에 대한 그의 주장은 거의 무시되었다. 그 결과 루이 14세 시절에는 프롱드의 난과 대혁명 기간 중 연방주의자의 난이 일어났다. 아무런 안전장치 없는 권력의 중앙 집중이 큰 재앙을 불러왔다.

몽테스키외의 연방주의적 주장은 대혁명 기간 중 중세의 잔재를 칭송하는 것으로 여겨졌다. 콩드로세 등의 단일 국가론이 지지를 얻고, 이후 프랑스는 공화국은 단일 불가분이라는 주장이 득세하였다. 교회나 귀족들의 특권을 폐지한다는 명분으로 획일적 지방제도를 도입하였다. 자코뱅당에 이은 나폴레옹의 통치는 중앙집권화를 더욱 가속화하였다. 이런 과정에서 국민과 국가 사이에 있는 중간단위로서 지방은 기능을 상실하여 사회의 안전망은 파괴되고 정치적 소용돌이는 계속되었다.

토크빌은 『미국 민주주의』 집필 시 매일 몽테스키외를 읽었다고 한다. 그는 '중앙에 속박되어 있는 국가에서는 사회의 민주적 형태가 유지될 수 없다'고 하였다. 그리고 독립혁명 후 성공한 미국 민주주의와 대혁명 후 실패한 프랑스의 민주주의 원인을 지방자치 실시 여부에서도 찾았다. 또 그는 『앙시앵 레짐과 혁명』에서 중앙집권화된 프랑스에서는 파리로 인적·물적 모든 자원이 집중되는 것을 비판하면서 몽테스키외의 편지를 인용하였다.[14]

19세기 프랑스의 정치적 혼란 원인에는 몽테스키외의 절제된 정부라는 이상을 무시하였기 때문만이 아니라 루소의 일반의사가 지배하는 사회를 잘못 해석한 데 기인하는 바가 크다. 일반의사가 지배하는 사회를 전제국가를 지지하는 것으로 해석하였기 때문이다. 하지만 루소의 이상적 정치체제는 다음 장에서 보는 바와 같이 프랑스와 같은 큰 국가에 대한 이론이 아니라 작은 지방정부에 더 적합한 이론이다.

---

14) 그 내용은 "프랑스에는 파리와 파리에서 멀리 떨어진 지방밖에 존재하지 않는다. 이들 지방이 존재하는 이유는 파리가 아직 이들을 잡아먹지 못했기 때문이다"(Tocqueville 1856: 2권 7장).

〈주요 참고문헌〉

Montesquieu, Charles Secondat, Baron.[1748]. *In The Spirit of the Laws,* Trans. and ed. Ann M. Cohler, Basia Miller, Harold Summel Stone.(1989). Cambridge.

Ward, Lee.(2007). Montesquieu on Federalism and Anglo-Gothic Constitutionalism. *Publius: The Journal of Federalism.* 1~27.

Wickwar, William H.(1970). *The political theory of local government.* The University of South Carolina Press.

제5장

루소의 이상적인 정치체제의 조건

루소는 자연 상태의 순수한 인간들이 문명사회로 진화되면서 노예와 같은 존재로 전락하게 되었다고 진단하고 그 처방으로서 일반의사가 지배하는 사회, 즉 개개인의 의사가 공동체의 의사와 동일한 사회를 제시하고 있다. 이 사회는 공공정신이 지배하는 곳으로 개인의 의사가 곧 공공의 법으로 만들어져 양자 간에 아무런 갈등이 없는 정치체제이다.

　　루소는 이러한 이상적인 정치체제가 실현되기 위한 조건으로 공동체의 규모가 작아야 한다고 한다. 그래야만 모든 사람들이 공공의 결정에 직접 참여할 수 있고, 또 구성원들 간의 동질성이 확보될 수 있기 때문이다. 그리고 이러한 정치체제는 당시 프랑스와 같이 큰 정치단위가 아니라 코르시카(Corsica)나 제네바(Geneva)와 같은 작은 정치단위라고 하였다. 나아가 그는 정서적으로 이러한 정치체제가 현실화되기 위해서는 이에 대한 시민들의 믿음이 필요하다고 하였다.

I. 머리말

루소를 지방자치와 연결시켜 논하는 것은 생소할지 모른다. 루소를 극도로 숭배했던 프랑스 혁명 당시 자코뱅당의 로베스피에르(M. Robespierre)가 앙시앵 레짐의 지방귀족의 특권을 박탈하는 수단으로 중앙집권적 체제를 더욱 강화하였기 때문이다. 하지만 루소의 가르침은 그 반대이다. 그는 이상적인 정치체제로서 지방자치의 모습과 공동체 정신을 제시하였기 때문이다.

루소는 자연 상태의 순수한 인간들이 문명사회로 진화되면서 타락하게 되었다고 진단하고 이에 대한 처방으로서 개개인의 의사가 공동체의 의사와 동일한 사회, 즉 일반의사가 지배하는 사회를 이상적인 정치체제로 제시하였다. 이 사회는 공공정신이 지배하는 곳으로 공공문제에 대해 사람들 간에 아무런 갈등이 없는 사회이다. 그리고 그는 이러한 공동체는 당시 프랑스와 같이 큰 정치단위가 아니라 코르시카나 제네바와 같은 작은 정치단위라고 하였다. 즉, 그는 인구 규모가 작은 나라에만 민주제가 적합하다고 한 것이다.[1]

사실 루소가 제시하는 이상적 정치체제는 오늘날에서 보면 지방자치에 매우 가까운 것이다. 우선 그는 정치단위는 지방 같은 작은 규모라야 민주제가 가능하다고 하였다. 그리고 정치체제의 일반의사가 형성되기 위해서는 주민들이 공동체 의식을 가진 같은 성향의 사람으로 구성되어야 한다고 보았다. 나아가 일반의사가 형성되기 위해서는 정부의 과제가 이념적으로 엇갈리지 않는 단순한 사안이 되어야 한다고 하였다. 또 그는 주민들이 자기가 원하는 지방정부를

---

1) 또 그는 인구가 중간 규모는 귀족제가, 대규모는 군주제가 적합하다고 한다.

선택해 살 수 있는 체제가 바람직하다고 하며, 지방 간 협력을 정치 공동체의 바람직한 모습이라 하였다.

이런 루소의 가르침은 투레의 지방권 이론으로 제시되었고 제퍼슨의 미니 공화국의 주장으로 이어졌다. 루소의 인민주권 사상에 심취한 토크빌은 뉴잉글랜드 지방의 타운십에서 그 사상이 구현된 것처럼 기술하였다.

루소의 사상을 이해하기 위해서는 그가 살았던 시대와 삶에 대한 고찰이 필요하다. 그는 홉스나 로크 같은 정치철학자와 달리 정식 학교 교육을 받았거나 대학에 몸담았던 사람이 아니다. 18세기 유럽 사회에서 평생을 가난으로, 또 정치적 박해를 피해 유랑하며 고단한 삶을 영위하였다. 그런 가운데에서도 그는 음악가, 극작가, 소설가, 정치사상가로서 쉴 틈 없이 저술을 하였고 그 어느 누구보다 후세에 큰 족적을 남겼다.

II. 시대적 배경과 생애

장 자크 루소(Jean-Jacques Rousseau, 1712~1778)는 자유 도시국가(Free City-state)로서 칼뱅교 교도들의 근거지인 제네바에서 태어났다. 그가 태어날 당시는 72년간 재위한 절대왕권의 상징 루이 14세의 재위가 끝날 무렵이었고, 그가 사망한 후 11년 후에 프랑스 대혁명이 일어났다.

18세기 프랑스는 군주와 교회에 의한 정치적·정신적 탄압, 성직자와 귀족의 호화 사치, 산업화로 일약 부자가 된 부르주아들의 경박함과 평민들의 고통스러운 생활 등 극심한 사회문제를 안고 있었다. 한편으로는 이러한 체제를 극복하기 위한 새로운 계몽사상이 널리 퍼지고 있었다. 루소의 출생 당시 제네바는 선출된 공직자들이 통치하는 일종의 공화정(Republic)이었고 후일 그는 이곳을 직접민주주의가 이상적으로 실현될 수 있는 곳으로, 파리에서 유명 인사가 된 후에는 제네바 시민임을 자랑으로 여겼다.

<그림 5-1> 루소
(commons.wikimedia.org)

루소의 증조부는 종교적 박해를 피해 파리에서 제네바로 이주하여 와인 판매사업 등을 하였고 아버지 때에는 집안이 시계 제작 사업을 하였다. 그의 부모는 모두 음악과 예능에 재능이 있던 사람들로서 결혼 8년 만에 둘째 아들 루소를 낳았다. 하지만 어머니는 그가 태어난 지 일주일 만에 산욕열로 39세에 이 세상을 떠났다. 그는 10살까지 유식한 아버지로부터 칼뱅교도로서 엄격한 교육을 받았다. 이때 그는 플루타르크 영웅전 등을 탐독했고 고대 그리스 아테네의 민주제나 로마 공화정을 이상적인 사회상으로 여겼다.2)

하지만 아버지에 의한 루소의 교육은 오래가지 못하였다. 아버지가 사업에 실패한 후 루소를 친척에게 맡기고 이스탄불로 도망갔기 때문이다. 그 후 그는 기능공으로 일하다 16살 때 제네바를 도망쳐

---

2) 그의 고백록에서 당시의 독서가 그 자신을 스스로 아테네나 로마의 시민이 된 것처럼 여기게 했다고 하였다. 이때의 교육이 40대에 루소가 정치사상에 관심을 갖게 된 연유이고 그의 정치사상에 크게 영향을 미쳤다.

나와 방랑 생활을 하였다. 그런 중에서도 그는 운 좋게 파리 근교에 살던 부유한 마담(Baronne de Warens)을 만나게 되어 12년간 여러 분야에 걸친 공부를 할 기회를 얻게 되었다.3) 이때에 받은 교육 덕에 루소는 30대에는 작곡가로 활동하였고4) 그 후에는 소설가, 극작가로서도 명성을 얻게 되었다. 생존 당시에 루소는 사회사상가로서보다 작곡가, 소설가, 극작가로 명성이 더 높았다.

루소는 1749년 디종(Dijon) 아카데미의 현상공모 논문에 응모하면서부터 정치사상에 관한 저작을 시작하였다. '학문과 예술의 진보가 도덕수준을 타락하게 했느냐, 아니면 향상시켰느냐?'라는 공모 주제에서 그는 문명의 진보가 인간의 타락을 가져왔다고 주장하였다. 이 공모에 당선되면서 그는 큰 명성을 얻었다. 그 후 루소는 그가 이상적이라 생각한 작고, 소박하고, 검소한 제네바와 도시화되고, 화려하고 타락된 파리를 비교하면서 자연 상태(State of Nature)의 인간이 왜 타락하게 되었는가를 다룬『인간 불평등 기원론』(1755)을 저술하였다.5)

인간의 자유를 고양하고 불평등상태를 해소하기 위한 방안으로 루소가 집필한 책이 같은 해에 출판된『사회계약론 *Du Contrat Social*』(1762)과『에밀 *Émile*』(1762)이다. 문명화로 타락한 사회를 바로잡기 위한 가능한 최선의 정부형태를 모색한 것이다.6) 이 두 책은 당시

---

3) 루소는 당시 16살의 미소년이었고 마담 와렌스는 28살이었다. 엄격한 칼뱅 교도였던 루소는 그녀와의 로맨틱한 생활을 하던 중에 로마 가톨릭으로 개종하였다. 도덕적으로 타락했던 1830년대 프랑스 사회를 그린 스탕달의 소설『적과 흑』은 이들 사이의 관계를 소재로 한 것이라는 주장도 있다.

4) 루소는 30대에 그의 오페라가 국왕 앞에서 공연되는 등 작곡가로 명성을 얻게 되었을 뿐만 아니라 파리 지식인 그룹의 일원이 되어 디드로(Diderot)의 백과사전 음악 분야의 편찬을 담당하였다.

5) 루소는 다른 계몽주의자들과 달리 과학과 기술의 진보가 사회 발전을 이끌기보다 사회를 타락하게 하였다고 한 것이다.

지배적인 사상이었던 군주주권론과 왕권신수설을 부정하고 국가의 기초가 사회계약에 있다고 함으로써 큰 파문을 일으켰다. 이 책들이 출간되면서 루소는 당시 권력자의 박해를 피해 스위스로, 그리고 영국으로 방랑의 길을 나서게 되었다.[7] 생의 마지막 시기에 루소는 프랑스로 돌아와 파리 근교에 익명으로 살면서 그의 인생과 학문을 돌아본 『고백록』을 저술하였는데 이 책은 그의 사후에 출간되었다.

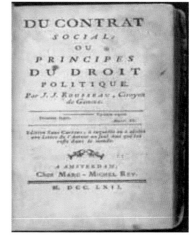

<그림 5-2> 『사회계약론』 표지
(commons.wikimedia.org)

루소는 자유주의자이면서도 평등주의자로서 민주주의 발전뿐만 아니라 전체주의의 발호에도 단초를 제공한, 다양한 해석이 가능한 사상가였다. 그는 생전에 음악가, 극작가, 소설가로 명성이 높았지만 정치사상가로서는 큰 명성을 얻지는 못했다. 하지만 그의 정치사상은 프랑스 대혁명(1789~1798)의 사상적 지주가 되었다. 프랑스 혁명기 제헌국민회의의 '인간과 시민의 권리선언(1789. 8.)'에는 『사회계약론』의 첫 문구인 '모든 사람은 자유롭게 태어났다'가 들어 있고 또 제6조에 '법은 일반의사의 표명이다'라고 규정하였다. 그 후 루소는 로베스피에르 등 자코뱅 사람들에 의해 1794년에 그의 묘가

---

6) 사회계약 사상은 계몽주의 철학자인 홉스와 로크에 의해 제시된 개념으로 루소는 이를 한층 더 발전시키고 있다.

7) 두 권의 책 모두 파리에서 출판되지 못하고 네덜란드에서 출판되었다. 루소는 스위스에서 계몽군주인 프로이센의 프리드리히(Frederick) II세의 보호 아래 3년 정도 지내고, 스코틀랜드 출신 철학자 흄(Hume)의 초청으로 런던에서 약 5년 머물렀다.

국립묘지인 판테온(Pantheon)으로 이장되는 등 국민적인 영웅으로 대접받았다. 하지만 나폴레옹 집권 후 왕정으로 복귀하는 등 현실정치에서 그의 영향력은 약화되었다.[8]

　루소의 직접적인 제자는 찾아보기 어렵다. 하지만 그의 사회사상은 후세의 철학자 마르크스와 칸트, 자유주의 사회학자 뒤르켐, 교육자 몬테소리, 소설가 레오 톨스토이, 제인 오스틴 그리고 정치인으로 무솔리니, 레닌 등 헤아리기 어려울 정도로 많은 저명인사들에게 큰 영향을 미쳤고, 근대사회 변혁의 사상적 밑거름이 되었다.

Ⅲ. 이상적 정부 모형

　루소는 『사회계약론』 첫 문장에서 '사람은 자유롭게 태어났다. 하지만 도처에서 그를 옭아매는 사슬에 묶여 있다'고 서술하면서 사슬에 묶인 인간이 어떤 원리에 의해 인간이 자기 자신에게만 복종할수 있는 '가능한 최상의 정치단위'를 만들 수 있는가에 대한 방법을 제시하였다. 또 『에밀』에서는 인민의 동의에 의하지 않는 정치체가 개인의 자유를 구속하는 것은 정당성이 없다고 주장하면서 그런 정치체제에 반기를 들 것을 주장하였다.[9] 그가 문명 사회화로 타락한 사회를 다룬 『인간 불평등 기원론』과 일반의지 실현을 위한 시민

---

8) 나폴레옹은 집권 후 판테온에 있는 루소 묘지를 참배하는 자리에서 '루소가 태어나지 않았다면 프랑스의 평온을 위해 더 좋았을 것이다. 그가 프랑스 혁명의 길을 닦아 놓았다' 하였다. 이에 대해 안내자가 그에게 혁명을 한탄할 일이 아니라고 하자 나폴레옹은 '루소나 나의 존재가 앞으로의 세계평화에 어떤 영향을 미칠 것인가를 보게 될 것이다'라고 하였다(Damrosch 2007: 352).

9) 루소는 인민들 위에 군림하는 왕들은 니므롯(Nimrod)의 후계자로 통치자로서 정당성을 갖지 못한다고 한다. 니므롯은 성경 창세기에 등장하는 무력으로 권력을 잡은 왕으로 아브라함과 비교되는 인물이다.

교육을 다룬 『에밀』을 함께 보면서 최상의 정부가 만들어지는 과정을 구성하면 <그림 5-3>과 같다.

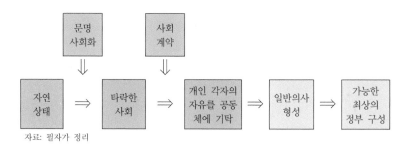

자료: 필자가 정리

<그림 5-3> 루소 모형: 일반의사의 형성 과정

1. 자연 상태

자연 상태는 현실에 존재하는 상태라기보다 논리적으로 사람들 간의 관계의 변화를 설명하기 위한 도구적 개념이다. 이는 사회계약론의 선구자인 홉스와 로크에 의해 발전된 것으로 루소도 이를 차용하였다.[10] 루소는 사회가 형성되기 이전의 상황인 자연 상태에서 인간은 선하고, 자족적이며, 완전한 자유를 누리며, 불평등이 없었고, 선과 악에 대한 관념을 갖지 못했지만, 역사적·사회적 환경은 사람들이 그들의 선과 악에 대한 관념을 형성하게 한다고 기술함으로써, 인간을 그들이 속한 사회적 환경에 따라 달라지는 사회적인 존재로 보았다.

---

10) 홉스는 자연 상태에서 인간은 이기적인 존재로 심술궂고 잔인하며 '만인에 대한 만인의 투쟁' 상태에 있는 것으로 보았고, 로크는 합리적인 자기 이익을 추구하는 존재로 공동생활의 불편을 해소하기 위한 정부의 필요성을 인정한다고 보았다. 반면, 루소는 선하고 순진한 인간으로 자기 보존을 추구하는 존재로 보았다.

2. 문명 사회화로 인한 타락

루소는 『에밀』의 첫 문단을 '신(God)은 모든 것을 선하게 만들었다; 사람이 관여하면서 모든 것이 악으로 변했다. … 사람은 모든 것을 훼손하고 파괴한다; 그리고 흉하고 괴물 같은 것을 좋아한다'로 시작하고 있다.

루소는 그 타락의 요인으로 물질적인 측면에서 사유재산제도와 정신적 측면에서 사회관계 속에서 형성된 자기애(*amour de propre*)를 들었다. 그는 자연 상태에서 공유하던 재산이 사유화되고 또 이를 고착화하는 사회제도가 발전되면서 불평등 등 사회악이 심하게 나타난다고 보았다. 이런 사회관계에서 인간은 자신의 의사에 기초한 참된 자기애는 상실되고, 그 자리를 타자의 의사에 의존하는 왜곡된 자기애가 차지한다고 본 것이다.[11]

3. 개인의 자유를 기탁하는 사회계약

루소는 사람은 자유롭고 고독한 존재로 태어나지만, 생존하기 위해서는 집단생활, 즉 정치체가 불가피하므로 사회계약을 맺는다고 보았다.[12] 그는 사회계약은 문명사회의 토대를 이루는 것이라고 보고 인민 한 사람 한 사람이 자신의 의사와 일치하는 공동체에 자기의 권리를 스스로 양도하는 사회계약을 한다고 하였다. 그리고 그 결과 탄생하는 공동체의 의사를 '일반의사(general will)'라고 정의하였

---

11) 루소의 자연 상태의 자기애를 '*Amour de soi*'라고, 사회 형성과 함께 생겨난 자기애를 '*Amour propre*'라 말한다.

12) 명시적인 계약이라기보다 암묵적 계약이다. 명시적 계약으로는 종교의 자유를 찾아 신대륙으로 향하던 청교도들의 1620년 메이플라워 협약(Mayflower Compact)을 들 수 있다.

다. 그는 개인이 일반의사에 따르는 것은 자기 자신의 의사에 따르는 것이라 하며, 개인은 자연 상태에서보다 더 자유로울 수 있다고 하였다. 개인의 자연적 자유를 공동체에 기탁함으로써 도덕적 자유(moral liberty)를 얻는다는 것이다.

4. 일반의사

루소의 일반의사는 개인의사가 아니라는 점에서 특수의사와 구별이 되며, 개별의사의 총합이 아니라는 점에서 전체의사와 구별된다. 루소는 전체의사는 오류를 범할 수 있지만, 일반의사는 항상 올바르고 공공 이익을 지향하기 때문에 오류가 없다고 하였다. 루소는 최고 의사인 일반의사는 시민들이 절대적으로 따라야 하는 것으로 보았다.13) 루소는 일반의사에 대해 다음과 같이 부연하였다.

> 주권의 본질은 일반의사이고 이것은 양도될 수 없는 것과 같은 마찬가지 사유로 대표될 수 없는 것이다. 법은 일반의사의 선언에 불과한 것이기 때문에 입법권이 대표자에 의해 행사될 수 없는 것은 당연하다. 그리고 대표자에 의해 만든 법은 법이 아니므로 이런 의미에서 진정한 법을 가진 나라는 드물다(Rousseau 1762a: 49~50).

루소는 여러 가지 사정을 고려할 때 국가가 매우 작지 않고서는 주권자인 인민이 그 권리의 행사를 바르게 하기 어렵다고 하였다. 그는 시민과 정부 사이에 있는 정당이나 다른 이익집단 등 중간 단위를 위험한 존재로 보았다. 이들 집단은 공익과 상반되는 자기 이

---

13) 이 주장이 전체주의를 상기시킨다는 점이고, 실제 프랑스 혁명의 급진 자코뱅파, 레닌주의 공산주의자 등의 지침이 되었다.

익을 추구하기 때문이다. 그는 사람들 간의 개별의사의 작은 차이는 극복이 가능하여 일반의사가 형성될 수 있지만, 중간 단위가 존재하는 경우 파벌로 나누어져 그 차이가 큰 경우에는 일반의사 형성이 불가능하다고 보았다. 그리고 그는 일반의사가 지배하는 정치체제가 현실에서 자리 잡기 위해서는 정서적으로 시민들의 믿음(Civil Religion)이 필요하다고 하였다.

5. 최상의 정부 선택

루소는 정부를 민주제, 귀족제, 군주제의 세 가지 형태로 구분한다. 그는 이들에 대해 다음과 같이 설명하고 있다.

> 민주제는 공직을 담당하는 사람이 전 인민이거나 과반이 넘는 체제이고, 귀족제는 소수가 공직을 맡는 체제이며, 군주제는 한 사람이 공직을 독점하는 정부형태이다. 개인주권은 일반의사 형성에 있어 인민의 수(N) 분의 1, 즉 1/N만큼 반영된다(위의 책: 33).

루소는 최고위 공직자의 수가 인구수에 반비례한다고 보고, 형태별로 민주제는 인구 규모가 작은 나라에, 귀족제는 중간 규모의 나라에, 군주제는 큰 규모의 나라에 적합하다고 하였다. 그는 각 제도에 대해 다음과 같이 덧붙이고 있다.

> 선출직 귀족제는 가장 현명한 자들이 다수를 통치한다는 점에서 가장 자연스러운 정부형태이다. 하지만 이 제도하에서 귀족들은 자기들만의 이익을 위해 권한을 행사할 우려가 많다. 또, 군주제하에서는 군주와 인민 사이에 중간적인 존재로 많은 관료들이 필요하고, 군주들은 절대적인 권한을 가지길 원하기 때문에 군주제는 국민에게 행복을 가져다주는

것이 아니라 국가에 해를 가져온다(위의 책: 44).

루소는 국가가 처해 있는 사회적 상황에 따라 민주제보다 군주제가 적합할 수도 있다고 하였다. 그리고 그는 '예외적인 경우가 무수히 있을 수 있지만, 정부는 민주제에서 귀족제로, 또 귀족제에서 군주제로 변모한다'고 하였다. 그 이유는 '최고 공직자의 수가 많은 것에서부터 적은 것으로 바뀌는 것이 자연스러운 흐름으로 볼 수 있기 때문'이라고 보았다(위의 책: 44).

루소는 많은 사람이 지배하고 소수가 지배를 받는 것은 자연의 질서에 어긋나기 때문에 '민주주의'라는 말 그 자체에 부합하는 진정한 민주주의는 결코 있을 수 없다고 보았다.[14] 그리고 루소는 민주주의가 성공하기 위한 조건을 다음과 같이 제시하였다.

첫째, 규모에서 작은 국가로서 모든 사람들이 쉽게 모일 수 있고 또 각각의 시민들이 서로를 아는 것이 어렵지 않으며, 둘째, 도덕률에서 사람들의 행동의 룰이 간단하여 공공문제에서 복잡성과 논쟁이 없으며, 셋째, 평등률에서 지위나 재산에서 매우 평등하여 권리나 권위가 지속 가능해야 하며, 넷째, 사치와 관련해 부패를 이끄는 요인으로서 사치가 없거나 적어야 한다(위의 책: 34).

그리고 루소는『에밀』에서 한 국가 안에서 에밀이 생을 영위할 대도시와 중소도시 간 선택에 대해서도 다루고 있다. 그는 파리나 런던 같은 대도시는 국가의 부를 잠식하는 존재로 사치와 부패, 그리고 사악함이 난무하는 곳이라 하는 반면, 농촌지역은, 그가 이상적으로 생각하는, 검소하고 소박한 삶을 영위할 수 있는 곳이라 보았다.

---

14) 루소는 신(God)들로 구성된 나라에서만 민주정부를 가질 수 있는 것으로 민주제와 같은 완벽한 정부는 사람들의 몫이 아니라고 하였다.

Ⅳ. 루소의 논리와 지방자치

앞 장에서 본 바와 같이 루소는 정치공동체의 바람직한 모습으로 작은 규모, 동질적 성향의 주민, 복잡하지 않은 공공문제, 직접민주정과 작은 정부, 지방 간 선택 가능성, 지방 간 협력과 경쟁을 제시하였다. 이들 모습은 지방자치의 장과 매우 닮아 있다.

1. 소규모의 정치공동체: 자치단위와 구역

『사회계약론』의 해설서에서 라이트(Wraight)는 루소가 제시하는 사회질서는 상당히 작은 사회, 예를 들어 도시국가나 스위스 칸톤이라 하였다. 루소는 당시 프랑스와 같이 규모가 큰 나라에 그의 제도적 구상을 실현하는 것은 가능하지 않다고 보았다. 넓은 영토에 많은 사람들이 모여 일반의사를 형성하는 것이 어렵다고 보았기 때문이다(Wraight 2008: 123). 사실 작은 지방 단위에서의 구체적인 의사가 아니라 국가 단위의 추상적인 의사로서 일반의사는 매우 큰 위험성을 내포할 수 있다. 독재자들이 개인적 욕망을 담은 그들의 의사를 일반의사로 포장할 가능성이 많기 때문이다.

이런 작은 규모는 고대부터 이상적인 정치 단위로 여겨져 왔다. 그리스의 황금시대에는 민주제에 대한 지지자나 반대자를 불문하고 구역과 인민의 규모가 작은 것이 좋은 정치체로 여겨졌다.[15] 유럽

---

15) 플라톤은 민주주의의 지지자가 아니지만, 시민들이 서로 알고 친밀해질 수 있을 정도의 작은 규모가 바람직함을 역설하였다. 그는 적정 시민(가구의 장)의 숫자를 5,040명으로 계산하기도 하였다. 아리스토텔레스는 플라톤같이 숫자를 제시하지는 않았지만, 시민의 숫자가 너무 작아 도시국가가 자립할 수 없는 규모와 너무 많아 시민들이 서로의 성격을 알 수 없는 규모 간의 중간에 적정선이 있다고 보았다. 그는 또 모든 시민들이 한자리에 모여 연사의 연설을 육성으로 들을 수 있는 규모를 적정하게 보았다(Dahl and Tufte 1973: 4~5).

자치헌장 제4조 3항에는 '공공의 책무는 주민들과 가장 가까운 단위에서 행사되어야 한다'라고 규정하고 있다. 이러한 인식은 지방자치단위가 주민들의 의견을 잘 수렴할 수 있어야 한다는 것에서 출발한다.

실제 프랑스나 남유럽의 나라같이 전통적인 자치단위를 고수하고 있는 나라의 자치단위 규모는 매우 작다. 반면, 근래 구역 통합이 상당히 이루어진 북유럽이나 일본의 경우 중간 규모이며, 통합이나 단층제 개혁이 대대적으로 이루어진 영국이나 우리나라의 경우 매우 규모가 크다.

2. 복잡성과 논쟁이 적은 공공 사안: 자치사무

루소는 일반의사가 쉽게 형성될 수 있기 위한 조건으로 도덕률에서 사람들 행동의 룰이 간단하여 공공문제에서 복잡성과 논쟁이 없음을 제시하였다. 공공문제에서 복잡성과 논쟁이 없는 사안은 지방적 사안이다. 밀도 국가 기능과 지방정부 기능을 구분하면서 지방의 사안(matters of local concerns)으로 도로포장, 청소, 가로등 등 간단한 사안을 그 예로 제시했다(Mill 1861: ch. 15: 8). 국가와 같이 큰 단위에서 공공문제에 대해 다양한 선호를 가진 사람을 모두 만족시키는 합의가 어렵다는 것에 대하여는 대부분 동의할 것이다.

3. 작은 정부와 직접민주정: 정부형태

루소는 민주제가 성공하기 위한 세 번째 조건으로 지위나 재산의 대등함과 함께 부패를 야기하는 요인으로서 탐욕과 사치가 적어야 함을 내세웠다. 이와 관련한 루소의 주장을 보면 다음과 같다.

> 모든 인민들이 직접 공공의 일을 자기들의 힘으로 하는 민주제에서는
> 많은 공직자가 필요하지 않다. 반면, 군주제에서는 공무 처리를 위한 군
> 주와 인민들 간의 간격을 메우기 위해 많은 공직자가 필요하다. … 정부
> 와 인민들 간의 거리가 멀면 멀수록 조세부담이 더 커진다. 민주제에서
> 는 그 부담이 가장 적고, 귀족제가 그다음이며, 군주제에서는 그 부담이
> 가장 높다. … 자유국가에서는 모든 재원이 공공의 이익을 위해 사용되
> 지만 귀족제나 군주제에서는 재원의 사용을 두고 인민과 귀족, 군주들
> 간에 대립한다. 귀족제나 군주제에서는 인민의 행복 추구보다 그들의
> 지배권 강화에 몰두하므로 인민들은 처량하게 될 수밖에 없다(위의 책:
> 37~41).

나아가 루소는 대표민주제를 일종의 귀족제라 여기며 "영국민은
그들이 자유롭다고 생각할지 모르지만 이것은 착각이다. 그들은 의
회 의원들을 선출하는 기간 중에만 자유를 가질 뿐 의원들이 선출
된 후에는 다시 노예로 되는, 아무것도 아닌 존재로 전락한다. 잠깐
동안의 자유를 향유하는 것이 자유를 잃게 만든다(위의 책: 49)"라고
하였다. 이런 주장은 120여 년 뒤에 밀이 뉴잉글랜드 지방의 모든
주민이 공공문제에 참여하는 주민회의(people assembly)제를 '원시적인
정부형태'라고 한 것(Mill 1861: ch. 15: 1~2)과 대비된다.16)

오늘날 지방정부의 기능이 크게 확대되고 복잡해졌지만 아직도
주민총회형, 의회제, 위원회제, 시회-지배인형, 약시장제 등 작은 정
부형태가 많이 남아 있으며 공직 담당이 시민의 의무로 여겨져 명
예직인 경우가 상당하다.

---

16) 밀은 대의정부론에서 이상적인 정치체제는 사회가 위급한 때에 모든 사람이 참여할 수 있는
체제라고 하고 있다. 그리고 작은 마을 규모를 넘어설 경우 모든 사람들이 참여할 수 없다는
사실을 감안하여 이상적인 정치체제는 대의제가 될 수밖에 없다고 한다고 한다. 이런 견해가
국민국가 형성과 더불어 보편적인 견해가 되었다(Dahl and Tufte 1973: 12).

4. 애향심: 참여

루소는 "사람들이 공동체의 결정에 직접 참여하지 않고 수동적으로 금전적 부담만 하려 한다면 공익은 더 이상 시민의 관심의 대상이라 할 수 없다. 이런 게으름과 금전은 대리인에 의해 공동체가 운영되게 되어 공동체는 결국 파멸의 길로 가게 될 것이다(위의 책: 49)"라고 하였다. 루소가 참여에 대해 매우 강한 어조로 말하고 있는 것은 일반의사로 운영되는 사회는 공공정신이 투철한 시민들로 구성되기 때문이다.

루소는 고대 아테네나 스파르타, 로마의 시민(citizen) 개념을 부활시켰다.17) 여기서 시민은 공공정신에 투철한 사람으로서 '모든 사람이 한 사람을 위하고, 한 사람이 모든 사람을 위하는' 사회의 구성원이다. 또, 이 사회에서 시민들은 '사회가 개인을 위해 무엇을 할 것인가 하는 문제보다 개인이 사회를 위해 무엇을 할 것인가'를 생각하는 사람이다. 이런 애향심이 오늘날에도 지방자치의 성공 여부를 좌우하는 것이라는 데 이의를 제기하는 사람은 없을 것이다.

5. 지역 간 협력: 지방정부 간 관계

루소는 많은 작은 정치공동체가 병존하는 것을 전제로 하고 있다. 그리고 이들 작은 지역을 하나의 단위로 통합하는 것에 대해 반대하였다. 루소는 만약 작은 지역이 자기를 방어할 충분한 능력을 갖

---

17) 루소는 그 예로 아들을 전쟁에 보낸 어머니에 대한 이야기를 하고 있다. 하인이 황급히 전쟁의 소식을 전하면서 '다섯 아들이 모두 전사했다'고 울먹이자 어머니는 '내가 아들에 대해 물었느냐? 전쟁에 대해 물었지'라고 나무라면서 하인이 '전쟁에서 승리했다'고 하자 바로 신전으로 달려가 신에게 감사의 기도를 올렸다는 얘기이다.

추지 못했을 경우 고대 그리스의 도시들이 연대해 페르시아에 대항 하였듯이, 혹은 네덜란드와 스위스가 연대해 오스트리아에 대항한 것같이, 다른 도시와 연대할 것을 주장하였다.[18] 지방 간의 협력은 국가가 그 영토를 지방을 구역으로 나누었을 때부터 예견된 것으로 현대의 자치관련 법 규정에서도 쉽게 발견된다.[19]

6. 정치공동체의 선택

루소는 『에밀』의 마지막 장인 여행(travel)에서 정치공동체의 선택 을 다루고 있다. 여기서 그는 모든 성인은 자기를 공동체에 맺어 준 계약을 파기하고 공동체를 떠날 자유를 지닌다고 하였다. 그리고 그 들이 조국에 계속 머무른다면 그것은 상속을 통하여 선조가 맺은 계약을 받아들임을 의미한다고 보았다.

루소는 이런 선택을 위해서는 정부, 공공도덕, 모든 종류의 국가 적 원리에 정통함을 전제로 함은 물론이고, 민주제, 귀족제, 군주제 등 여러 정부가 갖고 있는 장점과 단점, 그리고 개인의 권리와 의무 를 모두 파악하는 것이 필요하다고 보았다. 그리고 어떤 정부가 자 신이 살아가기에 적합한지의 여부를 판단해야 한다고 하였다.

루소는 파리나 런던 같은 대도시와 농촌지역의 소도시를 비교하 면서 에밀에게 부패하고 사악한 대도시보다 소도시와 농촌지역을 선택하라고 하였다.[20] 오늘날 거주이전의 자유가 보장되는 국가에

---

18) 이런 주장은 앞에서 본 아리스토텔레스나 몽테스키외의 주장에서도 발견된다.

19) 우리 지방자치법은 제8장 지방자치단체 상호 관계에서 제147조부터 제165조까지 여러 협력 관련 조항을 두고 있다.

20) 이런 선택의 자유가 없는 곳에서는 일반의사는 전체의사가 되고, 개인이 이에 무조건 따라야 한다고 하는 경우에는 전체주의로 해석될 수 있다. 하지만 루소는 개인이 공동체의 일반의사에

서는 지방정부 간의 선택은 당연한 권리이다. 개인들이 자기가 살기에 가장 적합한 지역을 찾아가는 것을 티부(Tiebout)는 "발에 의한 투표"라 하였다.

V. 루소의 유산

루소는 고대 그리스의 아테네 같은 도시국가와 당시 인구 2만 정도인 자유도시였던 제네바 공화국, 그가 헌법을 만들어 준 코르시카 같은 농촌지역의 작은 정부를 이상적 정치단위로 보았다. 이런 그의 견해는 지방의 정치체제와 관련해 후세에 많은 영감을 주었다. 프랑스 인권선언을 기초한 지롱드(Girondins)파의 한 사람인 투레의 지방권 사상은 루소의 영향을 받은 것이다. 루소의 작은 공동체 민주제는 제퍼슨이나 토크빌의 지방정부 논리에서 분명하게 나타나고 있다. 하지만 루소의 일반의사를 오해한 랭그로드의 민주주의-지방자치 간 양립 불가 주장도 있다.

1. 투레의 지방권과 연방주의

투레(Jacques G. Thouret)는 대혁명이 일어난 해인 1789년 헌법제정의회의 연설에서 "모든 나라에 있어서 그 시작은 다수의 소집단이 있다"라고 설명하면서, 이 다수의 소집합체가 서로 결합해 국가를 형성했다고 하였다. 이런 과정에서 소집합체는 본래 갖고 있는 권력

단순히 따르는 것이 아니라 어떤 공동체의 의사에 따를 것인가 하는 선택의 여지를 남겨 둠으로써 일반의사가 바로 전체주의를 지향하는 것이 아니라는 것을 알 수 있다.

중에서 국가를 구성하기 위해 공동으로 행할 필요가 있는 부분은 포기하고, 그렇지 않은 부분은 유보했다고 한다(오재일 2014: 59). 여기서 전자가 그의 지방권(*pouvior municipal*) 사상의 표현이고, 후자의 포기한 권력을 국가가 갖는 권한배분 구조가 연방제이다. 하지만 투레의 주장은 현실에서는 반영되지 못하였다. 1789년 제정된 헌법은 오히려 앙시앵 레짐 시대 지방이 가진 특권을 폐지한다는 명분 아래 더 강력한 중앙집권적인 체제로 바뀌었다(Norton 1994: 121).

2. 제퍼슨의 미니 공화국

미국 제3대 대통령인 제퍼슨(Thomas Jefferson)은 로크(Locke)의 철학에 근거하여 독립선언문을 기초했을 뿐만 아니라 루소의 사상에도 정통했다.[21] 그의 이상적 미니 공화국(republic-in-miniature)론은 루소의 일반의사의 실현을 위한 정치단위에서 영감을 받았다. 미니 공화국으로서 워드(ward)는 카운티를 5~6평방 마일로 다시 분할한 작은 규모로서 워드 미팅에 모인 사람들이 서로를 알 수 있고 개별적으로 접촉할 수 있을 정도로 작은 규모이다. 그는 주민들이 지방정부에 적극적으로 참여함으로써 공화정에 대한 헌신과 독립에 대한 의지를 높이고, 사소한 일에 대한 카운티 정부의 부담을 줄여 줄 수 있다고 보았다.

---

21) 미국 독립 후 연방정부 수립 전까지의 기간에 제퍼슨은 프랭클린의 후임으로 6년 가까이 프랑스 대사를 지냈다.

3. 토크빌의 인민주권의 표상

루소의 인민주권 사상에 심취한 토크빌은 그 표상을 뉴잉글랜드 지방의 타운십에서 찾은 것처럼『미국 민주주의』에서 서술하고 있다. 그는 "인민주권이 인정되는 나라에서는 모든 개인이 동등한 지분의 권한을 가지고 동등하게 국정에 참여한다"고 하여 인민주권과 개인주권을 동일한 것으로 보았다. 또, 개인 주권의 연장선상에서 개인으로 구성된 법인체인 마을 공동체도 주권을 가진다고 하였다.

토크빌은 "인민주권의 원리는 모든 인간제도에, 분명히 드러나 보이는 것은 아니지만, 발견된다고 하면서, 인민주권의 원리를 적절히 평가하거나 사회문제에 적용하거나 그것의 위험성과 이점을 예견하려고 한다면 그것은 세계의 여러 나라들 중에서 당연히 미국이다(Tocqueville 1835: 75)"라고 하였다. 그리고 그는 혁명 후 민주주의 정착에 실패한 프랑스와 달리 미국의 민주주의가 정착될 수 있었던 이유를 프랑스에서는 찾아볼 수 없는 타운미팅이 있는 지방정부, 전문단체와 각종의 자발적 조직, 다양한 종교 단체의 정신에서 찾았다.

4. 랭그로드의 양립 부정론

랭그로드(George Langrod)는 '지방자치와 민주주의의 상관관계 부정설'로 지방자치학도들에게 잘 알려진 사람이다. 하지만 그는 단순히 양자의 관계가 없다는 정도가 아니라 '민주주의가 완성되면 지방자치는 사라질 것'이라는 주장을 하고 있다. 그는 투레의 지방권을 '행정적 분권의 결과'라고 하고 있다(Langrod 1953: 33 주1).

랭그로드는 국가주의와 평등민주주의를 신봉하는 유럽 대륙계 학자들의 지방자치에 대한 견해를 대변하는데, 그가 제시하는 민주주의에 대한 정의는 루소의 일반의사에 따른 것 같은 인상을 준다 (Panter-Brick 1953: 438~439; Whalen 1960: 383).[22] 그러나 그의 주장은 일반의사 형성이 작은 정치공동체에서 가능하다는 루소의 주장을 간과한 것이라 할 수 있다.

VI. 맺음말

루소의 가르침을 국가의 입장에서만 해석하면 자코뱅당의 로베스피에르, 무솔리니, 레닌 등이 이끈 전제적 국가를 제시한 것으로 오해할 수 있다. 하지만 루소의 가르침은 그 반대이다. 그는 이상적인 정치체제로서 지방자치의 모습과 공동체 정신을 제시하였다. 그럼에도 불구하고 오늘날 국가주의자들은 이를 여전히 무시하고 있다.

앞에서 우리는 루소의 개인의 자유와 평등을 이루어내는 정치공동체 이상을 모두 충족시킬 수 있는 영역이 지방정부라는 것을 보았다. 오늘날 스위스의 지역공동체(gemeinde)나 뉴잉글랜드의 타운십이 이런 이상적인 정치공동체에 가깝다. 주민 공동체에 기초하는 작은 직접민주정의 정부이기 때문이다.

루소가 제시한 좋은 정치체제의 조건인 작은 규모, 동질적 성향의 주민, 복잡하지 않은 공공사안, 직접민주정과 작은 정부, 지방정

---

22) 그는 "민주주의를 정의하면 평등 지향적이고 다수결에 따르는 단일 체제로서, 시공간을 불문하고 사회 전체적인 것이고 지역사회는 동일한 모양과 같은 수준의 것으로 정해진 규칙을 따른다. … 반면, 지방자치는 차이를 인정하고, 개별적이며 분리를 인정하는 것이다. 국가의 민주화가 통치에 있어서 전 국민적 자기 지배로 이행하는 것이라면 이런 이행과정에서 중앙정부에 반대하는 지방정부는 불필요한 것이고 아무튼 논리적 근거가 없는 것이다"라고 하였다 (Langrod 1953: 28~29).

부 선택, 지방 간 협력과 경쟁이란 특성은 국가보다 지방자치단체에서 발견할 수 있는 것이다. 따라서 그의 주장은 지방정치 체제의 이상적 모습을 제시한 것이라 할 수 있다.[23]

루소는 이런 이상적인 체제, 즉 일반의사가 지배하는 정치체제가 실현되기 위해서는 정서적으로 시민들의 믿음이 필요하다고 하였다. 지방자치를 경시하는 국가주의자들에 대항하기 위해서는 많은 사람들이 지방자치제도에 대하여 이런 믿음을 가져야 할 것이다.

루소의 가르침은 투레의 지방권 이론의 근간으로 제시되었고, 제퍼슨의 미니 공화국의 주장과 토크빌의 인민주권의 표상으로 지방정부 주장으로 이어졌다. 다음 장은 미국 민주주의를 기초한 제퍼슨의 지방자치에 대한 주장을 살펴본다.

〈주요 참고문헌〉

Damrosch Leo.(2007). *Jean-Jacques Rousseau Restless Genius*. Mariner Books.

Rousseau, Jean-Jacques.(1762). *Social Contract*. ebooks. adelaide.edu.au/r/rousseau/jean_jacques/r864s/

Rousseau, Jean-Jacques.(1762). *Emile, or Education*. (oll. libertyfund.org/titles/2256).

Wraight, Christopher D.(2008). *Rousseau's The Social Contract*. Cornwall: UK.

---

23) 이런 논리는 제13장에서 다루는 티부의 논리에서도 발견할 수 있다.

제6장

제퍼슨의 이상적 미니 공화국

제퍼슨은 미국 독립선언의 기초자로서나 제3대 대통령, 또 반연방주의자로 연방정부의 권한이 커지는 것을 반대한 것으로 알려져 있다. 하지만 그의 지방자치에 대한 주장은 덜 알려져 있다. 그의 지방자치에 대한 구상은 버지니아 주지사를 역임한 후 쓴 『버지니아에 대한 기록』과 대통령 퇴임 후 버지니아 주 헌법 개정과 관련하여 친구에게 보낸 일련의 편지에서 찾아볼 수 있다.

제퍼슨은 농촌지역의 작은 단위를 이상적인 자치단위로 보았다. 흔히 미니 공화국으로 알려진 풀뿌리 정치단위는 개개인이 직접 주권을 행사할 수 있는 곳이다. 여기에서는 주민 스스로 공공문제를 대부분 해결하여 정부나 관료제를 최소화할 수 있다. 이 장에서는 민주주의의 이상을 실현하는 미니 공화국의 개념과 미국의 민주적 행정의 전통을 살펴본다.

Ⅰ. 머리말

　제퍼슨만큼 미국 민주주의 발전, 나아가 세계 민주주의 발전에 기여한 사람을 찾아보기는 힘들다. 전제 군주제가 전 세계를 지배하던 18세기 말에서 19세기 초에 그는 단순히 이상적인 지식인뿐만 아니라 현실 정치인으로서 당시에 보기 드문 주장을 펼쳤다. 예컨대 강한 관료제 국가가 아니라 약한 집행부, 연방과 주 간의 권한의 공유, 주민에 의한 지방정부 통제, 정치와 종교의 엄격한 분리와 종교의 자유, 문민에 의해 통제되는 군대 등을 주장하였다. 그는 진정한 공화정부의 기초는 모든 시민이 평등한 권리를 가지는 것이라는 이상을 현실세계에서 실천하고자 하였다.

　그의 지방자치에 대한 구상은 『버지니아에 대한 기록』이나 친구에게 보낸 일련의 편지에서 볼 수 있다. 그는 개개인이 직접 주권을 행사할 수 있는 농촌지역 작은 단위에서의 자치를 이상적인 것으로 보았다. 여기에서는 주민 스스로 공공의 문제를 해결하기 때문에 정부나 관료제를 최소화할 수 있어 개인의 자유를 신장할 수 있다. 아래에서는 민주주의의 이상을 실현하는 자치단위로서 미니 공화국과 작은 정부라는 민주적 행정 전통을 살펴본다.

Ⅱ. 시대적 배경 및 생애

　제퍼슨(Thomas Jefferson, 1743~1826)은 버지니아 식민지의 한 변방에서 태어났다. 아버지는 지역의 자수성가한 젠트리였고 어머니는 버지니아의 명문가 출신이었다. 16살에 윌리엄 & 메리(College of William

& Mary) 대학에 입학하여 수학, 형이상학, 철학 등을 공부하였고, 이 때 로크, 베이컨, 뉴턴 등의 저작에 심취하였다. 대학시절부터 그는 버지니아 주지사의 눈에 띄어 주지사 관사를 드나들면서 여러 명사들의 지도를 받았는데 특히 후일 독립선언서에 서명한 자유주의자 위쓰(George Wythe) 교수 밑에서 법학을 공부하여 변호사 자격을 얻었다.

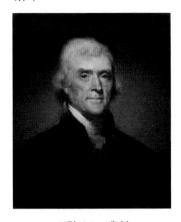

<그림 6-1> 제퍼슨
(ko.m.wikipedia.org)

제퍼슨은 법조인 시절에 당시로 서는 드물게 흑인의 인권을 위한 변호를 하였다. 하지만 로크 등의 계몽사상에 심취되어 있던 그는 변호사로서의 활동에 한계를 느끼고 정계로 진출하였다. 1769년 버지니아 식민지 의회 하원의원이 되었고, 이때 그는 버지니아 의회가 영국 의회와 동등한 권한을 가져야 한다고 주장하였다.

1768년부터 제퍼슨은 몬티첼로(Monticello: 이태리어로 작은 동산)에 평생 건축에 매달려 집을 짓기 시작했고, 1772년에 8촌인 23살의 부유한 미망인 마사(Martha W. Skelton)와 결혼했다. 하지만 마사는 33세의 나이로 유명을 달리하였다. 마사의 유언대로 당시 40살이던 그는 재혼하지 않았다. 하지만 흑인인 가정부(Sally Hemings)와 여러 명의 자식을 두었던 사실혼 관계를 오랫동안 유지하여 오늘날에도 스캔들에 휘말리고 있다.

제퍼슨은 1775년 버지니아 주 대표로서 필라델피아에서 열린 제

1·2차 대륙회의에 참가하였다. 이듬해 그는 벤저민 프랭클린, 존 애덤스 등과 같이 독립선언문 작성 기초 위원으로 선출되었다. 자유와 평등사상이 깃들어 있는 1776년 독립선언문은 사실상 제퍼슨의 작품이라 한다.

그 후 제퍼슨은 버지니아로 돌아와 주의회 의원과 주지사로 선출되어 2년간(1779~1781) 재직했다. 영국과의 독립전쟁 중이던 주지사 시절에는 당시 수도이던 리치먼드가 영국군에 함락당한 후 몬티첼로에 기거하는 중 그는 가까스로 피신하기도 하였다.

제퍼슨은 프랑스와의 돈독한 동맹이 절실했던 때에 프랑스 외교관의 버지니아에 대한 질문에 답하는 것을 계기로 그의 유일한 책인 『버지니아에 대한 기록 *Notes on the State of Virginia*』을 저술하였다. 1785년 출판된 이 책은 버지니아의 지리, 자연, 경제, 법, 원주민 등을 기술하였을 뿐만 아니라 인간으로서의 삶의 정의문제를 다루었다. 또 여기에는 그의 워드 공화국의 이상도 기술되어 있다.

제퍼슨은 1783년에 미국 최초의 헌법이라 할 수 있는 연합헌장 (Articles of Confederation)에 의해 창설된 연방의회 의원이 되었고, 이듬해에는 프랭클린의 후임으로 프랑스 주재 공사가 되어 6년 가까이 재임하였다. 그는 프랑스 대혁명으로 절대왕정이 무너지기 시작하는 것을 목격한 후 미국으로 돌아왔다.

제퍼슨이 고도로 중앙집권적인 프랑스에 대한 비판적인 견해를 가졌던 것은 분명하다. 미국 건국 당시 연방의 권한을 두고 연방의 권한을 강화하자는 연방주의자와 이에 반대하는 반연방주의자 간의 대립이 극심하였는데 이때 그는 반연방주의자의 태두로서 연방주의 주장에 대해 '양떼는 늑대의 보호 밑에 있는 것보다 자기들끼리 있을 때 더 행복하다'고 하였다.

제퍼슨은 미국 건국 후인 1790년에 초대 대통령인 워싱턴의 부름을 받아 첫 국무장관으로 취임하였다.[1] 재임 시절 주의 강한 권한을 주장하는 그는 연방주의자 재무장관 해밀턴(Alexander Hamilton)과 잦은 마찰을 빚게 되고 결국 1793년에 사임하였다.[2] 정계를 떠나 몬티첼로로 돌아온 그는 농장 일에 열중하게 되는데, 이때 그는 170여 종의 농작물을 시험재배 하였으며 많은 농기계를 개량하였다.

제퍼슨은 미국의 연방정부가 유럽 나라들과 마찬가지로 귀족들의 정부가 되고 있음을 우려하며 1796년 다시 정계로 복귀하였다. 그는 민주공화당 후보로 대통령 선거에 출마하였으나 독립선언문을 같이 기초했던 애덤스(J. Adams)에게 패배하였다. 그러나 최고득표자가 대통령, 차점자가 부통령이 되는 당시의 선거 방식에 따라 차점자였던 그는 제2대 부통령이 되었다. 그리고 1800년 제3대 대통령 선거에서 뉴욕 주 상원의원 버(Aaron Burr)와 결선투표까지 가는 치열한 선거전에서 마침내 해밀턴의 도움으로 대통령에 당선되었다.[3]

대통령 취임 후 제퍼슨은 그의 신념에 따라 과도하다고 생각한 연방정부의 권한을 줄이고자 하였고, 종교, 언론, 출판의 자유를 확립하고자 하였다. 하지만 연방파가 실시해 오던 정책을 크게 수정하지 않았다. 그는 당시 프랑스령이던 루이지애나를 나폴레옹 1세로

---

1) 이때 국무성의 직원은 4명에 불과하였다고 한다.

2) 해밀턴은 『연방주의자 논설(Federalist Paper)』의 주요 집필자로서 연방의 권한 강화를 주장한 점에서 중앙집권주의자라 할 수 있다. 그는 영국령 서인도제도의 한 섬에서 사생아로 태어나 어린 시절을 보냈는데, 이때 그의 총명함에 감탄한 지역유지들이 그의 미국 유학을 알선하였다. 컬럼비아 대학(Columbia University: 당시 King's College) 시절 민병대의 일원으로 영국과의 독립전쟁에 포병으로 참여하였던 해밀턴은 워싱턴의 총애를 받아 그의 양아들이 되었다.

3) 해밀턴은 버와의 뉴욕시 인근 섬 결투에서 입은 총상으로 뉴욕 시민들의 애도 속에 사망하였다. 후일 버는 영국군과의 내통혐의로 법정에 서지만 증거 부족으로 풀려났다.

부터 1803년 1,500만 달러에 사들여 미국의 영토를 두 배로 늘렸다.[4] 나폴레옹과 영국과의 전쟁 당시에는 고립주의 외교정책을 유지하면서 중립을 지켰는데 이로 인해 결단력이 부족하다는 비난을 사기도 했다. 그는 1804년 재선되었지만 연임 시 괄목할 만한 업적은 남기지 못했고 1809년 4월 65세에 대통령직에서 퇴임함으로써 정계를 완전히 떠났다.

제퍼슨은 교육에도 큰 족적을 남겼다. 재임 시 육군사관학교(West Point 소재)를 설립하여 기술교육(특히 공병 등)을 강조하였고 이들이 민병대 지휘 역할을 맡게 하였다. 1819년에는 몬티첼로에서 몇 마일 밖에 떨어지지 않은 곳에 버지니아 대학교를 설립하였다. 그는 오늘날에도 건축학적으로 높게 평가받는 대학 캠퍼스를 직접 설계하였다. 또 당시에서는 보기 드물게 대학에 신학과와 교내 교회를 두지 않았다. 그의 정치와 종교의 분리라는 이상이 반영되었음을 여기에서도 볼 수 있다. 사실 신학에 정통한 제퍼슨은 성경 내용 중에서 초자연적인 현상을 모두 삭제하고 예수의 말씀만으로 소위 '제퍼슨 바이블'을 만들기도 하였다.

제퍼슨은 독립선언 50주년 기념일인 1826년 7월 4일에 83세의 나이로 서거하였다. 독립선언문 기초

<그림 6-2> 제퍼슨의 묘비
(www.filckr.com)

---

4) 당시 1,500만 달러는 연방정부 예산의 두 배로 제퍼슨은 의회의 승인을 받지 않고 이를 집행하였다.

당시 동료와 친구, 제2대 대통령 선거 당시 정적, 그리고 정계 은퇴 후 우정을 회복했던 애덤스도 같은 날 이 세상을 떠났다. 그가 생전에 직접 작성한 묘비명은 "미국독립선언문의 기초자, 종교의 자유를 확립한 버지니아법의 기초자, 버지니아 대학교의 설립자, 토머스 제퍼슨 여기에 잠들다"이다. 그는 수많은 공직을 역임하였지만 8년 간 재임한 대통령직까지도 스스로 평가할 때는 주요한 경력이 아니었던 것이다.

Ⅲ. 개인주권론과 미니 공화국

1. 사상적 기초

미국에서 지방자치정부 이론은 '경험적 기반과 더불어 이데올로기적인 토대'도 지니고 있는데, 지방정부의 실제 경험과 정치적 가치가 상호작용하면서 서로를 강화하였다(Syed 1965). 경험적인 토대는 16세기 이래 뉴잉글랜드(New England) 지방정부에서의 자치 경험이다.[5] 이데올로기적인 토대는 로크와 루소의 사상을 실천하고자 한 제퍼슨의 주장에서부터 시작된다.

제퍼슨은 미국의 정치적 전통의 한 부분이 된 지방정부 이론을 만들었다. 그는 로크의 정치사상, 즉 자연권, 사회계약, 개인 주권론(sovereignty of the individual), 대중 민주주의 등을 바탕으로 지방자치사상을 발전시켰다(Syed 1965). 그는 타운십을 자연적인 시민사회 형성

---

5) 로드아일랜드(Rhode Island) 지역에서부터 신교도들이 약정, 즉 사회계약을 하고 자치단체를 만들기, 즉 법인화(incorporation)를 시작하였다.

으로 보고 로크의 자연 상태가 현실에 나타난 것으로 인식하였다.6)
그리고 진정한 공화국은 뉴잉글랜드의 타운십 같은 작은 지역에서
실현된다고 하였다.

제퍼슨은 로크의 자연 상태에서 주권은 궁극적으로 개개인에게
있다고 보았고, 개인 주권의 표상으로서 지방 자치권이 존재한다고
하였다. 그리고 개인이 정부를 감시하고 또 방향을 제시하는 것을
최고의 덕목으로 삼았다. 그리고 정부를 감시하고 방향을 제시하는
것은 정부의 규모가 작을수록 더 효율적으로 될 수 있다고 보았다.

제퍼슨의 이상적 미니 공화국론은 루소의 인민주권사상의 표상인
일반의사 실현을 위한 단위에서 영감을 받았다. 루소는 일반의사는
대표에게 위임할 수 없는 것으로 보았기 때문에 그에게 민주주의는
직접민주주의를 의미하였다.7)

루소는 일반의사가 큰 정부보다 작은 정부에서 더 잘 형성될 수
있다고 하였는데, 주민들의 숫자가 많아지면 많아질수록 주민 개인
의 의견 반영 수준이 줄어들어 개인 주권의 실현 가능성이 낮아질
수밖에 없다고 보았기 때문이다.8) 따라서 그는 그의 출생지인 당시
인구 2만 정도의 제네바 같은 자유도시(Free City)나 농촌지역의 작은
정부를 민주주의를 실현할 수 있는 정치 단위로 보았다.9)

제퍼슨은 이런 사회에 대한 영감을 영국의 중세 헌드레드(Hundreds)
와 뉴잉글랜드의 타운십에서 따왔다. 헌드레드는 앵글로-색슨

---

6) 자치단체가 모여 주로 된 것으로는 로드아일랜드, 뉴햄프셔, 매사추세츠 등을 들 수 있다.

7) 루소 이후 J. S. 밀에 의해 대표민주주의 개념이 제시되고 거의 모든 국민국가에서 보편적으로
   받아들여졌다.

8) 루소는 일반의사 형성에 있어 개인주권은 주민 수(N) 분의 1(1/N)만큼 반영된다고 한다.

9) 루소는 통치단위 중 큰 단위는 군주제, 중간 단위는 귀족제, 작은 단위는 민주주의가 적합하다
   고 하였다.

(Anglo-saxon, 700~1066) 시대 샤이어(Shire)의 하위단위인데 100가구로 구성된 것으로 징세나 모병의 단위인 동시에 각 단위가 분권적인 형태로 자체적인 정부를 구성하여 일을 처리할 수 있는 권한이 부여되었다.

제퍼슨이 카운티를 워드로 나누는 방식은 1782년에 미국에도 소개된 프랑스의 튀르고(Turgot)의 지역분할 방식에 영향을 받은 것이라고도 한다.10) 튀르고는 전국을 코뮌-아롱디스망-데파르트망-국가라는 4층 단위로 나누는 것을 제안하였다(Wickmar 1970: 15~17). 하지만 제퍼슨과 튀르고의 분할목적은 다르다. 투고는 통치의 편의, 특히 세금 징수의 용이성에 초점을 둔 반면, 제퍼슨은 지방의 일에 시민이 참여하기 쉽도록 하는 데 중점을 두고 있다.

제퍼슨은 뉴잉글랜드 지방의 타운십을 완벽한 자치를 가능하게 하고 또 보존하는 데 있어서 최고의 발명품으로 보았다. 1620년대 필그림(Pilgrim)과 청교도(Puritan)들이 뉴잉글랜드 지역으로 이주하면서 플리머스(Plymouth), 살렘(Salem), 찰스타운(Charlestown)에 타운이 형성되었고, 1622년에 보스턴은 타운으로서 맨 먼저 독립된 법인체로 승인(incorporation)되었다. 제7장에서 보는 바와 같이 1831년 이 지역을 방문한 토크빌이 주나 카운티는 사람이 만든 것이라면 작은 공화국 같은 존재인 타운십은 신(God)이 만든 것이라 찬양한 지역들이다.

---

10) 튀르고에 대해서는 제9장에서 살펴본다.

2. 미니 공화국

제퍼슨의 미니 공화국에 대한 생각은 주지사 역임 후 저술한 『버지니아에 대한 기록』에서 나타나 있고, 대통령 퇴임 후 버지니아 몬티첼로에서 거주하면서 보낸 일련의 편지에서 분명히 나타난다.

제퍼슨은 당시 버지니아 주 헌법 개정과 관련하여 변호사인 커체발(Samuel Kercheval, 1767~1845) 등에게 보낸 편지에서 "공화정부의 기초는 모든 사람들이 인격이나 재산에서 동등한 권리를 가지는 것"이라 하였다. 그리고 그가 1816년에 보낸 편지에서 워드의 이점을 다음과 같이 기술하였다.

> 모든 시민들이 참여하고 행동할 수 있는 규모인 워드는 카운티 행정 모든 분야의 일을 경감할 뿐만 아니라 더 잘 수행할 수 있게 하고, 모든 시민들이 공직을 담당할 수 있게 하며, 개인이 가장 근접해 있고 관심이 있는 정부에 참여해 일하게 할 수 있도록 함으로써 국가의 독립과 공화국의 헌법에 대한 가장 강한 애착을 느끼게 할 것이다.[11]

워드는 카운티를 5~6평방 마일로 다시 분할한 작은 규모로서 워드 모임에 참석한 사람들이 서로를 알 수 있고 개별적으로 접촉할 수 있을 정도로 작은 규모이다. 그는 모든 사람이 각자의 워드 일에 직접 관여하고 있다면, 모두가 단지 선거일에 투표만 하는 것이 아니라 연중 정부 일에 참여하는 자로 느끼게 한다고 하였다. 그리고 이것이 개인의 권리를 독재자에게 빼앗기지 않는 방법이라고 보았다.

제퍼슨은 좋고 신뢰할 수 있는 정부를 만드는 방법은 하나의 정부에 모든 것을 맡기는 것이 아니라 여러 수준의 정부로 나누어 각

---

11) *Thomas Jefferson: Political Writings*, New York: Cambridge University Press, 1999.

자에게 가장 적합한 일을 부여하는 것이라 하였다. 그는 연방정부는 국방과 외교, 주와 카운티 정부는 치안과 법집행을, 워드는 주민들과 관련된 모든 사안을 담당한다고 하였다.

제퍼슨은 워드에 가장 많은 사안의 처리를 맡기고 있는데 여기에는 구빈, 도로, 경찰, 경미한 사건에 대한 사법권, 민병대 운영 그리고 교육자, 법관과 경찰관의 선거 등을 포함한다. 그의 이런 주장은 알투지우스의 보충성 원칙과도 부합하는 것이다.

제퍼슨은 연방, 주, 카운티 그리고 워드의 4개 중 워드를 가장 능동적이고 생동감 있는 정부로 보았다. 주가 주민들과 거리가 너무 멀기 때문에 능동적일 수 없으며, 따라서 카운티의 기능은 그 하급 단위인 워드에 이양되어야 한다고 하였다.

제퍼슨은 주민들이 지방정부에 적극적으로 참여함으로써 공화정에 대한 헌신과 독립에 대한 의지를 높이고, 사소한 일에 대한 카운티 정부의 부담을 줄여 줄 수 있다고 보았다. 그리고 정부조직은 부패하기 쉬운 대규모의 조직보다 몇몇의 공무원이 평범한 일을 하는 소박하고 비용이 적게 드는 것이 되어야 한다고 하였다(Syed 1965: 40~41).

제퍼슨은 이상적이고 좋은 정부를 만드는 2가지 필수 요건으로 공공교육과 워드같이 작은 정부를 제시하였다. 모든 사람들이 공공의 일을 자기 일같이 여기고 참여할 수 있기 위해서는 공공교육이 필수적이고 또 대표자에게 위임하는 것이 아니라 직접 참여할 수 있기 위해서는 통치 단위가 작아야 한다는 것이다. 제퍼슨도 루소와 마찬가지로 대표제에 의한 정부운영에 불신감을 나타낸 것이다.

Ⅳ. 제퍼슨의 유산

1. 풀뿌리 민주주의

제퍼슨은 절대왕정과 강한 중앙정부가 지배하고 있던 시대에 정치권력의 분산을 주장함과 동시에 실천하고자 하여 미국 민주주의 기틀을 마련했다. 하지만 그의 약한 연방정부 실현은 긍정적인 기여만 한 것은 아니다. 제7대 대통령인 잭슨(Andrew Jackson) 때에 사우스캐롤라이나 주는 1828년 연방 관세법이 주의 주권을 침해한다고 하며 연방법의 무효를 주장하였다.12) 그뿐만 아니라 1860년대 링컨 대통령 시대에는 노예제도 폐지를 놓고 남부 주들 연방 탈퇴를 주장하면서 비극적인 남북전쟁(1861~1865)이 발발하기도 하였다.

위와 같은 권력 분산의 부정적인 측면에도 불구하고 제퍼슨의 민주주의와 지방자치에 대한 유산은 미국 민주주의의 뿌리가 되고 있다. 커체발 등이 추진하던 버지니아 주 헌법 개정대회는 성사되지 못하여 제퍼슨의 편지 내용에 따른 제도의 개혁은 이루어지지 않았다. 그렇지만 제퍼슨의 농촌 자치단위로서 미니 공화국은 많은 찬사를 받아 왔다.

농촌 및 농사와 연관된 말로 '풀뿌리(grass-root)'라는 용어가 사용되기 시작하였는데 이것은 '지역의 독립'과 '개인의 존중'이라는 무형

---

12) 1832년에 이 법의 반대 선봉에 선 사람은 칼훈(John C. Calhoun, 1782~1850)이다. 그는 잭슨 대통령 당시에 부통령이었으나 연방정부의 관세 인상이 공업지역인 북부에는 유리하고 농업지역인 남부에는 불리한 법안이라 반대하며 부통령직을 사직하고 이 법의 무효화(Nullification) 투쟁에 나섰다. 그는 당초 연방주의자였으나 투쟁과정에서 반연방주의자로 변신하여 사우스캐롤라이나의 연방 탈퇴를 주장하기도 하였다. 이러한 투쟁은 연방법을 주에서 부정하는 대표적인 사례가 되었는데, 이후 관세가 인하되면서 이 사건은 해결되었다. 이 법의 무효화를 주도한 칼훈은 알덴의 알투지우스와 비슷한 역할을 하였다고 할 수 있다.

의 가치를 상징해 왔다. 풀뿌리는 개인의 가치와 판단에 대한 믿음의 표시이며 민주주의 신봉의 기본적 요소이며 개인주권에 대한 천명으로 간주되고 있다.

제퍼슨은 농촌문화가 도덕적으로 우수하다는 신념을 가지고 있었다. 그는 땅을 일구는 농민들이 도덕적으로 부패해지는 사례가 동서고금을 통해 없었다고 하였다. 그는 지역을 지배하는 대공화국, 즉 국가에서는 다양한 기후와 산물, 이익, 관습이 필연적으로 상충할 것이므로 시민적 동질성과 공공도의 정신이 허물어지게 되고 그 결과 정부의 운영에서 공익을 촉진할 조치들이 방해받게 되어 자발적인 공화정치가 불가능해지게 되고, 대신 군주정 내지 귀족정으로 변질될 것이라고 주장했다.

제퍼슨의 워드 공화국 모델은 자유주의자들에 의해 여전히 지지를 받고 있다. 이들은 큰 정부와 중앙집권화가 개인의 자유를 억압할 뿐만 아니라 시민들이 스스로 지역의 문제를 해결하려는 마인드를 해쳐 의존심을 키운다고 보기 때문이다.

국가운영과 관련하여 중앙집권과 지방분권이라는 양단의 끊임없는 갈등 속에서 풀뿌리 주민(grass-rooter)은 지방분권의 방패 역할을 해 왔다. '풀뿌리' 찬양자들은 정부의 일은 주민과 가까운 정부에 주어져 주민 주도(initiative)에 의해서 수행되어야 한다고 하였다. 이런 주장은 곧바로 자치와 홈룰(Home Rule)로 이어진다(Syed 1965: 48~49).

2. 행정개혁론자 대 공공선택론자

제퍼슨의 '미니 공화국' 주장은 19세기 말과 20세기 초의 능률을 중시하는 학자나 행정개혁론자(Reformers)들로부터 많은 공격을 받았다. 제퍼슨이 주장하는 정치가 지배하는 약한 정부는 부패하고 무능하여 19세기 산업화된 사회의 문제를 제대로 해결할 수 없었기 때문이다. 강한 관료국가를 주장하면서 행정학의 시초가 되는 논문을 쓴 제19대 대통령인 월슨(W. Wilson)은 제퍼슨이 위대한 사람이지만 위대한 미국인은 아니었다고 평가하였다.[13]

하지만 행정개혁운동가들이 큰 단위로 통합을 주장하였지만, 미국의 지방정부는 제퍼슨의 이상대로 주민 참여와 통제가 용이한 작은 정부형태를 유지해 오고 있다. 또, 그의 민주적 정부 주장은 1960년대 공공선택론자(Public Choice)들에 의해 이론적으로 되살아났다. 이들에 의하면 정치인이나 관료들은 공공문제에서도 자기 이익을 위해 행동하는 존재이기 때문에 정부가 커지면 커질수록 이들로 인한 피해가 커질 수 있다고 하였다. 이들은 거대한 계층적 관료조직보다 주민의 참여나 통제가 쉬운 작은 정부가 바람직하다고 본 것이다.

다수의 작은 정부가 바람직하다는 주장은 제13장에서 다루는 티부 논문에서 이론적으로 정립된다. 여기서 티부는 지방공공재(local public goods) 시장이 형성되고 주민들의 '발에 의한 투표'가 이루어지기 위해서는 작고 많은 지방정부가 존재해야 함을 보이고 있다. 티부와 그 동료들은 대도시권의 다수 정부를 병리적이라 진단하는 것은 잘못이라 지적하고, 다중심적(polycentric) 대도시권 정치체제의 효율성을 주장하였다. 이들은 권위와 계층을 대표하는 단일 대도시정

---

13) 사실 제퍼슨의 주의 권한 강화 주장이 약 60년 뒤 노예문제를 두고 연방과 남부 주 간의 갈등을 증폭시켰고 결국 남북전쟁의 원인이 되었다는 주장도 무시하기 어렵다.

부(Gargantua)보다 다수의 작은 정부가 더 효율적이고 민주적이라 주장하였다.

Ⅴ. 우리 지방자치에 대한 시사점

제퍼슨의 농촌지역 자치에서 나온 '풀뿌리 민주주의'는 우리나라에서도 크게 유행하는 말이 되었지만 그 사상의 기초가 된 자연권, 사회계약론, 개인 주권론, 대중 민주주의, 일반의사 중 어느 하나도 우리 지방자치 사상 형성에 큰 영향을 미치지 못하였다. 주권의 분할이나 공유에 대한 인식이 없는 실정에서 지방분권보다 국가적 통일성을 중시하여 중앙집권이 늘 앞서 있었다. 또 주민 스스로 지역의 문제를 해결한다는 인식보다 정부에 의한 해결이라는 생각이 강하여 큰 정부와 강한 관료제를 선호해 왔다.

지방정부 규모 문제에 이르면 제퍼슨의 주장과 우리 현실 사이에서 가장 거리가 멀다. 제퍼슨의 미니 공화국은 모든 주민들이 지방정부 일에 참여할 수 있는 작은 규모이다. 이에 비해 근래 우리는 구역통합을 바람직한 정책인 양 추진해 오고 있다. 제퍼슨은 작은 것이 아름답다(Small is Beautiful)고 주장하는 데 비해 우리는 더 큰 것이 더 좋다(The Bigger is the Better)는 논리를 받아들이고 있는 셈이다.

현재 우리나라의 기초지방자치단체(즉, 시·군·자치구)는 인구로 볼 때 최대 규모이다. 하지만 우리가 지방자치제를 도입할 당시부터 그랬던 것은 아니다. 제1·2공화국의 기초자치단위는 시·읍·면으로 본래적 의미의 지방자치를 위한 규모였다. 지방자치를 국가운영에

장애가 된다고 여기던 군인들이 주도한 5.16 쿠데타 후 읍·면은 자치단위로서 지위를 상실하게 되었고, 그 대신 10여 개의 읍·면을 포괄하는 군이 자치단위가 되었다. 자치단위가 거의 1/10로 줄어든 것이다. 군이 자치단위가 된 후 군 소속의 읍이 도시화되면서 인구가 5만 이상이 되면 군에서 분리시켜 독립된 시로 승격시켰다. 그러다가 1995년부터는 종래 분리되었던 시군을 다시 통합하는 정책을 추진하고 있다. 근래에는 지방행정체제 개편이라는 이름으로 지역을 통합하고 자치구를 폐지하려는 정책을 추진해 왔다.

이런 대규모 구역으로서는 지방자치의 이상인 실질적인 주민참여를 통한 지방자치가 불가능하다는 것은 누구나 인정하는 것이다. 대규모 구역을 기본으로 하는 지방자치에 대한 비난을 해소하기 위해 등장한 것이 2014년부터 시범 실시한 것이 '주민자치회'이다. 근린 자치로 포장된 주민자치회에는 아무런 자치 입법이나 행정권한이 주어져 있지 않아 생색내기용이라는 비난을 면하기 어렵다.

VI. 맺음말

19세기 후반 미국이 산업화되면서 제퍼슨의 작은 정부 이상은 점차 사라지게 된다. 인민에 의한 지배는 부패한 아마추어 정부로 인식되어 관료에 의한 전문적 행정의 요구가 높아졌다. 그 결과 미국도 유럽의 나라들과 마찬가지로 큰 정부와 관료국가로 점차 나아가게 되었다.

이런 와중에서도 제퍼슨의 이상이 남아 있는 곳이 있다. 미국의

농촌지역뿐만 아니라 도시지역에 볼 수 있는 많은 작은 지방정부이
다. 특히 주목을 끄는 것은 대도시권 내에 존재하는 수백 개나 되는
작은 도시 정부들이다. 이들은 20세기 초 능률을 앞세운 행정개혁
론자들의 엄청난 공격을 받았으나 아직까지 그 형태를 유지하며 풀
뿌리 민주주의의 이상을 실현하고 있다. 다행인 것은 1960년대에
공공선택론자가 등장하면서 이들의 존재가 이론적으로도 합리화되
었다는 것이다.

민주성과 능률성은 정부 운영에 있어 모두 중요하다. 하지만 이
들은 상충되기 마련이다. 거대 정부에서 능률성이 지상과제가 되고
있는 오늘날 제퍼슨은 민주행정의 원조로서 인민주권의 가치를 수
호하는 인물로 상징되고 있다. 오늘날 대규모 정부와 대의민주제가
보편적 흐름이 되었다. 역설적으로 이런 시대에 소규모 정부와 참여
민주주의의 요구가 높아질 수밖에 없다. 고대 그리스의 폴리스 타입
의 공화국에 대한 향수와 더불어.

제퍼슨의 작은 정치 단위에 대한 이상과 현실을 확인하고 찬양한
자는 미국인이 아니라 다음 장에서 살펴볼 프랑스인 토크빌이다. 그
는 뉴잉글랜드의 지방자치가 미국 민주주의의 온상이라 보고 있다.

〈주요 참고문헌〉

Ryan, Alan.(2012). *On Politics: A History of Political Thought – A History of
      Political Thought: Hobbes to the Present*. Liveright.
Syed, Anwar H.(1966). *The political theory of American local government*. NY:
      Random House.

토크빌의 지방자치와 중앙집권화

30대에 토크빌은 『미국 민주주의』에서 지방자치 제도를 '민주주의의 학교'라고 함으로써 지방자치와 민주주의의 관계를 가장 극명하게 표현하였다. 그는 인민주권을 실현하는 단위로서 타운십을 들고 있는데 이는 군주국이나 공화국과 달리 인위적으로 만들어진 것이 아니라 신이 만든 자연적인 것이라 하였다. 그는 대혁명(1789~1798) 후 정치적 혼란을 겪고 있었던 프랑스와 달리 독립전쟁(1776)과 건국(1789) 후 미국이 민주주의를 발전시킨 가장 큰 동력을 지방분권적인 정치체제에서 찾았다.

　　50대에 토크빌은 정계에서 은퇴한 후 파리와 지방의 문서보관소에서 수집한 자료 등을 바탕으로 저술한 책 『앙시앵 레짐과 혁명』을 출간하였다. 여기서 그는 중세의 민주적 지방자치제도가 중앙집권화로 말살되었을 뿐만 아니라 사회 계급 사이의 틈새를 벌려 놓아 대혁명의 원인이 되었다고 진단하였다. 그리고 이러한 중앙집권화는 대혁명 이후에도 변하지 않고 그대로 이어져 수도인 파리에 인적·물적 자원을 더욱더 집중시켜 당시의 정치적 혼란의 원인이 되었음을 지적하였다.

Ⅰ. 머리말

토크빌의『미국 민주주의』는 미국 사람들이 애독하는 책이다. 26세의 나이로 9개월간 미국을 여행하면서 수집한 자료를 바탕으로 쓴 책이지만 외국인이 미국인보다 미국의 정치 시스템을 훨씬 심층적으로 알고 또 평가하였을 뿐만 아니라 민주주의에 대한 최고의 책으로 오늘날에도 널리 칭송받고 있기 때문이다.

『미국 민주주의』의 서문에서 토크빌은 프랑스와 다른 새로운 민주주의 나라인 미국의 정치를 해석하기 위해서는 새로운 정치학이 필요하다고 하면서 '나는 미국 그 자체보다 더 많은 것을 보았다. … 나는 민주주의 그 자체의 이미지, 성향, 성격, 편향성, 열정을 보았다'라고 적었다.

토크빌은 미국 민주주의 발전의 원인을 프랑스에서는 볼 수 없는 타운미팅 같은 지방자치체나 시민조직에서 찾았다. 그는 뉴잉글랜드의 지방자치를 칭송하면서 미국에서는 많은 일들, 도로나 학교 등이 지방정부 주도로 이루어지고 있다고 하였다. 그는 프랑스 코뮌이 지방 일 처리에는 아무런 관심을 두지 않고 꼼꼼한 기록만을 하는 곳이라면 미국의 타운십은 유연한 사고로 적극적으로 스스로 문제를 해결하는 살아 있는 사회라 보았다. 또한 그는 행정의 방식을 비교하면서 프랑스는 전통적인 하향식이라면 미국의 경우는 새로운 상향식이라 하였다.

사회계약과 인권사상에 심취해 있던 토크빌은 인민주권과 개인주권을 동일한 것으로 간주하고 개인주권의 연장선상에서 개인으로 구성된 법인체인 타운십도 주권을 가진다고 하였다. 그리고 주가 타운십을 만들어 준 것이 아니고, 오히려 타운십이 주권의 일부를 주에게 양도해 주었기 때문에 주가 만들어진 것이라고 주장했다. 이 논리는 후일 홈룰의 논리적 기초가 된다.

토크빌은 말년에 출간한 『앙시앵 레짐과 혁명』에서 『미국 민주주의』에서 다룬 프랑스의 중앙집권화 문제를 재조명하고 있다. 여기서 그는 중세의 민주적 지방자치제도가 중앙집권화로 말살되었을 뿐만 아니라 사회 계급 간에 틈새를 벌려 놓아 대혁명의 원인이 되었음을 지적하였다. 그리고 대혁명 후에 더욱더 강화된 중앙집권화를 비판하면서, 중앙집권화가 수도인 파리에 인적·물적 자원을 집중시킴으로써 대혁명 후 뒤이은 40년간의 정치적 혼란의 원인이 되었음을 지적하였다.

토크빌은 자유, 평등, 민주주의, 중앙집권과 지방분권을 애기할 때 빼놓을 수 없는 사람이다. 그는 일찍이 미국의 민주주의가 지방분권적인 체제의 정치적 미덕에서부터 발전하였음을 분명히 하였고 말년에는 프랑스 대혁명의 원인이나 그 후의 정치적 소용돌이가 중앙집권화에 기인한다고 진단하였다. 많은 사실적 자료에 근거한 영미와 프랑스의 정체제체에 대한 그의 사회학적 분석과 정치철학적 안목은 오늘날에도 높이 평가받고 있다.

II. 시대적 배경과 생애

토크빌(Alexis de Tocqueville, 1805~1859)은 프랑스 북부 노르망디(Normandy)에 있는 전통적 명문 귀족 가문의 아들로 나폴레옹이 황제로 취임한 다음 해에 태어났다. 가문의 많은 사람들이 대혁명 기간 중 테러가 난무하던 때에 기요틴(Guillotine)에서 처형되었지만 그의

아버지는 사형을 언도받고 처형되기
3일 전에 로베스피에르(M. Robespierre)
가 몰락함으로써 생명을 건지게
되었다. 나폴레옹 몰락 후 다시 집
권한 부르봉(Bourbon) 왕조의 지방
장관 등 고위 관료로 생활하던 그
의 아버지 덕분에 토크빌은 소년
시절부터 지방의 실상을 보면서
지방-중앙 간의 관계를 직접 경험
하였다.

<그림 7-1> 토크빌
(commons.wikimedia.org)

〈표 7-1〉 토크빌의 시대와 생애

시대 상황	토크빌의 생애
프랑스 대혁명(1789~1898)	
제1공화국(1792~1804) - 5명의 총재정부(1795~1799) - 통령정부(1799~1804)	로베스피에르 실각 후 부친이 기요틴 처형 면함
제1제국(1804~1814): 나폴레옹 황제 즉위	출생(1805)
부르봉 왕정복고(1814~1830): 루이 18세의 등극, 샤를 10세 즉위 1824	베르사유 궁의 수습 사법관리
7월 혁명(1830): 입헌군주 루이 필리프 등극	미국 여행(1831~1832) 『미국 민주주의』 1권(1835), 2권(1840) 프랑스 학술원 회원(1840) 정계 진출과 정치인(1839~1851)
2월 혁명으로 제2공화국(1848~1851) 루이 나폴레옹 보나파르트 대통령 당선 쿠데타로 공화정을 마감	외무부 장관(1849. 6.~1849. 10.) 쿠데타 후 정계 은퇴(1851)
제2제국(1852~1870): 나폴레옹 3세	『앙시앵 레짐과 혁명』(1856) 사망(1859)
제3공화국(1870~1940): 프로이센과의 패전 후	

자료: 필자가 정리

1830년 7월 혁명으로 보수 반동적인 샤를 10세(Charles X) 정권이 막을 내릴 때 토크빌의 아버지는 사임하였고, 당시 아버지의 추천으로 베르사유 궁의 수습 사법관리로 있던 토크빌은 자유주의적인 루이 필리프 정권(Louis Philippe)에 대한 충성심을 의심받게 되었다. 이때의 곤란한 상황을 피하기 위해 토크빌은 직장 상사 겸 동료인 귀족 출신 보몽(Gustave de Beaumont)과 함께 18개월간의 교도소 시설 견학을 구실로 1931년 5월 자비로 미국 여행길에 올랐다. 프랑스 대혁명 후 죄수들의 인권문제로 교도시설에 관심이 많아진 기회를 이용한 것이다.

<그림 7-2> 토크빌과 보몽의 미국 여행 루트
(C-SPAN.ORG)

토크빌과 보몽은 뉴욕시를 시작으로 당시 미국의 전 지역을 마차와 증기선 등으로 매우 고된 여행을 하였다(지도 참조). 그들은 여러 지역의 교도시설을 방문하고 의견을 수집하는 외에도 뉴잉글랜드에서는 정치제도에, 당시로서는 변방인 미시간 등 중서부 지역에서는 인디언 문제에, 미시시피 강 유역 및 동남부 지역에서는 노예 문제에 대해 관찰하고 자료를 모았다.

당시 미국과 프랑스는 매우 우호적인 관계여서 귀족 가문의 두 젊은이는 가는 곳마다 대환영을 받았다.1) 상당한 바람둥이였던 두 사람은 여러 명사들이 초청한 파티에 참석하여 미국 아가씨들의 환심을 샀다. 하지만 이들이 개인적인 즐거움에만 몰두한 것은 아니었다. 이들은 당시로서는 매우 선진적인 미국 교도소를 빠짐없이 방문하고 관찰하여 기록하였다. 귀국 후 1년간의 고심 끝에 보몽이 주로 쓴 보고서는 매우 호평을 받았다. 보몽은 노예제도를 깊게 관찰하여 『마리(Marie): 미국의 노예제도』라는 소설도 내놓았다.

하지만 토크빌의 관심은 교도소보다 당시 세상에서는 보기 드문 미국의 정치제도였다. 그는 보스턴에서 한 달가량 머물 때 많은 명사들을 만나 미국의 정치제도에 대한 그들의 주장이나 의견을 들으며 많은 자료를 모았다. 이들 중에는 2년 전 대통령이었고 당시 하원의장으로 선출된 애덤스(John Quincy Adams), 인문 저널의 편집자이며 조지 워싱턴의 전기 작가였으며 훗날의 하버드대 총장 스파크스(Jared Sparks), 프로이센 군인으로 나폴레옹군과의 전쟁에 참전했던 독일 출신 리버(Francis Lieber) 컬럼비아대 교수, 전직 보스턴 시장이자 하버드대 총장인 퀸시(Josiah Quincy) 등이 있었다.

토크빌은 이들과의 대화에서 민주주의에 대한 새로운 생각을 갖

---

1) 프랑스는 미국 독립 당시 영국과 전쟁 때 많은 군비를 지원하였고, 앞에서 본 바와 같이 제퍼슨 대통령 때에는 루이지애나 땅을 미국에 매각하였다.

데 되었다. 스파크스 총장은 다수의 결정은 늘 정당하다고 하고, 또 개인, 사회, 타운, 국가는 다른 것에 해를 끼치지 않는 한 자기 이익에 대한 정당한 권한을 가지며 다른 사람은 참견할 수 없다고 하였다. 리버 교수는 민주주의는 성문법보다 마음의 문제(state of mind)로서 공화제는 의회에 있는 것과 마찬가지로 길거리에도 있다고 하였다. 퀸시는 뉴잉글랜드의 타운은 주나 카운티 같은 큰 행정단위 아래에 있는 작은 공화국 같은 존재로 주민들의 이니셔티브에 의해 운영된다고 알려 주었다.

토크빌은 여행 전부터 프랑스 귀족의 몰락과 이들의 근거지였던 지방기관(*Parlement*) 해체가 중앙집권적인 독재 체제로 귀결된다고 생각했다.[2] 그리고 그 처방으로 수직적 분권 체제인 연방제와 더불어 지방의 진정한 자치를 염두에 두고 있었다. 그래서 그는 지방 귀족의 잔재가 남아 있는 영국이 아니라 프랑스와 같이 귀족이 없는 미국을 여행지로 선택했던 것이다. 사실 그가 여행 중 늘 고민한 것은 분권적인 미국 정치체제가 잘 작동할 수 있다는 증거를 모으는 것이었다.

여행이 끝날 즈음에는 수도 워싱턴에서 잭슨(Andrew Jackson) 대통령을 20분간 면담하였다고 한다. 하지만 토크빌은 이 면담에서 잭슨으로부터 큰 감명을 받지는 못했다. 서민 출신 대통령으로서 미국의 나폴레옹이라 불린 잭슨에 대한 당시 지식층의 비판적인 의견이 작용하였기 때문이다. 그 결과 그는 잭슨 민주주의(Jacksonian Democracy)라는 말에서 보듯이 잭슨이 미국 대중민주주의의 길을 연 사람임을 간과하였다.

---

2) 3백 년 넘게 존재한 이 기관은 1790년 완전히 폐지되었다.

토크빌과 보몽은 그들의 여행기간이 당초 18개월에서 9개월로 단축되었음을 갑자기 통보받았다. 상부에서 이들의 여행을 단순한 놀이 정도로 판단했기 때문이다. 이들이 귀국 후 2개월 만에 보몽은 검사로서 신분관계상 도저히 수용할 수 없는 자리로 발령을 받게 되었다. 이러한 좌천에 보몽은 사직서를 냈고 토크빌도 따라 공직을 떠나게 되었다. 공직을 떠난 토크빌은 가문의 반대로 미뤄 뒀던 오랫동안 사귄 여섯 살 연상의 영국 중산층 출신의 인텔리 여성 마리(Mary Mottely)와 결혼하였다. 둘 사이에는 토크빌이 바라던 귀족 가문을 잇기 위한 후손은 태어나지 않았다. 하지만 노르망디의 작은 토크빌 마을에는 아직도 가문의 장원이 있다.

결혼 후 토크빌은 가문의 영지인 토크빌에서 미국에서 수집한 자료와 당시의 프랑스 사회의 문제를 고심하면서 『미국 민주주의』 저술에 몰두하였다. 당시인 7월 군주 루이 필리프 정권 아래서는 자유주의자들 사이에도 집권-분권 문제를 두고 크게 대립하고 있었다.[3] 그가 미국의 지방분권적인 체제와 프랑스의 중앙집권적인 체제를 비교하고 프랑스의 문제를 지적한 것은 매우 시의 적절했다고 할 수 있다.

토크빌이 3년간의 각고 끝에 1935년 출간한 『미국 민주주의 *De La Démocratie en Amérique*』 제1권은 출판사의 예상을 뒤엎고 엄청난 판매부수를 기록하였다. 거의 동갑내기인 영국의 밀(J. S. Mill)은 서평에

---

3) 당시 권력을 잡고 있던 오를레앙파(Orleanist liberals)는 중앙집권적 체제를 유지하려 하였고 반면 권력에 소외된 정통왕당파(Legitimist liberals)는 지방분권을 주장하였다. 후자는 분권에서는 토크빌과 맥을 같이 하지만 투표권을 소수의 부유한 사람에게만 주어야 한다고 주장한 점에서 그와는 차이가 있었다. 오를레앙파의 대표적 인물은 수상을 지낸 역사가 기조(Guizot)로 1848년 2월 혁명 때 영국으로 망명한 후 저술에 몰두하였는데 '민주주의 숭배 자체가 프랑스의 가장 큰 문제'라고 하였다.

서 '독창적이고 심오하며', '민주주의가 도래할지 아닐지 불분명하지만 도래할 경우 어떻게 해야 할 것인지'를 잘 정리한 책이라고 평가하였다. 또 이 책의 영어 번역판 서문을 쓴 스펜스(John Spence)는 '미국 학자들보다 훨씬 정교하게 미국 정부를 기술한' 책이라 평가하였다. 또 다른 5년간의 노력 끝에 그는 1940년에『미국 민주주의』제2권을 출판하였다. 9개월간의 여행과 9년간의 내면적 성찰을 통해 대작을 내놓은 것이다. 제1권이 정치제도와 과정에 대한 것이라면 제2권은 정치문화와 시민사회에 대한 것이다(Hueglin 2008: 159).

미국정치제도 기초와 정신을 깊게 꿰뚫은『미국 민주주의』의 성공으로 토크빌은 일약 명사가 되었다. 40세 젊은 나이로 프랑스 학술원의 회원이 된 것이다. 또 그는 하원에 진출하여 평생의 야망이었던 정치가의 길을 걷게 되었다. 하지만 비타협적이고 독립적인 태도로 말미암아 하원에서 큰 영향력을 행사하지는 못했다.

1848년 2월의 자유주의 혁명으로 루이 필립 왕이 실각하면서 새로운 공화국에 대한 열망이 높았다. 토크빌은 다시 하원의원으로 선출되어 제2공화국의 민주적인 헌법 제정에 참여하였다. 나폴레옹 1세의 조카 루이 나폴레옹 보나파르트가 대중 선거에 의해 대통령으로 선출되었고 토크빌은 외무부 장관으로 임명되어 5개월 간 재임하였다. 이때 토크빌은 친구 보몽을 비엔나 대사로 임명하였다.

하지만 제2공화국은 3년이란 짧은 생명을 마감하였다. 루이 나폴레옹 보나파르트가 1851년에 친위 쿠데타로 정권을 장악한 후 프랑스 제2제국을 선포(1852)하고 스스로 황제(나폴레옹 3세)의 자리에 올랐기 때문이다. 토크빌은 런던의 타임(The Times)지에 제2제국이 자유를 억압하는 '군사적 테러' 체제라고 비난하는 편지를 보냈다. 그 후 그는 체포되어 짧은 기간이지만 옥살이를 하게 되었다.

정계 은퇴 후에 토크빌은 영지로 돌아가 나폴레옹 3세의 전제정치 치하를 보냈다. 그곳에서 그는 4년에 걸쳐 행정관서의 행정문서를 광범위하게 수집 정리해 해석한 『앙시앵 레짐과 혁명 *L'Ancien Régime et la Révolution*』을 저술하여 1856년에 출간하였다. 여기에서 그는 혁명이 군주제의 전제적 체제와 단절을 추구했지만 결과적으로 프랑스는 예전과 마찬가지로 관료들에 의해 움직이는 강력한 중앙집권체제로 회귀한 사회가 되었다고 비판했다. 권력의 집중이라는 측면에서는 앙시앵 레짐이나 혁명 후의 체제가 다르지 않다는 것이다.

『앙시앵 레짐과 혁명』 출간 후인 1857년에는 영국 왕실의 초대를 받아, 건강이 어려운 가운데서도, 버킹검 궁을 다녀오기도 하였다. 하지만 그 후 건강이 악화되어 프랑스 남부 지역(Cannes)에서 요양 중 1859년 결핵으로 54세의 나이로 생을 마감하였다. 그의 사후 3주 만에 고향 영지에서 거행된 장례에는 엄청난 사람들이 참석하였지만 나폴레옹 3세의 조문단은 보이지 않았다. 그의 사후에 부인인 마리는 5년을, 친구인 보몽은 7년을 더 살았다.

토크빌 생존 당시 프랑스는 정치적 변혁이 극심한 가운데 교육, 문화, 예술, 인구 등 모든 것이 파리에 집중되었다. 군주가 임명한 지사나 행정 감독관이 지방의 모든 일을 처리했기 때문에 지역 주민들은 스스로 모여서 일을 처리하는 기회를 가지지 못하였다. 그 결과 중앙집권화된 프랑스는 연이어 정치적 소용돌이 속에 휘말리게 되었다.

III. 미국의 지방분권, 프랑스의 중앙집권

1. 지방자치와 작은 관료제

1) 미국 정치 진단과 지방자치

루소의 사상에 심취한 토크빌은 인민주권의 표상을 뉴잉글랜드 지방의 지방자치에서 찾은 것처럼 『미국 민주주의』에서 기술하고 있다. 그는 프랑스와 다른 미국과 같은 새로운 민주주의국가의 정치를 해석하기 위해서는 새로운 정치학이 필요하다고 하면서 이 책을 시작하고 있다.4) 그가 미국 정치에 대해 진단한 것은 단순한 기술이 아니라 베버(Max Weber)의 이념형(ideal type)과 같은 것이라고도 한다(Ryan 2012: 745).5)

『미국 민주주의』 집필 당시 프랑스는 대혁명 이후 혼란기를 거치면서 공화정, 나폴레옹의 왕정과 루이 18세의 부르봉 왕정, 그리고 1930년 혁명 이후 입헌 군주정으로 이어지는 혼란 속에서 민주주의 정착과는 거리가 먼 길을 걸어왔었다. 반면, 미국은 영국의 지배에서 벗어나 독립을 이룬 후 당시 지구상에서 유일한 민주주의 체제를 발전시켰다. 이런 차이에 주목하면서 그는 "인민주권의 원리는 모든 인간제도에서, 분명히 드러나 보이는 것은 아니지만, 발견된다. 인민주권의 원리를 적절히 평가하거나, 사회문제에 적용하거나,

---

4) 이는 계몽주의자들의 정치학과 다른 새로운 정치학이 필요하고 한 것이다. 홉스, 로크, 루소 등은 자유와 평등이 양립한다고 본 반면 토크빌은 민주사회에서 자유와 평등이 서로 갈등하는 것으로 보았다. 계몽주의자의 영향을 받은 미국의 독립선언(1776)이나 프랑스의 인권선언(1789)에는 자유와 평등이 양립하는 표현을 볼 수 있다. 후일 밀도 토크빌과 같은 견해를 보였다.

5) 토크빌이 큰 영향을 준 학자 중의 한 사람이 베버(M. Weber)라 한다. 이념형은 경험적 현상을 그대로 기술하는 것이 아니라 주요 현상을 집중적으로 조명하여 그 특징을 분명하게 나타나게 하는 것이다.

그것의 위험성과 이점들을 예견하려고
한다면, 그것은 세계의 나라들 중에서
당연히 미국이다(Tocqueville 1835: 1편 4
장)"라고 하였다.

그가 9개월간 미국을 여행하면서 본
것은 외형적인 미국만이 아니다. 그는
『미국 민주주의』 서문에서 '나는 미국
그 자체보다 더 많은 것을 보았다'라고
하였다.

<그림 7-3> 『미국 민주주의』 표지
(jemessouviens.biz)

> 내가 미국에 머무는 동안 인민들 사이
> 의 생활 상태의 전반적인 평등만큼 강
> 렬하게 나를 놀라게 한 것은 없었다. 우리 자신의 세계로 생각을 돌려보
> 니 미국 사회를 지배하고 있는 민주주의가 유럽에서도 급속하게 득세하
> 고 있는 것을 나는 목격했다. 위대한 민주주의 혁명이 우리들 가운데서
> 진행되고 있지만 모든 사람이 같은 견지에서 그것을 바라보는 것은 아
> 니란 것도 마찬가지로 명백하다(위의 책: 서문).

이어 토크빌은 중세 프랑스의 700년 역사를 조명하면서 국왕, 귀
족, 평민 간의 관계가 점차 평등한 관계로 발전해 왔음을 주목하고
다수가 지배하는 민주주의가 새로운 시대의 불가피한 선택임을 밝
히고 있다. 그리고 그는 당시에 유일한 민주주의국가인 미국에서 민
주주의의 유래와 장단점 그리고 장래를 탐구해야 한다고 하였다.

토크빌은 미국 민주주의가 발전한 이유를 프랑스에서는 찾아볼
수 없는 타운미팅 같은 지방자치체, 변호사회 같은 전문인단체와 각
종의 자발적 시민조직(civic association), 그리고 청교도 교회 등 다양한

종교적 성향 때문이라 보았다. 그리고 그는 이들 각자에 대해 설명하고 있다.6) 지방자치와 관련해 그는 다음과 같은 자주 회자되는 문구를 남기고 있다.

> 그럼에도 불구하고, 시민들의 지방 모임은 자유국가의 힘의 원천이다. 타운미팅과 자유와의 관계는 초등학교와 학문과의 관계와 같다. 주민과 근접한 거리에 있는 타운미팅은 자유를 어떻게 이용하고 향유하는지 가르친다. 국가는 자유 정부를 가질 수는 있지만 지방정부가 없이는 자유의 정신을 가질 수 없다(위의 책: 1편 5장 앞부분).

토크빌은 미국에서는 많은 일들, 예컨대 도로나 학교 업무 등이 지방정부 주도로 이루어지고 있다고 하였다. 프랑스 코뮌이 철저한 무관심 속에 꼼꼼한 기록만을 하는 곳이라면 미국의 타운십은 유연한 사고를 바탕으로 적극적으로 스스로 문제를 해결하려는 살아 있는 사회라고 보았다. 그리고 그는 행정의 방식 비교에서 프랑스가 전통적인 하향식이라면 미국의 경우는 새로운 상향식 방식이라 하였다.

> 프랑스에서는 지방정부가 부과한 세금을 국가 관리(官吏)가 징세하는 반면, 미국에서는 지방정부 관리가 주의 세금을 징수한다. 프랑스는 국가 관리가 코뮌의 일을 해 주는 것이라면 미국에서는 타운십이 주의 역할을 대신해 주는 것이라 할 수 있다(위의 출처).

---

6) 자치단체와 마찬가지로 국가와 개인 사이에 있는 중간 조직은 민주주의 발전에 필수적이라 여겨진다. 이들은 보통 사람들에게 민주적 교육의 기회를 제공할 뿐만 아니라 개인으로서는 어려운 중앙의 권력에 저항할 수 있는 힘을 가지기도 한다. 토크빌이 이런 단체의 역할을 중시하는 점에서 이를 인정하지 않는 루소와 차이가 있다.

사회계약론과 인권사상에 심취해 있던 토크빌은 '인민주권이 인정되는 나라에서는 모든 개인이 동등한 지분의 권한을 가지고 동등하게 국정에 참여한다'고 하여 인민주권과 개인주권을 동일한 것으로 간주하였다. 또, 개인주권의 연장선상에서 개인으로 구성된 법인체인 타운십도 주권을 가진다고 보았다. 그 연장선상에서 보면 타운십은 주가 만든 것이 아니라 타운십이 주권의 일부를 양도하여 주가 만들어진 것이다.

> 그들(타운)의 권한은 중앙(주)으로부터 받은 것이 아니라 그 반대로 타운십이 그 권한의 일부를 주에 양여한 것이다. 그렇지만 타운십이 주로부터 완전히 독립된 것은 아니다. 타운십은 주 전체의 문제에 관련된 일에만 주에 종속된다(위의 출처).

인민주권의 견지에서 토크빌은 사회의 가장 작은 단위로서 타운십을 들고 있다. 그는 군주국가나 공화국은 인위적으로 만들어진 것이지만 타운십은 신이 만든 자연적인 것이라 보았다. 그의 주장을 보면 다음과 같다.

> 마을이나 타운십은 결사체로서는 유일하게 완전히 자연적인 것으로 어느 곳에 사람들이 모였던 그 자체로 형성된 것이다. 타운은 커뮤니티의 가장 작은 분할체로 모든 국가에, 법이나 관습이 어떠하든 존재한다. 사람들이 군주제를 채택하거나 공화국을 수립하였다고 한다면, 인류의 첫 결사체는 신(God)에 의해 만들어진 것이다. 타운십의 존재는 인류의 존재와 같이 시작된 것으로 타운십의 자유는 존중되어야 하며 쉽게 파괴되어서는 안 된다(위의 출처).

하지만 동시에 토크빌은 지방의 자유가 계속적으로 침해될 가능성과 더불어 중앙지배의 우려를 표명하였다. 그리고 지방분권적인 민주체제를 유지하기 위해서는 사회적 지지가 필요함을 역설하였다.

> 국가는 유능한 인재와 더불어 중대한 업무로 늘 더 강력한 정치단위를
> 형성할 수 있는 반면, 타운십은 그러하지 못한다. 지방의 독립은 사람들
> 의 계몽(enlightenment)과 더불어 더 어려워지고 있다. 매우 문명화된 사
> 회는 지방의 독립을 달가워하지 않으며, 지방의 여러 가지 실수에 역겨
> 워하며, 자치의 실험이 끝나지 않았는데도 성공 가능성의 기대를 저버
> 린다. 거대한 정부의 힘이 지방을 짓밟는데도 지방은 면역력을 갖추지
> 못하고 있다. 국가의 관습이나 여론의 지지 없이는 지방은 저항할 방법
> 도 없다. 타운십의 독립성은 인민들의 확고한 지지와 결부되거나 오랜
> 법적인 보호 장치와 결부되지 않고서는 불가능하다. … 일시적인 열정
> 이나 우연한 기회로 지방에 형식적인 독립의 모양새가 만들어질 수 있
> 다. 그러나 일시적으로 배제되었던 독재적 성향(despotic tendency)은 곧
> 나타날 것이다(위의 출처).

인용문에서 사회가 지방의 독립을 원하지 않으며, 지방의 실수에
역겨워하며, 자치의 성공 가능성을 폄하하는 데 비해 지방정부는 중
앙의 권력에 맞설 힘이 없다는 주장은 오늘날 지방분권화를 실현하
기 위해서는 정책적으로 이를 추진하지 않으면 이를 이룰 수 없다
는 주장과 일맥상통한다.

나아가 토크빌은 『미국 민주주의』 제2권의 마지막 부분에서 평등
사회의 사람들은 권력의 집중을 원한다고 하면서 "다가오는 민주주
의 시대에 개인의 독립과 지방의 자유는 노력해서 지켜야 할 것인
반면에 중앙집권은 자연적으로 다가오는 통치의 형태이다"라고 하
였다. 그리고 민주사회가 나이가 먹을수록 그 정부는 더욱 중앙집권
화된다고 덧붙였다(Tocqueville 1840: 4편 3장).[7]

---

7) 민주주의 체제에서 중앙집권화는 내재적 구조라는 그의 주장은 20세기로 넘어 오면서 신중앙집
권화에서 확인할 수 있다.

하지만 토크빌은 중앙집권은 전쟁 때같이 인적·물적 자원을 동원할 필요가 있을 때에는 유용하지만 '과도한 집권은 사회를 약화시키고 장기적으로는 정부 그 자체를 미약하게 만든다'고 보았다. 그리고 평등을 추구하는 과정에서 중앙집권화된 민주제는 권력에 대한 아무런 견제장치가 없는 관계로 군주-귀족 체제보다 더 독재로 흐를 가능성이 많다고 하였다(위의 책 4편 4장).

2) 분권적 체제와 작은 관료제[8]

토크빌은 분권적인 미국과 집권적인 프랑스의 행정체제를 비교하면서 분권적인 작은 관료제의 이점을 분명하게 설명하였다. 그는 집권의 형태를 통치상의 집권(governmental centralization)과 내치상의 집권(administrative centralization)으로 구분하였다.[9] 전자는 국가 내의 모든 그룹과 관련된 전체적 통일성이나 외교나 국방 등 범국가적 사안에 대한 집권이고, 후자는 국가 내의 개별 그룹과 관련된 사안에 대한 집권이다. 그는 통치상 집권은 정상적인 국가의 필수적 요소라고 보았지만 내치상의 집권은 지역의 자유를 해치고 지역주민의 자부심을 손상하여 결국에는 국가 전체를 쇠약하게 한다고 보았다.

토크빌은 집권의 양태를 나라별로 구분하였다. 그는 영국은 극단적인 통치상 집권을 이루었지만 내치상의 집권을 피하면서 위대한 나라가 되었고, 프랑스의 경우 통치상 집권에 더하여 루이 14세 때의 내치상의 집권이 프랑스 혁명 이후 더욱 강화되었다고 하였다. 반면 독일의 경우 중세 이래 내치상 분권화되어 왔지만 통치상 집

---

8) 이 내용은 Tocqueville(1835) 1편 5장의 후반 부분의 요약이다.
9) 여기서 '내치상 집권'이 통상적인 개념으로서의 중앙집권이라 할 수 있다.

권을 이루어지지 못해 아직 국가로서 자리 잡지 못하였다고 보았다.[10] 한편 미국은 내치상 분권이 이루어진 바탕 위에서 통치상의 집권이 조화된 바람직한 나라로 보았지만 내치상의 과도한 분권을 우려하기도 하였다.

토크빌은 내치상 분권화된 미국에서는 중앙집권적 계층제적 관료 체제를 발견할 수 없다고 하였다. 그는 뉴잉글랜드의 경우 주-카운티와 타운십이 상호 독립적이라 내치에서 계층적 지휘·명령 체계가 아니라고 하였다. 즉, 타운십은 상위 계층의 간섭 없이 독자적으로 자기의 일을 수행한다고 보았다. 또 정부의 권한을 작게 분할하여 여러 선출직이 각자의 공무를 담당하게 함으로써 권력의 집중으로 인한 남용을 사전에 방지하고 있다고 칭송하였다.[11] 그리고 하위 단위에 대한 통제는 프랑스와 같은 행정적 통제의 방식이 아니라 사법적 통제의 방식이라 하였다.

토크빌은 유럽 사람들이 정부관리에게 복종하는 이유는 그가 권력의 상징이기 때문이라 하는 반면 미국 사람들이 정부관리에게 복종하는 이유는 그가 법적으로 정당한 권한을 가지고 있기 때문이라고 하였다. 그는 미국 사람이 정의나 법에 복종하지만 그 누구도 사람에게 복종하지 않는다고 하였다. 모든 사람이 그들의 대표를 통해 스스로 만들었다고 믿는 법을 행정 주체의 한 부분으로 집행에 참여한다고 믿는다고 보았기 때문이다.[12]

토크빌은 미국에서 통일적 행정 체제가 없어 야기되는 혼란을 우

---

10) 독일의 통일이 이루어진 것은 1870년으로 토크빌이 이 책을 출간할 때보다 35년 이후이다.

11) 미국의 약시장제(weak-mayor System) 지방정부 형태가 19세기 초반에 많았던 것에서 그 예를 볼 수 있다.

12) 루소의 일반의사를 상기하게 하는 부분이다. 일반의사에 따라 만들어진 법에 따르는 것은 개인이 스스로에 복종하는 것과 같은 것이다.

려하기도 하였다. 하지만 그는 주민들이 타운십의 일을 자기 일이라 생각하고 참여하는 것에서 이런 문제를 극복할 수 있다고 보았다. 그는 미국의 지방정부에는 유럽에서처럼 관료제와 많은 숫자의 관료들을 찾아보기 어렵지만 공공의 일 처리 수준은 유럽보다 더 높다고 하였다. 미국에서는 관료들이 적기 때문에 주민들 스스로 참여하여 공공의 문제를 해결하려 하기 때문이라는 것이다.

토크빌은 다음과 같은 사실로 이를 설명하고 있다. 미국에서는 모든 주민들이 공공의 안녕을 스스로의 일이라 생각하고 범죄자를 수사하고 처벌하는 데 적극 협력하는 나라라 많은 공안 인력이 없어도 범죄가 적다고 한다. 반면, 프랑스 주민들의 경우 범죄자는 국가의 절대 권력으로부터 버림받은 사람으로 여기고 이들을 단죄하는 데 대하여 방관하여 범죄율이 높다는 것이다.

정리하면, 지방분권적인 나라인 미국 사람들은 지방정부를 자기의 것으로 여기고 공공의 일에 참여하는 반면 중앙집권적인 나라인 프랑스 사람들은 지방정부를 그들을 규율하고 통제하는 기구로만 생각하여 공공의 일에 협력하지 않는다는 것이다. 지방분권과 중앙집권의 정치적 효과를 극명하게 드러낸 설명이다.

토크빌은 프랑스인의 공공문제에 대한 무관심을 해소하는 방법으로 지방의 자유와 자치를 강조하였다. 그는 지방의 자유를 앗아간 프랑스 혁명이 결국 독재로 귀결된 사실을 지적하고 중앙집권으로 인한 독재를 막는 길은 지역의 자유를 인정하는 것이라 주장하였다. 더불어 지역의 자유의 가치를 부정하는 나라는 지방자치를 경험하지 못한 나라이고, 이들이 지역의 자유를 비난한다고 하면서 프랑스의 중앙집권 굴레를 꼬집었다.

2. 앙시앵 레짐과 중앙집권화

1) 중앙집권화의 문제

토크빌은 20대 이후 중앙집권화의 문제에 늘 관심을 두었다.『미국 민주주의』와 다른 소논문에서 중앙집권의 문제를 다루었지만 그는『앙시앵 레짐과 혁명』에서 거듭 프랑스의 중앙집권화 문제를 집중 분석하고 있다.13)

토크빌은『앙시앵 레짐과 혁명』집필에 필요한 자료를 수집하기 위해 파리와 지방의 문서보관소를 드나들면서 당시의 저술·공문서·회의록 등을 낱낱이 들춰 보았다. 또 앙시앵 레짐의 정치 구조를 비교·연구하기 위해 직접 영국과 독일로 답사 여행을 떠나기도 하였다. 4년에 걸쳐 이루어진 이러한 자료수집의 덕분에 이 책은 기존 저술에서 볼 수 없는 당시 사회의 모습을 생생히 담고 있다.

토크빌은『앙시앵 레짐과 혁명』에서 혁명의 근본 원인은 무엇보다도 앙시앵 레짐의 중앙집권화에서 찾았다. 중앙집권화는 곧 군주의 권한 강화와 귀족의 권한 약화를 의미했는데 이는 무엇보다도 관료집단의 행정권 강화로 나타났다.

관료집단은 국왕참사회원, 재무총감, 행정감독관 등으로 나누어져 행정권을 독점했다. 국왕참사회는 왕의 뜻을 받들어 왕국의 행정, 사법, 입법에 있어 최고 결정권을 행사하였다. 재무총감은 행정을 총괄했으며, 행정감독관(Intendant)들은 지방행정을 관장하는 고위관리로

---

13) 앙시앵 레짐(Ancien Régime)은 프랑스 혁명 전의 절대 군주 정체를 지칭한다. 이 앙시앵 레짐에서는 사회가 3계급(Estates)으로 나누어져 있었는데 전 인구의 2%에 불과한 제1신분인 성직자와 제2신분인 귀족은 세금 면제의 혜택을 받으며 연금 수령, 관직 독점과 더불어 토지의 약 30%를 소유하지만, 전 인구의 98%인 제3신분인 시민 계급, 농민, 노동자는 혜택은커녕 무거운 세금만 부담하는 매우 불평등한 사회였다.

서 프랑스의 광범한 지역들을 실질적으로 지배했다. 이들 관료는 대부분 서민들의 생활에는 무관심한 부르주아들로 구성되었으며 사회의 세세한 것까지 관장하면서 방대하고 독점적인 권력을 행사했다.

반면, 왕권을 견제하는 주요한 정치세력으로 존재하던 귀족들의 권력은 약화되어만 갔다. 왕권 강화에 따라 중앙에서 파견된 행정감독관들이 지방을 근거지로 하는 귀족의 권력을 잠식해 간 것이다. 귀족들은 봉건제도하에서 누리던 농민에 대한 지배권을 상실하는 과정에서 농민들로부터 철저히 분리되어 폐쇄적인 계급이 되었다. 한편, 왕권의 강화 과정에서 귀족들의 반발을 무마하기 위한 방편으로 면세(免稅)와 농민들에 대한 소작권은 인정하였다. 그 결과 사회적 역할을 상실한 귀족은 기생충 같은 존재로 전락하였다. 한편 귀족들의 착취로 농민들의 생활은 중세 초기보다 더 열악해졌다. 프랑스에서는 귀족들이 지역사회의 중심 역할을 담당한 영국이나 지방자치 정부가 존재하던 미국 식민지와 같은 지방제도는 전혀 찾아볼 수 없었던 것이다.

2) 중세 프랑스의 지방자치

이러한 중앙집권화 과정에서 중세 이래 남아 있던 프랑스의 지방지차는 점차 사라져 갔다. 토크빌은 중세 시대 마을의 자치를 다음과 같이 기술하고 있다.

> 나는 중세의 마을 사람들은 영주들로부터 독립된 공동사회를 형성하였다는 견해를 뒷받침하는 많은 증거를 보았다. 영주들은 마을 사람들을 사역하게 하고 감시하고 지배하였지만 마을 사람들은 그들만의 공동 재산을 가지고 있었다. 마을 사람들은 그들의 지도자를 선출하고 민주적으

로 공동체의 일을 처리하였다(Tocqueville 1856: 2권 3장).

토크빌은 프랑스의 시골 패리시 (parish)는 대혁명 전까지만 해도 중세에 있었던 민주적 제도의 요소를 가지고 있어, 지방의 공직자를 선출하거나 공동의 일을 처리하기 위해 부자나 빈자 모두 교회당에 모여 그들의 의견을 진술할 수 있었다고 하였다.

<그림 7-4> 앙시앵 레짐의 3계급 간의
관계에 대한 풍자만화
(de.wikipedia.org)

이런 사실을 발견한 후 토크빌은 그가 30대에 저술한 『미국 민주주의』에서 뉴잉글랜드의 지방자치가

고유한 것처럼 잘못 기술한 것을 여기에서 고백하고 있다.[14] 그는 프랑스의 중세 행정문서에서 뉴잉글랜드의 자치와 유사한 봉건제하의 프랑스 지방자치가 존재했음을 다음과 같이 확인한다.

> 양국의 지방이 모두 전체 커뮤니티의 통제하에 있는 공직자들에 의해 독자적으로 관리된다. 양국에서 모두 모든 주민들이 회합하여 그들의 대표를 선출하고 주요한 사안을 논의하는 주민총회를 가지고 있다. 한마디로 두 체제는 매우 유사하여 살아 있는 것(뉴잉글랜드의 지방자치)이 죽은 것(프랑스의 지방자치)을 본받은 것 같다. (하지만) 양자는 시작에서는 매우 유사하지만 그 후 그들의 운명은 매우 다르다(위의 책: 2권 3장).

---

14) 『미국 민주주의』에서는 '유럽 대륙의 어떤 나라도 지역의 자유를 경험한 적이 없다고 할 수 있다(1권 1편 제4장)'라고 적고 있다.

토크빌은 자치 공동체를 발전시킨 영국의 지방 귀족들을 높게 평가하고 있다. 그는 프랑스와 다른 영국 귀족들의 자유주의 정신과 평민들과 어울리는 모습을 다음과 같이 기술하였다.

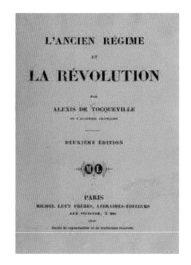

<그림 7-5> 『앙시앵 레짐과 혁명』 표지 (openlibrary.org)

영국의 귀족들이 중세의 위기 속에서 그들의 정치적 자유와 지방 특권을 모두 잃었다면, 프랑스 귀족과 마찬가지로, 다른 계급인 평민들과 거리가 있을 수밖에 없다고 할 수 있다. 하지만 이들의 자유의 정신은 평민들을 이해할 필요가 있을 때에는 평민들과 가까운 거리에 있었다. 영국 귀족들이 평민들과 친숙하게 어울리고 필요할 때는 이들과 평등하다고 느끼게 하는 것은 특이한 점이다(위의 책: 2권 10장).

그리고 그 예로 고귀한 귀족들이 평민들을 초청해 함께 식사하는 것을 들고 있다. 영국 귀족들은 프랑스 귀족과 달리 필요할 때에는 평민과 거리를 좁히고 모든 사람들이 평등하다고 느끼게 하여 프랑스 혁명 같은 급격한 사회변혁을 미연에 방지하였다는 것이다.

토크빌은 프랑스에서도 이런 전통이 있었음을 분명히 하였다. 그는 중세 초기에 영주가 강한 권한을 가지고 있다면 동시에 무거운 책부를 맡고 있었다고 하였다. 그는 영주는 영지 내에 있는 교육이나 생계 등에서 도움이 필요한 사람을 돌보아야 했다고(위의 책 2권 2장) 기술하였다. 영주와 신민들이 하나의 공동체를 이루고 있었던 것을 적시한 것이다. 하지만 이런 영주와 신민들 간의 관계는 중앙 집권화와 더불어 점차 사라져 갔다고 덧붙였다.

토크빌은 프랑스에서 17세기 말까지만 해도 지방의 자유의 흔적을 찾을 수 있었다고 하였다. 하지만 1692년부터 지방의 선거제도가 폐지되기 시작하였고, 지방의 기능은 중앙의 하급 관청으로 이관되었고 국왕은 관직을 몇몇 사람에게 팔았다. 이로써 지방은 자유를 상실하게 되었다(위의 책 2권 3장). 또 중앙집권을 강화하는 수단으로 보통 법원 외에 유럽의 다른 나라에서 볼 수 없는 행정법원을 설립하고 관료들에게 면책의 특권을 부여하였다(2권 4장). 그는 중세에서는 프랑스, 영국, 독일이 모두 비슷한 지방자치제도를 가지고 있었지만 유독 프랑스만이 중앙집권화로 나아갔다고 진단하였다.

3) 프랑스의 파리 집중화

토크빌은 중앙집권화가 프랑스 지방의 인적·물적 모든 자원을 파리로 집중시켰다고 보았다. 그는 '수도가 그 나라를 압도하는 것은 정부의 형태에 기인한다'고 하면서 런던이나 뉴욕은 큰 도시지만 영국과 미국에서는 이런 현상이 없었다고 보았다. 그리고 프롱드의 난(La Fronde, 1648~1653)[15]이 일어날 때만 해도 파리는 단지 프랑스의 가장 큰 도시였지만 프랑스 대혁명(1789) 때에는 파리 그 자체가 프랑스였다고 하였다. 그리고 그는 몽테스키외가 지방법관인 동시에 와인제조업자 시절인 1740년 친구에게 보낸 편지에서 "프랑스에서는 파리와 먼 곳에 있는 지방밖에 존재하지 않는다. 이들 지방이

---

15) 프롱드의 난은 제4장에 설명되어 있다.

아직 존재하는 이유는 파리가 아직 이들을 잡아먹지 못했기 때문이다"라고 한 것을 인용하고 있다(위의 책 2권 7장). 당시 영국의 런던도 수도로서 거대 도시였지만 파리와 같이 정치적 권한이나 인적·물적 자원을 독점하지는 않았다는 것이다.

4) 중앙집권화와 파리 집중화의 결과

토크빌은 『앙시앵 레짐과 혁명』에서 재정총감 튀르고(Turgo)가 루이 16세에게 한 비밀 보고서를 다음과 같이 소개하고 있다.

> 이 나라는 갈라진 몇 개의 계급과 갈라진 사람들로 구성되어 있다. 따라서 아무도 그들의 사적 이익 외에는 챙기지 않는다. 공공정신은 알 수 없는 존재이다. 마을이나 도시가 상호 관계가 없을 뿐만 아니라 그들이 속해 있는 군(arrondissements)과도 관련이 없다. 그들은 심지어 공동으로 이용하는 도로의 수리에 대한 것도 이해하지 못한다. 서로 상반된 주장으로 논쟁이 끊임없이 지속된다. 따라서 이들에 대한 결정은 국왕이 하거나 그 신하들이 해야 한다. 평민들이 세금을 납부하는 것이나 이웃의 권리를 존중하는 것이나 심지어는 그들의 자기결정조차도 국왕의 명령이 필요한 실정이다(위의 책: 2권 7장).

여기서 토크빌은 프랑스의 중앙집권 체제하에서 국민들의 공공정신과 자립심이 말살되어 위로부터의 명령이 아니면 아무것도 할 수 없다는 튀르고의 주장에 공감하고 있다. 그는 튀르고와 마찬가지로, 중앙집권화가 부유하고 교육을 받은 계급들로부터 지방의 공공사무에 참여할 기회를 박탈하여 이들이 서로 협력할 유인을 제공하지 않았음을 개탄하고 있는 것이다.

자유주의자인 토크빌은 대혁명 당시의 자유와 평등이란 두 이념 중 자유란 이념은 실종되고 평등이란 이념만 남았다고 진단하였다.16) 그리고 평등의 이념 아래 진행되는 독재화의 경향을 우려하였다. 또 그는 지방자치가 대혁명 이후 사라진 것을 지적하면서 국가와 개인만 있고 그 사이에 중간 집단들이 없다면 이는 독재화될 가능성이 다분하다고 하였다.

> 사람들이 더 이상 계급, 집단, 조합 혹은 가족 같은 공동체에 엮여 있지 않다면 그들은 사적인 관심에만 매몰되게 되고 협소한 개인주의에 휩싸여 공공심을 잃게 된다. 독재는 이런 경향성을 막는 것이 아니라 오히려 조장하고, 또 불가피하게 한다. 왜냐하면 이런 흐름에 따라 시민으로부터 공공의 열정과 상호 의존성, 공동의 이해 필요성, 공동행동의 기회를 앗아가기 때문이다. 독재는 사적인 생활만을 열매 맺게 한다. 사람들이 스스로 서로 떨어지게 되면 독재는 이들을 고립화시킨다. 사람들은 서로를 차갑게 보면 독재는 사람들의 영혼을 얼어붙게 한다(위의 책 2권 7장).

토크빌은 국가와 개인 사이의 중간 집단이 공공심을 키우는 단위로 보고 있다. 그리고 '자유만이 사람들을 고립에서 구원하며, 그들의 독립심이 서로를 자연적으로 모이게 하여 공동의 일에 대해 상호 이해하고 토론하며 타협하도록 한다'고 하였다(위의 책 2권 7장).

5) 대혁명에 대한 평가

토크빌에게 프랑스 혁명은 중앙집권화라는 측면에서 보면 해방혁명이 아니었다. 그는 프랑스 혁명을 절대왕정 시대의 중앙집권을 종식시킨 것이 아니라 이를 더욱 강화시킨 것으로 보았다. 그리고 이때문에 영국이나 미국과 같은 자유민주주의가 발전하지 못하였다고 보았다. 이에 더하여 중앙집권화는 수도인 파리로의 인적·물적 자

---

16) 1848년 2월 혁명 때에는 급진적 사회주의 개혁의 요구가 많았다. 마르크스의 공산당 선언이 2월에 나왔다.

원을 집중시켰을 뿐만 아니라 사회 계급 간에 틈새를 벌려 놓았다고 보았다(Hueglin 2008: 148~149).

그러나 토크빌의 이러한 평가는 당시의 정치체제에 도전하는 것으로 대혁명에 대한 지배적인 견해는 아니었다. 사실 당시에는 프랑스를 대표하는 정통적 역사학자로 평가받는 미슐레(Jules Michelet, 1798~1874)의 주장에서 보는 바와 같이 대혁명 이후 중앙집권화와 파리에의 집중을 찬양하는 견해가 풍미하였다.[17] 이런 견해는 아직도 건재하고 있는 듯하다.

하지만 100년 뒤 19세기 프랑스의 저명한 철학자이자 실증적 역사가인 텐(Hippolyte Adolphe Taine)은 기념비적인 역사 분석서인 『현대 프랑스의 기원』(1876~1885)에서 중앙집권이 프랑스 혁명정부의 결함이라 주장하였다. 그는 앙시앵 레짐에서 시작되어 프랑스 혁명으로 강화된 과도한 중앙집권화에서 근현대 프랑스의 문제를 찾으려고 하였다. 혁명은 태생적인 귀족으로부터 새로운 사상으로 무장한 무자비한 엘리트들에게 권력을 이전시켰는데, 집권적 체제에서 이들 관료는 민주적 통제를 인정하지 않는 존재로 귀족들보다 더 무능하고 독선적인 존재라고 보았던 것이다.

토크빌은 행정상의 중앙집권과 파리에의 절대적 집중은 그가 40년간 보아온 혁명과 반동의 비정상적인 권력교체에 큰 영향을 미친 것으로 보인다고 했다. 지방자치가 쿠데타 등 비정상적인 권력교체를 막는 민주주의의 방파제라는 명제를 250여 년 전에 설파한 것이다.

---

17) 미슐레는 분권적이고 분산적인 중세 시대를 혐오하고 중세의 종말과 르네상스를 찬양한 점에서 토크빌과는 다른 역사관을 가진 사람이었다.

Ⅳ. 토크빌의 유산

1. 토크빌과 밀

토크빌은 밀(J. S. Mill)보다 단지 1년 먼저 태어났지만, 그는 밀에게 큰 영향을 주었다. 특히 30대 초반에 밀은 1835년과 1840년 두 차례에 걸쳐 토크빌의『미국 민주주의』제1권과 제2권에 대한 장문의 서평을 쓰게 되는데 여기서부터 밀은 민주주의에 대한 그의 생각을 발전시키게 되었다.

토크빌의 미국 민주주의에 대한 분석에 감명을 받은 밀은 1840년대 초부터 '다수의 횡포'를 우려하여 대중의 권력에 대응하여 이를 견제할 수 있는 장치를 고안하고자 하였다. 그 또한 토크빌과 마찬가지로 대중의 권력이 독재로 발전하고 영속화될 것을 우려하였기 때문이다. 그 결실이 20년 후인 1859년의『자유론』과 1861년의『대의 정부론』출간이다.『자유론』에서 그는 개인은 다른 사람을 해치지 않는 한 자유를 가져야 하며 이런 자유가 있어야만 사회적 진보가 가능하다고 하였다.『대의 정부론』에서 그는 여성 등 모든 국민들이 참정권을 가져야 하는 동시에 교육을 잘 받은 유능한 사람이 대표로 선출되어 국민의 통제하에 책임을 지고 국정을 운영해야 한다고 하였다.

2. 토크빌과 딜런 및 쿨리

토크빌의『미국 민주주의』는 민주주의에 대한 우려를 짚어 낸 책이라 할 수 있다. 그는 문명화될수록 중앙집권화 요구가 커져 지방자치가 잠식될 우려가 크다고 보았다. 이런 우려는 1800년대 후반 이후 사법적 판단에서 점차 현실로 나타나게 된다. 자치권에 관한 딜런 룰(Dillon's Rule)이 그 전형적인 예라고 할 수 있다. 당시 지방법의 대가이자 아이오와 주 대법관이었던 존 딜런(John F. Dillon)은 1868년 주 대법원 판결에서 지방정부는 주에 의해서 위임된 권한만을 행사할 수 있다는 것과 위임되는 권한은 반드시 법원에 의해서 엄격히 해석되어야 한다고 하였다.[18]

이는 주-지방 사이의 관계를 단일국가로 보고 지방은 국가에서 명시적으로 부여한 사항 외에는 권한이 없다(Ultra Vires)는 영국법의 전통에 따르는 것이었고, 또 당시 무리한 사업추진으로 재정 파탄 상태에 있던 지방정부가 그 부담을 회피하기 위해 지방자치단체를 스스로 해산하는 등의 문제에 대응하기 위한 것이었다. 이런 딜런의 룰은 연방대법원에 의해 1903년, 그리고 1923년에도 확인되어 주와 지방 사이의 관계에 대한 확고한 원칙으로 자리 잡게 되었다.[19]

하지만 토크빌의 이상이 명맥을 잇지 못한 것은 아니다. 딜런의 판결과 비슷한 시점에 쿨리(Thomas Cooley) 판사는 토크빌의 주장에 따라 자치권이 주민의 고유 권리(Inherent Right)라고 하였다. 1871년 미국 수정헌법 10조에서 주와 인민에게 권한이 유보되어 있다는 규정을 들어 지방의 자치권도 지방에 유보되어 있다고 판시한 것이다. 쿨리 독트린은 홈룰 운동의 요체가 되었고 미주리 주가 1875년 자치권을 주헌법에 보장한 이래 캘리포니아(1879), 워싱턴(1889) 등의

---

18) 더 구체적으로 보면 지방자치권은 관습법상으로 인정되지 않으며, 지방자치단체는 주의회의 재량으로 창조 내지 제거할 수 있으며 지방자치단체는 주의회의 단순한 대리인으로서 명시적으로 부여된 권리만 행사한다는 것이다.

19) 연방대법원은 '지방정부는 자신의 권한을 전적으로 주 법률에 의해 부여받으며 주의회는 지방정부의 권한을 확대·축소하거나 완전히 회수할 수 있다'는 입장을 견지하고 있다.

주헌법에 홈룰 조항을 도입한 근거가 되었다.

3. 브라이스의 프랑스 지방자치 진단과 중앙집권화

브라이스경은『현대 민주주의』에서 국민주권의 원리가 공화국의 초석이고 이념적으로 민주국가를 지향하고 그 원리를 실천하려는 프랑스가 왜 지방자치를 허용하지 않는가에 대해 독자들이 의문을 가진다고 하면서 프랑스의 중앙집권화 이유를 다음과 같이 설명하고 있다(Bryce 1921: 23장).

첫째는 장기적으로 근무하는 강한 권한을 가지고 있고 또 유지하길 바라는 관료들이 그들의 일을 지방에 맡길 경우 그들의 권한이 위축될 뿐만 아니라 행정의 효율성이 저하된다고 믿기 때문에 이들은 지방분권화에 저항한다는 것이다.

둘째는 고위관리나 하위관리 모두 정실주의 체제를 유지하기를 원한다는 것이다. 하위관리들이 큰 권한을 가지고 있어야 지역민들에게 밀착하여 정실을 행사할 수 있고, 또 고위관리도 큰 권한을 가지고 정실을 이용해야 하위관리를 심복으로 순종하게 할 수 있다는 것이다.

셋째는 기존 체제의 유지성향이다. 군주제나 공화제 모두 일단 체제가 만들어지면 이 체제가 전복되는 것을 바라지 않는다. 대혁명으로 공화정을 수립한 혁명세력이나 공화제를 전복한 나폴레옹 모두 지방의 반란으로 그들이 만든 체제가 전복되는 것을 우려하여 중앙집권을 한층 더 강화하였다는 것이다.

마지막으로 프랑스 사람들 스스로가 더 높은 수준의 지방자치를 요구하지 않았다. 프랑스 사람들은 영국이나 미국 사람들과 달리 스스로의 자기 지배인 지방자치보다 중앙정부에 의한 양질의 지배를 더 원했다는 것이다. 그 결과 토크빌이 미국적 지방자치 모델을 소개하였음에도 불구하고 이를 외면하였다는 것이다.

중앙집권적인 프랑스에서는 민주주의가 정착하지 못한 채 정치적 소용돌이가 계속되었다. 대혁명 이후로 프랑스는 80년간 세 차례의 입헌 군주정, 각각 두 차례의 공화정과 제정으로 총 일곱 개의 정치체제를 겪었다. 토크빌의 사후 나폴레옹 3세의 제국은 프로이센과의 전쟁에서 참패로 무너진 후 혼란의 와중에서 제3공화국(1870~1940)이 출범하였다. 하지만 제3공화국도 사회적 혼란 속에서 안정되지 못한 채 제2차 세계대전 때에는 괴뢰정권의 오명을 갖게 되었다. 전후 제4공화국(1946~1958)의 혼란 속에서 전쟁 영웅 드골 대통령이 이끄는 제5공화국(1958~)이 출범하게 되었다. 프랑스의 집권적 체제는 정치적 변혁의 원인인 동시에 또 결과이기도 한 것이다.

1981년 사회당 정부는 지방분권 정책을 추진하였고, 2003년 헌법 개정 시에는 제1조 제①항에 '프랑스는 단일 공화국으로서… 그 조직이 지방분권화된다'라는 문구를 넣어 단일 통치체제하의 분권화를 천명했다. 하지만 이것은 정치적 분권이라기보다 행정적 분권을 천명한 것이라 보는 것이 적절할 것이다. 프랑스는 아직도 토크빌이 이상적으로 생각한 인민주권의 실현을 위한 지방자치와는 여전히 거리가 멀다.

Ⅴ. 한국 지방자치에 대한 시사점

1. 주권재민

토크빌이 관찰한 뉴잉글랜드 지방의 자치를 우리나라에서 찾아보기는 어렵다. 아마도 대부분의 국가에서도 마찬가지이다. 하지만 토크빌은 민주주의국가가 추구해야 하는 이상적인 민주주의의 구조와 그 운용의 기초를 제시하고 있고 우리도 이에 따르고 있다.

1991년 지방의회의 부활과 1995년부터 재개된 단체장 민선은 이 땅의 민주주의 훈련장으로 역할을 톡톡히 하고 있다. 우선 공직 선출권과 공직 담임권이 대폭 확대되었다. 종전 대통령과 국회의원(300여 명)만 선출할 수 있었던 것에서 주민들이 대표를 선출할 수 있는 자리가 3~4천 명으로 극적으로 늘어난 것이다.[20] 이런 선출직 중에는 종래의 엘리트 출신이 아니라 새로운 풀뿌리 출신도 많아[21] 토크빌이 강조하는 공공정신(Public Spirit)의 장이 확대되었다고 할 수 있다.

대표성이 확대된 것뿐만 아니라 주민참여도 훨씬 용이해졌다. 민선단체장이나 의원들에게, 가까이 있는 존재로서 주민들은 그들의 요구를 표출할 수 있는 기회가 확대되었다. 또 일련의 주민참여제도, 즉 주민감사청구(2000. 3.), 주민발의(2000. 3.), 주민투표(2004. 7.), 주민소송(2006. 1.), 주민소환(2007. 7.) 제도가 지방자치법에 도입되었

---

20) 2014년 선거에서는 지방자치단체장은 광역 17명, 기초 228명, 지방의원은 광역 663명, 기초 2,898명을 선출할 수 있게 되었다.

21) 한 예로 한국경제뉴스(2015. 11. 10.)가 민선 6기 222명의 기초단체장의 출신대학과 공직입문을 분석한 자료를 보면 방송통신대가 23명으로 가장 많고 그 뒤 고려대 16명, 서울대 11명 등이고, 9급 공무원으로 출발해 수장이 된 사람이 40명으로 행정·사법·외무고시 출신 39명보다 많다고 한다.

다. 특히 주민참여예산제는 2004년 울산 동구와 광주 북구에 도입된 이래 전국적으로 확산되었으며 2011년 「지방재정법」 개정으로 모든 지방자치단체에서 의무적으로 시행하게 되었다.

1990년대 지방자치 부활 이후 우리나라에서 혁명이나 쿠데타 등 비정상적인 권력교체가 없었다는 점에서 지방자치가 민주주의의 방파제라는 토크빌의 주장이 거듭 확인된다. 토크빌이 1990년대 지방자치 부활 전과 후에 한국을 여행하였다면 아마도 그는 지방자치가 우리나라 민주주의에 기여한 바를 『미국 민주주의』에서와 마찬가지로 기술하였을 것이다.

2. 중앙집권화 경향

앞서 보았듯이 토크빌은 오늘날 사회가 지방의 실수에 역겨워하고 자치의 성공 가능성을 폄하하는 데 비해 지방은 중앙의 권력에 맞설 힘이 없다고 하였다. 또 프랑스 대혁명은 자유와 평등을 이념으로 내세우며 앙시앵 레짐의 중앙집권적 제도를 타도하려 하였지만 혁명 후에는 앙시앵 레짐 때보다 더 심한 중앙집권화가 되었다고 하였다.

토크빌이 우려했던 지방의 자유와 독립의 약화 현상 및 중앙집권화에 대한 우려는 우리에게도 나타나고 있다. 95년 단체장 민선을 앞두고 중앙정부는 지방의회의 조례제정 권한 축소, 단체장에 대한 이행명령제 도입, 단체장의 인사권 축소, 지역갈등에 대한 직권조정제도, 지방재정진단제도 도입 등 지방의 입법권과 단체장의 권한을 대폭 제한하는 제도를 도입하였다. 정치적 의미의 지방자치를 확대한 단체장 민선 후 오히려 중앙집권화가 더 강화된 것이다.

중앙집권을 강화하고 지방분권을 약화시키려는 시도는 2001~2002년경의 기초단체장 임명, 기초 부단체장 국가직화 등의 주장에서 노골적으로 표출되었다. 국가주도의 지방행정체제 개편이나 국가의 시책을 지방자치단체에 강제하기 위한 수단으로 보통교부세 배분과정에서 인센티브/페널티를 확대하는 등 중앙집권의 모습이 나타나고 있다.

3. 지방자치와 작은 관료제

토크빌은 중앙집권화의 결과 지방에 파견된 국가 관리(官吏)가 지방의 일을 관리(管理)하는 프랑스와 이런 파견 관리가 없이 지방 선출직이 지방의 공무를 처리하는 미국의 관료 체제를 비교하고 있다. 여기서 그는 지방분권적인 나라인 미국 사람들은 지방정부를 자기의 것으로 여기고 공공의 일에 참여하는 반면 중앙집권적인 프랑스 사람들은 지방정부를 그들을 규율하고 통제하는 기구로만 생각하여 공공의 일에 협력하지 않는다고 한다.

전통적인 중앙집권적 국가인 우리나라가 토크빌이 지적하는 프랑스의 모습과 매우 유사하다고 하지 않을 수 없다. 오랜 기간 지방에 파견된 국가 관리의 지배를 받아 온 우리 주민은 지방의 일을 자기의 일이라 생각하는 성향이 약하다. 또 강한 권력을 가진 관료들이 지방의 일을 모두 처리하기 때문에 지방민들이 스스로 참여하여 처리해야 할 일도 많지 않았다. 그 결과 자신이 사는 지역의 일인데도 능동적으로 참여하기보다 수동적으로 피해를 받지 않거나 수혜를 받는 것에만 관심을 두어 왔다. 토크빌이 지적하는 중앙집권의 폐해를 우리가 목격하고 있는 것이다.

4. 중앙집권화와 균형발전

토크빌은 중앙집권화가 프랑스의 모든 인적·물적 자원을 파리로 집중시켰다고 하였다. 그리고 대혁명 후 자유보다 평등을 우선시하는 대중의 요구 때문에 중앙집권화는 더욱 강화되었다고 하였다.

우리의 전통적인 중앙집권화가 수도권에 모든 인적·물적 자원을 집중시켰다는 데 이론(異論)이 없을 것이다. 우리도 지역의 자유나 자치보다 지역 간 균형발전을 지역민들이 더 원하기 때문에 중앙집권화가 더욱 강화될 소지가 다분하다. 수도권이나 대도시의 경우 지방분권이나 지방자치가 강화될 경우 이들의 경제적 이익도 합치하지만 이들 지역을 제외한 곳에서의 자유나 자치는 실속이 없는 공허한 주장이 되기 십상이기 때문이다. 그래서 수도권이나 대도시 이외의 지역은 실속 없는 자유보다는 차라리 평등을 원할 것이다. 자유보다 평등에 초점을 둘 때 중앙집권화로 귀결된다는 토크빌의 우려는 우리의 실정에서 고스란히 드러나고 있다.

Ⅵ. 맺음말

몽테스키외가 18세기 중반에 중세의 분권적 사회구조를 제시함으로써 절대왕정의 중앙집권 문제를 완화하는 주장을 하였다면, 토크빌은 19세기 중반 민주주의가 불가피한 흐름이라 판단하고 분권적인 미국의 제도를 모델로 프랑스에 소개하였을 뿐만 아니라 대혁명 전과 다름이 없던 프랑스의 중앙집권적 독재 체제를 비판하였다. 하지만 양자의 주장은 모두 무시되었다. 그 결과 프랑스는 200년 이상 정치적 소용돌이 속에 휘말리게 되었다.

자유주의자인 토크빌은 대혁명 후 자유란 이념은 실종되고 평등이란 이념만 남아 중앙집권화 되었다고 하였다. 또 문명화된 사회가 지방의 능력을 불신하여 지방자치에 대해 우호적이 아니지만 지방은 이에 대적할 힘이 없다고 하였다. 그의 우려대로 정치권력은 원심력보다 구심력이 강하여 현대 국가에서도 중앙집권화는 일반적 경향이다. 이런 중앙집권화를 막기 위해서는 체계적으로 분권화를 추진하는 운동이 필요하다. 현재 우리나라에서 일어나고 있는 지방분권운동이 정당성을 갖는 이유이다.

토크빌은 알투지우스나 몽테스키외와 같이 국가와 개인 사이에 있는 지방자치단체나 시민조직의 역할을 중시하였다. 이 중간 조직들은 개인에게 민주적 교육의 기회를 제공할 뿐만 아니라 개인이 대항하기 어려운 중앙의 권력에 저항할 수 있는 힘을 가지기 때문이다. 19세기 후반 기르케도 법적 측면에서 이런 단체의 중요성을 역설하였다.

토크빌은 절대왕정과 대혁명 후의 중앙집권체제를 분석하면서 지방분권의 정치적 이점에 주목하였다. 그는 공공의 일 처리와 관련하여 중앙집권적인 체제하의 주민은 방관자가 될 수밖에 없는 반면에 지방분권적인 체제하의 주민은 스스로 참여하여 해결하고자 하는 시민의 미덕(civic virtue)이 길러진다고 하였다.

토크빌은 유럽과 달리 미국에서는 중앙집권적 관료체제를 찾아볼 수 없다고 하였다. 개인의 자유를 보호하기 위한 방식이 유럽에서는 거대한 관료제를 외부에서 통제하는 방식이라면 미국의 경우에는 정부의 권한을 작게 분할하여 여러 선출직이 담당하게 함으로써 외부 통제의 필요성을 적게 하는 방식을 취하였기 때문이라 하였다. 나아가 분권적인 체제의 작은 관료제는 국민의 세금 부담을 줄이는 이점도 있다고 보았다.

토크빌은 자유보다 평등을 우선시하는 대중의 요구 때문에 중앙집권화는 더욱 강화되었다고 하였다. 우리의 경우도 지역 간 평등의 요구가 너무 강하여 지방분권이나 지방자치의 요구가 현실적으로 실현되기 어려운 메아리에 그칠 우려가 다분하다. 수도권이나 대도시를 제외하고는 지방자치 확대가 경제적으로 실속이 없는 공허한 주장이 되기 십상이기 때문이다.

토크빌은 자유주의자로서 20대 때부터 중앙집권화가 지방의 권력을 와해시켜 독재(Soft Despotism)로 귀결된다고 생각하고 분권적인 체제의 지방의 자유와 민주주의의 모습을 제시하였다. 위에서 정리한 그의 주장은 180여 년 전에 제기된 것이지만 오늘날 대부분의 민주국가에서도 그대로 유효하다고 하겠다.

토크빌이 미국의 지방자치를 찬양하고 프랑스의 중앙집권화를 분석하고 비판했다면, 다음 장에서 보는 툴민 스미스는 19세기 영국의 중앙집권화를 반대하며 전통적 지방자치를 수호하려 하였다.

〈주요 참고문헌〉

Damrosch Leo.(2011). *Tocqueville's Discovery of America*. Farrar, Straus and Giroux.

Dijn, Annelien de.(2008). The Intellectual Origins of Tocqueville's L'Ancien Régime et la Révolution. *Modern Intellectual History*. 5(1): 1~25.

Hueglin, Thomas O.(2008). *Classical Debates for the 21st Century: Rethinking Political Thought*. Broadview Press.

Ryan, Alan.(2012). *On Politics: A History of Political Thought – A History of Political Thought: Hobbes to the Present*. Liveright.

Tocqueville, Alexis de.(1835, 1840). *Democracy in America*. Bevan G.(2003) (역) Penguin Classics.

Tocqueville, Alexis de.(1856). *The Old Regime and the Revolution*. Bevan G.(2003) (역) Penguin Classics.

제8장

툴민 스미스:
지방자치정부 수호의 전사

    툴민 스미스는 영국의 사회사상가로서 중앙집권화 반대 투쟁의 선봉에 선 사람이다. 그는 19세기 중반 공리주의에 입각한 국가 주도의 지방 개혁에 맞서 그 문제점을 파헤치는 많은 저술을 남겼다. 여기에서 그는 중앙집권화는 중세 이래 영국의 전통적 자치라는 불문 헌법을 위배하는 것일 뿐만 아니라 지방민들의 정치 참여 의지를 말살한다고 하였다. 그는 지방자치권이 지방의 고유한 권리라고 여기는 동시에 지방민의 참여와 책임으로 운영되는 패리시가 국가의 기본 단위임을 주장하였다.

    스미스의 영국 지방정부에 대한 역사적 고찰이나 정치 참여에 대한 심리적 분석, 중앙집권화로 인한 거대 정부의 문제점 분석은 오늘날에도 적실하다. 그뿐만 아니라 그의 독실한 반중앙집권화 투쟁과 더불어 주민 모두가 참여하고 상부상조하는 작은 단위에서의 지방자치 주장은 지방분권화를 추진하고자 하는 우리에게 큰 가르침을 준다.

Ⅰ. 머리말

역사적으로 중앙집권화에 반대하며 시민운동 방식으로 지방분권 운동을 전개한 사례를 찾기는 쉽지 않다. 19세기 중반 영국의 툴민 스미스가 이끈 반중앙집권화 운동이 유일한 것이 아닌가 생각된다. 스미스는 여러 권의 책과 팸플릿을 통하여 당시 새로이 제정된 신 빈민법과 보건법 등이 전통적 지방의 권한을 빼앗을 뿐만 아니라 국가 체제의 건전성을 훼손하는 것이라 주장하며 '반중앙집권 연맹'을 결성하고 투쟁하였다.

스미스의 주장과 투쟁이 호응을 받지 못한 것은 아니지만 19세기 후반의 중앙집권화 흐름을 바꾸어 놓지는 못했다. 산업화 및 도시화 시대의 문제와 사회주의 사상의 확산에 대응하기 위해서는 국가가 전국적인 견지에서 사회문제를 해결하는 것이 불가피했기 때문이다. 그 결과 스미스의 저술은 일부 학자들에 의해 최고의 사회과학적 성과라는 평가를 받기도 했지만 그의 사상과 활동은 역사 속에 묻혀 버렸다. 스미스만큼 중앙집권의 문제를 심각하게 생각하고 이 것이 사회에 미치는 문제점을 철저히 파헤친 사람이 없다는 사실을 감안하면 유감스러운 일이 아닐 수 없다.

낭만적 자유주의자라 평가되는 스미스의 주장이 재조명 받기 시작한 것은 과도한 중앙집권화의 문제가 불거진 비교적 최근의 일이다. 거대 정부로 인한 영국병(British Disease)과 연관하여 그린리프 (Greenleaf 1975)가 스미스의 저작과 활동을 조명하였으며, 지방자치이론의 부재를 아쉬워하면서 챈들러(Chandler 2008)가 스미스의 '지역의 자유' 논리를 높이 평가하고 있다. 그 외 역사학자 와인스타인

(Weinstein 2008)은 스미스의 생애를 돌아보는 가운데 그가 단순한 자유주의자가 아니라 동시에 공동체주의자임을 주장하고 있다.

스미스에 대한 연구는 위 3개의 논문 외에는 영국에서도 찾아보기 어렵다. 이 사실을 감안하면 우리나라에서 스미스에 대한 연구가 없는 것이 이상할 것도 없다. 하지만 스미스의 저작에 대한 접근이 어려운 것이 아니다. 19세기 중반의 스미스의 저술 대부분을 인터넷 아카이브(archive)에서 찾을 수 있기 때문이다.[1]

중앙집권화가 시작되던 19세기 중반의 영국 상황보다 과도한 중앙집권화가 이루어진 오늘날의 많은 나라에 스미스의 주장은 더 적실성이 있다. 그는 단순히 중앙집권화에 반대한 것이 아니라 역사적·법적·심리학적 지식에 근거하여 지방분권화와 반관료제화를 주장하였다. 중앙집권화의 문제점을 지적하면서 내놓은 그의 주장은 1980년대 이후 신공공관리론(New Public Management)에서의 주장과 유사하다. 중앙집권적인 제도가 지방민의 공동체 참여와 책임의식에 악영향을 미친다는 골상학(phrenology)에 근거한 심리적 분석은 오늘날의 신제도론(New Institutionalism)에 닮아 있다.

반중앙집권 투쟁의 선봉장인 스미스는 지방분권화가 시대의 화두인 우리에게 큰 영감을 준다. 이뿐만 아니라 주민 모두가 참여할 수 있고 상부상조하는 작은 단위의 지방자치에 대한 심오한 분석은 중앙집권 대응 논리로 우리에게 큰 가르침을 준다.

---

1) 구체적으로 onlinebooks.library.upenn.edu/webbin/book에 스미스 저작 30여 개가 아카이브되어 있다.

II. 시대적 배경 및 생애

1. 시대적 배경

중세 영국에서 국왕의 헌장(charter)을 받은 지역의 영주들은 형식적으로는 국왕에 충성을 맹세하였지만 사실상 독립적으로 지방의 치안, 도로, 구빈 등의 기능을 독자적으로 수행하였다. 이런 지방의 권한은 1688년 명예혁명 이후 왕권이 급격히 약화되고 귀족들의 권한이 강화되면서 더욱 강해졌다. 당시의 영국의회(Westminster)는 이런 지역 대표

<그림 8-1> 툴민 스미스
(www.oxforddnb.com)

들의 모임 같은 존재로 지방의 권력을 옹호하는 장이었다. 영국의 강한 지방자치 전통의 일면을 보여 주는 것이다.

이런 지방자치의 전통이 위협받기 시작한 때가 스미스가 활동했던 19세기 중반(빅토리아 여왕 시대 60년의 전반)이다. 18세기 중반에 시작된 산업혁명은 기계에 의한 대량 생산과 향상된 운송수단을 기반으로 유례없는 경제성장을 가져왔다. 그 결과 인구가 급격히 증가하였으며 동시에 사회는 귀족, 지주, 자본가, 노동자, 빈민층으로 세분화되면서 계층 간의 이념적 갈등도 매우 심각해졌다.

이런 가운데에서도 영국은 일련의 정치개혁으로, 프랑스 등 유럽 대륙 국가에서와 다르게 유혈혁명 없이 정치 개혁을 이루어 의회를 중심으로 하는 의회민주주의를 발전시킬 수 있었다. 1832년은 제1차 선거법 개정이 이루어져 중산계급도 정치에 참여할 수 있는 길

이 열렸고, 1867년 제2차 선거법 개정을 통해서 노동자 계급에게도 참정권을 부여하였다.

이런 정치 개혁 못지않게 중요한 것이 대중을 위한 사회개혁 입법이다. 대표적인 것이 1834년에 제정된 신빈민법(New Poor Law)인데, 이 법은 엘리자베스 여왕 때인 1601년 제정된 빈민법을 개정한 것이다. 구빈민법은 빈민구제의 책임이 교회가 아닌 지방정부에 있다는 것을 규정함으로써 공적 부조의 책임을 정부에 부여하였다. 하지만 지역별로 매우 차이가 있던 빈민구제제도는 200여 년 후인 도시화되고 유동성이 심화된 사회에 적합하지 않았다. 이런 문제를 해소하기 위하여 신빈민법은 균일처우의 원칙을 지향하면서 구빈행정을 중앙집권화하였다. 사회개혁론자 차드윅(Edwin Chadwick)[2] 등의 주도로 만들어진 이 법은 종전의 15,000여 개의 빈민구역을 600여 개의 구역으로 통합하였다.

또 다른 차드윅이 주도한 개혁 입법으로는 산업화·도시화로 야기된 도로, 배수, 청소 등의 위생문제를 해결하기 위한 1848년의 공중보건법(Public Health Act)이다. 런던에 콜레라가 유행한 후 제정된 이 법은 급수, 하수설비, 배수 및 청소와 도로포장을 포함한 포괄적인 공중보건체계를 규정하고 이들 업무를 총괄하는 보건위원회(General Board of Health)를 두고 그 밑에 지방 공중보건 기구를 두었다.[3]

---

[2] 그는 벤담(J. Bentham), 밀(J. S. Mill)과 친분이 깊었고 사상적으로 영향을 받았다. 젊은 시절 벤담의 서기로 일했으며 그로부터 상당한 유산도 물려받았다.

[3] 국가에서 특별한 행정서비스를 제공하기 위한 특별구(special district)는 영국에서 처음 만들어졌다. 지방정부는 중앙정부와는 별개라는 논리 때문이다. 이를 극명하게 보여주는 것으로 Naiki(2012)는 영국의 지방정부에 직원은 지방정부와의 계약 아래 근무하는 사람으로 국가의 경우와 같은 공무원(civil service)의 신분이 아니라고 한다.

하지만 중앙집권의 선도자인 차드윅이 주도한 법들에 대해 진보적 인사들의 반발도 만만하지 않았다. 그가 이들의 감정이나 성향은 무시하고 자신의 생각만을 밀어붙였기 때문이다.[4] 그 결과 새로운 사회정책에 익숙하지 않은 종래 중립적이던 중산층도 관료적 아이디어에 적대감을 보이기 시작하였다(Redlich 1903: 144). 이들은 새로운 정부기능들도 지방 스스로 해

<그림 8-2> 에드윈 차드윅
(commons.wikemdeia.org)

결하는 것이 바람직하다고 보았기 때문이다. 이런 가운데 지방자치정부(local self-government)란 새로운 개념을 제시하면서 기능적·관료적 중앙집권화 반대 투쟁 선봉에 선 사람이 바로 스미스이다.

2. 생애

스미스(Joshua Toulmin Smith, 1816~1869)는 가문의 오랜 근거지였던 버밍햄(Birmingham)에서 출생하였다. 그의 아버지는 유니테리언(Unitarian) 종파 목사로 교육과 유토피아적 사회개혁에 많은 관심을 가진 사람이었다.[5] 그는 어려서부터 부친에게서 많은 개인 교육과

---

4) 그가 영국 지방민이나 역사를 좀 더 잘 이해했다면 그가 고집한 방식의 엄격한 집권적 제도의 도입을 추진하지 않았을 것이라고 한다.

5) 18세기 등장한 계몽주의 이신론(理神論)의 영향을 받은 반삼위일체론 계통의 기독교 교회이다. 이들은 신은 하나라는 유일신 신앙, 즉 단일신론(Unitheolism)을 주장하여 예수를 하느님이라고 믿지 않기 때문에, 삼위일체 신앙을 갖고 있는 주류 기독교와는 교리에서 차이가 있다.

사상적 영향을 받았다. 조기 교육을 받은 그는 10대 중반에는 이미 역사나 철학 등 여러 분야에 해박한 지식을 쌓아 버밍햄의 성인직업학교(Mechanics Institute) 부학장이던 아버지와 함께 골상학, 도덕철학, 라틴어, 정치철학 과목을 가르칠 정도였다(Weinstein 2008: 1200).[6]

스미스는 어려서는 할아버지나 아버지를 따라 성직자의 길을 가려고 하였다. 하지만 마음을 바꾸어 19살인 1835년에 런던으로 가 저명한 법조인 단체 중의 하나인 링컨 인(Lincoln's Inn)에서 변호사가 되기 위한 공부를 시작하였다.[7] 하지만 그는 법률보다 다른 분야에 관심이 많았다. 그가 변호사로 활동을 시작한 것은 33세 때인 1849년이고, 주로 의회 관련 소송을 담당하던 특별한 변호사였다.

스미스는 어려서부터 배운 골상학의 원리를 사회 행복 증진에 응용하는 문제에 많은 관심을 두었다.[8] 그는 20대 초반인 1838년에 『골상학 개요』라는 책을 미국 보스턴에서 출간하였다. 골상학의 전문가로 인정받은 그는 미국 여행 중(1837~1842)에 철학과 골상학을 강연하였다. 이뿐만 아니라 그는 어린 나이에도 불구하고 미시건(Michigan) 대학의 심리철학 교수직을 제안받기도 하였다. 귀국 후에는 런던 소재 골상학회의 서기장을 맡아 골상학의 대중화에 노력하였다.

스미스는 역사에 대한 연구자로서도 상당한 평가를 받는다. 그는 그리스, 로마제국에 대한 역사서를 저술하였고, 10세기에 노르만족

---

6) 산업사회에 필요한 토목 및 기계공학의 실무를 가르치는 곳으로 1796년 민간(The Birmingham Brotherly Society)에 의해 설립되었다.

7) 영국의 4대 변호사 단체 중의 하나로 세계적으로 명성은 높은 곳으로 1422년 설립되었다.

8) 골상학에 따르면 두뇌에 인간의 성격과 행동을 결정하는 부분들이 골고루 분포해 있고, 이 부위들의 크기나 형태에 따라 성격 및 행동 양식의 세부적인 형태가 달라진다. 그리고 이 두뇌 부위의 크기 및 형태는 두개골의 크기 및 형태를 결정하므로, 두개골을 관측하면 인간의 행동 양식 또한 알 수 있다고 주장한다.

이 아메리카 대륙을 발견하였다는 책으로 상을 받기도 하였다. 또 그는 자연사(natural history)에도 관심이 많아 화석에 대한 많은 연구를 수행하였으며 1859년에 설립된 영국 지질학회(Geologists' Association)의 초대 회장직을 맡기도 하였다.

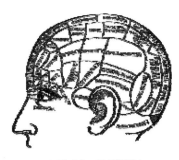

<그림 8-3> 골상학에서
뇌 부위별 기능 모형
(pixabay.com)

하지만 스미스의 주된 업적으로 평가받는 것은 그의 영국의 지방제도에 대한 역사적 연구이다. 그는 패리시(parish), 베스트리(vestry), 워드(ward) 등 지방정부에 대한 방대한 연구를 하였는데, 이러한 과정에서 그는 자유주의적 지방분권주의자가 되었다.

1848년 보건법이 제정되고 보건위원회를 통한 지방에 대한 간섭이 강화되었을 때 스미스는『영국법과 보건』이라는 책을 저술하여 일선기관 설치 방식을 통한 중앙집권화를 비판하면서 지방에도 위생에 대한 법적 권한과 책임을 줄 것을 주장하였다. 그리고 그는 보건법 실행을 거부한 몇몇 도시지역에서 보건법 반대 집회를 주도하기도 하였다.

스미스의 중앙집권화에 대한 반대 주장은 1849년에 출간된『불법적이고 유해한 위원회에 의한 통치 *Government by Commission: Illegal and Pernicious*』에서 극명하게 드러난다. 여기에는 단순한 반대 주장만 담은 것은 아니다. '조사 위원회나 다른 왕립 위원회의 성격과 영향, 조세의 헌법적 원리, 그리고 지방자치정부의 권리, 의무, 중요성'으로 표현된 책의 긴 부제에서 보듯이 집권화로 야기된 문제의 원리

<그림 8-4> 『지방자치정부와
중앙집권화』 표지
(www.amazon.de)

와 실제에 대한 심층적 분석을 하였다. 400여 쪽에 달하는 이 책에서 그는 영국이 중앙집권화되면 프랑스 등의 유럽대륙 국가와 같이 유혈혁명의 소용돌이에 휘말릴 것이라는 우려를 표명하였다.[9]

이어서 1851년에 스미스는 그의 대표작이라 볼 수 있는 『지방자치정부와 중앙집권화 *Local Self-Government and Centralization*』를 출간하였다. 부제로 「각각의 특징과 사회적·도덕적·정치적 복지와 진보에 미치는 실질적인 영향」이 붙여진 이 책은 31개 장 400여 쪽에 달한다. 이 책은 당시 차드윅에 의해 주도된 신빈민법이나 보건법 등 중앙집권적 개혁에 대한 반대 논리를 정리하였을 뿐만 아니라 지방정부 운영에 관한 실무적인 내용도 담고 있다. 이 책은 19세기 중후반 진보주의자들에게 상당한 호평을 받았다.

이어 스미스는 영국의 전통적 지방단위인 패리시에 대한 책으로 『패리시: 의무와 권한 *The Parish: and its Obligations and Powers*』을 1854년 초판, 1857년 2판으로 내놓았다. 그리고 산업화되고 도시화된 시대에 대응하기 위한 정책방향으로 「사회과학학회」가 중앙집권화 매니페스토(Centralism Manifesto)[10]를 내놓자 이를 비판한 책 『지방자치정

---

9) 1848년은 프랑스의 2월 혁명을 계기로 다른 나라들이 혁명의 소용돌이에 휘말렸다.

10) 이 매니페스토는 1857년 10월 17일 더 타임(The Times)지에 칼럼으로 게재되었다. 사회과학학회에서 연설한 사람 중 대표적인 사람은 Tom Taylor로 보건위원회(그 후에는 지방정부사무

부 오해 풀기 *Local Self-government Un-mystified*: 집권화 주장에 대한 상식적, 인간 본성적, 실제적 해명』을 1857년에 발간하였다. 그의 저술은 당시 저명 인사였던 뉴맨(William Newman) 교수에 의해 19세기 저술된 정치학의 최고 역작으로 평가되기도 하였다(Weinstein 2008: 1213).

1852년에 스미스는 영국의회의 셰필드(Sheffield) 선거구 의원 출마를 권유받았다. 하지만 그는 의회에 대한 불신을 이유로 이를 거절하였다. 그리고 그는 1854년에 반중앙집권화 연맹(Anti-Centralization Union)을 결성하였다. 이 연맹의 목적은 '위원회나 기능별 기관의 지방에 대한 통제 권한 확대에 저항하고, 정부의 관료제화에 반대하여 지방 본래의 권한인 지방자치를 확대하는 것'으로 규정되어 있다(Greenleaf 1975: 42 주8).

이 연맹에는 서레이(Surrey)에 지역구를 둔 영국의회 의원 이브린(Mr. W. J. Evelyn)과 말렛(M. W. Malet) 목사 등이 함께하였다. 이 연맹이 존속한 3년 동안 스미스는 연맹의 활동과 관련한 13개의 보고서를 내놓았다. 이런 스미스의 활동은 당시 보수(Tory) 및 진보(Whig)의 양 진영 모두로부터 상당한 지지를 받았다(Palmowski 2002: 387).

당시 이런 분위기에 우려를 표명한 사람은 대의민주주의를 주장한 밀(J. S. Mill)이다.[11] 그는 『대의정부론』에서 '지식의 집중과 집행의 분산'을 주장하였다. 이는 당시에 큰 호응을 얻었던 스미스의 반중앙집권 주장 및 활동에 대응하기 위한 것이었다(Chandler 2008: 361).

중앙집권적 입법에 반대해 왔고 의회 관련 소송 전문 변호사로

소)의 고위 관리다. 그는 스미스가 주장하는 지방자치의 필요성을 인정하면서도 산업화되고 도시화된 사회에서는 온건한 중앙집권이 필요하다고 하였다(Greenleaf 1975: 39).

11) 밀은 스미스가 주장하는 직접민주주의가 현실적으로 가능하지 않다고 보았다.

활동해 온 스미스는 대의제와 의회에 대한 깊은 불신감을 가지고 있었다.12) 그는 개혁의 대상인 의회가 개혁의 주체가 되어 국가의 기반인 지방자치제도를 훼손한다고 주장하였다. 그리고 그는 주간지인『의회 비망록 *The Parliamentary Remembrancer*』(1857~1865)을 발간하여 회기 중 의원들의 여러 활동을 지방정부와 일반 대중에게 알리기도 했다.13)

스미스의 이런 활동 덕분에 영국 의회는 사회개혁 입법을 추진하면서도 최대한 전통적인 지방의 역할을 존중하였다. 하지만 1866년에 제정된 위생법(Sanitary Act)은 전통적 국가와 지방 관계를 변화시키는 계기가 되는 획기적 조항을 담게 된다. 지방이 세 부담 증가 등을 회피하기 위하여 그 지방에 전국적·통일적 기준의 위생 서비스를 제공하지 않으면 누구나 이를 내무부에 고발할 수 있고, 내무부는 이 서비스를 강제적으로 제공하게 할 수 있는 권한을 가진다는 규정이다. 이 법은 큰 반대 없이 실행되었고 그 결과 중앙집권화는 가속화되었다(Gutchen 1961: 91).

스미스는 방대한 저술과 사회활동, 변호사로서의 과중한 업무로 건강이 악화되던 중 1869년 랜싱(Lancing, West Sussex)에서 목욕 중 53세의 나이로 생을 마감하였다. 중앙집권화에 대한 반대 분위기도 그

---

12) 스미스보다 약 100년 전에 루소도 의회에 대한 강한 불신을 피력하였다. 그는 대표민주제를 일종의 귀족제라 여기며 영국민은 그들이 자유롭다고 생각할지 모르지만 이것은 착각이라고 하였다.

13) 그는 1859년 2월 이 저널의 '의회개혁'이란 칼럼에서 19세기 초 영국의회의 구성과 관련하여 다음과 같은 흥미로운 주장을 하고 있다. "하원(평민회: The House of the Commons)은 평민원(House of the Common People)의 의미로 되어 있지만 실제 보통사람들로 구성되는 의회를 의미하는 것이 아니다. 이것은 공동사회원[the House of the *Communes*(Communitates)]을 의미하는 것으로 이해관계나 관습 등이 동일한 사람들의 모임의 대표들로 구성된 것이다. 바러(Borough)라는 용어는 그 자체가 맹세-상호 맹세-라는 의미로 공동의 이익을 가진 사람들이 상호 간의 약속으로 만들어진 것이다(The Parliamentary Remembrancer: February 5, 1859)."

의 죽음과 함께 시들해졌다. 그가 집필 중이던 영국 길드(English Gilds)의 역사적 고찰에 관한 책은 그의 딸이며 저술가인 루시(Lucy)에 의해 사후 출간되어 크게 환영을 받았다.

스미스는 당시 많은 의회의 개혁 입법에 반대하였기 때문에 흔히 타고난 반항아로 묘사되기도 한다. 하지만 그는 반대를 위한 반대를 주장한 사람은 아니다. 그는 당시 노동자들의 차티스트 운동(Chartist Movement)의 6개 요구 조항[14] 중에서 선거구의 인구 공평화 조항 외에는 모두 찬성하였다.[15] 스미스의 반중앙집권 주장은 국가 그 자체에 대한 반대가 아니라 집권적 체제의 모순과 부패의 가능성에 대한 우려 때문이었다.[16]

스미스는 흔히 빅토리아 여왕 시대의 개인주의와 반국가주의의 주장자인 동시에 낭만적인 선동가로 묘사되기도 한다(Weinstein 2008: 1193). 하지만 지방의 권리에 대한 그의 주장은 개인주의도 반국가주의도 아니다. 그의 주장은 공공의 문제를 주민들과 가장 가까운 단위에서 스스로의 참여와 책임으로 해결하는 지역공동체가 국가의 중심이 되어야만 좋은 국가가 될 수 있다는 것이다. 그는 지방에 자유를 보장함으로써 자기 통제와 규율로 사회적 책임을 다할 수 있다는 것을 일깨워 주는 것이 스스로의 지적 사명이라 여겼다. 하지

---

14) 차티스트 운동은 19세기 중엽(1838~1848) 영국에서 있었던 사회 운동으로 보통선거, 비밀선거, 인구에 따른 선거구 재편, 매년 의회 개선, 의원의 재산 자격 폐지, 의원 세비 지급 등 6개 항의 인민헌장(People's Charter)을 내걸었다.

15) 당시 사람이 많이 거주하지 않는 선거구 소위 Rotten District를 재편하자는 것이다. 스미스가 이에 반대한 것은 인구비례에 의한 대표보다 주)13에서 보는 바와 같이 지역 대표로서의 의회를 중시하였기 때문이다. 이런 그의 생각은 '지방원' 같은 것으로 독일 상원이나 미국 상원에서 발견할 수 있다.

16) 그는 사회운동가의 한 사람으로서 미국의 남북전쟁(1861~1865)에 깊은 관심을 보였는데, 그는 노예제 폐지를 지지하였지만 남부의 분리 독립에 대해서는 지지 의사를 표명하였다(Greenleaf 1975: 26). 이와 같이 그는 지방의 권리를 중시하는 논리에는 변함이 없다.

만 그의 주장은 국가 중심의 대의민주주의 논리와 더불어 중앙집권
화의 시대적 요구에 묻혀 명맥을 잇지 못하였다.

III. 지방자치정부와 반중앙집권화의 논리

1. 지방자치 옹호 논리

<그림 8-5> 우주수와 그 뿌리를
갉아먹는 용의 모습
(commons.wikimedia.org)

스미스는 그의 대표작『지방자치
정부와 집권화』의 첫 부분과 끝 부
분을 전설상의 우주수(Yggdrasil)와
땅속의 용에 대한 이야기로 장식하
고 있다.17)

중앙집권화는 자유를 표방하는
거대한 나무인 우주수의 뿌리를
갉아먹는 나쁜 용과 같다. 지방자
치정부는 그 물만으로도 우주수를
건강하게 자라게 하는 우르다(Urda)
의 샘물과 같다. 자유민의 최고의 의무와 특권은 이 우르다의 샘물
이 늘 순수하게 유지되고 더럽혀지지 않도록 하는 것이다(T. Smith
1851: 400).

---

17) 우주수란 우주를 떠받치고 있다는 거대한 물푸레나무이다.

지방자치와 분권화의 장점과 집권화의 문제점에 대해서는 다음과 같이 기술하고 있다.

> 지방자치정부는 가장 많은 수의 사람들이, 그들과 가까이에 있는 사안에 대해 가장 많은 것을 알고 또 가장 많은 것을 알 수 있는 기회를 가지며, 그 사안이 잘 작동되고 관리되며 통제되도록 관심을 갖게 하는 체제이다. 반면, 집권화된 체제는 가장 적은 수의 사람들이, 현안 문제에 대해 가장 적은 것을 알고 또 가장 적은 것을 알 수 있는 기회를 가지며, 현안이 제대로 작동되고 관리되며 통제되는 데 가장 적은 관심을 갖게 하는 체제이다(위의 책: 12, 395).

스미스는 중앙집권화된 정부는 지방의 독특한 일에 대해 무지하고, 알 수 있는 기회도 없으며, 일의 처리 결과에 대해 아무런 이해관계가 없는 소수의 사람들에 의해 운영되는 체제라고 한다. 그리고 집권·분권의 문제가 국가의 운명을 좌우할 뿐만 아니라 실질적인 헌법의 내용이라고 단언하였다.[18]

> 모든 형태의 정부는 2가지 요소에 따라 구분된다. 하나는 지방자치정부이고 다른 하나는 집권화된 정부이다. 어느 형태를 더 많이 취하느냐에 따라 국가의 자유, 행복, 진보, 번영, 안전의 문제가 달려 있다. ... 이 요소들은 국가의 근저에 깔려 있는 것이기 때문에 단지 일반적이고 외적인 관계에만 영향을 미치는 것이 아니다. 군주제, 귀족제, 민주제 그리고 이들의 혼합제 등의 구분은 피상적인 것으로 국가의 내적·실질적 상황을 설명하지 못한다. 이들 체제 어느 것이라도 그 명칭의 변화가 없이도 우리는 자유민의 국가가 될 수도 있고 또 노예 국가가 될 수 있기 때문이다. 한 나라의 실질적인 헌법에 대한 판단은 체제의 형태가 아니라 자치정부냐 아니면 집권화된 정부냐이다(위의 책: 11~12).

---

18) 중앙집권 아니면 지방분권의 여부가 국가에 대한 판단의 기준이 된다는 주장은 아리스토텔레스의 군주제, 귀족제, 민주제의 문제가 아니라 독재 아니면 민주제 여부가 중요하다는 주장과 유사하다.

그리고 그는 중앙집권화된 국가에서 사는 프로이센이나 오스트리아 사람들을 열등한 민족이라 멸시하였다.

2. 중앙집권화에 대한 비판

스미스는 당시 신빈민법이나 보건법 등에 의한 중앙의 일선기관 설치 방식을 통한 중앙집권화에 대해 맹렬히 비난한다. 집권화를 주장하는 자들은 과두제와 정실주의에 물든 자들로서 물질적 공리주의, 병약한 낭만주의, 가짜 자유주의에 심취해 있다고 보았다.

> 집권의 기본 관점은 불신이다. 이것은 사람을 신뢰하지 않고, 희망이나 영원한 진리를 믿지 않고, 자선을 한심한 말이라 치부한다. 집권의 동의어는 책임을 지지 않는 통제, 무자비한 간섭, 자의적 과세이다(위의 책: 54).

> 중앙집권화는 공산주의의 또 다른 형태에 불과하다. 그것의 목적은 개인 재산에 대한 자유로운 권한 행사를 못 하게 하며, 개인의 자원이나 재능의 자유로운 사용, 자유로운 행동과 창의성을 제한한다(위의 책: 56).

그뿐만 아니라 스미스는 집권화는 획일적 행정으로 지방에서 새로운 시도나 실험을 불가능하게 하며 관료제화는 자기들 스스로만을 위한 존재로 지방의 노력과 책임감을 약화시킨다고 보았다.

스미스는 『지방자치정부와 중앙집권화』의 마지막 장 결론 부분에서 지방자치정부와 중앙집권화의 속성을 10가지로 자세하게 대비하여 기술하였다. 지방분권과 중앙집권에 대한 더 이상의 철저한 대비를 찾아보기 어려운 만큼 여기서 살펴볼 가치가 있다.

스미스는 지방자치와 중앙집권화는 확연히 구분하였다. 1) 행태에 있어서 전자는 자립심과 도덕성을 제고하는 반면, 후자는 아첨과 추종을 진작하며, 2) 속성에서 전자는 휴머니즘과 자선을 제고한다면, 후자는 물질적 이기주의를 부추기며, 3) 그 결과로 전자는 지속적인 진보를 기대한다면, 후자는 조잡한 투기를 방조한다. 4) 사람들 간의 상호 관계에 있어서는 전자는 상호 이해와 동정을 유발한다면, 후자는 집권적 감시를 진작한다. 5) 책임에서는 전자는 자기 일에 대한 책임을 다한다면, 후자는 독재자에 복종을 요구한다. 6) 재판과 관련해서는 전자는 공정한 룰에 따른 재판을 한다면, 후자는 약식재판과 과도한 재량의 재판을 한다. 7) 접근성에서는 전자는 신속하고 저비용인 반면 후자는 멀고 고비용이다. 8) 투명성에서는 전자는 업무가 공개되는 반면 후자는 비공개를 선호한다. 9) 지향성에서는 전자는 공공선을 지향하는 반면 후자는 개인주의와 사적 이익을 지향한다. 10) 지배형태는 전자는 다수의 지배와 자유제도인 데 비해 후자는 과두제와 자의적 지배이다(위의 책: 398~400). 이를 정리하면 <표 8-1>과 같다.

이런 논의의 상당 부분은 비록 실증이 어려운 과장된 주장이란 비난을 면하기 어렵다. 하지만 오늘날 집권과 분권의 일반적인 논의를[19] 훨씬 넘어서는 깊이와 특이함이 있다.

---

19) 분권-집권의 장단점에 대한 일반적 논의의 한 예로 Pollit(2009)은 정치적 분권화인 이양은 1) 시민들에게 정치적 권한이 주어지며, 2) 정치인의 근접성, 가시성, 책임성을 증대시키며, 3) 시민들의 정치과정에 능동적인 참여를 확대하며, 4) 지방 간 견해의 차이를 분명하게 한다. 이어 행정적 분권화는 1) 신속한 의사결정을 가능하게 하며, 2) 고객들과 가까운 수준에서 의사결정이 이루어짐으로써 대응성을 증대시키며, 3) 각기 다른 현지 사정에 맞춘 조직화가 가능하며, 4) 기술적인 문제에 대한 정치적 영향력을 감소시키며, 5) 상부 승인 문제가 없기 때문에 혁신을 촉진하며, 6) 직원들의 동기부여와 일체성을 증대시킨다. 반면, 집권화는 1) 규모의 경제를 기할 수 있고, 2) 관료제화로 전문화를 기할 수 있으며, 3) 전국적 최저기준을 정함으로써 형평을 제고하고, 4) 정책이나 프로그램의 조정을 용이하게 하며, 5) 시민들에게 책임 라인을 명확하게 하는 이점이 있다고 한다(13~14). 표준적인 집권 분권 논의와 비교해 볼 때 자치정부와 집권화에 대한 스미스의 상상력을 높이 평가하지 않을 수 없다.

〈표 8-1〉 스미스의 지방자치정부와 중앙집권화 속성 대비

	지방자치정부	중앙집권화
1. 행태	자립심과 도덕성	아첨과 추종
2. 속성	휴머니즘과 자선	물질적 이기주의
3. 종착점	지속적인 진보	조잡한 투기
4. 상호 관계	상호 이해와 동정	집권적 감시
5. 책임	자기 일에 대한 책임	독재자에 복종
6. 재판	공정한 룰에 따른 재판	약식재판과 과도한 재량
7. 접근성	신속하고 저비용	거리가 있고 고비용
8. 투명성	업무의 공개	비공개 선호
9. 지향성	공공선	개인주의와 사적 이익
10. 지배형태	다수의 지배와 자유	과두제와 자의적 지배

자료: T. Smith 1857: 398~400쪽 텍스트에서 발췌하여 표로 정리

3. 스미스의 대안

스미스는 단순히 중앙집권적 정책에 대한 반대 논리만 피력한 것은 아니다. 그는 영국의 전통적 지방기관에 대한 깊이 있는 연구를 하였다. 그의 『패리시: 의무와 권한』은 700여 쪽에 달하는 방대한 책으로 지방기관의 기원 등 역사적 사실과 법적인 문제뿐만 아니라 실제 운영과 관련한 세세한 부분까지 다루고 있다. 그가 지방 기관을 중시하고 중앙집권화를 반대하는 이유는 다음 인용에서 분명히 나타난다.

> 패리시는 현실에서 존재할 수 있는 최상의 학교이다. 그곳은 사람들이 사회적 책임을 다하도록 가르치는 학교이다. 그곳은 최고의 도덕적 훈련을 하는 학교이다. … 사람들은 책으로 교육을 받을 수 있다. 하지만 이런 교육은 형식에 그쳐 사람의 마음을 약하게 할 뿐이다. … 진정한 사람이 되고 진정한 이웃이 되는 방법은 늘 열려 있는 패리시 같은 실제적인 학교에서의 교육이다(T. Smith 1857: 11~12).

스미스는 현실에서 직접적인 참여가 최상의 교육이라고 주장하며 옥스퍼드(Oxford) 대학 등에서의 정규 교육은 오히려 개인의 창의력을 억제한다고 하였다. 직접적인 참여가 최상의 교육이라는 주장은 토크빌의 '타운십은 민주주의의 학교'라는 주장과 일치한다. 스미스는 토크빌을 직접적으로 인용하고 있지는 않지만 실제 토크빌의 『미국 민주주의』(1831)를 독파한 것으로 학자들은 보고 있다.

스미스는 색슨(Saxon) 시대의 폴크모트(Folkmote)를 이상적인 정부 형태로 보았다. 그의 주장을 보면 다음과 같다.

> 폴크모트는 주민들의 토론의 장으로 앵글로 색슨 시대부터 존재해 왔다. 모든 주민들은 국가의 한 사람으로서 여기에 의무적으로 참여해야 한다. 이 공청회 같은 모임은 정기적으로 정해진 시간에 개최되었다(위의 책: 214~215).

스미스는 이 공공의 모임의 장에 참여하는 것이 주민들의 고유한 권리라고 하였다. 그리고 폴크모트에서 발전한 패리시는 본래 기능이 종교적인 것이 아니라 세속적인 것이라고 보았다.

> 진실에 근거한 기록을 보면 패리시는 국토를 구역으로 나눈 고유하고 세속적인 것으로 재판이나 치안, 징세 등 민간 정부와 관련된 기능을 담당하도록 한 것이다. 여기에 교회나 성직자 같은 존재가 본래부터 있었던 것은 아니다. 신앙적 기능은 그 후 추가된 것이다(위의 책: 15).

이런 논의를 종합하여 스미스는 자치정부의 원리를 다음과 같이 제시하였다(T. Smith 1851: 19~20).

① 모든 사람은 자기 일을 어떻게 관리해야 할지 가장 잘 알고, 또 그렇게 아는 것이 권리이자 의무이다.
② 국가든지, 다른 단체든지 간에 자기에게 영향을 주는 모든 일에, 모든 사람은 그 일원으로서 그 사안에 대해서 이해하고, 공개적으로 토론하며, 자기의 견해를 밝혀야 한다.
③ 다른 사람이나 단체에 관련된 일에 대해서 어떤 사람이나 단체도 그 사안에 대해서 관여할 권한이 없다.
④ 법은, 모든 경우에, 관련된 단체나 개인에 의해 천명되고 집행되어야 한다.

4. 스미스 사상의 근원

스미스의 독특하고도 강한 주장의 근거는 어디에서 찾을 수 있을까? 그가 전통적인 지방제도를 정당화하는 것은 단순히 그것이 오랫동안 존재해 왔다는 사실 때문만은 아니다. 오히려 그는 지방자치가 자기 개발의 수단으로써 도덕적·사회적·정치적 교육의 목적을 달성할 수 있다고 보았기 때문이다(Greenleaf 1975: 38). 아래에서는 인간의 심리적 측면, 역사적 측면, 이념적 측면으로 나누어 그의 사상을 분석해 본다.[20]

1) 심리적 측면: 인간행동과 자유

유토피아 사회주의자인 스미스는 정치제도가 인간의 행동에 크게 영향을 미친다고 보고 분권적 제도가 그가 생각하는 이상사회를 만드는 길이라 보았다. 그는 당시 최신 과학으로서 어린 시절부터 심취해 있던 골상학에서 이런 논리를 발전시켰다. 그는 인간의 행동은

---

20) 그린리프는 그의 중앙집권화의 반대 논리를 인간본성과 자유, 행정능률, 헌법적 부당성의 세 가지로 정리하고 있다(Greenleaf 1975: 32~39).

외적 혹은 내적 전례에 따라 결정된다는 논리에 따라 제도가 인간 행동에 미치는 영향을 중시하였다. 또 인간에 대한 연구와 사회에 대한 연구는 동일한 것으로 양자가 합치된다고 보았다. 그가 집권적 제도가 인간행동에 미치는 영향으로 든 예는 다음에서 볼 수 있다.

집권화의 결말은 모든 인간 정신의 파괴와 비인간화이다. 집권화는 의심스러운 눈과 귀로 가장 사적인 말과 행동, 생각까지 캐내려 한다. 그리고 저항할 수 없는 힘과 기민함으로 신과 자연의 섭리에 따라 행동하려는 인간의 지적 노력을 억압한다(T. Smith 1851: 57).

집권화는 인간 본성의 물질적 부분을 숭배하도록 하여 도덕적·정신적 부분을 퇴화시킨다. 그것은 물질적 복지, 편안함, 그리고 편리함을 다른 어떤 것보다 우선하게 하여 사람들을 물질주의적 편협함에 빠지게 한다 (위의 책: 63~64).

이런 논리에 따라 스미스는 중앙집권화가 개인을 이기적으로 만들어 인류를 퇴화시킬 뿐만 아니라 시민으로서의 공적인 책임을 회피하게 하고, 그 결과 지역사회의 결속이 와해되어 자신의 이익만을 추구하는 개인주의가 팽배하게 된다고 한다. 따라서 그는 국가를 강화하기 위해서는 국가의 심장 같은 패리시를 강화해야 한다 (Weinstein 2008: 1205~1207)고 주장했다.

스미스는 특정한 정치나 사회 조직이 인류의 진보를 좌우한다고 보고 개인의 최대한의 자유, 자기 행동에 대한 책임, 경쟁시장에서와 같은 창의력을 발휘할 수 있도록 하는 제도가 바람직하다고 본 것이다. 그리고 그는 영국의 전통적인 지방제도에서 이런 요구가 성취될 수 있다고 보았다(Greenleaf 1975: 33).

2) 역사적 측면: 헌법적 적실성

영국은 자유민들에 의해 건국된 나라로(T. Smith 1851: 4~5, 15) 자유를 억압하는 전제 군주에 대항하여 국민들은 대헌장(Magna Carta) 이나 권리청원(Petition of Right) 등의 헌법 문서들을 만들어 왔다. 이 뿐만 아니라 영국의 지방자치제도는 전제군주의 권력남용에 대한 방어수단이 되었다. 이런 나라에서 중앙집권화는 영국의 전통적 헌법에 반한다고 스미스는 주장하였다. 영국은 전통적으로 지방분권제를 바탕으로 한 나라이기 때문에 집권적인 제도와는 상치된다고 보았다.

지방자치는 수백 년 내려온 굳건한 전통을 가진 제도로서 스미스는 주민이나 인민의 의사가 공공문제 처리의 방향을 결정하는 정당한 권위의 원천이라 한다. 그리고 지방의 일은 주민의 의사에 따라 지방 기관에서, 그리고 지방을 넘어서는 전국적인 공통의 사무는 국가기관에서 담당하는 것이 합당하다고 하였다(위의 책: 18).

> 600년 전에 영국의 법에 대해 저술한 한 사람은 '영국법은 그것의 적용을 받는 사람들의 동의를 받고 난 후에 왕의 서약으로 보장된 것으로 처음 입법에 관여한 사람들의 동의 없이는 바꾸거나 무효화시킬 수 없다'고 하였다(위의 책: 27).

> 보통법은 주민들로부터 직접 나오는 법으로 주민들 스스로에 의해 즉시 집행되는 법이다. 반면, 실정법은 권한을 부여받은 기관에 의해 만들어지는 법이다. 헌법을 수호하려는 부단한 노력과 의지가 없으면 보통법은 실정법에 의해 늘 훼손된다. 보통법은 자유민의 진정한 동의에 기초하며 이들에 의해 자발적으로 준수될 것이 기대된다. 반면, 실정법은 자유민의 이론적(간접적) 동의에 기초한 것으로 이것의 준수는 늘 외부에서 강제된다(T. Smith 1857: 11~12).

스미스는 이런 자유의 정신이 전통적인 지방자치에 녹아 있다고 한다. 전통적으로 영국민은 자기 일은 자기가 가장 잘할 수 있으며 또 그렇게 하는 것이 권리이자 의무라고 믿고 있다는 것이다. 그리고 지방의 일은 외부의 지시나 통제나 간섭 없이 스스로 처리하는 것이 권리이자 의무라고 하였다.

스미스는 지방의 자치권한이 법적인 의미에서 고유권이라고 명시적으로 주장하지 않았다. 하지만 어느 누구보다 자치권이 고유권이라는 논리에 바탕을 두고 지방의 권한을 약화시키는 중앙집권화에 반대하였다. 그의 집권화에 대한 투쟁은 시민의 정신적 건강과 민족적 정체성 유지, 그리고 좋은 정부를 위한 것이다.

> 자유민의 진정한 마음속의 주장은 자치의 원리가 그들의 고유한 권리이고, 가장 소중한 유산이며, 최고의 존엄이라는 것이다. 그리고 그런 권리는 의무와 책임과 늘 함께 존재한다는 것도 기억할 것이다. 자유민은 다른 사람이 그들의 일에 관여하지 못하도록 하는 것만 고집하지 않는다. 자유민은 커뮤니티의 복리가 최상이 되도록 할 의무와 책임을 지니고 있음을 늘 의식하고 있다. 그런 마음이 진정한 지방자치정부의 성장에 자연스럽고 필수적인 것이기 때문이다. 집권화는 독재자의 술수인 반면 분권화는 좋은 정부를 사랑하는 사람에게 필요한 지혜인 것이다 (T. Smith 1851: 69).

스미스에게 중앙집권은 국가와 지방 사이의 단순한 권한배분의 문제가 아니다. 집권은 영국 헌법의 기본인 지방의 자유를 억압할 뿐만 아니라 국민들의 정신적 건강을 해쳐 민족적 정체성을 훼손한다는 것이다. 이렇게 되면 영국은 중앙집권적인 프로이센이나 오스트리아 같은 후진국에 합류하게 된다는 것이다.

3) 이념적 측면: 유토피아 사회주의와 자유주의의 혼합

언급한 바와 같이 스미스는 아버지로부터 많은 사상적 영향을 받았다. 아버지 스미스는 유토피아 사회주의자로서 교육과 사회개혁에 많은 관심을 가진 사람이었다. 그는 대표적 유토피아 사회주의자인 오언(Robert Owen) 등과 교류하면서 여러 저널을 통하여 그들의 사상을 알리는 데 앞장섰다. 아들 스미스는 1840년 아버지의 갑작스러운 사망 후 사회개혁의 유업을 이어가고자 하였다.

오언이 물질에 바탕을 둔 유토피아를 구상하였다면 스미스는 작은 정치적 공동체의 유토피아를 추구하였다. 자립적인 시민들이 참여하여 공동체의 정신으로 시민의 책임을 다하는 체제로서 지방자치정부를 바라보았다. 이런 측면에서 바인슈타인(Weinstein 2008)은 스미스가 생각하는 지방자치정부는 '진정한 사회주의 체제'라고 해석하고 있다.

하지만 스미스는 아버지와 달리 자유 경쟁을 지지하였다. 그는 경쟁적 사회 및 경제 관계가 공공 도덕심을 높이고 물질적으로 풍요롭게 하며 진정한 문명을 발전시킬 수 있는 것으로 보았다. 그리고 이런 경쟁이 영국민의 마음속에 내재하는 것으로 보았다. 그는 인간 심리적 측면에서 오언의 주장에는 약점이 많다고 하면서 오언과 달리 사유재산제가 불가피하며 이것이 없이는 번영이 있을 수 없다고 본 것이다(Weinstein 2008: 1201~1202).

스미스는 흔히 자유방임(laissez-faire) 개인주의나 자유주의를 주창한 사람으로 규정되기도 한다(Weinstein 2008: 1193). 이런 면에서 그는 밀(J. S. Mill)과 비슷한 점이 있다. 스미스와 밀은 동시대에 살았지만 그들 간의 교류는 빈번하지 않았다. 하지만 그가 주장한 지역자유론

은 같은 시대 밀의 명저 『자유론(On Liberty)』의 논리와 비슷하다
(Chandler 2008: 358).

> 개인 혼자만의 일에 개인의 자유가 인정된다는 것은 여러 사람들 모임
> 에만 관련된 일에 대해서는 그 모임의 경우도 자유가 인정된다는 것을
> 의미한다. … 국가는 인류(mankind) 중 일정 부분으로 구성된 것이다.
> 한 국가를 구성하는 국민들은 다른 곳과는 다른 공동의 감정을 가진다.
> 이런 감정은 서로를 단결하게 하고, 또 동일한 정부를 구성하길 원하게
> 한다. 그리고 그들은 전체적으로나 부분적으로 스스로 통치하길 원한다
> (Mills 1971: 125; Chandler 2008: 358 재인용).[21]

밀의 '개인이 다른 사람들을 해치지 않는 한 자유를 가진다'는 논
리는 스미스의 '지역도 다른 지역에 해를 끼치지 않는 범위 내에서
자유를 가진다'와 유사하다. 개인이 자기 일을 가장 잘 알기 때문에
자기 스스로 이를 수행할 의무와 권리가 있는 것과 마찬가지로, 사
람들의 지역적 모임도 지방의 일을 독자적으로 수행해야 한다는 것
이다.

스미스는 유토피아 사회주의와 자유주의의 이상을 동시에 추구할
수 있는 단위가 패리시라고 보았다. 그리고 패리시는 참여와 경쟁과
협력, 사회적 책임과 공동체의 정신을 실현할 수 있는 단위로 국가
의 심장이며 힘을 상징하는 것이라 하였다(Weinstein 2008: 1207).

---

21) 밀이 국가를 이렇게 규정하는 경우, 이는 국가 내 지방자치단체의 경우에도 그대로 적용될 수 있
다. 국가나 지방이나 모두 특정한 목적을 위해 협력하고, 또 자신들만을 위한 정부를 구성하기
때문이다(Chandler 2008: 358). 하지만 밀은 정작 지역의 자유에 대해서는 부정적인 입장이다.

Ⅳ. 스미스의 유산

1. 자유주의 시대의 중앙집권적 흐름

19세기 영국에서는 중산층의 이해를 대변하는 자유방임주의에 따른 작은 정부가 지배적인 이데올로기였다. 이에 따라 당시 사회에 필수적인 서비스는 중앙정부보다 지방정부를 통해 공급되는 것이 바람직하다고 여겼다. 그 결과 1900년 전후 세대는 지방자치의 황금시대가 되었다. 이때 지방정부의 재정규모는 중앙정부를 능가하였다. 당시 개혁론자들은 지방의 권한 확대와 지방정부의 성과 향상에 매진하였다(Wickmar 1970: 55).

하지만 자유주의 시대에도 사회문제 해결을 위한 중앙집권화는 불가피한 흐름이었다. 지역의 많은 사회문제를 더 이상 민간의 자발적 봉사에 의해서만 해결하기는 어려워졌기 때문이다.[22) 그 결과 영국의 1835년 지방정부법은 지방정부를 종래 사적 단체와 같은 것에서 공적인 단체로 전환시켰다. 또 많은 공공사무를 지방의 책임이 아니라 중앙정부의 책임으로 전환하여 공공서비스의 지역 간 편차를 줄이고자 하였다.

이런 중앙집권화는 벤담의 공리주의의 영향이 크다. 공리주의 실천자인 차드윅은 '최대 다수의 최대 행복'이라는 이념 아래 중앙집권적 개혁을 주도해 갔다. 국가 전체의 행복을 추구하기 위해서는 개별 지역의 이익만을 우선시하는 지방을 통제할 수 있는 중앙의 권력이 필요하다고 여겨졌기 때문이다.

---

22) 물론 자선을 베푸는 민간인들이 숫자에서 많지 않아 충분한 양의 공공서비스가 공급되기가 어렵다는 것이다.

사실 19세기 영국의 중앙집권적 사회개혁은 균일 처우라는 기준에 따라 산업화·도시화 시대의 빈민구제나 공공보건 등 공공서비스의 전국적·통일적 기준을 마련하고 이를 실행하기 위해 중앙정부의 관리를 지방에 파견하는 수준이었다. 이런 개혁은 당시 고도로 중앙집권적인 프랑스에 비해 매우 온건한 것이었다.

하지만 스미스는 영국 의회의 일련의 입법을 개혁의 환상에 빠진 개혁 만능주의(Reform Panaceas)의 결과라고 비판하였다. 그리고 개혁의 대상인 영국 의회가 거꾸로 개혁의 주체가 되어 중앙집권적 개혁을 주도하고 있다고 비난하였다(T. Smith 1851: 234). 이런 비난에 힘입어 19세기 중반으로 오면서 자유주의자들의 중앙집권적 개혁에 대해 휘그당이나 토리당 모두 심한 반감을 보였다(Chandler 2007: 308).

영국 정부는 이런 저항을 완화시키기 위한 여러 조치들을 취하였다. 신빈민법에 대한 저항을 완화시키기 위해 1847년에는 강력한 권한을 가진 위원회(commission) 대신 권한이 약한 위원회(board)로 조직의 권한을 약화시켰다. 1850년대 집권적 개혁의 상징이었던 공중보건법에 대한 저항을 완화시키기 위해 보건위원회는 1854년 중앙집권적 개혁을 주도한 차드윅을 해임하였다. 차드윅과 함께 중앙집권적 개혁을 주도했던 인사들도 그 후 「사회과학학회」의 모임에서 과도한 집권화의 문제점을 토로하며 집권화가 영국의 이상과 맞지 않음을 피력하였다(Gutchen 1961: 85).

1888년 지방정부법은 특별지방행정기관을 통합하는 대신 지방정부에 더 큰 기능을 부여하였다. 이 법이 추구하는 바는 지방정부의 능력을 발전시켜 지방이 더 많은 기능을 담당하도록 하는 것이었다. 사실 영국의 중앙집권 개혁은 온건한 것으로 의회가 전국적 기준을 정하려는 것이었지 개별 지방정부에 대한 간섭을 하는 것은 아니었다. 몇 차례 콜레라가 창궐하면서 전염병 예방을 위해 도시화된 지역의 상·하수도나 쓰레기 처리 등의 시설에 대한 전국적 위생 기준을 정하려는 것이 의회의 목표였다(Palmowski 2002: 390).

자유주의 시대에도 영국의 행정체제는 프랑스와 같은 중앙집권 형태는 아니지만 집권화의 방향으로 간 것은 분명해 보인다. 사이먼(John Simon)은 집권화의 네 가지 조짐을 구분하고 있는데 이 4가지 징조가 모두 19세기 후반에 나타났다고 하였다. 집권화의 이 조짐은 첫째, 중앙관리의 지방 파견, 둘째, 재정적인 방법을 통한 지방통제, 셋째, 지방 간 갈등의 조정자 역할이나 지방 특별법 제정, 넷째, 지방에 대한 감시·감독의 권한이다. 이런 경향은 지식의 집중에 따라 중앙은 지도하고 지방은 세부적인 문제에서 이를 집행하는 권한을 가져야 한다는 밀의 주장과 합치하는 것이다(Gutchen 1961: 96).

영국 지방자치학계의 권위자 중 한 사람인 샤프(Sharpe)는 스미스가 주장하는 지방의 고유한 권리나 지방의 자유는 더 이상 현대 지방자치에서 주요 개념이 아니라고 본다. 그는 공공서비스의 조정자, 커뮤니티 의견의 조정자, 소비자 압력단체, 새로운 수요에 부응하는 단체로서 지방정부의 기능을 제시하고 있다(Sharpe 1970: 174).

2. 스미스의 후계자들

스미스의 패리시 중심의 자치이론은 19세기 초 미국 대통령인 제퍼슨이 퇴임 후 버지니아 주 헌법 개정과 관련하여 제안한 농촌지역의 미니 공화국 주장과 닮아 있다. 양자 모두가 농촌을 배경으로 한다는 점에서 시골적 취향이 강하다. 하지만 스미스는 생애의 대부분을 런던에서 활동하였고 도시의 여러 문제에 정통하고 또 도시계획 등에서도 많은 해결책을 제시하였다.

스미스로부터 큰 영향을 받은 그나이스트(Gneist)는 중세의 영국 지방자치를 이상적인 체제로 보고 이것을 프로이센 지방자치의 모델로 삼고자 하였다. 영국이 '지방자치의 모국'이라 불리는 이유는 일본의 지방자치에 영향을 준 그나이스트 때문이다(Naiki 2012).

하지만 스미스에 대한 평가는 후하지 않다. 오스트리아 출신으로 그나이스트로부터 영감을 받아 영국으로 건너와 지방정부를 연구한 레드리히는 그나이스트에게 잘못된 인식을 심어 준 사람이라고 스미스를 평가하였다(Redlich 1903: 서문). 영국 지방정부 역사서를 쓴 케이스-루카스는 그를 괴짜(crank)라고 평가하면서 그가 시대에 맞지 않게 영국의회를 고딕(Gothic)풍으로 재건하려 한다고 하였다(Keith-Lucas 1961: 248). 챈들러도 그가 앵글로-색슨 시대의 커뮤니티 가치를 미화하고 있지만 이는 철저한 연구의 결과라고 보기 어렵다고 평가하였다(Chandler 2007: vii).

사실 낭만적인 논리로 무장한 스미스의 전통을 이어받은 학자는 찾아보기 쉽지 않다. 하지만 일부에서 규범적 측면에서 지방자치이론을 발전시키려는 노력은 간간이 발견된다. 리버(Lieber 1853)는 미국 사우스캐롤라이나(South Carolina) 대학의 교재로 사용된 책에서 '자치정부는 자유와 동의어이다'라고 표현하였다. 또 챈들러(Chandler 2008; 2010)는 영국에서 국가편의주의적 사상이 지배적으로 된 경위를 분석하면서 지방자치에 대한 규범적 이론의 필요성을 역설하고 있다.

3. 스미스와 현대 지방자치와 행정

19세기 산업화·도시화된 사회의 집권화와 관료제화를 비판하고 상호 책임성과 공동체 정신을 강조한 스미스의 주장은 오늘날과 같은 큰 정부 시대에 더욱 타당하다. 중앙집권화가 시작되던 19세기 중반보다 과도한 집권화가 이루어진 20세기에 더 적실성이 있다. 그의 주장은 1980년대 레이건(Reagan)이나 대처(Thatcher) 시대의 신자유주의 흐름 속에서 나타난 신공공관리론의 주장과 맥락을 같이한다. 이뿐만 아니라 사회의 제도적 환경이 인간 행동을 좌우한다는 논리는 오늘날 신제도론의 견해와도 일치한다.[23]

1) 분권과 참여

스미스는 주민의 참여에 의한 공공문제 해결을 바람직한 것으로 보았다. 그리고 사회적 환경이 사람의 심리와 행태를 좌우한다는 골상학의 논리에 따라 정부는 참여가 용이한 패리시 같은 작은 단위가 중심이 되어야 한다고 하였다. 주민에게 권한을 부여하면 지역 간에 경쟁이 유발되고 단위지역에 공동체 정신이 함양되어 주민 상호 간 협력이 용이해진다고 보았다.

> 지방자치정부에서는 모든 사람이 자기의 심성(心性)과 힘을 발전시킬 기회가 주어진다. … 그러나 집권화는 공정한 경쟁의 마음을 사라지게 하고, 개선을 추구하려는 노력을 좌절시키며, 발전의 기운을 약하게 한다 (T. Smith 1851: 59~60).

---

23) 신제도론에서는 인간이 어떻게 제도를 만들고 또 인간이 만든 제도가 인간행위를 어떻게 제약하는지를 다룬다. 신제도론은 제도의 생성 원인과 제도의 성과평가 등 제도와 인간행동 간의 동태적 관계를 설명한다.

집권화는 모든 독자적인 생각과 행동, 모든 자립심을 짓밟아 버리고, 이들의 행사를 방해한다. (집권화로) 고귀한 인간의 본성의 발전이 억압받는 반면 비열하고, 추악하며, 비굴한 것들이 길러진다(위의 책: 63).

스미스는 분권화된 체제는 개개인들에게 심리적 권한부여(empowering)로 집권적 체제보다 공공문제 해결을 용이하게 한다고 한다. 이런 분권적 체제는 경쟁뿐만 아니라 공동체 정신과 상호 협력을 용이하게 한다고 한다.

스미스는 대의제만으로는 공공문제를 해결하기에 충분하지 못하다고 주장한다. 그는 가끔 투표하고 세금을 납부하는 것만으로 실제적인 문제에 직접 참여의 대안이 될 수 없다고 하면서 대의제를 조롱하였다. 그는 주민의 참여가 어려운 집권화된 대의정부는 이기적인 시민을 양성하여 민주주의를 퇴화시킨다고 하였다.

그리고 그는 선출된 중앙의 대표자들은 지방의 일을 수행하기에는 공간적으로나 심리적으로나 거리가 너무 먼 곳에 있다고 하였으며, 집권은 모든 선의의 경쟁심을 말살시키고, 개선 노력에 대한 인센티브를 없애며, 발전에 대한 열망을 감소시킨다(Chandler 2010: 7~9)고 보았다. 또 집권적인 정부는 시민의 책임감을 약하게 한다고 하였다. 그리고 의무나 책임이 존재하지 않는 자유는 고립된 이기심(isolate selfishness)만 키울 수 있기 때문에 개인의 지역사회에 대한 책임을 더욱 강조하였다(Weinstein 2008: 1205~1206).

스미스의 주장대로 중앙집권화가 주민의 자립심을 얼마나 해쳤는가는 가늠하기 쉽지 않다. 하지만 종래 민간에서 제공되던 공공서비스가 정부로 넘어감으로써 주민의 공공책무가 줄어든 것은 사실이다. 우리 땅에서도 종래 지역의 치안을 맡았던 자율방범대, 소방을 맡았던 의용소방대, 교육을 맡았던 사립학교의 기능이 지방에서 감퇴한 사례에서 그 예를 볼 수 있다.

2) 작은 정부

스미스는 거대한 관료제를 가진 큰 정부보다 주민 스스로에 의해 자발적으로 그 지역에 필요한 공공서비스가 제공하는 작은 정부를 이상적인 정부로 보았다. 모든 사람에게 병역의 의무가 있다고 하고 상비군보다 민병대에 의한 국방이 바람직하다고 하였다. 이런 작은 정부를 주장하는 그가 국가의 역할을 확대하는 새로운 입법에 반대한 것은 당연하다.

스미스가 관료제(bureaucracy)란 용어를 만들었다(Weinstein 2008: 1222)고 한다.[24] 그의 관료제에 대한 비판은 다른 비슷한 예를 찾아보기 어려울 정도로 준엄하다.

> 관료제와 개인 독재 간에는 원리적으로 아무런 차이가 없다. 각자 모두가 똑같이 자유와 인류 진보의 열망과 노력 향상에 치명적인 해를 끼친다. 이들 중 인류의 자유에 더욱 위험스러운 것이 관료제이다. 관료제는 자유 헌법이라는 이름과 형식으로 위장되어 있어 이것이 효율적으로 작동할수록 사람들의 눈을 멀게 한다. 또, 이기적이고 자유와 권리를 침해하는 관료들은 그 숫자가 많아 한 사람이나 몇몇의 독재자들보다 그 본성을 알기 어렵다. 그 결과 인류 자유의 적들이 현대에 와서 하나같이 모두 의지하려고 하는 것이 관료제이다(T. Smith 1851: 29).

스미스는 집권화된 관료체제는 정부의 능률을 증대시키는 것이

---

24) Bureaucracy에 대한 어원은 통상 불어인 'bureau'에서 유래하였으며 프랑스 혁명 전부터 사용되었다고 한다. 스미스가 아니라 다른 사람이 이 말을 먼저 사용하였다는 문헌도 있다. 더 자세한 것은 en.wikipedia.org/wiki/Bureaucracy에 나와 있다.

아니라 오히려 비용을 증대시키고 정실을 양산한다고 하였다. 또 정부기관의 확대는 교묘한 방법으로 부정과 부패를 조장한다고 한다고 보았다. 그리고 조직 규모가 커짐에 따라 책임이 분산되는 문제를 가져온다고 하였다.

스미스는 지방에서 새로이 등장하는 사회문제를 민간에서 우선하여 스스로 해결하도록 권한을 주는 것이 바람직하고 하였다. 또 그 기능이 정부책임인 경우에도 정부가 직접 수행하기보다 민간에게 맡기는 것이 바람직하다고 보았다. 나아가 기능 수행에서도 그 방법보다 그 결과가 더 중요하다고 하였다(Weinstein 2008: 1208). 중앙정부보다 지방정부를, 지방정부보다 민간부문을 우선하는 스미스의 논리는 신공공관리론에서 그대로 나타난다.

3) 종합행정

영미에서 지방정부는 국가와 별개의 단체라는 논리가 지배하고 있다. 이에 따라 국가 기능을 확대하면서 지방정부에 그 기능을 맡기기보다 국가기관을 지방에 설치하여 그 기능을 담당하도록 하는 것이 영미의 전통이다.[25] 그 결과 영미에는 대륙국가보다 훨씬 많은 일선기관이 있다. 1882년 영국과 웨일즈의 지방정부 숫자가 28,822개였고 18개의 다른 세목의 세금이 부과되었다고 한다(Palmowski 2002: 390).

신빈민법이나 보건법 등에 의해 법적으로 국가 기구와 지방에 설치된 일선기관들은 관료적 조직을 갖출 수밖에 없다. 중앙집권화는

---

25) 일선기관의 설치는 기능과 구역을 일치시킬 수 있다는 점에서 효율적이라 할 수 있다. 그뿐만 아니라 대륙계 국가에서와 같이 보통 지방자치단체에 사무를 위임하지 않는다는 측면에서 지방에 대한 통제나 간섭의 문제가 적다고 할 수 있다.

필연적으로 관료제의 규모를 확대하게 하고 관료주의를 심화시킨다. 이들은 주민의 의사를 무시하고 자기들의 규칙에 따른 행정을 강제한다. 이들은 지방의 사정을 무시하고 국가의 획일적인 기준을 모든 지방에 강요한다.

스미스는 국가의 일선기관 설치나 국가 공무원의 지방 배치는 중앙집권화를 가속시킬 뿐만 아니라 행정효율이나 주민통제의 측면에서 바람직하지 못하다고 하였다. 또 공무원의 증원이나 배치 과정에서도 교묘한 방법으로 부정과 부패를 조장할 수도 있다고 하였다. 이런 지적에 따라 영국의 1888년 지방정부법은 스미스의 주장을 상당 부분 수용하여 보통 지방자치단체에 큰 기능을 부여하는 방식으로 개정되었다.

오늘날에도 국가의 지방일선기관 설치에 대해 반대가 많다. 우리나라 특별지방행정기관 사례에서 보듯이 일선기관 설치는 지방의 종합행정을 해치고 범위의 경제(economy of scope)를 기할 수 없어 행정의 비효율을 가져올 수 있다. 그뿐만 아니라 우후죽순으로 설치된 이런 기관은 주민들에게 혼란을 줄 뿐만 아니라 주민의 통제를 매우 어렵게 하기 때문이다.

4) 커뮤니티의 중요성

스미스는 패리시를 참여와 자기 책임으로 운영되는 공동체로 국가의 중심단위라고 주장하였다. 하지만 중앙집권화 과정에서 패리시는 점차 아무런 실질 권한이 없는 허울뿐인 단위로 전락하였다.[26]

---

26) Ellwood et al.(2000)에서 패리시가 새로운 임무를 담당하지 못하도록 배제된 문제를 다루고 있다.

공공서비스 제공의 효율을 중시하는 시대에 스미스가 찬양했던 패리시는 더 이상 정부기능을 담당하는 단위로 적합하지 않다는 판단 때문이었다.

1894년 법 개정으로 종래 패리시는 시빌 패리시(civil parish)의 명칭 아래 공식적인 정부제도로 인정받게 된다. 또 패리시 카운슬(parish councils)을 선출직으로 구성하도록 하였다. 하지만 이 법은 패리시에 매우 제한된 기능밖에 부여하지 않았다. 지방제도의 대폭적 개편을 가져온 1972년의 영국 지방정부법도 풀뿌리 민주주의(grass-root democracy)라는 명분으로 패리시의 법적 지위는 유지하였다. 하지만 전통적 원칙인 월권(Ultra Vires)[27] 금지원칙에 따라 패리시에 주어진 제한된 권한만 행사할 수 있도록 하였다.

하지만 패리시와 같은 근린자치를 위한 커뮤니티의 중요성에 대한 인식이 다시 부각되고 있다. 2011년의 지방주의법(Localism Act)은 패리시 등의 커뮤니티 조직에 큰 권한을 주는 방식으로 개정되었다. 커뮤니티의 이해를 표명하는 커뮤니티 챌린지(Challenge)와 커뮤니티 유산을 보존하기 위한 커뮤니티 비드(Bid) 등의 권한을 인정하고 있다(en.wikipedia.org/wiki/ Localism_Act_2011). 이런 변화는 19세기 중반 중앙집권화 과정에서 지방을 통제하기 위해 만들어진 월권금지원칙을 폐지하는 대신 일반적 권한보장(General Competence)의 원칙을 채택한 결과이다.[28] 그 결과 법적으로 '패리시는 하고 싶은 일을 할 수 있는 권한'을 가지게 된 것이다. 스미스의 패리시 자치 주장이 일부 수용된 입법이라 할 수 있다.

---

27) 영어로 권한 밖(beyond the power)이다. 그 반대는 *Intra Vires*, 즉 권한 내(within power)이다.
28) 이 법은 종래 '큰 정부에서 벗어나 큰 사회를 지향하는(From Big Government to Big Society)' 것이라 한다(Naiki 2012).

V. 맺음말

스미스만큼 중앙집권과 지방분권의 문제를 심각하게 생각하고 중앙집권화가 사회에 미치는 문제점을 철저히 파헤친 사람은 드물 것이다. 그는 영국의 지역공동체에 바탕을 둔 전통적 자치를 찬양하는 가운데, 중앙정부에 의한 지방 일선기관의 지방에 대한 간섭과 통제의 문제점을 여러 권의 책과 수십 개에 달하는 팸플릿을 통하여 비판하였다.

스미스는 대의제는 선거만으로 대표를 선출하는 것에 불과하므로 민의를 잘 반영하지 못할 뿐만 아니라 이들에 의한 중앙집권적 개혁은 개혁을 위한 개혁으로 결국 실패로 귀결될 것이라 하였다. 따라서 그는 영국의회가 무소불위의 권한을 가지고 환상에 빠져 중앙집권적 입법을 추진하는 개혁 만능주의를 신랄하게 비판하였다.

스미스는 중앙집권적 입법이 인간 행동의 원리와 영국 헌법의 기본을 무시하여 실패할 뿐만 아니라 주민들의 건전한 사회적 참여를 해치는 것으로 보았다. 그리고 주민 모두가 참여할 수 있고 상부상조하는 작은 단위에서 지방자치는 국가의 심장이며 힘이라고 찬양하였다.

이런 스미스의 비판과 가르침을 이 땅의 우리도 경청할 필요가 있다. 1990년대 지방자치 부활 즈음부터 국가는 지방자치권 확대보다 지방에 대한 통제를 강화하는 방향으로 제도를 고쳐 왔다. 2016년에는 사회보장기본법 제26조에서 지방의 자체적인 복지사업에 대한 사전적 통제, 지방교부세 배분에서 인센티브나 페널티제 강화와 교부세 감액제도 추가, 중앙정부 주도의 도(道) 조정교부금 개편 등 사례에서와 같이 지방에 대한 통제를 더욱 강화한 것이다.

이러한 흐름에 맞서 지방분권운동이나 지방분권형 헌법개정 운동이 나타나는 것은 자연스러운 일이다. 19세기 중반 스미스가 반집권연대를 결성하여 중앙집권화에 맞서고자 한 것과 같이 우리나라에서도 2001년부터 대구나 부산 등의 지역을 시작으로 지방분권 운동 조직이 결성되어 활동하고 있다. 최근에는 이 운동이 '지방분권형' 헌법개정 운동으로 확산되었다. 아울러 논리적 근거로서 '지역주권론'에 대한 관심도 증대하고 있다.

스미스의 주장은 중앙집권화 초기보다 과도한 중앙집권화가 이루어진 오늘날에 더 적실성을 가질 수 있다. 주민 스스로의 참여를 통해 지방 문제를 해결함으로써 상호 협력의 공동체 정신을 고양할 수 있다는 그의 자유론적 주장은 신공공관리론의 주장과 유사하며, 중앙집권적 제도의 폐해에 대한 분석은 신제도론의 논리와 동일하다. 지방에서의 참여 민주주의를 파괴하지 말아야 한다는 그의 주장은 단순히 19세기 중반 낭만적 사회사상가의 분노에 찬 목소리가 아니라 오늘날에도 여전히 적실한 외침이다.

스미스의 저술은 영국에서보다 그나이스트에 의해 독일에서 더 환영을 받았다. 다음 장은 대륙계 지방자치제도의 기초를 형성한 사람들을 살펴본다.

〈주요 참고문헌〉

Chandler, James A.(2008). Liberal Justification for Local Government in Britan: The Triumph of Expediency over Ethics. *Political Studies*. 56: 355~373.

Greenleaf, W. H.(1975). Toulman Smith and the British Political Tradition. *Public Administration*. 25~44.

Palmowski, Jan.(2002). Liberalism and Local Government in Late Nineteenth Century Germany and England. *The Historical Journal*. 45(2): 381~409.

Smith, J. Toulmin.(1857). *The Parish: Its Powers and Obligations at Law*. 2nd ed. (London).

Smith, J. Toulmin.(1951). *Local Self-Government and Centralization*. (London).

Weinstein, Ben.(2008). 'Local Self-Government Is True Socialism': Joshua Toulmin Smith, the State and Character Formation. *English Historical Review*, CXXIII (504): 1193~1228.

제9장

지방자치제도의 기초를
형성한 사람들:

튀르고, 투레, 슈타인, 그나이스트, 기르케

통치구조 문제에서 볼 때 홉스 이래 루소까지는 국가와 국민만이 관심의 대상이었지 지방단위는 무시되었다. 하지만 근대 국민국가를 형성하는 과정에서 양자의 사이에 있는 지방이 고위관리나 학자들의 고심의 대상이 되었다.

지방 문제를 고심했지만 덜 알려진 사람들로는 프랑스에서는 절대왕정 말기에 지방제도의 비전을 제시한 튀르고, 대혁명 당시 지방자치권의 개념을 제시한 투레가 있다. 또, 프로이센에서는 나폴레옹과의 전쟁에서 패전한 후 국가재건의 차원에서 도시자치를 주장한 슈타인과 영국 지방자치를 프로이센의 이상적 모델로 본 그나이스트, 그리고 지방을 하나의 단체로 보고 권리의 주체라 한 기르케가 있다. 이들의 주장이 오늘날 대륙계 지방자치제도를 형성하는 데 크게 기여하였는데 이들의 생각이 일본을 경유하여 우리나라에 큰 영향을 미쳤다.

Ⅰ. 머리말

19세기 전후 유럽은 정치적 변혁의 장으로 국민국가가 형성되는 때였다. 이 과정에서 양자의 사이에 있는 지방이 고위관리나 학자들의 고심의 대상이 되었다. 새로운 지방제도를 모색한 이들에는 프랑스의 튀르고와 투레, 독일의 슈타인, 그나이스트, 기르케가 있다.

튀르고는 루이 16세의 재정총감 재직 시 지방제도 개혁안을 만들었는데 이 개혁안은 대혁명 당시 제헌위원들과 19세기 초 프로이센 지방 재정개혁에 큰 영향을 주었다. 투레는 대혁명 당시 연방주의 주장이 제시되는 가운데 지방자치권의 개념을 제시하였다.

슈타인은 프로이센이 나폴레옹과의 전쟁에서 패전한 후 국가재건의 차원에서 도시자치를 주장하였다. 그나이스트는 영국 지방자치를 이상적이라 보고 관헌적 자치 모델을 제시하였다. 기르케는 알투지우스의 전통을 이어받아 지방을 독립된 단체로 권리의 주체라 하였다.

이들의 업적과 주장이 오늘날 대륙계 지방자치제도를 형성하는 데 크게 기여하였다. 이 자치제도는 일본이 19세기 말 서양 문물을 받아들일 때 함께 도입하였으며, 우리나라의 자치제도를 형성하는 데 큰 영향을 미쳤다.

Ⅱ. 튀르고

중농주의자로 알려진 튀르고는 프랑스 절대왕정의 마지막 왕 루이 16세의 재정총감으로 있을 당시 재정난을 해소하기 위한 방편으로 지방제도 개혁안을 만들었다. 이 개혁안은 대혁명 당시 제헌위원들과 19세기 초 프로이센의 재상 슈타인의 지방재정개혁에 큰 영향을 주었다.

1. 생애와 사상

<그림 9-1> 튀르고 초상 우표
(www.wikitimbres.fr)

튀르고(Anne R. J. Turgot, 1727~1781)는 프랑스의 정치가이자 경제학자이다. 그는 소르본 대학교를 졸업한 후 가톨릭 신부가 되었으나 이후 이를 포기하고 정부 관리의 길을 걸었다. 청년 시절 파리 법원에서 청원심사관 등으로 일하면서 백과서전파와 중농주의자들과 교류하였다. 30대에 그는 남서부의 가난한 주 리모주 지방의 행정관이 되어 이곳에서 13년간 일하면서 정부운영의 경험을 쌓았다. 40대에 루이 16세의 해양장관으로 추천되었으나 귀족들의 반대로 임명되지 못하였지만 그 후에는 재정총감으로 임명되었다.

진보적 중농주의자로 튀르고는 진작부터 상공업에 대한 국가의 과도한 간섭에 비판적이었다. 개혁주의로서 그는 디드로(Diderot)가 편찬한 백과전서에 기고한 글(1757)에서 "(사회) 단체들은 그 자체를 위해 존재하지 않는다. 이들은 사회에 공헌하기 위해 만들어진 것으로 그 유용성이 다하면 존재할 가치가 없다"고 주장하였다(Wickmar 1970: 13).

튀르고는 루이 16세 치하의 재정총감 시절에 프랑스의 재정 위기를 타파하기 위해 길드 제도의 폐지 등 여러 개혁을 시도하였다. 하지만 개혁에 반대하는 귀족들은 식량 폭동의 책임을 지워 그를 실각시켰다.

2. 지방정부에 대한 메모

튀르고의 계획은 1775년의 『지방정부에 대한 메모 *Mémoire sur les Municipalités*』에 나타나 있다. 여기에는 전국의 구역을 기하학적으로 작은 단위에서부터 시작해 큰 단위로 4계층화하여 지방단위를 구분하였다. 가장 작은 단위인 마을 30개가 모여 하루 여행이 가능한 거리인 15km 반경으로 모여 차상위 단위를 형성하고, 또 이런 차상위 단위 30개가 비슷한 방식으로 차차상위 단위를 형성하고 결국에는 전국에 이르게 하는 것이다(Wickmar 1970: 15).

가장 작은 단위인 마을을 구성하는 주민들이 대표를 선발하고 각 지역의 대표들이 상위 회의체를 구성하도록 하였다. 마을이나 도시의 투표권자들이 해당 지역의 대표를 뽑으면, 이 대표들은 주 단위로 다시 대표를 뽑고, 이렇게 해서 뽑힌 대표가 최상위 의회에 참석하는 방식이다. 튀르고의 공화주의적 시각을 보여 주는 것이다.

이 회의체의 주된 임무는 국가로부터 할당된 세금을 가구별로 부담하는 결정을 하는 것이었다. 그 외에도 여기에 치안을 유지하며 공공사업을 추진하고 가난한 사람을 돌보는 기능이 주어졌다. 또 이웃 촌락에 협조를 구하거나 상위 회의체에 전달할 사안을 결정하는 기능도 주어졌다.

이 메모는 지방행정체제를 단일화하고 왕국 전체를 통합하고자 한 것이다. 종래 프랑스는 영주의 자치권이 일정부분 보장된 지역과 국왕의 행정권이 직접적으로 미치는 왕령 직속지로 이분화되어 있었고, 또 지방 행정구역은 교구, 군사구, 납세구, 사법구로 나누어져 있던 것을 개혁하고자 한 것이다.

이 메모는 중앙집권적 앙시앵 레짐하에서 공공의 정신과 자립심이 말살되어 위로부터의 명령이 아니면 아무것도 할 수 없는 상황을 개혁하기 위한 것이었다. 토크빌은 이 보고서를 『앙시앵 레짐과 혁명』에서 다음과 같이 인용하고 있다.

> 이 나라는 갈라진 몇 개의 계급과 갈라진 사람들로 구성되어 있다. 따라서 아무도 그들의 사적 이익 외에는 챙기지 않는다. 공공정신은 알 수 없는 존재이다(Tocqueville 1856: 2권 10장).

이 메모는 1776년 그의 실각으로 인하여 루이 16세에게 보고도 되지 못하였다. 하지만 이 메모는 프랑스와 해외에 널리 알려졌고 미국에서는 요약본이 출판되기도 하였다. 미국의 신개척지인 서부지역의 구역이 이 메모에 따라 구획되었고, 제퍼슨이 카운티를 워드로 나눈 소위 미니 공화국의 구역도 이 메모에 따른 것이라 한다. 또, 이 메모는 대혁명 당시 제헌회의에 제안된 시에예스의 코뮌, 아롱디스망, 데파르트망으로 나눈 안의 원형이 되었다. 이뿐만 아니라 이 메모는 프로이센의 재상 슈타인이 1808년 지방개혁을 시도한 기초가 되었다.

III. 투레

투레는 1789년 헌법제정회의에서 '지방권' 개념을 제시하였다. 지방권은 지방의 고유한 권리로 해석되기도 하고, 또 입법권·사법권·행정권에 이어 제4의 권한으로 해석되기도 한다.

1. 생애

투레(Jacques G. Thouret, 1746~1794)는 노르망디 출신 법률가로 그곳의 법원에서 일하다 프랑스 대혁명 한 해 전 (1788)에 소집된 3부회의(Estates-general) 의 멤버로 활동하였다. 대혁명 기간 중에는 지롱드당 소속으로 1789년 6월에 시작된 헌법제정회의에 참여하였고 4번이나 의장으로 선출되었다. 거기서 그는 교회의 특권 폐지를 주

<그림 9-2> 자크 투레
(commons.wikimedia.org)

장하고 또 사법적·행정적 개혁방안을 모색하였다. 특히 앙시앵 레짐의 문란한 지방제도의 개혁을 추진하고자 하였다. 이는 혁명 전부터 시에예스(E. J. Sieyes) 등이 주장해 오던 것이다.[1]

시에예스는 직접 지방제도를 분석하고 개혁방안을 제시한 지방제도 개혁 보고서를 내놓았다. 하지만 이 보고서에 대한 반대도 만만하지 많았다. 투레는 의회에서 이 안을 발표하고 방어하면서 시에예

---

1) 시에예스는 대혁명의 도화선이 된 「제3신분이란 무엇인가」란 팸플릿의 저자이다.

스의 초안을 관철시키고자 노력하였다. 1791년 9월 헌법안은 루이 16세에게 제출되었고 국왕은 의회연설에서 이를 승인하였다. 그는 제헌회의 후 1793년에 다시 법원으로 돌아갔지만, 로베스피에르의 테러 기간 중 반혁명 분자로 지목되어 기요틴에 목숨을 잃었다.

2. 지방권

투레는 1789년 헌법제정회의에서 지방권(*Pouvoir Municipal*) 개념을 제시하였다. 그는 헌법제정의회 연설에서 "모든 나라에 있어서 그 시작은 다수의 소집단이었다"라고 하였다. 그리고 1789년 안의 제4조는 '지방기관은 두 가지 형태의 임무를 가진다. 첫째는 지방의 권리에 고유한 것이고, 둘째는 국가행정에 속하는 것으로 지방기관에 위임된 것이다'라고 규정하였다. 이 규정에서 지방기관의 임무가 국가로부터 위임받은 사무가 존재한다는 점에서 진정한 지방권이 존재하기 어렵다는 비판이 있었다. 하지만 이 규정은 이념적인 측면에서 획기적인 지방권을 제시한 것으로 받아들여지고 있다(Yoshdia 1986: 13~14).

투레의 주장은 추상적이기는 해도 지방과 국가 권리의 이론적인 분리를 분명하게 서술하고 있다는 점에서 높이 평가된다. 아울러 지방정부는 국가 성립 이전부터 존재하던 것으로 이미 일정한 권한을 갖고 있다고 선언한 점이 중요하다. 이는 지방자치권을 국가로부터 전래된 것으로 보지 않고 지방자치단체의 기본권으로서 입법·행정·사법의 3권에 더하여 지방자치단체가 본래부터 향유하는 제4의 권력으로 인식한 것이다.

하지만 당시 프랑스의 현실에서 이런 지방권의 개념은 단명하였다. 지방분권과 연방주의 체제를 희망하였던 지롱드당(Girondin)과 단일한 중앙집권국가를 주장하였던 자코뱅(Jacobin)과의 대결에서 자코뱅이 이념적으로나 정치적으로 승리하였기 때문이다. 자코뱅의 승리로 프랑스는 '프랑스 공화국은 하나이고, 나누어질 수 없으며, 국가주권이다' 원칙이 확립되었다. 이런 원칙은 나폴레옹에 의해 더욱 강화되었다.

그 결과 프랑스의 지방행정은 단일 국가체제 안에서 국가의 정치-행정체계의 연장선상에 놓이게 된다. 이는 지방자치단체나 지방기관을 국가체계의 일부분으로 간주함을 의미하는 것이다. 랭그로드는 지방권을 '행정적 분권의 결과'라고 해석하였다(Langrod 1953: 33 주1). 프랑스에서는 영국이나 미국에서 사용하는 지방정부라는 명칭이 없다. 국가로부터 일정한 법인격을 부여받은 지방자치단체라는 용어를 사용할 뿐이다(최진혁 2012: 47~48).

그러나 지방권의 개념은 후일 벨기에 헌법(1831. 3.), 프랑크푸르트 헌법(1849)에서도 다시금 나타난다(Yoshdia 1986: 12~13). 또, 투레에 의해 제창된 고유권설은 이웃 독일의 기르케에 의해 논리적으로 발전된다.

Ⅳ. 슈타인

슈타인은 절대국가 시대에 정치적 자유와 헌정적인 요소를 도입하고자 한 사람으로 공공의 일에 참여의 정신을 고취한 정치가였다.

그중 하나가 지방자치제도를 공식화한 것이다.

1. 시대적 배경과 생애

<그림 9-3> 재상 프리드리히 슈타인
(commons.wikimedia.org)

슈타인(Friedrich vom Stein, 1757~1831)은 독일 서부 나사우(Nassau)에서 전통적 기사 집안의 자손으로 태어났다. 그는 괴팅겐(Göttingen) 대학에서 공부한 후 광산 기술자로 1780년 공직에 입문하였다. 공무원이 된 지 25년 만에 상공장관으로 임명되었으나 행정개혁을 과도하게 추진한다는 이유로 2년 만에 장관직에서 물러나게 되었다.

슈타인은 귀향해 나사우에 머물면서 나폴레옹에 패전 후 굴욕적인 평화 조약을 맺은 프로이센의 재건 방안을 모색하는 글을 쓰게 된다. 이 메모에서 그는 절대주의 체제를 폐기하고 국왕을 중심으로 모든 국민들이 재건의 대업에 나서야 한다고 주장한다. 이런 주장에 크게 감명받은 국왕은 1807년 슈타인을 재상으로 기용하여 전례 없는 큰 권한을 부여하였다.

슈타인은 농노제를 폐지하고 모든 시민들이 전문직에 진출할 수 있는 길을 열었다. 그는 전국에 걸쳐 행정절차를 표준화하는 동시에 행정을 분권화하고 대도시를 자치단위로 인정하였다. 또 국왕과 권한을 공유하는 의회를 구상하기도 하였다. 이 의회는 지주들로부터 선출되어 구성되는 것이었다. 하지만 많은 반대에 직면하였고 결국 그는 1808년에 실각하였다.

2. 슈타인의 지방제도 개혁

1) 제정 배경

나폴레옹과의 전쟁에서 패전한 프로이센은 충격 속에서 국가 개혁에 나서게 된다. 재상 슈타인은 광범위한 국가 혁신안을 추진하게 되었는데 이런 개혁 중의 하나가 1808년 프로이센의 도시 자치제도에 관한 법령 제정이다. 이 법은 영국의 전통적 지방제도와 앞서 본 프랑스의 튀르고의 지방정부 개혁안을 합성하여 만들어졌다. 전자가 정치적 측면에서의 모방이라면 후자는 법적인 측면에서의 모방이다.

슈타인은 관리 시절인 1786~1787년 기간 중 영국을 여행하면서 영국의 중앙-지방 제도를 관찰할 기회를 가졌다. 이때 그는 지방정부의 운영이 중앙정부에 큰 부담을 주지 않는다는 점을 주목하였다. 이런 관찰은 그의 부하인 빈케의 보고서에서 공식화된다.

슈타인은 1800년과 1807년 두 번에 걸쳐 빈케(Ludwig von Vincke)를 영국에 보내 내무행정을 연구하게 하였다. 그의 100쪽가량의 보고서는 사실로 가득 찬 것으로서 지방자치 비교 연구의 효시라 할 수 있다. 한 예는 행정비용에 대한 영국, 프랑스, 프로이센의 비교이다. 1800년 프로이센의 행정비용은 영국의 3분의 2였는데 프로이센의 인구는 영국의 3분의 1밖에 되지 않았고 국가의 부는 이보다 더 적었다고 하였다. 또 프랑스의 경우 100개 데파르트망에 4만 명의 유급 행정관 및 판사와 더불어 5만 명의 직원이 하는 일을 영국은 무급의 4천 3백 카운티 행정관과 8만 명의 패리시 자원봉사자들이 하고 있다고 하였다.

사실, 빈케를 놀라게 한 것은 영국은 관료제가 없다는 사실이었다. 지역 주민들이 스스로 공공의 일을 처리하는 자치행정이 국가행정을 불필요하게 한다는 것이다. 그는 영국민이 자유를 누리는 것은 헌법상의 보장보다 행정사무 처리의 방법이나 정신에 있다고 보았다. 그는 작은 부분에서의 자유가 큰 것 못지않게 중요하며 실제 행동과 실천이 말이나 이론보다 더 중요하다고 하였다. 무엇보다도 주민들 각자의 능력에 따라 공공의 일에 무급으로 일하는 것을 모두가 당연하다고 여기는 것이 영국의 공공정신이라 하였다.[2]

슈타인의 개혁은 전통적 농촌 지역 영주들의 반발을 의식하여 우선 도시 지역에만 적용하였다. 이는 시민의 자유와 시민 자신들에 의해 운영되는 프로이센의 오랜 전통을 되살린 것이다. 이런 전통의 기원은 중세로 거슬러 올라가는데, 자유 도시들이 누리던 자치권은 봉건 농노제의 구속으로부터 사람들을 해방시켰다. 즉, '도시의 공기가 자유를' 주었던 것이다. 이런 전통이 슈타인에 의해 국가의 공식적인 제도로 발전한다.

2) 주요내용

1808년 프로이센 지방법의 가장 중요한 의미는 타운이나 도시는 중앙으로부터 독립한 자치단체로서 더 이상 전제적인 국가의 부속

---

2) 이런 사실이 그나이스트의 영국제도에 대한 칭송으로 이어지게 된다.

물이 아니라는 것이다. 독립된 단위로 자체의 고유한 기관과 업무를 갖는다는 것이다.

자치기관으로는 직접 선거로 구성된 시의회와 시의회에 의하여 선출된 시 참사회가 있었으며, 시 참사회가 행정을 담당하였다. 시장은 없었지만, 시의회의 권한이 매우 강한 것과 일반 시민이 시 행정에 참가한 것이 특징이다. 선거는 구역별로 대표자를 선출함으로써 전통적인 길드의 영향력을 배제하고자 하였다.

이 법은 기능 면에서 도시민들이 생업에 종사하면서 지역의 문제를 스스로 해결할 수 있도록 하였다는 점에서 의미를 갖는다. 도시민들이 스스로 구빈이나 주택 등의 업무를 담당하도록 하고 또 도시의 재산의 독자적인 관리를 인정하였다. 이 법령은 재판과 치안경찰 이외의 모든 문제를 도시의 자치에 일임한 것이다.

이 법은 지방민이 직접 정치에 참여하여 공동체 의식을 부활하여 인민의 애국심과 공공정신을 고취시키고자 한 것이다. 지방자치로 국민의 참정의식을 전국적으로 확대시켜 입헌왕정을 수립하려는 것을 목표로 하였다. 하지만 입헌주의 국가 체제 수립이라는 목표는 결국 기득권층의 반발로 무산되었다.

3. 유산

독일의 지방자치는 1808년 프로이센의 지방법에 근거를 두고 있다. 1831년 이 법의 개정으로 시장 선거가 이루어졌으며, 1919년에는 바이마르공화국 헌법 127조에서 법률의 범위 내에서 자치권을 인정함으로써 헌법상의 근거를 마련하였다. 그러나 히틀러의 집권으로 1935년 개정된 법은 지방을 중앙집권국가의 보조기관으로 전락시키고 말았다. 하지만 제2차 세계대전 이후에 개정된 법은 지방의 자치를 다시 회복하게 하였다. 또 이 법은 지방뿐만 아니라 상공단체, 인문사회단체, 대학 등의 자치에도 기본 원리를 제공하고 있다.

V. 그나이스트

그나이스트(Rudolf von Gneist, 1816~1895)는 19세기 독일의 자유주의 법학자로 명성을 날린 사람이다. 그는 영국 헌정제도에 관한 방대한 저술을 남겼다. 그는 영국의 전통적 유산계급인 젠트리(gentry)가 주도하던 튜더(Tudor) 시대의 지방자치에 대해 강한 찬사를 보내고 있다. 하지만 당시 새로운 다수 대중이 참여하는 선거에는 매우 부정적이었고 마찬가지로 선출직으로 구성되는 지방정부에 매우 회의적이었다. 그가 투표를 통한 공직자 선출을 반대한 것은 전통적·봉건적 질서가 산업화된 대중적 질서보다 인류사회에 더 적합하다고 보았기 때문이다.

1. 생애와 학문적 성향

그나이스트는 베를린에서 가난한 법원 서기의 아들로 태어났다. 중등교육을 마친 후 빌헬름(Wilhelm) 대학에서 법학을 공부하였고, 저명한 로마법학자 사비그니(Savigny) 교수의 지도 아래 1836년 법학박사 학위를 취득하였다. 그는 졸업 후 법조인 훈련을 받기도 하였지만 곧 베를린 대학으로 옮겨 연구와 강의에 열중하였다. 그는 매우 인기 있는 교수로서 당시 학생들이 강의 담당교수에게 바로 납부하는 강사료로 넉넉히 생활할 수 있을 만큼 돈을 모았다.

그나이스트가 활동하였던 19세기 중반은 사회적 변혁이 극심한 때였다. 프랑스 대혁명(1789~1798) 이후 전통적 사회질서를 수호하려는 기득권 세력과 중산층과 노동자 계급 등 새로운 세력 간의 갈등이 고조

Rudolf v. Gneist.

<그림 9-4> 루돌프 그나이스트
(commons.wikimedia.org)

되어 있었다. 계몽사상에 영향을 받은 자유주의, 프랑스 대혁명에 영향을 받은 민주주의, 마르크스와 엥겔스의 사회주의 등 새로운 사상이 전통적인 보수주의와 대립하고 있었다. 이런 대립 속에서 폭발한 것이 1848년 혁명이었다. 2월 파리를 시작으로 3월에는 오스트리아와 헝가리 그리고 베를린에서 폭동이 일어났다. 1848년 말 프랑스에서는 제2공화정이 수립되었으나[3] 나머지 유럽대륙 국가에서는 반혁명세력의 승리로 구체제가 존속되었다.

1848년 혁명 당시 30대 초반인 그나이스트에게 일어난 두 개의 사건으로 그의 경력은 금이 갔다. 첫째는 교수로서 자유주의에 심취해 있던 그는 소장 교수회를 조직하여 원로 교수들이 독점하고 있던 대학 운영권에 도전한 것이다. 둘째는 겸임 판사로 있으면서 왕이 의회 해산을 선언할 법적 권한이 없다고 주장한 것이다. 이러한

---

3) 하지만 이때 투표로 당선된 루이 나폴레옹 보나파르트는 1852년 쿠데타로 왕정을 선포하고 나폴레옹 3세 황제로 취임하였다.

사건 후 그는 연구에만 몰두하게 되는데, 이때의 연구결과인 영국의 중앙 및 지방정부에 대한 저술로 국내외적인 명성을 쌓게 된다.

그나이스트의 학문적 관심은 헤겔로부터 물려받은 국가(State)와 사회(Society) 간의 끊임없는 갈등 모형이다. 헤겔은 사회를 자기의 경제적 이익을 충족하기 위해 개인들이 끊임없이 경쟁하는 이기주의적 영역으로 보았다. 또한 국가의 이상적인 역할은 이런 이기적인 경쟁의 결과로 생기는 착취를 규율하고 개인의 자유를 최대한 보존하는 것이라 하였다. 그는 공익을 추구하는 국가와 사익을 추구하는 사회 간에 늘 긴장이 존재한다고 보았다. 그는 스타인(L. Stein)의 국가와 사회 간의 투쟁이론을 분석의 틀로 이용하였지만 헤겔의 견해를 받아들여 국가의 역할은 사회 계층 간의 갈등을 공익의 견지에서 완화하는 것이라고 하였다.

그나이스트는 1850년대에 영국의 중앙 및 지방정부에 역사에 관한 책을 계획하고 출판하기 시작하였다. 이 책은 당시 대혁명 후 프랑스 정치체제에 대한 실망 속에서 이를 극복하기 위한 새로운 정치체제 모델을 찾기 위한 것이었다.

그나이스트는 프로이센 헌법 논쟁(1862~1866) 때에는 자유주의적인 입장에 서서 비스마르크의 주장을 강력하게 비판하였다. 하지만 비스마르크 집권 후에는 국가와 가톨릭교회 사이의 투쟁, 즉 문화투쟁(Kulturkampf)과 반사회주의 입법에 대해 열렬한 지지자가 되었다. 그는 중산층 자유주의자가 흔히 가지는 반대중적인 시각으로 산업화로 삶의 터전을 잃은 서민들을 옹호하기보다 전통적 지주 계급의 이익을 우선시하였다.

이후 그나이스트는 법치국가 실현, 즉 행정에 대한 사법적 통제와 지방정부를 근대화하는 데 매진하였다. 이런 노력은 비스마르크의 권위주의적 체제에 대한 도전이 아니라는 점에서 용인되었다. 그는 젊은 시절 자유주의자로 출발하였으나 1848년 혁명 시 급진적인 대중운동을 보면서 기득권 보수층을 옹호하는 입장으로 선회하였다. 이런 점에서 그는 이상주의자에서 현실주의로 바뀐 기회주의자라는 비판도 받는다.

그나이스트는 혁명을 미연에 방지하기 위해서는 헤겔의 변증법 논리에 따라 국가와 사회의 갈등을 통합하는 체제가 필요하다고 보았다. 그리고 이런 모델을 영국의 정치제도에서 찾으려 하였다.

그나이스트는 독일의 사회학자 베버(Max Weber)의 스승으로 알려져 있다. 그가 베를린 대학 교수 시절 한일합병의 원흉인 이토 히로부미 수상의 방문을 받았으며, 또 그의 제자가 일본에 6개월 동안 파견되어 근대 일본 헌법 및 정치 및 사회제도에 관한 자문에 응하였다. 그의 헌법이론이 일본제국 헌법에 큰 영향을 미쳤는데 그의 보수적인 성향은 의회보다 내각에 더 큰 권한을 부여하도록 하였다.

2. 영국의 전통적 자치 찬양

그나이스트는 재상 슈타인과 마찬가지로 영국의 전통적 자치제도를 칭송하였다. 그는 영국의 헌법, 행정법, 지방정부 등에 관한 여러 저술을 하였는데 가장 잘 알려진 것이 『영국 헌법과 행정법』(1860)이다. 이 책의 제2편은 '오늘날 영국 커뮤니티 구조와 행정 및 오늘날의 지방자치정부 체제'라는 타이틀 아래 지방정부 문제를 다루고 있다.

그나이스트는 지방자치정부(local self-government)를 이상적인 정치체제에 필수적인 요소라 보았다. 그는 지방자치정부를 진정한 봉사정신을 가진 지방의 명예직 관리들이 필요한 비용을 자체 재원으로 조달하여 지역의 공공서비스를 그들의 책임으로 제공하는 것이라 하였다. 그리고 지방이 독자적으로 그 지역을 꾸려 나가는 것은 국가 내의 행정, 즉 내무행정은 중앙부처나 정당으로부터 독립된 것이 된다고 보았다.

이러한 그나이스트의 영국 지방정부에 대한 저술은 영국민을 위한 것이 아니라 당시의 프로이센 대중들을 위한 것이다. 그는 당시 프로이센의 지역 유지들이 지방민들과 멀리 떨어져 무관심하고 지방 일에 대해 아무런 역할을 하지 않았던 것과 달리 영국의 지역 젠트리들이 지방민들과 어울려 지방의 일을 해결해 나가는 것에 큰 감명을 받은 것이다.4)

그나이스트는 이런 프로이센의 상황을 심각한 문제로 생각하였다.5) 그리고 영국에서와 같이 지방 일 처리에 있어 계급 간의 협력을 이상적인 것으로 보고 프로이센에서도 이런 제도가 도입될 필요가 있다고 여겼다. 그때까지 지역사회의 일에 무관심했던 독일의 귀족계급인 융커(Junkerdom)도 영국의 젠트리를 본받을 필요가 있다고 본 것이다(Palmowski 2002: 388).6)

---

4) 영국의 지방자치의 기원은 중세 시대에 다수의 지방 바러(borough)가 왕으로부터 특권(Royal Charter)을 부여받아 자치를 하던 것에서 찾아볼 수 있다. 그 예로 1299년 에드워드 1세(Edward I)로부터 헌장을 부여받은 지역(Kingston-upon Hull)을 들 수 있다.

5) 독일에서 사회에 의한 국가의 지배는 다음 두 가지 이유에서 가능하다고 보았다. 첫째, 독일의 융커들은 영국의 젠트리와 달리 사적 이익에 매달려 무보수 명예직으로 지방정부를 책임지는 일을 한 적이 없고, 둘째, 프로이센의 사법기관이 지방정부를 통제할 수 있는 권한이 없다는 것이다.

6) 토크빌도『앙시앵 레짐과 혁명』에서 프랑스와 다른 영국의 귀족들의 자유주의 정신과 평민들과 어울리는 모습을 높이 평가하였다. 그는 '영국 귀족들이 평민들과 친숙하게 어울리고 필요할 때

그나이스트는 14~15세기부터 발전되기 시작하여 18세기에 완성된 영국의 패리시나 카운티 제도에서 그 모델을 찾았다. 그는 지방민들이 스스로를 지배하기 위해서는 영국에서와 같은 계급 간의 역할 분담이 필요하다고 여겼다. 즉, 귀족들은 치안판사의 역할을 맡고, 평민들은 경찰이나 빈민구제 그리고 도로관리의 역할을 담당하여야 한다는 것이다(Whalen 1961: 253).

그나이스트에게 지방자치는 지역의 지주 계급들이 그들의 개인적인 사명감에 의해 스스로의 재정 부담으로 지방정부를 운영하게 하는 것으로, 이때에 이들에게 상응하는 정치적 권한을 부여하는 것을 의미하였다. 그는 "지방자치가 상위계급에 더 많고 더 어려운 의무를 부과하기 때문에 공공문제의 합법적인 처리에 있어 그에 상응하는 목소리를 낼 수 있는 권한을 이들이 가지도록 하는 것이었다(Whalen 1960: 379)."

그나이스트는 지방정부(local council)의 원리가 바로 국회 헌정체제의 기초가 된다고 하였다. 그는 국회는 지방의회가 축약되어 형성된 것이며, 선거에 의해 결합되었으며, 국왕에 의해 승인된 것이라고 한다. 이렇게 보면 자치정부는 여러 다양한 의견을 조화롭게 전체적으로 묶는 데 기여하며 국가와 (지역)사회를 하나로 묶는 연결고리 역할을 담당한다(Whalen 1960: 379).

하지만 그나이스트가 정의하는 지방자치는 우리가 보통 이해하는 지방자치와는 매우 다르다. 그는 지방자치정부를 '사회'와 대립하는 국가 조직의 일부로 보았다.

는 이들과 평등하다고 느끼게 하는 것은 특이한 점이다' 하였다(Tocqueville 1856: 2권 10장).

(관헌적) 자치정부는 '이해관계'의 대표라는 19세기의 이상과는 정반대의 형태이다. 그 안에서 국가적 통일성이 있을 수 없기 때문이다. … 영국의 자치정부는 지방이나 개인의 의사를 허용하기 위해 만들어진 것이 아니라, 잘 조직화된 공동체의 합이 하나의 국가적 단위로 되게 하기 위해 각각의 자치정부에 정치적 권리가 주어진 것이다(Whalen 1961: 253~254에서 재인용).

그나이스트는 영국의 지방자치에서 영감을 받아 관헌적(Obrigkeitlich) 자치 모형을 만들었다. 여기서 그는 국가가 임명하는 명예직에 의한 국가의사의 집행자로 지방정부를 본다. 이 모형은 1860년대 국가주도의 지방개혁에 반대하며 반집권연대(Anti-centralization Union)를 이끌었던 툴민 스미스의 낭만주의적 지방에 대한 시각과 유사하다.

3. 영국의 현대적 자치에 대한 비판

산업혁명 후 도시가 발달하게 됨에 따라 도시문제를 해결하기 위한 일련의 입법으로 빈민법(1834), 지방자치단체법(1835), 공공보건법(1835) 등이 제정되었다. 이런 입법에 대해 그나이스트는 국가가 사회에 굴복하는 것으로 보았고, 이상적·관헌적 자치가 사이비 자치에 잠식되는 것으로 보았다. 여기서 그나이스트는 이 시대상황을 반영하는 것으로 관헌적 자치와 대립되는 상업적(Wirtschaftliche) 자치 모형을 만들었다. 그의 상업적 모형의 설명은 다음과 같다.

사업에 종사하는 사람들에게 지역사회의 가장 친숙하고 현명한 모형은 주식회사형으로 선출직이 관리를 담당하게 하는 것이다. 현재… 이런 관념이 자치정부라는 이름으로 모든 곳에 퍼져 있다. 대표 없는 세금도 없다는 옛 정치원리는… 어느덧 관리위원회와 관리자의 선출이라는 기계적인 시스템으로 퇴락했다. … 밀(J. S. Mill)의 아이디어가 새로이 형성된 사회의 특수한 사고방식을 재생하고 있다(Whalen 1961: 254에서 재인용).

그나이스트는 선거에 의해 정부가 구성되는 경우에는 지역유지들의 자발적 봉사 정신을 해칠 수 있고, 또 공산주의나 사회주의에 물든 노동자 계층과의 관계를 더 소홀하게 할 수도 있고, 게다가 형식적으로 선거에서 투표만 할 뿐이지 지역문제 해결을 위한 적극적 참여의 마인드는 사라진다고 보았다. 그 결과 국가와 지방이 하나의 결합체라는 성격을 잃게 된다고 보는 것이다.

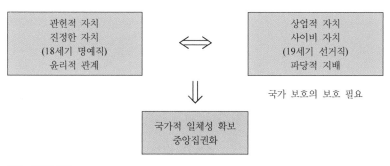

자료: 필자가 정리

<그림 9-5> 지방자치의 변증법적 변화

그는 명예직에 의한 이상적인 관헌적 자치와, 시대의 변화에 다른 새로운 요구로서 선거에 의한 상업적 자치가 충돌하는 과정에서 결국 나타나게 될 현상을 변증법적으로 예측하면서 결국에는 국가에 의한 중앙집권으로 귀결될 것이라 주장하였다. 이런 그의 주장은 실제 영국에서 1830년 이후 패리시 등의 권한이 축소되고 그 대신 많은 특별지방행정기관이 설치되어 지방행정이 점차 중앙관료들의

손으로 넘어갔다는 점에서 그의 예측이 상당 부분 들어맞았다고 할 수 있다(Keith-lucas 1961: 251).

4. 유산

19세기 후반 그나이스트의 이론은 자유주의자들에게 인기가 많았다. 영국의 농촌 사회를 모델로 한 그의 지방자치이론은 당시 도시화된 독일 사회에 적합하지 않았지만 그의 이론은 책임 있는 지역사회라는 이상사회를 제시하는 것으로서 교육적 기능을 하였기 때문이다(Palmowski 2002: 389). 그리고 독일의 19세기 자유주의자들은 지방정부가 국가와 사회의 중간에서 중재자적 역할을 하면서 국가와 사회 사이의 대립과 갈등을 조정한다고 보았기 때문에 그의 논리가 당시 자유주의들에게 공감을 준 것이다(Palmowski 2002: 391).

그나이스트는 프랑스 대혁명 이후 유럽 대륙에서 고조된 군주와 시민사회의 대립과 갈등을 보면서 그 해결책을 영국의 지방자치에

<그림 9-6> 로렌츠 폰 슈타인
(commons.wikimedia.org)

서 찾았다. 그는 명예직으로 운영되는 지방자치를 통하여 시민을 국가행정에 참여하게 함으로써 국가와 사회의 갈등을 사전적으로 극복하려고 시도한 것이다.

『프랑스 사회운동사』(1850)를 저술한 그나이스트의 친구인 비엔나 대학의 슈타인(Lorenz von Stein)도 비슷한 주장을 하였다. 슈타인도 국가와 사회 간의 갈등을 보면서 사

회적 활동의 자유를 보장하기 위하여 다른 사회적 단체와 마찬가지로 지방자치단체의 법적·정치적 독립성을 강조하였다. 그 결과 독일의 지방자치는 그가 이상적으로 생각했던 주민에 의한 국가사무의 자치적 처리보다는 독립한 법인격을 가진 단체에 의한 자치, 이른바 단체자치의 원칙에 입각한 모습으로 발전하였다.

이상주의자 그나이스트가 주장한 자치는 지배계급에 의한 자치로서 민주제와는 상충되는 면이 다분하다. 그는 공직 담당에서 평등이라는 민주주의 원리를 거부하는 한편 그 반대로 지주들이 고위 관직을 독점하는 특권을 인정하였다. 그는 민주제의 기본이 되는 선거제를 지지하지 않았고, 지방정부가 대의기관 역할을 하는 것을 반대하였다. 주민들이 선거 때마다 가끔 투표하는 것이 유산계급과 무산계급 간의 격차를 좁히거나 화해를 유도하는 것이라 보지 않았기 때문이다.

그나이스트의 지방자치 이론은 오늘날 높게 평가되지는 않는다. 그가 자유주의자일지라도 그의 이론은 지금의 민주국가에서의 지방정부 이론에 부합된다고 보기 어렵다. 무엇보다도 그는 일반 주민들이 참여하는 지방자치를 바람직한 자치제의 형태로 보지 않았고 선거를 통해 지방정부를 구성하는 것 역시 반대했기 때문이다.

그나이스트의 『영국 헌법과 행정법』에 영감을 받아 영국법을 연구한 비엔나 대학의 레드리히(Redlich) 교수는 『영국지방정부』라는 책에서 그나이스트의 주장을 정면으로 반박하고 있다. 책 서문에서부터 그는 그나이스트가 영국헌법에 대한 연구로 독일 정치학계에서 큰 명성을 얻었지만 영국 지방자치에 대한 주장이 중요한 부분에서 오류가 많다고 지적하였다.

레드리히는 이런 과오가 툴민 스미스 때문이라 하면서 그나이스트에게 잘못된 인식을 심어 준 사람으로 스미스를 비판하고 있다 (Redlich 1903: 서문). 그는 그나이스트의 이론이 헤겔이나 L. 스타인의 정치적 형이상학의 논리에 따른 것으로 독일 역사학파의 주장과 마찬가지로 과도한 추상화로 사실을 왜곡하고 있다고 비판하였다 (Redlich 1903: vi).[7] 영국의 지방정부는 의회에서 정한 법의 한계 안에서 그들의 권한을 행사하지만 중앙정부의 하수인은 아니기 때문이다. 독일식 틀에 맞춘 그나이스트의 영국제도 해석이나 이상화에 무리가 있다는 것이다.

그나이스트의 법치국가 이론은 당시 중산층으로부터 환영을 받았다. 법치주의는 당시 절대국가 관료들의 전횡으로 이들을 보호할 수 있는 장치인 동시에 정치적 힘을 가지기 시작하던 의회에 의한 지배의 불확실성에 대처할 수 있는 도구였기 때문이다(Hahn 1977: D1380). 하지만 그의 법치주의는 형식에 불과한 것이었다. 그의 법치주의에는 자연법에서 볼 수 있는 불가침의 권리라든지 정치적 정의나 사회적 평등이라는 개념을 찾아볼 수 없다. 법의 실질적인 내용은 무시하고 단순히 현존하는 법의 적용만을 강조한 것이다.

그나이스트는 자유주의자로 분류되지만 새로운 정치세력으로 대중의 의회지배를 두려워하였다. 그의 국가-사회 사이의 대립 논리에서는 선출직에 의해 구성된 지방의회가 파당적 이익을 추구하는 사회의 한 부분으로 인식된다. 인민들로부터 직접 선출되는 대표들로 구성되는 지방정부를 상업적 사이비 지방자치로 본 것이다. 그리고 선출직에 의해 운영되는 지방정부는 자치는 소멸될 것으로 보았다. 이런 점에서 볼 때 그나이스트가 독일에서 지방자치의 중요성을 부

---

7) 이런 레드리히(Redlich 1903)의 주장에 대한 평가는 그를 비판한 케이스-루카스(Keith-lucas 1961)와 그를 옹호한 훼렌(Whalen 1961) 간의 논쟁에서 찾아볼 수 있다.

각시킨 공은 크지만, 오늘날의 민선 지방자치제도를 부정한다는 점에서 국가주의자로 분류할 수도 있다.

VI. 기르케

기르케는 게르만법에서 볼 수 있는 독일 고유의 단체법을 역사적 견지에서 연구한 독일의 법학자이다. 단체의 법적 권리를 중시한 점에서 그는 지방자치권의 고유권설을 주장한 사람으로 여겨지기도 한다. 또 그는 프랑스 대혁명 초 투레의 지방권이라는 개념을 더욱 발전시킨 사람으로도 평가된다.

1. 생애

기르케(Otto Friedrich von Gierke, 1841~1921)는 베를린 대학을 졸업하고 하이델베르크 대학과 베를린 대학의 교수를 역임하였다. 그는 역사법학파 학자로서 『독일단체법론』, 『독일사법론』 등을 저술하였다. 이 저술에서 그는 중세의 법적·정치적 제도를 규명하였고, 단체 중심의 논리인 게르마니스텐(Germanisten)의 입장에서 독일 민법 제1초안을 비판하였다. 또, 근세

<그림 9-7> 오토 기르케
(commons.wikimedia.org)

초기의 알투지우스를 소개하는 『요하네스 알투지우스의 자연법적 국가이론 전개』(1880)를 저술하여 명성을 날렸고 알투지우스를 후세에 알리는 데 크게 공헌하였다.

기르케는 당시 지배적인 논리였던 개인 중심의 로마법 논리를 거부하고 단체이론을 발전시켰다. 그는 단체를 중시하는 게르만법을 깊이 연구하면서 국가도 국민들이 모인 하나의 단체로 보았다 (Wickwar 1970: 50). 국가를 하나의 단체로 보는 경우 독자적인 목적을 가진 민간회사, 노동조합, 교회 등과 길드나 지방자치단체도 국가와 마찬가지로 독자적인 권한을 가진다고 볼 수밖에 없다고 하였다.

기르케는 국가를 민중에 의해 구성되는 하나의 유기적 전체이며 법은 민중의 생활의식의 표명이라고 봄으로써 비스마르크 시대의 관료에 의한 중앙집권적인 지배에 대항하려 하였다. 그에 따르면, 민중의 의지를 전체로서 표명하는 '법'과 통치를 위한 조직인 '국가'는 대등한 관계에 있다. 또 주권 개념을 관헌국가의 잔재로 간주하며 부정하였다. 그는 단체로서 아래로부터 형성되는 공동체의 관계 속에서 사회질서를 제시하려 하였다. 그는 헤겔의 변증법 논리에 따라 권위주의적 국가와 자유주의적 사회 간의 갈등이 지방자치단체와 같은 공동체(Genossenschaft)에서 해결될 수 있다고 보았다(Wickwar 1970: 50).[8]

기르케의 저작이 영어로 번역되고 법인격을 가진 단체라는 개념이 영미에 전해지면서 그는 정치적 다원주의의 지지자로 분류되기도 하지만, 그를 진정한 다원주의자로 보기는 어려울 것이다. 그의

---

8) 공동체(Genossenschaft)는 주종관계(lordship)에 대비되는 동료관계(fellowship)로서 집단적 삶의 체제를 의미한다.

이론의 다원적 요소들은 어디까지나 국가의 법 아래에서만 인정되는 것이기 때문이다.

기르케는 프로이센의 중앙집권적 군주제를 옹호하면서 제1차 세계대전 후 제정된 민주적 바이마르 헌법을 비판하였다. 이런 점에서 그는 독일의 연방주의를 지지한 것도 아니었다. 하지만 그의 다원적 단체이론으로 인해 다음에 보는 바와 같이 지방자치의 고유권설을 주장한 사람 중 하나로 여겨지기도 한다.

2. 고유권설

기르케는 지방자치단체는 국가와 별개의 것으로 독자적인 기원을 가진 자연적인 창조물이라는 논리를 발전시켰다. 다른 말로 단체는, 사람과 마찬가지로, 본래적인 권한을 갖는다고 하였다. 따라서 지방자치단체의 존재를 국가로부터 주어진 임무를 수행하는 데 근거를 두는 것은 맞지 않는다는 것이다. 또 지자체는 보편적인 권리를 가진 단체로서 독자적인 예산권과 조세권을 갖는다고 하였다(Yoshdia 1986: 14).

이런 기르케의 논리를 당시 옐리네크(Georg Jellinek) 등 주류 법학자들은 반대하였다. 이들은 지방의 권리는 국가에서 전래된 권리에 불과하다고 하였다. 하지만 기르케의 지방자치권은 바이마르공화국 헌법을 기초한 그의 제자들에 의해 127조에서 선언적으로 규정되었다.[9]

지방자치권이 국가에서 유래되었다는 전래권설에 더하여 슈미트

---

9) 제127조(1) 시·읍·면 및 시읍면조합(Gemeindeverbände)은 법률의 제한 내에서 자치권을 갖는다.

(Carl Schmitt)는 바이마르공화국 헌법을 해석하는 과정에서 제도적 보장이라는 개념을 도입하였다. 그는 지방자치권 역시 역사적으로 나 전통적으로 형성되어 온 일정한 공법상의 제도로 입법이 그것을 개폐할 수 없게 하기 위해 헌법을 통해 보장함으로써 방어되고 옹호되어야 한다는 것이다. 하지만 이런 주장에 대하여 자치권론자들은 지방자치에 관한 헌법규정이 지방자치제도라는 것을 폐지할 수 없다는 정도의 제도적 보장 효과밖에 없다는 주장에 대해 비판적이다.

오늘날은 자치권을 마치 천부인권(天賦人權)에 비할 수 있는 지방정부의 고유한 권리, 혹은 지방주권적인 것으로 보는 것은 타당치 않다는 주장이 지배적이다. 하지만 고유권설은 대륙계 국가에서 관료적 중앙집권제에 대한 저항 내지 항쟁을 위한 개념으로 사용되어 왔고, 또 지방자치의 불완전성을 일소하는 데 이바지했다는 것은 부인할 수 없다.

전통적 고유권설은 지방자치단체가 독립적인 인격과 지배권을 국가 이전부터 가지고 있다는 견해로서, 국가권력은 이것을 승인한 것이지 결코 창설한 것이 아니라는 것이다. 다시 말하자면 자치권은 국가의 인정에 의해서 발생한 것이 아니라, 국가 성립 이전부터 지방정부가 가지고 있는 고유한 권한이라는 것이다.

민주주의 정치 체제하에서는 지방 자치권도 국가권도 모두 국민(주민)의 의사에 기초하는 것이기 때문에, 국가가 우월적인 지위에서 일방적으로 지방정부를 통제할 수 있다고 생각하는 것은 문제가 많다. 개인의 기본적 인권에 대하여 국가가 관여할 수 없는 바와 같이, 지방의 일에 대하여서도 국가의 관여는 본질적 한계가 있기 때문이다.

Ⅶ. 유산: 독일 전통과 일본 지방자치

우리의 자치제도는 일본의 영향을 받았고, 일본은 독일의 제도를 모방하였다. 일본의 근대화 과정에서 앞장선 사람이 후일 재상이었고 헌법학자로까지 불리는 이토 히로부미이다.[10]

근대적인 지방자치가 시행된 것은 메이지유신 시기인 1878년 제정된 지방의 세 가지 새로운 법에 의해서이다.[11] 나폴레옹에 패전 후 프로이센을 재건하기 위하여 만든 재상 슈타인의 1808년 프로이센 도시 자치제도에 관한 법령을 모방한 것이다. 시·정·촌에 대해서는 공동체의 독자성을 보장하는 규정을 둔 대신, 부·현과 군에 대해서는 강력한 통제를 기본으로 하는 규정과 함께 부·현 지사를 국가가 임명하는 규정을 두었다.

우리나라의 경우 일제 식민 통치하에서는 엄격한 중앙집권적 관료제가 강행되는 가운데 부제를 비롯한 지방제도의 개정이 있은 후 1920년부터는 지방행정에 자치적 기능을 어느 정도 부여하기 시작했다. 즉, 1920년대에 도·부·면에 민선 또는 임명제 자문기관이 설치되었으며 1930년대 이후에는 도회, 부회, 읍회 등의 의결기관이 설치 운영되었다. 이런 전통은 1949년 지방자치법 제정 후 실시된 지방기관 구성에서 특별시장과 도지사는 임명제, 시읍면장은 지방의회 선출제로 한 것에서 나타난다.

---

10) 1882년 3월, 정부관리 히로부미는 정부의 명을 받아 유럽으로 건너가 독일계 입헌주의에 대해 조사를 시작했다. 그는 베를린 대학교의 그나이스트(Gneist)와 비엔나 대학교의 슈타인(L. Stein)에게 자문을 구한 후, 군주권이 강력한 프로이센 헌법을 일본에 가장 적합한 체제로 보았다. 1883년에 귀국한 그는 헌법조사국을 설치하는 등 헌법 제정을 준비하기 시작했다. 1887년부터 3년간 그는 일본 제국 헌법 제정에 참여하였다.

11) 지방삼신법(地方三新法)은 군구정촌 편제법, 부현회 규칙 및 지방세규칙을 일컫는다.

VIII. 맺음말

영국과 미국에서 지방제도는 내생적으로 발전해 왔다고 할 수 있다. 반면, 대륙계의 지방제도는 외국의 제도를 모방하려는 흔적이 다분하다. 일본이나 우리의 경우 모두 대륙계 자치를 모방한 흔적이 역력하다.

이런 모방은 프랑스의 절대왕정 말기에 재정적 어려움을 타개하기 위한 지방제도 개혁을 모색한 튀르고에서 시작하였다. 튀르고의 개혁안을 모방한 것이 프로이센의 도시자치를 주장한 재상 슈타인이다. 프로이센의 융커와 신민들 간의 괴리를 목격한 그나이스트는 영국 지역귀족과 주민들 간의 관계를 이상적 모델로 보고 이를 도입하고자 하였다. 이렇게 형성된 제도가 일본이나 우리나라의 자치제도에 큰 영향을 미쳤다.

이념적인 측면에서 프랑스 혁명 당시 투레의 지방자치권 개념은 지방자치권의 고유권설로 여겨지고 있으며 기르케가 말한 권리의 주체로서 단체에 대한 주장은 오늘날 지방자치권의 고유권설 주장으로 여겨지고 있다. 나아가 일본 학계에서 주장되고 있는 신고유권설은 한 걸음 더 나아가 지방정부가 가지는 자치권이란 인간의 기본권과 마찬가지로 헌법상 보장된 인권과 마찬가지의 권리라는 것을 의미한다.

⟨주요 참고문헌⟩

Hahn, Erich.(1977). Rudolf Gneist and the Prussian Rechtsstaat: 1862～78. *The Journal of Modern History*, Vol. 49(4): D1361～D1381.

Palmowski, Jan.(2002). Liberalism and Local Government in Late Nineteenth-Century Germany and England. *The Historical Journal*. 45(2); 381～409.

Redlich, Josef.(1903). *Local Government in England*. London: McMillian.

Whalen, Hugh.(1960). Ideology, Democracy, and the Foundations of Local Self-Government. *Canadian Journal of Economics and Political Science*. 26(3): 377～395.

Whalen, Hugh.(1961). Mr. Keith-Lucas on Gneist and Redlich: A Reply. *The Canadian Journal of Economics and Political Science*. 27(2): 251～256.

Wickwar, William H.(1970). *The political theory of local government*. The University of South Carolina Press.

제10장

국가주의자들과 랭그로드

지금까지 여러 각도에서 지방분권적인 체제를 옹호하는 사람들을 살펴보았다. 이 장에서는 그 반대로 중앙집권적 체제를 옹호하는 사람들에 대해 고찰한다. 이들은 국가주의자 내지 반지방분권주의자라 할 수 있다.

　　대표적인 국가주의자로 플라톤, 보댕, 홉스, 헤겔을 들 수 있다. 이들은 국가의 절대성을 주장하며 국가와 국민 사이에 존재하는 중간단위인 지방자치단체를 무시하였다. 랭그로드는 한 걸음 나아가 국가 수준에서의 평등민주주의가 완성되면 지방자치는 소멸될 것이라 하였다.

　　20세기 초부터 시작된 신중앙집권화로 지방의 역할은 상대적으로 감소되기 시작하였다. 또, 오늘날 자유란 개념의 쇠퇴와 평등이란 개념의 득세로 지방자치에 대한 요구도 위축되었다. 평등민주주의의 이념이 확대될수록 지방자치가 설 자리는 좁아진다. 하지만 평등민주주의는 전체주의로 나아갈 우려가 크다는 점에서 이에 대한 경계를 소홀히 해서는 아니 될 것이다. 그리고 지방자치가 인민주권을 실현하는 동시에 국가 권력의 분산을 통해 전체주의 물결에 대항할 수 있는 방파제로써의 역할을 한다는 것을 잊지 말아야 할 것이다.

Ⅰ. 국가주의자들의 전통

국가의 절대성을 주장하며 국가와 국민 사이의 중간 존재로서 지방을 무시한 대표적인 인물로 플라톤에 이어 보댕, 홉스, 헤겔을 들 수 있다. 이들의 사상이 서구 통치구조 이론의 주류를 형성하고 있다는 사실이 지방의 입장에서는 안타까운 일이다.

1. 플라톤

2,400여 년 전 자유로운 정신의 소유자이자 이성적인 소크라테스가 인민재판에서 사형을 언도받은 이후 서양의 정치철학은 시작되었다고 한다. 즉, 이상적인 정치체제에 대한 고민이 시작되었다는 것을 의미한다. 소크라테스의 수제자 플라톤(Plato, BC 427~BC 347)이 그 주인공이다. 아테네 민주주의에 실망한 그는 28세의 나이로 종래 희망하던 정치인의 길을 접고 몇몇 동료들과 함께 아테네를 떠

<그림 10-1> 플라톤
(commons.wikimedia.org)

나 지중해 연안 나라로 스스로 유배의 길에 올랐다.

이상적인 정치제도를 모색하던 8년간의 유배 기간을 끝내고 아테네에 돌아온 그는 아테네 서북쪽 교외에 위치한 아카데미아에 학당

(916년간 존속)을 설립하였다. 그리고 수십 권의 대화록을 저술하였는데, 그중 상당수는 소크라테스가 주인공이다. 이들 대화록 중 정의와 이상적 사회의 모습에 대해 소크라테스의 입을 빌려 주장하고 있는 『국가론 *The Republic*』이 가장 유명하다.

플라톤의 이상국가는 '철인 왕(Philosopher King)'이 다스리는 곳으로 '정치' 그 자체가 필요 없는 나라이다. 여기에서는 시민들의 정치적 참여는 부정된다.[1] 철인 왕은 법 아래 있는 사람이 아니라 법의 제약을 받지 않는 사람이다.[2] 그는 과학과 철학에 대해 특별한 교육을 받은 가디언(guardian) 계급 내에서 선출된다. 군인 등 방위계급이나 농민 등 생산계급보다 높은 도덕성의 유지와 함께 공익에만 전념하게 하기 위하여 가디언 계급에게는 재산의 소유나 전통적 가족생활은 금지되었다. 또 모든 아동이 동등한 교육의 혜택을 누릴 수 있도록 하기 위해 공동생활을 주장하였다. 즉, 그의 이상국가에는 사회공학(Social Engineering)적 요소가 다분하다.

플라톤은 개인보다 국가를 더 중요시하고 사적인 일보다 국가 일을 우선하여야 한다고 하였다. 또 사적 욕망을 추구하는 것이 본능적인 시민들의 정치 참여를 배제하고 철인 왕 같은 사람이 국가를 통치하여야 한다고 하였다. 이러한 국가우선주의와 정치 참여를 부정하는 논리는 근세 초기의 사회적 혼란의 와중에서 보댕의 『군주주권론』이나 홉스의 『리바이어던』으로 이어진다.

---

1) 아리스토텔레스가 정치학은 '실용적 지혜'를 찾는 학문이고, 이런 지혜를 가진 시민들이 정치에 참여해야 한다는 논리와는 반대이다.

2) 철인 왕의 지배논리와 뒤이은 국가주의가 전체주의(파시즘이나 나치즘) 등장의 사상적 근원이 되었다고 포퍼(Carl Popper)가 주장하였다. 하지만 이는 잘못된 해석이라는 견해가 우세하다.

2. 보댕

보댕(Jean Bodin, 1529~1596)은 『국가론』(1576)에서3) 프랑스의 신·구교 간에 일어나던 종교 갈등과 학살로 인한 혼란을 극복하기 위해서는 군주의 절대 권력이 필요하다고 주장하였다.

루터의 종교개혁 후 신구교 간의 갈등을 봉합하기 위한 1555년의 아우크스부르크 협정(Augsburg Treaty of Religious Peace) 이후에 종교의 자유가 허용되었음에도 불구하

<그림 10-2> 장 보댕
(www.flickr.com)

고 프랑스에서는 1562년부터 다시 종교전쟁이 시작되었다. 1535년경부터 시작된 개신교도인 위그노에 대한 박해는 1572년 성 바돌로매(Saint Bartholomew)의 날에 일어난 대학살사건으로 정점에 이르게 되는데 이날 2만여 명의 위그노가 목숨을 잃었다고 한다.4) 가톨릭의 개신교 박해에 반발한 칼뱅교도들은 군주제에 대한 저항 운동을 정치적으로 이론화하기 시작하였다.

이런 가운데 보댕은 '사람은 정치적 동물이다'라는 아리스토텔레스의 주장을 반박하면서 사람들이 정치에 참여하는 것은 혼란을 야기시키는 일일 뿐이라고 보았다. 그리고 위그노들이 인민주권(popular sovereignty)의 기치 아래 군주제에 대한 저항운동(Monarchomachism)을

---

3) 완전한 명칭은 '국가에 대한 6권의 책(The Six Books on the Commonwealth)'이다.

4) 바돌로매는 예수 그리스도의 열두 제자, 즉 기독교의 사도 가운데 한 사람이다.

하는 것을 비판하였다.

보댕은 국왕으로부터 독립적인 지위로 당시에 상당한 권한을 가지고 있던 귀족 및 제후, 성직자 및 교회, 길드, 대학 등을 사회적 혼란의 주범으로 여겼다. 그는 이들의 권한이 파당적인 것이라고 주장하며 이들 때문에 사회적 질서가 파괴되며 혼란이 야기된다고 보았다. 그리고 이러한 혼란을 극복하기 위한 논리로 그는 군주가 가진 주권은 절대적이기 때문에 분할하거나 분할될 수도 없는 영속적인 것이라고 주장하였다. 하지만 그의 주장은 정치적 원리(doctrinal truth)를 주장한 것이라기보다 그 시대의 필요에 따른 주장이다 (Andrew 2011: 75).

보댕은 군주도 자연법에 따라야 한다고 하였다. 하지만 그는 군주가 실정법에 얽매일 필요는 없다고 하였다. 군주가 입법자(law-giver)로서 만든 실정법이 자연법에 합치하지 않아도 신민들은 복종할 의무가 있다고 보았다. 하지만 그는 군주의 권한만을 제시하였을 뿐 다른 사회 주체의 권한에 대해서는 언급하고 있지 않다. 또한 군주가 폭군이 된 경우에도 이를 제지할 수 있는 방법을 제시하지 못하였다.

보댕의 주장은 당시의 현실적인 문제를 극복하기 위한 처방으로도 앞뒤가 맞지 않다는 많은 비판을 받는다. 그는 군주의 절대 권력을 주장하면서도 사유재산 보호를 위한 목적으로 과세권은 제한되어야 한다고 주장한다. 또 교회, 대학, 길드 등 국가와 개인 간의 중간 단위가 파당적 권력 투쟁의 원천이 되기도 하지만 사회적 안정을 위해 필요한 존재로 기술하고 있다. 그리고 절대적인 권력 집중을 주장하지만 사회적 안정을 위한 행정적 분권도 제시하고 있다.

이와 같이 그의 국가론에는 내적 모순이 상당히 존재한다. 이런 모순은 파당적 권력 투쟁을 봉쇄하기 위한 방안과 개인과 사회집단을 보호하기를 위한 방안 사이에서 그의 고민을 보여 주는 것이라 볼 수 있다.

보댕의 주장은 당시에 곧바로 실현된 것은 아니다. 그의 군주 주권론은 루이 8세에서 루이 14세를 거치면서 절대왕정으로 제도화되었다. 절대왕정의 중앙집권적 체제에 반발하며 발발한 프랑스 혁명 초기에는 새로운 지역제도로서 코뮌(commune)을 만들고 지방의회를 구성하는 등 지방분권을 실현하려는 움직임이 있었다. 하지만 곧바로 로베스피에르 등 자코뱅(Jacobin)당 지도자들은 지방 귀족들의 세력을 억압하기 위하여 국가는 하나라는 구호 아래 중앙집권적 체제를 더욱 견고하게 공고히 하였다. 그 후 국가주의는 나폴레옹의 위로부터의 개혁으로 이어지면서 중앙집권적 체제의 상징이 되었다.

국가의 본질적인 징표로서 주권은 항구적인 권력이며, 제한이나 조건이 붙지 않으며, 양도될 수 없으며, 실정법에 의하여 구속되지 않는다는 보댕의 주권론에 대해 알투지우스는 『폴리티카』의 서문에서 이를 정면으로 반박한다. 그는 주권은 공화국이나 인민에게 주어져야 하다고 하면서:

> 나는 이런 권리들이 군주에게 주어져야 한다고 하는 주장이 학자들의 보편적 의견임을 안다. … 보댕은 주권이 군주의 개인적인 권한이기 때문에 이를 훼손하지 않고서는 인민에게 주어질 수 없다고 한다. … 나는 보댕의 무모한 주장이나 나의 의견에 동조하지 않는 자의 주장에 주의를 기울이지 않는다. 내가 보기에는 나의 주장이 이성과 합치하므로(제1판 서문).

보댕의 절대 주권론 주장에 맞서 알투지우스는 '주권은 최고도, 영속적인 것도, 법 위에 있는 것도 아니다(Hueglin 1999: 42)'라고 주장한 것이다. 하지만 이런 알투지우스의 주장은 계승되지 못한 반면 보댕과 유사한 주장이 홉스에 의해 계승되어졌다.

3. 홉스

<그림 10-3> 홉스
(www.flickr.com)

홉스(Thomas Hobbes, 1588~1679)는 알투지우스보다 한 세대 뒤의 사람이다. 그는 17세기 중반 발발한 영국 국왕과 의회 간의 내전을 겪으면서 저술한 『리바이어던 *Leviathan*』(1651)에서[5] 국왕이든 의회든 국가권력이 한곳에 집중되어야 한다고 주장하였다. 그는 자연 상태에서 '만인 대 만인'의 투쟁에서의 혼란을 극복하기 위해서는 사회계약을 통하여 리바이어던 같은 존재에게 국민의 주권을 위탁해야 한다고 역설하였다.[6] 이것이야말로 자연 상태의 '추잡하고, 상처투성이며, 가난하며, 짧은' 인생의 문제를 해결하기 위한 방법이라 하였다.

홉스는 자연법은 실정법이 되어야 한다고 하고 이 법은 정치과정

---

5) '리바이어던, 혹은 교회 및 세속 공동체의 사안과 형상 및 권력'이 정식 명칭이다.
6) 홉스의 주권론은 사회계약론에 기초하는 것으로 보댕의 주권론보다 훨씬 논리적이고 내적 모순이 적다.

을 통하여 참여자들의 합의에 의해 만들어져야 한다고 보았다. 그리고 권력을 위임받은 자의 권력행사는 견제와 균형의 원리를 바탕으로 이루어져야 한다고 하였다. 즉, 입법이나 권력행사가 민주적이어야 함을 주장하고 있는 것이다.

만인의 자유를 보호하기 위해 국가에 대한 국민의 절대적 복종이 필요하다는 그의 주장은 흔히 '홉스의 파우스트(Faust)' 거래라고 비판을 받고 있다. 만인 대 만인의 투쟁을 종식시키기 위해 지배자에게 모든 권한을 위임하는 것은 단지 눈앞의 행복과 쾌락을 위한 위임이라는 비판이다. 절대 권력자가 언제 개인의 자유를 억압할지 모르기 때문이다. 이런 거래는 루소의 사회계약론에서 개인의 의사와 일반의사를 동일시하자는 주장과도 유사하다.

4. 헤겔

헤겔(Georg W. F Hegel, 1770~1831)이 살았던 19세기 전후에는 독일 민족과 독일어는 있었지만 독일이라는 나라는 없었던 시대였다. 같은 민족과 같은 언어를 쓰는 사람들이 프로이센이나 오스트리아 같은 큰 나라와 수십 개의 작은 나라에 흩어져 있었다.

프랑스 혁명 이후에 자유주의와 민족주의 물결이 유럽 전역에 퍼

<그림 10-4> 게오르크 헤겔
(commons.wikimedia.org)

지면서 민족국가로서 통일 독일에 대한 열망은 매우 높았다. 특히 군국주의 국가였던 프로이센이 나폴레옹에 패배하면서 이런 열망은 최고조에 달하였다. 우리에게 잘 알려진 '독일 국민에게 고함'이라는 피히테(J. G. Fichte, 1762~1814)의 강의(1807)가 이를 잘 대변해 준다.

피히테가 재임하던 베를린 대학교의 철학과장 자리를 이어받은 헤겔의 이상도 전임자와 마찬가지로 국민국가의 형성이었다. 헤겔은 국가를 최고의 이상적인 사회단위로 이론화하였다. 그는 그의 마지막 책이자 본인의 정치사상의 실천적인 측면을 다룬 『법철학 *The Philosophy of Right*』에서 '국가는 지구상에서의 신의 행진이다(The State is the March of God)'라고 하였다.[7] 하지만 그는 단순한 국가주의자가 아니라 인간의 정신과 자유로부터 시작하는 가장 심오하고 정치한 이론으로써 국가주의의 열망을 논리적으로 정립하였다.

헤겔은 로크나 루소 등의 사회계약설이나 인민주권사상은 허구적인 구성에 불과하다고 보았다. 그리고 역사적인 관점에서의 변증법적 논리로 사회변화를 해석하면서는 국가의 절대성을 주장하였다.

헤겔은 사회를 이루는 최소 단위는 가정이라고 보았다. 작은 사회단위가 큰 사회단위로 합쳐질수록 변증법적 변화의 논리에 의해 더 확실한 완전성을 갖게 된다고 하였다. 그리고 결국에는 하나의 사회를 이루는 가장 큰 단위는 국가인데, 최고 단위인 국가는 모든 사회보다 훨씬 결함을 덜 갖기 때문에 가장 이상적인 단위라는 것이다. 그는 '국가란 본래 그 자체가 인륜적인 전체이며 자유의 실현

---

7) 프린스턴대의 Ryan(2012)은 헤겔 이론의 핵심을 '정신적 산물로서 현대국가(The Modern State as the Work of Spirit)'라고 정리한다.

형태'라고 하였다.

헤겔은 역사주의적 변증법(dialectics)의 창시자라고 칭해진다. 그는 정(正), 반(反), 합(合)의 변증법적 논리로 사회변화의 논리를 설명한다. <그림 10-5>는 자유와 국가 간의 변증법적 논리를 보여 주는 그림이다. 추상적 권리로서 재산, 계약 등이 존재하는 정(正) 체제의 내적 모순(internal conflict)이 이에 반(反)하는 주관적 윤리 도덕의 체제와 대립하게 되는데, 이런 대립은 국가라는 체제에서 합(合)하여지고, 이때 완벽한 자유가 실현된다는 것이다.

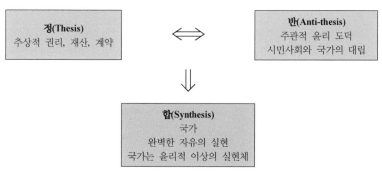

자료: 필자가 정리

<그림 10-5> 변증법적 변화: 자유와 국가

헤겔의 이런 국가지상주의에 대한 논리는 그가 살았던 19세기 전후의 독일의 시대적 요구에 부합하는 것이다. 그렇다고 그가 중간단위의 가치를 인정하지 않은 것은 아니다. 『법철학』의 '관청조직의 문제 추가'에서 그는 프랑스의 중앙집권화에 대해 다음과 같이 비판하고 있다.

[중앙집권적] 통치양식은 프랑스 혁명에 의해 창시되고 나폴레옹에 의해 완성된 뒤 오늘날까지 프랑스에서 그대로 존속되고 있다. 반면, 프랑스에는 직능단체와 자치단체, 다시 말하면 특수이익과 공동이익이 합치되는 중간집단이 결여되어 있다. 물론 중세에는 이런 중간집단이 과도한 독립성을 가지고 있어 국가 안에서 또 하나의 국가를 이루며 마치 독자적으로 존립하는 공동단체인 양 경직된 형태를 띠고 있었다. 물론 이런 일은 있어서는 안 되지만, 그러면서도 바로 이러한 공동체 속에 국가 본래의 힘이 깃들어 있다고 할 수 있다. 정부는 이러한 공동체에서 그것이 누려야 할 이익과 맞부딪치게 되지만 그러한 이익은 정부에 의해 존중되어야만 하는 것이다(임석진 2008: 523~524).

이러한 헤겔의 비판은 주목을 받지 못한 반면 그의 이상으로서의 국가 개념은 후세에 큰 영향을 미쳤다. 산업자본주의와 독점자본주의의 전개과정에서 나타나는 자본-노동의 대립이 심했던 시기에 이를 극복하는 도구로서 국가를 주장하기 때문이다. 또 전체 사회를 위해 이러한 갈등을 해결하는 담당자로서 관료를 '시대를 이끌어가는 집단(Universal Class)'이라 하였다.[8]

헤겔의 영향을 받은 슈타인(L. Stein)에 의하면 사회는 지배와 종속의 연속적인 질서로서 각종 이익집단이 경쟁과 갈등을 겪는 장이며 국가는 사회적 약자를 포함한 개개인이 갖는 인격의 완성과 발전을 위한 이념체이다. 슈타인의 행정이론은 입헌군주정하에서 비스마르크의 통일 독일이 마르크스의 계급혁명론에 대항하여 사회보험제도를 도입하는 동시에 부국강병책을 전개하던 시기에 전개된 것이다. 여기서 그는 사회정의를 실현하는 국가의 행동이 행정이라고 주장함으로써 이상으로서의 국가의 행동 역시 이상적인 것이 되어야 한다고 하였다.

---

8) 마르크스는 노동자(Proletariat)를 'Universal Class'라 하였다.

헤겔은 올바른 제도만을 중시하는 인민주권론자와 달리 제도의 효율성을 중시하였다. 그의 관료제론은 최근까지 잘 알려지지 못했지만 베버(M. Weber)의 근대 관료제론보다 80년을 앞선 것으로, 헤겔은 베버와 비슷한 관료제의 특징을 제시하였다. 또 헤겔의 관료는 기계적으로 주어진 명령만 수행하는 베버의 관료보다 재량을 가진 관료를 상정함으로써 베버보다 현대 관료를 더 잘 설명하는 측면도 있다. 그뿐만 아니라 '시대를 이끌어 가는 집단'으로서 재량을 가진 관료들은 국민 대표성이 있어야 함을 주장하였다.[9]

인민주권의 논리에 따라 만들어진 19세기 미국의 정부(연방, 주, 지방)는 엽관제가 만연한 결과로 인해 유럽식의 관료제도로는 발전하지 못하였다. 헤겔의 국가사상은 19세기 후반 유럽 출신 학자들에 의해 행정학 최초의 논문을 쓴 윌슨(W. Wilson)이나 굿나우(F. Goodnow)에게 큰 영향을 주었는데 이들은 현대 미국의 관료제를 확립하는 데 크게 기여한 자들이다.

헤겔의 국가지상주의 사상은 후세 학자들에게 큰 영향을 주었지만 정작 독일이 민족국가로서 통일을 이룬 것은 사상의 힘이 아니라 무력이었다. '철의 재상'으로 불리는 비스마르크는 1870년의 프랑코-프로이센 전쟁을 유발하는 등 치밀한 계획으로 민족주의를 고취시키면서 독일 통일을 이루었다. 그리고 통일 독일은 막강한 군사력을 앞세워 제1·2차 세계대전을 불러왔다. 통일국가가 이상적인 단위가 아니라 재앙을 불러온 단위라는 측면에서 본다면 헤겔의 이론도 그 시대적 한계를 넘어서지 못하였다고 볼 수 있다.

---

9) 오늘날 대표관료제(Representative Bureaucracy)의 필요성을 일찍이 설파한 것이다.

II. 랭그로드의 지방자치 자멸설

1. 시대적 배경과 1952년 논문

절대왕정 이래 전통적인 중앙집권국가인 프랑스에서도 제2차 세계대전 이후 우파를 중심으로 한 지방분권화의 움직임이 있었다. 루소의 인민주권의 나라이고 국민주권의 원리를 공화국의 초석으로 한 프랑스에서도 브라이스경이 설파한 '정치적 본능의 표현으로서 지방자치'가 부활하는 조짐이 있었던 것이다.

프랑스 제4공화정 헌법(1946) 1조는 프랑스가 '하나의 분리 불가능한' 공화정이란 원칙을 고수했지만 도와 코뮌 등 지방자치단체의 존재를 인정하였다. 이에 따라 도와 코뮌의 자치권 확대를 위한 법안(1947)이 준비되었으나 공산당 등이 주도한 파업 때문에 성사되지 못하였다. 하지만 지역별로 지방발전위원회 등이 결성되어 지방 주도의 전후 복구 작업이 진행되는 등 지방분권의 확대에 대한 여론이 높았다.

이런 가운데 폴란드 출신으로 파리의 대학(Centre National de la Recherche Scientifique) 교수와 브라질 행정대학의 비교행정 교수를 겸임 중이던 랭그로드(George Langrod)는 1952년 헤이그에서 열린 국제정치학회에서 '지방자치와 민주주의'란 10쪽짜리 논문을 발표하였다.[10] 이 논문은 1953년 영국에서 발간되는 학술지 『행정(Public Administration)』에 영어 번역본으로도 게재되었다. 여기서 그는 지방자치와 민주주의 간에는 아무런 관계가 존재하지 않을 뿐만 아니라

---

10) 랭그로드의 저술로 영어본으로 나온 것은 『국제조직 공무원』(1961), 『프랑스의 행정 문제』(1961) 등이 있다.

오히려 민주주의가 완성되면 지방자치는 사라지고 지방행정만 남을 것이라 주장하였다.

랭그로드의 논문에 대해 당시 런던경제대학 교수인 팬터-브릭(K. Panter-Brick)이 같은 해에 반론을 제기하였고, 이어 1954년에는 벨기에 행정관료로서 박사학위 소지자인 무랭(Moulin)의 랭그로드 방어 논문과 팬터-브릭의 재반박 논문이 함께 위 학술지에 게재되었다. 우선 랭그로드 논문을 중심으로 왜 그가 지방자치와 민주주의의 상관관계를 부정하는지를 살펴본 후 팬터-브릭과 무랭의 주장을 정리한다.

2. 랭그로드의 지방자치-민주주의의 관계

랭그로드의 주장은 두 가지이다. 첫째는 지방자치가 민주주의의 필수적인 요소가 아니라 심지어는 양자가 상충관계가 있다는 것이고, 둘째는 지방자치가 민주적 분위기(democratic climate)를 만드는 것은 사실이지만 국가 수준의 민주적 지도자를 길러 내는 교육장이나 실습장이 될 수는 없다는 것이다.

랭그로드는 정치학 문헌에서 애매하게 지방자치를 지방 민주주의와 연계시켰다고 보았다. 그 예로 그는 투레의 지방권(*Pouvior Municipal*),[11] 그나이스트의 지방자치(*Kommunale Selbstverwaltung*), 미국의 '풀뿌리 민주주의', 영국의 '지방자치정부(local self-government)'라는 개념이 지방자치가 마치 민주주의라는 개념을 갖게 하였다고 하였다 (Langrod 1953: 25). 그리고 그는 양자의 관계를 그의 방식으로 해부하

---

11) 랭그로드는 지방권을 '행정적 분권의 결과'라고 하고 있다(Langrod 1953: 33 주1).

였다.

랭그로드는 우선 지방자치와 민주주의는 인과관계가 없다고 보았다. 지방자치가 없으면 민주주의가 없어야 인과관계가 성립되는데 현실은 그렇지 않다는 것이다. 그는 '지방자치가 있다고 해서 민주주의가 있는 것이 아니며, 지방자치가 사라진다고 해서 민주주의가 사라지는 것이 아니다'라고 하였다. 그는 '지방자치는 비민주적인 체제에서 존속하고 또 발전할 수 있다'고 기술하고, 다른 한편에서는 '지방자치가 민주적 체제에서 존재하지 않거나 피상적으로 존재할 수 있다'고 하였다. 그는 지방자치와 민주주의를 혼동하는 이유를 다음 세 가지로 정리하고 있다(위의 논문: 28).

첫째, 국가의 절대적 권위에서 벗어나려는 원심적(centrifugal) 힘으로 이루어진 행정적 분권화를 민주화로 오해하고 있기 때문이다.[12] 분권화에 의한 지방자치는 어디까지나 지방의 다양해진 행정수요에 대응하기 위한 것에 불과하다는 사실을 간과하는 것으로 지방에서 행정의 방식이 분권화된다고 하여 민주화가 되는 것이 아니다.

둘째, 지방자치가 민주적 분위기에 기여한다고 할지라도 정작 그 기관에는 상당한 비민주적인 것들이 존재할 수 있다. 지방정부도 국가 관료제에 못지않게 관료적 행태에 의해 지배될 수도 있고, 또 과두제, 정치적 파당에 의해 운영될 수 있기 때문이다.

셋째, 동시에 등장한 지방자치와 민주주의로 인한 오해 때문이다. 양자는 우연히 동시에 나타난 것인데도 불구하고 이들 간에 마치 인과관계가 있는 것으로 간주되고 있다.

---

12) 그는 현실에서 집권적인 행정체제 그 자체가 민주주의와 상반되는 것만은 아니라고 보는데, 이는 민주주의하에서도 군대나 사법 행정 등에서 가끔 비민주적이고 반민주적인 행태도 허용하기 때문이라고 한다.

위와 같은 주장은 역사나 현실을 보는 시각의 차이에 따라 그럴 수 있다고 볼 수 있다. 하지만 민주주의에 대한 그의 시각은 많은 논란을 불러온다.

> 민주주의라는 개념 그 자체는 평등 지향적이고 다수결에 따르는 단일 체제이다. 이 때문에 민주주의는 시공간을 불문하고 사회전체적인 것이고 지역사회는 동일한 모양, 같은 수준의 것으로 정해진 규칙을 따르는 것이다. 민주주의는 정부의 분할이나 원자화와, 전체와 개인 간 중간 단위의 등장을 반대한다. 민주주의는 개인이 완전히 전체와 직접 그리고 단수로 대면하는 것이다(위의 논문: 28).

평등의 개념을 강조하는 민주주의와 함께 대혁명 후 프랑스는 단일 불가분의 하나라는 논리를 정당화하고 있는 것이다. 반면, 지방자치는 차이와 분열을 지향하는 것으로 평등에 반하는 것이라 보았다.

> 반면, 지방자치는 그 자체가 차이를 인정하고, 개별적이며 분리를 지향하는 것이다. 지방자치는 공권력을 구성하는 다양한 사회 집단의 상대적 독립성과 자율성을 강화한다. 그것은 전국적인 대표체제 내에서 다수의 지방적인 대표 체제를 인정하는 것으로 통합과는 거리를 둔다. 지방자치는 국가 내 상호 투쟁의 역사적 반영이며, 중앙 절대 권력에 대한 사회적·정치적 세력의 투쟁이며, 국가 내의 소수자의 다수에 대한 투쟁이며, 복수 민족 국가에서는 소수자 간의 투쟁이며, 행정체제 내에서 봉건주의의 생존 투쟁이며, 문화적·경제적 지역주의의 투쟁이다(위의 논문: 28).

요컨대, 랭그로드는 지방자치를 봉건주의의 유산이며 소지역주의의 등장 정도로 이해하고 있는 셈이다. 무엇보다, 그는 민주주의가 발전하면 이 소지역주의는 사라질 것이라고 보았다. 토크빌을 인용하면서.

민주주의는 불가피하게 그 본질에서 집권화를 지향하고 있기 때문에 분권화로 인해 생겨나는 지방자치는 민주주의를 부정하는 것이다. ... 어떤 국가가 진정한 민주주의로 가게 되면, 일반적인 견해와 달리, 지방자치가 발전하게 될 기회가 줄어든다. 집권은 자연스러운 민주적 현상인 반면 분권은 예외적이고 다소간 인위적인 현상이다. 이런 현상은 토크빌 주장의 바탕이 되는 것으로서 120년 전에 예언한 것이다(위의 논문: 28).

랭그로드는 또 토크빌의 『미국 민주주의』와 브라이스경의 『현대 민주주의』에서의 중앙집권화와 권위주의 경향에 대한 주장을 언급하면서 민주주의에서 지방자치는 불필요하다고 하였다. 그는 '분권화가 민주화에 기여한다고 할지라도 이는 불가피한 것이 아니며, 오히려 결국에는 불가피하게 민주주의 테두리 안에서 집권화가 이뤄지게 된다. ... 민주주의에 대한 학습의 기회가 완전해지고 또 민주주의의 분위기가 널리 퍼지는 민주화 완성 과정에 지방자치는 어쩔 수 없이 그 안에서 자멸의 씨앗을 내포하게 될 것이다(위의 논문: 28)'라고 주장하였다.

국가의 민주화가 통치에 있어서 전 국민적 자기 지배로 이행하는 것이라면 이런 이행과정에서 중앙정부에 반대하는 지방정부는 불필요한 것이고 아무런 논리적 근거가 없다. ... 민주주의는 조만간 그러나 불가피하게 지방자치의 이념과는 결별을 선언하면서 행정상의 집권을 요구하게 될 것이다. ... 민주주의 원리와 지방분권은 양립할 수 없는 현상이고 그 현상이 너무나 명백해 일종의 사회학적인 법칙(sociological law)으로까지 여겨진다(위의 논문: 29).

랭그로드는 지방자치가 민주주의의 교육장이 된다는 주장에 대해 현실에서는 그 반대일 수도 있다고 보았다. 지방정부에서 민주주의 실습은 제대로 이루어지지 못할 뿐 아니라 오히려 이곳에서 학습하게 되는 것은 선거 전략이나 웅변술, 그리고 소지역 정치라고 하였다. 그는 또 '지방의 대표'라는 자리가 이들의 시야를 좁게 만들어 일반 이익보다는 사적 이익을 추구하게 하므로 민주주의와 상반된다는 것이다(위의 논문: 31).

랭그로드는 선거를 하게 되면 행정에 정치적 요소와 정당 간의 대립을 초래하므로 '좋은 행정'에 도움이 되지 않는다고 하는 동시에 행정이 양적으로 커지거나 질적 수준이 높아지면 기술적인 내용이 많아지기 때문에 정치가 설 자리는 좁아진다고 하였다. 선거는 행정의 연속성을 해치는 위험성이 있으며 진정한 민의에 반하는 결과를 가져올 수 있다고까지 주장한 것이다.

결론 부분에서 랭그로드는 지방자치는 자유라는 개념 외에는 민주주의에 기여를 하지 못하면서도 오히려 불가피하게 민주주의가 완성되는 과정에서 그 자체 내에 죽음의 씨앗을 내포하고 있다(위의 논문: 32~33)고 하였다.[13] 랭그로드의 주장을 그림으로 정리하면 아래와 같다.

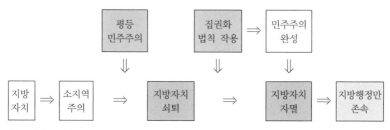

사료: 필사가 정리

<그림 10-6> 랭그로드의 지방자치 소멸 과정

---

13) 이런 주장에 대해 샤프는 랭그로드가 헤겔의 멜로드라마에 빠진 것이라 주장한다(Sharpe 1970: 169).

3. 무랭의 랭그로드 방어

무랭은 지방자치는 민주적 체제의 불가피한 내재적 요소가 아닐 뿐더러 오히려 양자 간에 내재적 모순을 내포하고 있으며, 지방자치는 국가수준의 민주주의 예습장이 아니라고 랭그로드의 논문을 요약하였다. 그리고 벨기에나 네덜란드에서의 지방자치 경험을 거론하며 랭그로드 주장에 동조하였다.

무랭은 민주주의는 선거나 선출직 공직자 같은 외형적 요소로 규정될 수 없는 것이며 인권의 존중, 소수자 보호, 관용 등의 공공 마인드의 전제가 필요하다고 하였다. 하지만 현실의 지방자치에서는 이런 것들을 찾아보기 어렵고 심지어는 편협한 소지역주의만 난무하고 있다고 보았다. 이런 관찰을 바탕으로 그는 현대적 의미에서 지방정부는 민주적인 것이 아니라고 하였다(Moulin 1953: 436). 랭그로드의 '평등 지향적이고 국민 전체 중 다수가 지배하는 단일적인 체제'를 오히려 민주적인 체제라고 하였다.

4. 팬터-브릭의 반론

이상 랭그로드의 주장에 대한 팬터-브릭의 주요한 반론을 정리하면 다음과 같다. 첫째, 랭그로드가 민주주의 발전에 있어 민주적 분위기(Democratic Climate)를 필수적 요소라고 하면서도 개인의 참여를 용이하게 함으로써 민주적 의사형성을 가능하게 하는 지방자치를 민주적 요소로 보지 않는 것은 앞뒤가 맞지 않다. 또 민주국가에서도 비민주적 지방정부의 존재를 거론하며 지방자치 그 자체가 민주주의와 맞지 않다는 것은 무리한 주장이다.

둘째, 랭그로드가 주장한 민주주의의 발전이 획일성(uniformity)을 지향한다는 논리는 민주주의 다른 가치인 자유의 신장과 맞지 않다. 획일성을 지향하여 지방자치가 마침내 자멸한다는 것은 마르크스의 냄새가 풍기는 것이며, 부분의 가치를 인정하지 않고 전체적인 통일성만 내세우는 것은 루소의 신비스러운 일반의지 편에 서 있는 것이다.

셋째, 역사적 흐름상 민주국가의 중앙집권화 현상만으로 랭그로드가 주장하는 바와 같이 민주주의와 지방자치가 양립할 수 없음이 증명될 수 있는 것은 아니다.

넷째, 지방자치가 민주주의 교육장이 될 수 없다고 하지만 민주주의는 하나의 예술(art)로서 가능한 한 많은 분야에서 정치적 경험이 있어야 한다.

그리고 팬터-브릭은 랭그로드가 주장하는 바와 같이 지방자치가 평등 민주주의(egalitarian democracy)와는 양립할 수 없을지도 모르지만 자유민주주의(liberal democracy)와는 어울릴 수 있다고 하였다(Panter-Brick 1953: 440).

5. 랭그로드의 주장과 한국의 지방자치

랭그로드는 평등 민주주의하에서 지방 간 차이와 분리를 의미하는 지방자치가 살아남기 어렵고, 또 지방자치가 소지역주의를 강화하는 장이 되기 때문에 민주주의의 교육장도 아니라 하였다. 이들 주장과 관련하여 우리 자방자치의 문제를 살펴본다.

1) 평등 민주주의와 지방자치

우리는 종래 중앙에 정치권력이 집중되어 수도권에 경제력이 집중되었다는 진단 아래 지방분권을 통하여 경제력도 지역에 분산할 수 있을 것으로 여기곤 하였다. 즉, 지방분권은 권력의 분산과 경제력의 분산을 동시에 실현할 수 있는 마법처럼 여겨지곤 하였다. 아직도 이런 논리에 매료된 사람이 있을 수 있지만 두 마리의 토끼를 잡을 수 있을 가능성은 매우 희박하다.

지방자치는 지역의 자유와 다양성을 추구하는 것이기 때문에 지방분권화가 확대된다면 결과적으로는 수도권과 비수도권, 대도시와 중소도시, 도시와 농촌 간의 격차가 커질 가능성이 커지기 때문이다. 특히 지방의 과세권이 확대되는 경우에 지역 간 경제력(세원의 크기)의 격차로 인한 세수의 차이가 커질 수밖에 없다. 이런 격차는 지역 간에 불균형한 발전이 심화될 수밖에 없다. 이는 지방자치가 평등 민주주의와 상치되는 부분이다.

우리 국민은 지방의 자유와 평등이라는 두 개의 가치 중 어느 것을 더 높게 평가할까? 물론 수도권이나 대도시는 자유의 확대를 더 원할 것이고, 반면, 비수도권이나 중소도시나 농촌은 균형발전을 원할 것이다. 이런 지역 간에 나타나는 선호의 차이가 존재하기는 하지만 국민 전체적으로 보면 평등이 더 앞서는 가치이다. 사실 지역 간 균형발전은 헌법에 규정된 가치이고 또 중앙 정치인이나 관료들의 입장에서 보면 그들의 권력을 확대시킬 수 있는 근거가 된다. 물론 지역 간 편파적인 정책으로 불균형을 더 심화시키는 경우가 있기도 하다.

이런 평등 지향적인 가치와 아울러 중앙정치인이나 관료들의 선호는 지방자치를 약화시키는 요인이 되고 있다. 단적인 예로 국세의 지방 이양은 지역 간 부익부 빈익빈을 심화시킬 수 있기 때문에 재정 분권화를 어렵게 한다. 그런 이유로 대부분의 세금을 국세로 징수하여 낙후 지역을 지원하는 지방교부세의 재원으로 활용하는 것이 더 바람직하다고 생각하는 것이다.

이는 랭그로드가 평등 민주주의하에서는 지방자치가 살아남기 어렵다고 하는 것이 일면 이해되는 점이다. 우리나라의 평등 지향적인 민주주의는 지방자치를 제약하는 요소임이 틀림없다. 지방분권과 지역균형발전이라는 두 개의 가치 사이에서 갈등은 계속될 것이다.

2) 지방자치와 민주주의 교육

1991년 지방의회의 부활과 더불어 1995년부터 재개된 단체장 민선이 우리나라 민주주의 교육의 장이 되었다는 것을 부정하기는 어렵다. 우선 공직 선출권과 공직 담임권이 대폭 확대되었다. 2014년 선거에서는 지방자치단체장으로 광역 17명, 기초 228명, 그리고 지방의원은 광역 663명, 기초 2,898명을 선출할 수 있었다. 이런 선출직 중에는 종래의 엘리트 출신이 아니라 기존과 다른 풀뿌리 출신도 많았다. 또 이들 중에는 지방을 발판으로 대통령이나 국회의원 등 중앙정계로 진출한 사람도 상당수이다. 랭그로드가 주장하듯이 지방의 선출직이 지방 토호를 중심으로 한 편협한 정치인만 양산한 것은 아니었다.

주민의 대표 선출권의 확대뿐 아니라 주민 참여도 훨씬 용이해졌다. 민선단체장이나 지방의원들에게 주민들의 요구를 표출할 수 있는 기회가 확대되었다. 또 일련의 주민참여제도, 즉 주민감사청구

(2000.3.), 주민발의(2000.3.), 주민투표(2004.7.), 주민소송(2006.1.), 주민소환(2007.7.) 제도가 지방자치법에 도입되었다. 그뿐만 아니라 2004년 울산 동구와 광주 북구에 도입된 주민참여예산제는 전국적으로 확산되었고, 2011년 「지방재정법」 개정으로 모든 지방자치단체에서 의무적으로 시행하게 되었다. 민주주의 핵심인 정치 참여의 장이 지방자치를 통해 크게 확대된 것이다.

Ⅲ. 맺음말

플라톤, 보댕, 홉스, 헤겔 등은 국가와 국민 사이에 존재하는 중간단위인 지방을 무시하였다. 이들은 권력이 한곳에 집중된 나라를 이상적인 국가로 여겼다. 랭그로드는 한 걸음 나아가 국가 수준에서 민주화가 완성되면 지방자치는 소멸될 것이라고 보기까지 하였다. 이들에서 국가주의의 시작과 끝의 오만함을 느낄 수 있다.

랭그로드는 민주주의를 그 나름으로 독특하게 규정하였다. 그는 민주주의란 국가 수준에서의 다수의 지배, 평등과 동등을 의미하므로 국가 수준에서만 진정한 민주주의가 있을 수 있다고 주장하였는데, 이 논리에 따르면 민주주의가 완벽히 완성되는 경우에는 지방자치가 사라진다고 본 것이다. 또, 지방자치에 대한 관점도 독특했는데, 지방자치는 지방 간 차이와 분리를 의미하는 것이라고 규정하였다. 더욱이 그는 지방자치는 편협한 정치인만을 길러 내는 것이어서 민주주의의 교육장으로서의 역할을 제대로 할 수 없다고 하였다.

랭그로드의 주장이 토크빌이나 브라이스경의 전통적 지방자치 주장과는 어긋나지만 프랑스, 벨기에, 폴란드 등의 지방자치 경험을 바탕으로 전개한 주장이기 때문에 이를 무시하기만은 어렵다. 일반 주민이 지방정치에 참여하는 주민자치에 대한 경험이 일천한 나라에서는 그의 주장이 맞을 수도 있기 때문이다. 또 1960년대 영국에서 수행된 연구 중에서 지방자치가 민주주의에 필수적 요건이 아니라는 논문들을 발견할 수 있다(Gray and Jenkins 1999: 30). 하지만 프랑스에서는 1980년 초 사회당이 집권하면서 지방분권을 추진하였고, 이후로 분권화가 계속되고 있다는 점을 보면 랭그로드의 주장이 현실에 그리 맞는 것도 아니라는 것을 알 수 있다.

오늘날 지방자치에서 내재되어 있는 자유의 개념이 쇠퇴되면서 지방자치도 쇠퇴하기 시작하였고, 20세기 초부터 시작된 신중앙집권화로 인해 지방의 역할이 크게 감소되었다. 앞으로 지역 간 평등 민주주의가 확대되면 지방자치는 더욱 위축될 소지가 있다. 이러한 점에서 랭그로드의 주장을 일종의 경고로 받아들일 필요가 있다.

또한 평등을 강조한 민주주의는 전체주의로 나아갈 소지가 다분하다는 점에서 경계의 눈초리를 소홀히 해서는 아니 될 것이다. 지방자치가 인민주권의 실현과 국가 권력의 분산을 가능하게 하기 때문에 전체주의 물결을 막아 주는 방파제로 그 역할을 담당한다는 것을 잊지 말아야 할 것이다.

〈주요 참고문헌〉

Keith-Lucas, B.(1961). In Defence of Gneist. *The Canadian Journal of Economics and Political Science*. 27(2): 247~252.

Langrod, Georges.(1953). Local Government and Democracy. *Public Administration*. 31(1): 25~34.

Panter-Brick, Keith.(1953). Local Self-Government as a Basis for Democracy: A Rejoinder. *Public Administration*. 31(4): 344~348.

Shaw, Carl K. Y.(1992). Hegel's Theory of Modern Bureaucracy. *The American Political Science Review*. 86(2): 381~389.

제11장

밀과 국가편의주의

『자유론』으로 명성을 쌓은 밀은 정치체제에 대한 그의 견해를 담은 『대의정부론』에서 정부 운영의 2가지 조건, 즉 정치적 참여와 전문성 양자 간의 조화를 주장하였다. 참여를 중시하는 측면에서는 그를 민주주의자라고 여길 수 있는 반면, 전문적 능력을 중시하는 측면에서는 엘리트주의자로 볼 수 있다.

　　지방과 관련하여 그는 '지식의 집중, 집행의 분산'을 주장하면서 국가 통제의 불가피성을 주장하였는데, 이는 자유론에서 그가 말한 자유를 보장하는 것보다는 국가 모든 구성원의 최대 다수의 최대 행복을 우선시하는 공리주의적 입장에 서 있는 것이다. 따라서 그의 논리에서는 효율을 위한 지방행정만 있을 뿐이지 지방의 고유한 권리로서 지방자치권의 인정은 찾아보기 힘들다.

　　밀은 그와는 동시대 사람인 토크빌이나 툴민 스미스와 교류가 있었다. 토크빌로부터 큰 영향을 받은 그는 대의제 주장을 하였지만 T. 스미스의 패리시 중심의 자치와 반중앙집권화 주장에 대해서는 과도한 것이라며 반대하였다.

Ⅰ. 생애

영국의 철학자이자 정치경제학자인 존 스튜어트 밀(John Stuart Mill, 1806~1873)은 여러 분야에 걸쳐 탁월한 저술을 남겼다. 그뿐만 아니라 경험주의 인식론과 공리주의 윤리학, 그리고 자유주의적 정치경제사상을 바탕으로 현실 정치에도 적극적으로 참여하여 하원의원을 역임하기도 하였다. '만족한 돼지보다는 불만스러운 인간이란 존

<그림 11-1> 존 스튜어드 밀
(commons.wikimedia.org)

재가 나으며, 만족하는 바보보다 불만에 차 있는 소크라테스가 낫다'라는 말로 대변될 수 있는 그는 19세기 지식인의 표상이기도 하였다.

지방자치와 관련해서는 그를 '지식의 집중, 집행의 분산'을 주장한 점에서 국가편의주의자라고 볼 수 있다. 그가 자유론에서 나타났던 것과 같이 지방의 자유를 인정하기보다는 국가의 모든 구성원의 최대 다수의 최대 행복을 위해서는 중앙집권적 체제가 불가피하다고 본 것이다.

밀은 영국 런던의 펜톤빌(Pentonville)에서 태어났다. 스코틀랜드 출신의 영국 철학자이자 역사학자인 제임스 밀(James Mill)의 6남매 중 장남이었다. 존은 그의 아버지에게서 대부분의 교육을 받았고, 때로는 벤담(Jeremy Bentham) 등에게서 사교육을 받기도 하였다. 아버지

<그림 11-2> 제러미 벤담
(commons.wikimedia.org)

밀은 아주 엄격한 방식으로 존을 양육하면서 그의 아들 존이 다른 사람들에게서 잘못된 영향을 받지 않도록 하기 위해 같은 또래 아이들과 어울릴 수 있는 여지를 차단하였다.

　어려서부터 지각능력이 뛰어났던 밀은 천재로서의 교육을 받았다. 세 살에 그리스어를, 여덟 살부터는 라틴어와 유클리드와 대수를 배우기 시작했고, 열 살이 넘어서부터는 플라톤이나 아리스토텔레스의 고전을 원전으로 읽었다. 또 정치경제학 공부를 시작하면서는 아담 스미스(Adam Smith)와 데이비드 리카도(David Ricardo) 등을 공부하였다.

　밀은 대학에서 공부하는 대신에 16세 때부터 런던에 본사를 둔 동인도회사의 행정관리였던 아버지 밑에서 일하기 시작하였는데 이 회사가 해산되던 해인 1858년까지 35년간 근무하였다. 그리고 젊은 시절 밀은 벤담의 서기로서 그의 원고를 정리하고 책 편집을 보조하였다. 또 1820년대 말과 1830년대에는 진보적인 정치 저널(*London and Westminster Review*)을 발간하기도 하였다.

　1823년 밀은 공리주의(Utilitarianism)란 용어를 처음으로 만들었고 또 공리주의학회를 창설하였다. 공리주의를 설파하던 중에 그는 격렬한 논쟁을 하면서 정신적 어려움을 겪기도 하였다. 그러한 어려움은 어릴 때부터 논리만을 중시한 엄격한 기계적인 교육에서부터 기인했는데, 이는 그의 신경쇠약증의 악화와 함께 그를 정신적 공황 상태로 몰아갔다. 이에 그는 정신적 치료를 위해 시문학 등 감성적인 것에 관심을 갖기 시작하였다. 이즈음 지적인 여성인 테일러(Harriet Taylor)를 만나 교제를 시작하였고 그 후 그는 삶에서의 정서적 안정을 찾을 수 있었다. 밀이 테일러를 알게 되었던 당시에는 그녀가 유부녀였지만 남편의 묵인으로 인해 둘은 21년이라는 긴 시간 동안 교제를 이어 갈 수 있었다. 테일러의 남편의 사망 후인 1851년 마침내 그 둘은 결혼하였다.

밀은 토크빌과 동시대 사람으로서 토크빌의 영향을 많이 받았다. 특히 밀은 1835년과 1840년 두 차례에 걸쳐 그가 쓴 『미국의 민주주의』1권과 2권에 대한 장문의 서평에서 그를 '우리 시대의 몽테스키외'라고 격찬하였다. 그는 토크빌이 주장한 민주주의에 대한 이슈 중에서도 다수자의 지배로 인한 횡포와 소수자 보호에 큰 관심을 갖게 되는데, 이는 약 20년 뒤 출간된 그의 『자유론』이나 『대의정부론』에 나타난다.

1859년 밀은 개인의 자유에 관한 불후의 명저인 『자유론』을 출간하였다. 이는 아내 테일러와의 공저라 한다. 이 책은 토머스 홉스, 존 로크, 제러미 벤담 이래의 자유에 대한 견해를 집대성한 것으로 권력이 개인의 자유를 침해하는 것을 방지하는 데 주안점을 두고 있다.

밀은 1861년에 『대의정부론』을 출간하였다. 여기서 그는 비례대표제, 선호투표제, 참정권 확대를 주장하였고 의회와 투표제도의 개혁을 촉구하였다. 이 책은 툴민 스미스의 반중앙집권화 주장과 반집권화 연맹(Anti-centralization Union, 1854~1857)의 논리에 대응하기 위한 것이라고도 한다(Chandler 2008: 361).

　이후 밀은 그의 관심을 사회윤리 분야로 돌려 저술하였다.『공리주의』(1863)에서는 쾌락을 질적·양적으로 구분했는데 이는 공리주의 윤리학을 더 원숙한 경지로 끌어올렸다고 평가된다. 또한『여성의 종속』(1869)에서는 여성의 평등을 주장해 온 그의 생각을 잘 담아내고 있다.

　1865년 밀은 런던 웨스트민스터 선거구에서 하원의원으로 당선되었다. 하원에서 그는 주로 자유당과 연대하여 활동했는데 여성의 권리를 강력하게 옹호했으며, 비례대표제, 노동조합, 농지의 협동조합식 조직 등 각종 사회개혁을 주장했다. 하지만 1868년 여성투표권을 주장하는 바람에 그는 재선거에서 낙선하고 말았다. 1872년에 존은 후일 저명한 철학자가 된 버트런드 러셀의 대부가 되었고 이듬에 프랑스의 아비뇽에서 사망했다. 8년이라는 짧은 결혼 생활을 끝으로 먼저 유명을 달리한 아내 곁에 묻혔다.

II. 지방대의제론

1. 대의정부론

　밀의『자유론』이 개인이 자기 방식으로 자기의 이상을 추구하는 방법에 대한 것이라면『대의정부론』은 개인의 자유 추구가 가능하도록 하는 제도적 구조에 관한 것이라 한다.

　토크빌이『미국 민주주의』에서 역설한 '다수자의 독재'에 대한 우려와 그에 대한 논의에서 영감을 받은 밀은 1840년대 초부터 다수의 횡포를 우려하여 대중의 권력 남용에 대응하면서 이를 견제할 수 있는 장치를 고안하고자 하였다. 1861년에 출판된 『대의정부론』이 그 결실이다. 여기에는 민주정부에 대한 그의 견해가 온전히 담겨 있다.

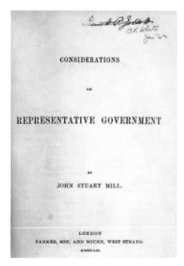

<그림 11-3> 밀의 대의정부론
(archive.org)

밀이 말하는 대의정부란 '전 인민 또는 그들 중 다수가 주기적으로 선거에서 대표를 뽑고, 선출된 대표를 통해 최고 통치 권력을 행사하는 정부 형태'를 의미한다. 『대의정부론』에서 그는 의원의 역할과 임기, 양원제, 선거방식, 지방정부, 연방제 등 다양한 정치 현안에 대해 자신의 생각을 제시하고 있는데 이는 다수결의 원칙하에서는 대중의 권력이 독재로 발전되고 영속화될 수도 있음을 우려했기 때문이다. 그는 소수자의 권리를 보호하기 위한 방안으로 숫자적으로 압도하는 대중의 지배에 대항할 수 있는 집단으로서 대학과 귀족과 같은 유한(有閑) 계급을 염두에 두었다.

밀은 대중의 지배를 완화하는 구체적인 방안으로서 당시 지식인이나 유산(有産) 계급에게 복수의 투표권을 주는 투표권 수의 차별화, 비례대표제 등을 제시하였다. 이는 대중 민주주의에서 우려되는 다수의 횡포를 방지하기 위해서 교육받은 유능한 소수가 대표로 선출되어 이들을 견제할 필요가 있다고 본 것이다.

밀은 대중들이 정치에 직접 참여하는 것보다 대표를 선출하는 행위인 선거에 더 큰 가치를 두었다. 선출된 대표들이 정부를 운영하는 것이 인민의 직접 참여로 운영되는 정부보다 민주주의를 수호하는 데 더 적합한 것으로 보았다. 그는 일반 국민들은 정책의 옳고 바름을 판단할 수는 있어도 정책을 형성할 수 있는 능력은 없다고 보았기 때문이다.

밀은 모든 사회문제를 다룰 수 있는 정부를 모든 국민이 참여하는 정부라고 하였다. 하지만 그는 작은 마을 단위를 넘어가는 경우에는 모든 사람들이 공적 업무에 직접적으로 참여할 수 없기 때문에 이상적 정치체제는 대의제일 수밖에 없다고 설명하였다. 정치단위의 규모가 커짐으로 인해 대의제는 불가피하다는 것이다.

밀은 인민이 공공문제에 대해 완벽하게 통제권을 가져야 한다고 하였다. 하지만 그는 동시에 좋은 정부가 되기 위해서는 유능한 사람이 공직을 담당하여야 한다고 한다. 이를 위해서는 납세의 정도에 따른 투표권 수의 차별화와 비례대표제 등이 필요하다는 논리를 편 것이다. 이는 참여와 능력의 양자를 동시에 주장하면서도 양자 간에 존재하는 모순을 드러낸 것이다. 밀의 이런 엘리트주의적 논리는 중앙과 지방 간의 관계에서도 그대로 드러난다.

2. 밀의 지방대의정부론

지방자치에 대한 밀의 생각은 『대의정부론』 전체 18장 중 제15장에 기술되어 있다. 제15장의 처음을 다음과 같이 시작하고 있다.

유럽에서 가장 덜 집권화된 나라인 영국에서도 중앙정부가 완전하고 안전하게 시도할 수 있는 공공업무는 작은 부분에 불과하다. 입법에 있어서는 지방적인 사안에 분주하게 매달릴 수밖에 없고, 행정에서는 사소한 일들을 잘라 내는 데 온 힘을 쏟아야 하기 때문이다. 엄청난 개별 사안이 의회의 시간을 다 잡아먹어 의원들이 업무를 제대로 수행하기 어렵다. 이런 사실을 모든 사상가나 관찰자들이 심각한 폐습, 그리고 점차 증대하는 폐습으로 여기고 있다.

… 그리고 중앙정부와 지방정부가 불가피하게 공동으로 해야 할 일이 있다. 순전한 지방의 일에 대해서는 별도의 집행기관이 필요하고, 이들에 대한 민중통제는 별도의 기관이 있어야만 적절히 이루어질 수 있다 (15장: 1).

밀은 지방이 가진 독자적 기능을 존중함과 동시에 이들 기능이 중앙보다는 지방에서 담당해야 한다는 것의 불가피성을 인정하였다. 나아가 밀은 중앙정부와 지방정부의 관계를 학교에서의 교사와 학생의 관계와 같다고 보면서 양자의 바람직한 관계를 다음과 같이 제시하였다.

중앙정부가 모든 일을 다 하려는 것은… 교사가 학생의 공부를 다 하려는 것과 같다. 이런 교사는 학생들에게 매우 인기가 있을 것이지만 정작 학생들에게 가르칠 수 있는 것은 매우 적다. 중앙정부가 지방의 일을 감시하거나 지도하지 않는 것은 교사가 없는 학교에서 학생들이 스스로를 가르치는 것과 같다(15장: 12~13).

이상의 주장은 밀이 쓴 토크빌의 『미국 민주주의』에 대한 서평 중 타운십에 관한 부분과 크게 다르지 않다. 그는 '학교 교육은 말할 것도 없이 중요하지만 더 중요한 것은 습관화하는 것이다. 우리는 읽고, 쓰고, 말을 타고, 수영하는 것에 대한 요령을 배우는 것만으로 이들을 익힐 수 없다. 이와 마찬가지로 작은 정부에서 일하는 요령을 익힘으로써 더 큰 정부에 그 권한을 행사하는 방법을 배운 다'라고 하였다.

하지만 밀은 지방정부의 필요성을 인정하면서도 뉴잉글랜드 지역 의 직접민주정과 다수의 선출직을 두는 제도가 기대 이상으로 잘 작동하고 있는 것에 대해서는 회의적이라고 비판하면서 대의제의 불가피성을 역설하고 있다.

> 몇몇 뉴잉글랜드 주에서는 이런 기능이 아직 주민총회에서 수행되고 있 다. 그 결과도 기대보다 좋다고 한다. 이들같이 교육수준이 높은 지역에 서는 소수자들의 권리가 박탈당할 수도 있는 원시적인 형태의 지방정부 에 매우 만족하고 있어 이를 대의제로 전환할 의사가 없다. 하지만 이런 특수한 경우에도 지방일이 원만히 처리되기 위한 마지막 방안은 (대의제 인) 지방의회를 두는 것이다(15장: 2).

그럼에도 밀은 영국에서의 직접민주제의 확대에 대해서는 부정적 시각을 드러내고 있다. 그는 『미국 민주주의』에 대한 서평에서 '미 국과 같이 보수 수준이나 영업이익이 높은 나라에서는 모든 시민들 이 공공의 일에 자기 일인 것처럼 참여할 수 있다. 그러나 영국에서 는 주기적으로 지방정부의 대표 선거에 참여하는 것 외에 다른 방 식으로 직접 정부 운영에 정기적으로 관여하는 권한의 부여에 대한 주장은 쓸모없다. 이런 권한이, 토크빌의 주장대로, 최근에 일부 지 역에 주어졌지만 후진적인 시골지역의 경우에는 이를 감당할 능력 이 없다는 것이 현실이다'라고 하였다. 즉, 미국의 타운미팅을 영국 에 그대로 이식하는 것은 어렵다고 본 것이다. 게다가 지방의회를 별도로 두는 것도 비판하고 있다.

지방의 사안을 위해 의회 밑에 또 다른 대표들을 두는 것은 제도적으로 기형이다. 다른 나라에서는 헌법에서 인민에 의한 지배를 덜 허용하고 있는데 이것이 훨씬 더 합리적이다. 영국의 경우 자유는 더 많지만 조직형태는 더 나쁘다. 반면, 다른 나라는 조직형태는 좋지만 자유가 적다(15장: 2).

그리고 밀은 지방의 소수 권력자에 의한 지배를 막기 위해 엄격한 룰과 감시가 필요하다고 한다. 그리고 다음과 같이, 어디에서나 보기 어려운, 강력한 권한을 주문하고 있다.

극단적인 경우에 대처하기 위해서는 중앙정부가 지방의회를 해산하거나 지방정부 수반을 해임할 수 있는 권한까지 가져야 한다. 그렇지만 그 권한은 새로운 의원을 임명하거나 지방정부 기능을 정지시켜서는 안 된다(15장: 2).

밀은 지방의회에서는 다수의 횡포가 나타날 가능성이 크며 또 지방에서는 유능한 사람을 구하기도 어렵다고 보았다. 그렇기 때문에 결과적으로는 국가 대의제가 큰 권한을 가지고 지방을 통제하는 것을 당연하다고 보았다.

영국의 자유주의자들이 루소의 인민주권 사상이나 토크빌의 미국 민주주의에 대한 해석에 심취해 있던 당시에 정작 밀은 지방정치 문제에 한해서는 그의 자유론에서 유추할 수 있는 논리와 상반되는 주장을 펼쳤던 것이다.

지방정부에 대한 밀의 생각을 요약하면 다음과 같다. 첫째, 중앙정부는 전국적으로 크게 영향을 미칠 수 있는 종래 지방의 일에 대해서는 더 많이 관여할 필요가 있다. 그렇지만 자기 일을 잘 알고 관심이 있는 주민들이 참여할 수 있도록 하여 각 지방의 일을 처리하도록 하여야 한다. 이는 중앙정부가 사소한 지방적인 일에서는 해방될 필요가 있기 때문이다.

둘째, 지방 인재들의 업무 수행 능력이나 감시 능력이 중앙정부에 비해 훨씬 뒤떨어져 일 처리를 미숙하게 할 우려가 크기 때문에 지방 인력의 질을 높여야 한다. 그리고 지방에서의 일에 대한 참여나 공무 담임의 기회가 확대되어야 한다. 또한 지방단위가 작아질수록 출중한 인력의 확보가 더 어려워지기 때문에 지방단위를 크게 하여 유능한 인재를 구하는 것이 바람직하다.

셋째, 지방의원 선출에서 재산이나 교육 정도를 반영하는 복수투표제도가 필요하다. 이는 지방세 납세가 지방정부에 미치는 기여도나 수준 높은 교육을 받은 소수의 인재가 미치는 영향력이 영국의회에서보다 지방의회에서 더 막강하기 때문이다.

넷째, 한 지방에만 국한되는 고유한 일도 있지만 상당히 많은 일들은 전국적으로 영향을 미치기 때문에 한 지역에서의 미숙한 일처리는 다른 지역에도 나쁜 영향을 미칠 수 있다. 경찰이나 교정 등이 그 예이다. 지방의 모든 일과 관련해 이에 상응하는 중앙정부의 기관을 두어 이에 대한 정보를 수집, 지도, 통제할 필요가 있다.

다섯째, 지식의 집중은 바람직한 것이기 때문에 더 큰 능력을 가진 중앙정부는 당연히 지방의 일을 지도하고 통제할 수 있다. 중앙정부는 원칙을 정하고 지방은 이에 따라 집행을 담당하면 된다.

밀의 이런 주장은 그의 스승이던 벤담의 공리주의를 이어받아 발전시킨 것이다. 효율적인 공공서비스의 제공을 위해 여러 수준의 지방정부가 있어야 하지만 그 적정성 여부는 어디까지나 국가적 견지에서 판단되어야 한다는 것이다. 이와 유사한 주장은 영국 지방자치를 연구한 독일의 법학자 그나이스트나 폴란드 출신으로 파리 대학 등에서 활동한 랭그로드로 이어진다(Grey and Kenkins 1999: 27~28).

3. 밀의 자유론과 지방대의제론의 상충

이러한 밀의 주장에서는 제퍼슨이나 토크빌의 주장에서 보이는 개인 주권이나 지역의 자연적 권리 (natural right)로서 자치권에 대한 인정은 찾아볼 수 없다. 지방정부의 존재는 오직 중앙정부의 편의를 위한 것이라고 생각했기 때문이다. 밀의 주장에서는 '지방행정'만 존재할 뿐이고 '지방자치'를 찾아보기 힘들다. 이러한 밀의 주장에 대해 당시 자유주의자들이 반기를 든 것은 당연하다고 하겠다.

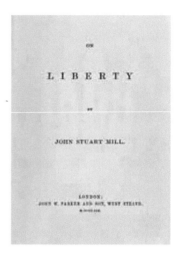

<그림 11-4> 밀의 자유론
(ko.wikipedia.org)

밀의 '지역 자유론'이 근거를 둔『자유론』에서의 주장을 보면 다음과 같다.

> 개인 혼자만의 일에 개인의 자유가 인정된다는 것은 여러 사람들 모임에만 관련된 일에 대해서는 그 모임의 경우도 자유가 인정된다는 것을 의미한다(Mills, 1971: 125; Chandler 2008: 358 재인용).

> 국가는 인류(Mankind) 중 일정 부분으로 구성된 것이다. 한 국가를 구성하는 국민들은 다른 지역과는 다른 공동의 감정을 가진다. 이런 감정은

서로를 단결하게 하고 동일한 정부를 구성하길 원하게 된다. 그리고 그
들은 전체적으로나 부분적으로 스스로 통치하길 원한다(위의 논문).

이러한 밀의 국가 규정은 국가 내 지방자치단체의 경우에도 그
대로 적용될 수 있다. 국가나 지방이나 모두는 특정한 목적을 위해
협력하고, 자신들만을 위한 정부를 구성하기 때문이다(Chandler 2008:
358).

밀과 대립각을 세운 툴민 스미스는 '개인이 다른 사람들을 해치
지 않는 한 자유를 가진다'는 밀의 논리를 발전시켜 '지역도 다른
지역에 해를 끼치지 않는 범위 내에서 자유를 가진다'라고 하였다.
그는 개인이 자기 일을 가장 잘 알기 때문에 자기 스스로 이를 수행
할 의무와 권리가 있는 것과 같이, 지방의 일 역시 사람들의 지역적
모임과 참여를 통해 독자적으로 수행해야 한다는 것이다.

밀과 스미스 이 둘 사이의 큰 견해 차이에도 불구하고 어쨌든
1900년 전후 세대는 지방자치의 황금시대에 살았다고 한다. 당시 지
방정부는 스스로 필요한 재원을 조달하여 중앙정부보다 더 많은 공
공서비스를 제공하였다고 한다. 이때 자유주의적 개혁론자들은 지방
의 권한 확대와 지방정부 성과 향상에 매진하였다(Wickmar 1970: 55).

III. 밀의 유산

밀은 국민의 참여가 보장되는 동시에 전문적 역량을 가진 사람들
이 운영하는 체제를 좋은 정부라고 규정하였다. 그는 국민들은 참여
를 통해 가장 유능한 사람을 선출해야 하는 동시에 이들을 통제해

야 하고 동시에 그 선출된 사람들이 임명하는 관료들은 충성심과 전문성을 가지고 정부를 운영해야 한다고 주장하였다.

밀의 이런 주장은 영국에서 '의회(Westminster) 지상주의'로 받아들여졌다. 지방정부의 헌법적 지위에 대한 지배적인 견해는 위디콤 보고서(Widdicome Report, 1986)인데 여기서 다음과 같이 주장하고 있다.

> 헌법상의 전통에서 볼 때 지방정부에 자연권이 있다고 유추하는 것은 잘못이다. 전통은 지방정부가 얼마나 좋은 정부를 만드는데 기여하느냐에 근거하고 있다(Chandler 2010: 1~2 재인용).

이는 밀의 추종자들이 지방자치 그 자체에 대해서 관심을 가지기보다는 지방자치의 국가운영에 대한 기여 정도에 대하여만 관심을 두었다는 증거이다.

밀의 참여와 전문성의 상충과 조화에 대한 주장은 젊은 시절에 동인도회사의 관료로서, 또 학자와 하원의원으로서의 그의 경험을 살린 것으로 국가 운영과 관련한 정치와 행정 현실을 가장 잘 반영한 주장이라 보인다. 하지만 그의 대의제 주장은 주민들의 직접 참여에 의한 지방정부 운영이라는 전통적 지방자치에 치명타를 가했다고 볼 수 있다.

밀의 『대의정부론』 출간 100주년을 기념하는 1961년의 논문에서 맥켄지(Mackenzie)는 다음과 같이 주장하고 있다.

> 지방자치정부에 대한 이론은 없다. 지방정부가 어떤 것이 되어야 하는지에 대해 추론해 낼 수 있는 규범적인 일반이론이 없다; 또 이것이 무엇인지에 대한 가설을 도출할 수 있는 실증적 일반이론도 없다. 사실 이분야는 초보적인 수준이다....

영국의 지방정부는 그것이 전통적으로 존재해 왔기 때문에 정당화된다. 또한 특정한 서비스를 제공하는 데 효과적이고 편리하기 때문에 존재가 정당화된다. 이는 중앙정부도 지방정부와 같이 고도의 훈련을 통한 양질의 서비스가 필요하다는 우리의 생각 때문에 정당화된다고 한다(Gray and Jenkins 1999: 28~29에서 재인용).

참여의 필요처럼 국가통제도 필요하다는 밀의 주장은 밀 이후 자유주의자들에게 그대로 계승되고 있다. 1920년대의 '지방자치의 실행이 민주주의의 최고의 학교인 동시에 성공적인 민주주의를 보장하는 것'이라는 브라이스경의 주장이나 1960년대의 작은 지방정부가 정치적 참여를 용이하게 한다는 다알(R. Dahl)의 주장도 있었지만 이들의 주장은 밀의 후계자들에 의하여 무시되었다.

마우드(Redcliff Maud) 보고서 작성의 주역인 사프(Shape 1970)는 지방자치의 가치를 국가적 견지에서 효율성을 높이고 민주주의에 기여한다는 측면에서만 인정하였다.

지방정부의 고유한 역할은 현장에서의 공공서비스 조정자; 지역사회 의견의 수렴자; 소비자로서의 압력단체; 새로운 수요에 부응하는 대리자; 그리고 노동 공산주의(Syndicalism)에 대처하는 자이다(Chandler 2008: 367).

영국 지방자치 학계의 권위자 중의 한 사람인 샤프는 스미스가 주장하는 지방의 고유한 권리나 자유는 더 이상 현대의 지방자치에서는 주요 개념이 아니라고 하였다. 그는 공공서비스의 조정자, 커뮤니티 의견의 수렴자, 소비자 압력단체, 새로운 수요에 부응하는 단위로서 지방정부를 보고 있는 것이다(Sharpe 1970: 174).

밀의 주장에 따라 비담(Beetham)은 중앙정부가 지방의 일을 처리하기에는 물리적 거리가 너무 멀기 때문에 지방의 일은 지방에 맡겨 줄 것을 주장하였다. 비담은 밀의 설명과 같이 지방정부의 사람들이 중앙정부에 비해 열등하다는 주장을 하지는 않았지만 지방의 사안에 비해서 국가의 사안이 우선되어야 함을 강조하고 있다.

> 평등한 시민은-그 자체로 주요한 요건인- 국가적 입법에 의해 충분히 충족될 수 있다. 이들 입법은 선거에서 나타나는 지역적 요구에 굴하지 않고 전국적인 공공서비스 제공의 최저기준을 정하는 것이나 부유하거나 빈곤한 지방정부 간의 자원 분배의 메커니즘을 정하는 것이다(Beetham, 1996).

밀의 주장은 자유주의자뿐만 아니라 사회주의자들에게도 그대로 수용되었다. 웹 부부(Sidney and Beatrice Webb)는 지방자치의 확대로 인해 야기될 지역 간 불평등의 심화를 우려하면서 지방의 복지 기능에 대해 반대하였다. 이런 우려는 '제3의 길(The Third Way, 1998)'을 주장한 기든스(Giddens)의 주장에서도 찾아볼 수 있는데 그는 능력을 갖추지 못한 지방에 권한을 이양하게 되는 경우에는 지역 간의 격차를 더 심화시킬 뿐이라 하였다(Chandler 2008: 368).

이런 국가주의적 사고에 호사가들은 '(대영제국) 의회의 마지막 식민지는 지방'이라고 한다. 이런 생각은 대처 수상 시대에는 큰 재앙을 불러왔다. 대처는 그녀의 정치적 적이던 런던시장을 몰아내기 위해 런던시 본청을 폐지하고 자치구만 남겨 두었고, 또 지방의 사정을 고려하지 않은 채 모든 가구가 동일한 지방세를 부담해야 하는 카운슬세(Council Tax 일명 인두세)를 도입하였다. 이 세의 도입은 영국의 몇몇 지역에서 폭동을 야기했고 결국에는 대처 수상의 퇴진을 가져왔다.

<그림 11-5> 영국 정부의 지방주의, 분권, 큰 사회 비전
(slideplayer.com)

　　2011년 영국은 로칼리즘법(Localism Act)을 도입하였다. 이 법에는 많은 사무를 주민들과 가장 가까운 곳에서 처리할 수 있도록 지방을 분권화하고 중앙정부는 지방이 할 수 없는 일만 담당한다는 내용을 담고 있다. 이를 통해 주민들이 스스로 많은 공공의 일을 하는 큰 사회(Big Society)를 만든다는 것이다. 하지만 그 성과는 미미하다고 한다. 이런 가운데 2012년에서는 스코틀랜드(Scotland)의 분리 독립 투표가 있었다. 비록 독립은 부결되었지만 이런 분리 독립에 대한 주장은 영국 중앙정부에 대한 스코틀랜드 사람들의 적개심을 재확인해 준 사건으로 간주된다.

Ⅳ. 우리 지방자치에 대한 시사점

'개인 혼자만의 일에 개인의 자유가 인정된다'는 밀의 『자유론』에 근거한 '지역 관련 일'에 대한 지역 자유론은 영국에서와 마찬가지로 우리나라에서도 무시되었다. 그 대신 전통적 국가편의주의와 지방의 능력부족이라는 인식의 팽배로 오히려 국가 중심사상은 더욱 강화되었다.

1995년 지방자치단체장 선거를 앞둔 시점에 단체장 선거를 연기하자는 주장이 난무하였다. 지방의 능력이 부족하므로 앞으로 능력을 더 키운 후에 지방 단체장의 민선을 실시하여도 늦지 않다고 보았기 때문이다. 이러한 주장은 수영을 못하는 사람이 수영을 배우기 전에 물에 뛰어들면 익사하기 마련이라는 논리로 비유되었다.[1] 이에 대하여 지방자치론자들은 수영을 배우려면 물에 들어가는 것은 당연하고 시행착오를 거쳐야만 수영을 배울 수 있다고 하였다.

우리가 제헌 헌법에서 민주헌정체제를 도입한 이래 민주주의가 어느 정도 정착하는 데 50여 년이라는 세월이 소요되었다. 그동안 많은 시행착오를 거치면서 조금씩 발전해 오고 있다. 민주주의와 마찬가지로 지방자치도 시행착오를 거치면서 발전한다. 중요한 것은 잘못을 스스로 시정하려는 의지와 노력인 것이다.

지방의 능력을 키우는 처방으로 흔히 구역의 확대개편이나 계층 축소와 같은 방법으로 지방의 규모를 확대하는 것이 제시된다. 영국은 중앙정부의 주도로 대대적인 구역통합뿐만 지방행정 계층을 단층제로 개편하였다. 그 결과 영국은 서구 선진국 중에 가장 큰 규모

---

1) 이 비유는 브라이스경의 『현대 민주주의』에서 찾아볼 수 있다.

의 기초자치단체를 형성하고 있다. 우리도 영국의 사례를 따라서 1995년 지방자치단체장 선거를 앞두고 대대적인 시·군 통합을 하였다. 하지만 단체장 선거 이후에 추진된 구역개편은 소수의 지역에 그쳤고 단층제 개편은 실현되지 못하였다.

지금도 국가사무를 지방으로 이양하자는 논의는 때마다 늘 제기되고 있지만 이것이 실행되지 못하고 있는 이유를 지방의 능력 부족에서 찾고 있다. 즉, 지방은 그 사무를 처리할 행정적·재정적 능력을 갖추지 못하였으므로 지방이 이런 능력을 갖춘 후에 국가사무는 지방으로 이양될 수 있다는 것이다. 이런 논리는 동양의 전통적이고 수직적인 정치문화와 더불어 지방의 국가의존 성향의 산물로서 그 결과로 국가사무의 지방 이양은 늘 지지부진하게 진행되고 있다.

V. 맺음말

밀은 『대의정부론』에서 인민의 정치 참여와 국가운영의 전문성에 대한 기술을 통해 양자 간의 조화를 주장하였다. 하지만 지방과 관련하여 그는 '지식의 집중, 집행의 분산'과 함께 중앙 통제의 불가피성을 주장하였다. 이는 지방이 스스로 통치할 만큼의 전문성과 능력을 갖추지 못하였다고 믿었기 때문이다. 이러한 논리는 재산이나 교육 정도에 따라 투표권을 차별해야 한다는 주장과도 상응한다.

오늘날에도 19세기 밀이 생각했던 것과 같이 중앙과 지방 간, 또 사람들의 재산과 교육의 정도에 따라 능력의 차이가 여전히 존재한다면 밀의 주장대로 중앙통제와 정치적 권한의 개인 간 차별이 합리화될 수 있다. 하지만 벌써 오래전에 보통교육이 정착되었고 간접세의 형태이기는 하지만 대부분의 사람들이 조세를 부담하고 있다. 따라서 민주국가에서 투표권에서의 차별은 이미 사라진 지 오래이다. 하지만 여전히 중앙과 지방의 차별은 남아 있다.

피상적으로는 대규모 조직을 가진 국가가 작은 단위의 지방보다는 사무가 잘 분화되어 있어서 전문성이 더 뛰어나 보인다. 상당 부분은 사실이지만 지방에 국한된 세부 사안, 예를 들어 지역의 상하수도나 도시교통 문제에 대해서는 각 지방이 국가보다 더 많은 정보와 높은 수준의 전문성을 가지고 있다.

이런 사실을 감안하면 밀의 주장 중에 정치 참여에 더 큰 가치를 두어야 할 것이다. 밀은 대부분 사람들은 자신이 속한 지역의 일에 있어 개인적인 삶을 넘어 공공의 일에 마음을 쓰는 경우는 없지만 공적인 일을 담당하게 되면 이 일들을 자기 일처럼 하게 된다고 보았다. 자신이 사회의 한 구성원이라는 소속감을 가지면서 동시에 사회 전체의 이익이 곧 자기 자신에게도 이익이 된다는 생각을 하게 된다는 것이다.

여전히 공공의 일에 관심이 없어서 자신이 속한 지역의 일에 무지한 사람이 많다는 것은 사실이다. 그렇다고 하여 이 때문에 엘리트주의를 합리화하는 것은 올바르지 않다. 공공의 일에 대한 주민들의 무관심은 극복의 대상이다. 이런 관점에서 영국은 2011년부터 로컬리즘법을 채택하여 지방분권과 주민참여를 정책적으로 추진하고 있다. 영국과 같은 사례는 지방자치의 입장에서 볼 때 다행이라고 할 수 있다. 이는 국가편의주의의 한계를 절실하게 경험한 결과 로컬리즘법이 나타났기 때문이다.

〈주요 참고문헌〉

Brilhante, A. A. and Rocha, F. J. S.(2011). Some Remarks on John Stuart Mill's account of Tocquevill's concern with the masses in democratic societies. ethic@-Florianopolis. 10(1): 43~63.

Chandler, James A.(2008). Liberal Justification for Local Government in Britan: The Triumph of Expediency over Ethics. *Political Studies.* 56: 355~373.

Mill, John S.(1861). *Considerations on Representative Government.* Grindl Press.

Sharpe, L. J.(1970). Theories and Values of Local Government. *Political Studies.* 18(2): 153~174.

제12장

딜런, 쿨리, 포덤과 미국의 지방자치

19세기 후반의 미국은 황금으로 도금한 시대라고 칭해질 만큼 폭발적인 경제의 성장과정에서 다양한 정치·사회문제가 야기되던 시대였다. 이런 와중에 지역개발정책에 대한 권한을 두고 주정부와 지방정부 간 마찰이 법정으로 비화하곤 하였다. 법적 분쟁에서는 주정부의 권한을 앞세운 딜런 판사와 전통적인 지방정부의 권한을 주장한 쿨리 판사의 판결이 대립하였다.

  성문법에는 규정이 없는 상황에서 딜런 판사가 판시한 룰이 주정부와 지방정부 간 관계에 대한 지배적인 견해가 되었다. 이에 반한 쿨리 판사의 독트린은 주헌법상에 자치권을 보장하도록 하는 홈룰 운동으로 이어지게 되었다. 후일 포덤은 홈룰의 새로운 모형을 제시하였는데 많은 주에서는 이를 채택하였다.

  미국은 세계에서 가장 분권적인 나라 중 하나로 미국만의 독특한 지방자치제도를 발전시켰다. 주는 도시와 농촌 등 지역의 사정에 따라 자치지역과 비자치지역으로 나누어져 있고 자치지역은 해당 지역에 맞는 자치헌장과 정부형태를 선택해 가질 수 있다. 이런 다양성 때문에 미국의 제도나 경험은 지방자치를 공부하는 사람들에게 시사하는 바가 크다.

Ⅰ. 시대적 배경

미국 지방정부의 자치권에 대한 이해를 넓히기 위해서는 법적 논리뿐만 아니라 역사적·사회적 배경과 함께 정치적 상황에 대하여 살펴볼 필요가 있다. 이는 미국이라는 나라의 지방자치가 여러 가지 복합적 요소에 의해 발전해 왔기 때문이다.[1]

미국의 지방자치는 필그림(Pilgrim)들로부터 시작되었다고 해도 과언은 아닐 것이다. 이들은 신대륙 상륙을 앞두고 선상에서, 영국의 통치권이 미치지 않는 새로운 땅에서[2] 새로운 삶을 위해 필요한 질서를 유지하기 위한 목적으로 1620년 메이플라워 협약(Mayflower

<그림 12-1> 메이플라워 선상의 사회계약 모습
(commons.wikimedia.org)

---

1) Libonati(1988)는 홈룰이 전통적인 관습과 관행, 지역사회의 자치전통, 법인체의 지위 인정 문제, 그리고 주권에 대한 논리라는 4가지 요소가 혼합되면서 발전해 왔다고 한다.
2) 메이플라워호는 당초 영국 국왕의 정착 허가를 받은 동인도회사의 땅인 뉴욕시 북쪽 지역을 향하였다. 하지만 항로를 이탈해 불가피하게 보스턴 남쪽 플리머스 지역에 상륙할 수밖에 없었다.

Compact)을 체결했는데 이것은 최초의 명시적인 주민들 간의 사회계약(Social Contract)으로 주민 스스로 합의한 자치정부 규약이라고 볼 수 있다.

그 후 청교도(Puritan)들이 이주하면서 플리머스(Plymouth), 살렘(Salem), 찰스타운(Charles town) 등에 지방정부가 형성되는데 이들은 매사추세츠(Massachusetts) 주의 식민정부보다 시대적으로 앞서는 것이다(Damrosch 2010: 102).[3] 1622년에 타운으로서는 보스턴이 맨 먼저 법인체로 승인(Incorporation)받았고, 1648년에는 프로비던스(Providence)도 헌장을 부여받았다. 1700년경에 이르러 더 많은 타운이나 바러(borough)가 독립 법인체로 인정받았는데 독립전쟁 전까지 20여 개의 자치도시가 만들어졌다(Viteritti 1995: 8).

자치도시의 일은 주로 타운미팅(town meeting)을 통해 처리되었다. 1831년 미국 뉴잉글랜드 지방을 여행한 토크빌은 『미국 민주주의』에서 타운십의 자치를 극찬하였다. 그는 인민주권 원리를 평가하고, 그 원리를 사회문제에 적용하며, 그 위험성과 이점을 예견하기 원한다면, 그것을 위해 살펴볼 대상은 세계의 여러 나라 중에서 당연히 미국일 것이라고 하였다(Tocqueville 1835: 75). 이때 지방자치는 인민주권 원칙하에 이루어진 것(Frug 1980: 1096)으로, 후일 이에 큰 영감을 받은 쿨리판사는 '자치권은 지방에 고유한 것'이라고 주장하였다.

19세기 중반 남북전쟁을 치른 이후 미국사회는 급격한 산업화, 유럽으로부터의 이민자의 대거 유입, 매우 빠른 도시화 등으로 정부가 해결해야 할 문제가 대폭 늘어나게 되었다. 또 서민들의 투표권

---

3) 이는 지방자치단체가 모여 주정부로 된 것을 뜻하는바 타운 등 자치단체가 주정부보다 먼저 생겨났다는 것이다.

과 정치 참여의 확대로 정부를 통한 상하수도, 공공주택 등 사회문제의 해결에 대한 욕구가 이전보다 크게 증대되었다.[4]

하지만 도시정부는 상공업자를 중심으로 한 유산계급의 경제적 이익을 위한 모임처럼 변모해 새로운 기능을 담당할 의향도, 능력도, 심지어는 의지도 없었다.[5] 도시정부가 그들만을 위한 사적인 협력체(private cooperation)로 전락한 까닭에 사회가 필요로 하는 공적 기능을 무시하였다. 브라이스경의 『미국연합 *The American Commonwealth*』(1888)은 당시의 미국 정치제도를 자세히 기술한 대작으로, 여기에서 그는 미국 도시의 정치 과잉과 전문적 행정의 부재, 사적 이익을 위해 공적 기관을 이용하는 정치인의 비열한 모습을 자세히 기술하였다. 토크빌이 극찬했던 1830년대 타운의 소박한 자치가 반세기 후인 1880년대에는 대도시의 타락한 자치로 전락한 것이다. 마크 트웨인의 소설 '도금 시대(Gilded Age)'를 따와 당시(1865~1893)를 명명할 정도로 급격한 부의 증대에 이은 금권정치(plutocracy)가 판을 치고 있었다.

이런 상황에서 주정부는 종래의 지방에 대한 불간섭주의를 버리고 적극적으로 문제 해결에 나서게 되는데, 주정부의 지방에 대한 간섭은 먼저 주의회가 도시정부의 권한을 제한하거나 박탈하는 것부터 시작되었다. 종래에 있던 왕립 도시헌장을 무효화하거나[6] 주정부의 의사를 특정 도시에 관철하기 위한 여러 형태의 특별법

---

4) 부르주아(제3계급) 중심의 지방정부 운영에서 투표권 확대로 인해 대중(제4계급)도 참여할 수 있는 형태로 바뀌게 된 것이다.

5) 그 예로 당시의 필라델피아의 시정부는 부유한 상인들의 모임 같은 것으로, 돈도, 권한도, 인기도 없는 존재로 전락하였고, 시는 새로운 행정수요인 보건, 안전, 복지 등의 공적 역할을 거부하였다(Libonati 1988: 11).

6) 필라델피아의 1776년 왕립 도시헌장이 그 예이다.

(Special Act)을 제정하였다. 하지만 주의 통제도 공익을 위한 것이라 기보다는 주의회 의원들의 사적이고 정치적인 이익을 취하기 위한 것도 많았다.[7] 이러한 상황에 대한 지방의 반발 또한 만만하지 않았다.

주-지방 간의 권한에 대한 성문법적 규정이 미비한 상황이었기 때문에 그 권한을 두고 양자 사이에 많은 소송이 제기되고 있었다. 이러한 배경으로 인해 야기된 소송사건의 판결에서는 두 가지 원칙이 등장하였는데 그중 하나가 딜런 룰이고 또 다른 하나는 쿨리 독트린이다. 아래에서 이들을 차례로 살펴본다.

II. 딜런과 딜런 룰

1. 생애

딜런(John F. Dillon, 1831~1914)은 뉴욕 주의 노스햄턴(Northampton)에서 태어났다. 아이오와(Iowa) 대학에서 의학을 전공하다가 진로를 바꿔 법학을 공부하였다. 1852년 아이오와 주 변호사로 등록 후에 카운티 검사, 순회법원 판사 등을 거쳐 1864년에 아이오와 주 대법원판사가 되었다. 대법원판사로서 1869년까지 재임 중 2년간 대법원장의 역할을 수행하였고 1869년 그랜트(Grant) 대통령 때에는 연방순회법원 판사로 임명되었다.

---

7) 당시 공과 사의 구분이 분명하지 않았다. 주 정치인들은 특별법을 제정하여 사적 이익을 추구하곤 하였는데, 그 사례로 민간이 건설하는 철도 사업의 비용을 해당 지역주민들이 일부 부담하도록 법을 만들어 뇌물을 챙기는 것이었다.

딜런은 1872년에 『지방자치단체법론 *Treatise on the Law of Municipal Corporations*』을 출간하였는데 이 책은 지방자치법 분야를 개척한 책으로 평가되고 있다.

1879년 연방판사직을 떠난 그는 컬럼비아(Columbia) 대학의 법학교수가 되어 1882년까지 재임하였다. 이후에 그는 예일(Yale) 대학의 법학교수(1891~1892)로도 재직했는데, 이 기간 중에는 미국 변호사협회의 회장직을 맡기도 하였다. 이

<그림 12-2> 존 딜런 판사
(commons.wikimedia.org)

후 1914년 사망할 때까지 뉴욕시에서 변호사로 활동하였다.

2. 딜런 룰

아이오와 주에서 대법관으로 근무하던 시절이던 1968년 딜런은 그 해 판결에서 "지방자치단체의 존재 자체나 그 권한은 전적으로 주의회로부터 나온다. 주의회는 지방자치단체가 생존할 수 있도록 생명의 숨결을 부여한다. 주의회가 지방자치단체를 창조한 것과 마찬가지로 주의회는 지방자치단체를 제거할 수도 있다. 또 제거할 수 있다는 것은 권한을 축소하거나 통제할 수 있다는 것이다"라고 하였다.[8]

---

8) 이 판결은 Clinton v. Cedar Rapids and Missouri River(R.R. 24 Iowa 455, 1868) 사건에 대한 것으로, 주의회가 부여한 민간철도회사의 Clinton 시내 도로에 대한 무상 취득권이 타당하다고

판결과 함께 딜런은 『지방자치단체법론』에서 다음과 같이 주장하고 있다.

> 지방자치단체가 법상으로 다음과 같은 권한만 갖는다는 것은 널리 인정되고 또 다툼이 없는 사항이다. 첫째, 명시적인 용어로 주어진 권한, 둘째, 명시적으로 주어진 권한에 필요하거나, 묵시적이거나, 부수적인 권한, 셋째, 단순히 편리하다거나 불가피하다는 권한이 아니라 지방자치단체의 명시된 목적에 필수적인 권한이다. 지방자치단체 권한의 존재 여부에 대한 다툼은 법원에 의해 그 권한을 부정하는 방식으로 결정되어야 한다(Mead 1997: 33 재인용).

딜런 룰에 의하면 지방자치단체는 주정부가 부여한 권한만을 행사할 수 있기 때문에 위임받거나 받게 될 권한에 대해서는 반드시 법원에 의해서 엄격히 해석되어야 한다. 또, 자치권은 보통법(관습법)상으로 인정되지 않기 때문에, 지방자치단체는 주의회의 재량으로 창조되거나 제거될 수도 있다. 고로, 지방은 주의회의 단순한 대리인으로서 명시적으로 부여된 권리만 행사해야 한다는 것이다.

딜런 룰은 당시의 부패하고 무능한 정치 및 행정의 문제가 사회적 배경으로 깔려 있다.[9] 딜런은 부패하고 무능한 지방자치단체의 문제를 해결하는 방안으로 지방이 가지는 권한을 제한과 동시에 지방을 강한 권한과 최고의 인재를 갖춘 주정부의 통제하에 두게 함

하였다. 주의회가 시정부에 시내 도로에 대한 명시적인 권한을 부여하지 않았기 때문에 주의회는 시의 동의나 보상 없이도 민간회사에 시내 도로에 대한 전적인 권한을 부여할 수 있다고 본 것이다(Gere 1982: 274~276). 즉, 시는 주의회에서 준 헌장 내에서만 권한을 가지므로 주의회가 승인한 철도회사의 시내 도로 위 철도건설을 시가 저지할 수 없다는 판결로, 이는 Clinton 지방법원에서 시내 도로에 대한 시의 권리를 인정한 판결을 상고심에서 뒤집은 것이다(Richardson 2011).

9) 미국은 유럽 국가와 달리 '정치가 지배하는 국가'로 발전하여 유럽 국가에서는 볼 수 없는 엽관주의(Spoils System)가 성행하게 된다. 연방, 주, 지방 모두 공무원을 능력이 아니라 정치적 연줄에 따라 임명하게 되면서, 행정은 무능할 뿐만 아니라 뿌리 깊은 부패가 만연한 영역이 되었다.

으로써 그의 민주적 이상을 실현하고자 하였다. 그러한 판결에는 사회개혁론자로서 소시민의 이익을 위하고자 했던 그의 개혁적인 사상이 담겨 있다(Frug 1980: 1109~1112).

그러나 딜런 룰이 갖는 법적 논리의 배경에는 국가나 개인만을 주권자로 간주했기 때문에 양 주권자의 가운데 있는 단위인 지방의 주권이나 그 주권 행사자로 지방자치단체의 독자적인 권한을 부정한다. 반면, 주민의 대표로서 주의회의 절대적 권한만을 인정하고 있다(Libonati 1988: 113). 또한 딜런 룰은 영국법의 월권(Ultra Vires) 금지의 전통에 따라서 주-지방 간의 관계를 단일국가 내의 관계로 보고 있다. 이런 논리는 서양 정치사상의 주류인 보댕, 홉스, 벤담의 국가주권의 논리를 이어받은 것이다.

딜런 룰은 주와 지방 간의 권한 관계가 법률상 불명확한 경우에 나타난 판례로서, 이는 유사한 사건에서 그 판례를 따르게 하는 법률 형성적 룰(A Rule of Statutory Construction)로 정립되어 폭넓은 지지를 받았다(Richardson 2011). 연방대법원은 피츠버그(Pittsburgh)시와 앨러게니(Allegheny)시와의 합병 사건에 대한 1907년 판결에서 다음과 같이 판시하였다.10)

> 지방자치단체는 주의 정치적 분할체이며, 주의 권한을 맡겨 편리하게 행사할 수 있도록 만든 기관이다. … 그 숫자나 이들에게 주어진 권한의 성격, 기한, 관할의 범위는 주의 절대적 재량하에 있다(Mead 1997: 35 재인용).

연방대법원은 통합 대상 지역 중 한쪽 도시의 주민 다수가 찬성

---

10) 이 사건은 Hunter v. City of Pittsburgh(207 U.S. 161 [1907])이다.

하는 경우라면 그 대상 지역은 통합될 수 있다는 펜실베이니아의 주법에 따라서 다른 한쪽 시의 주민 다수의 반대와는 상관없이 통합이 이루어졌다고 할지라도 이는 정당한 통합이고 합법적이라고 판시한 것이다. 그리고 1923년의 또 다른 판결에서도 딜런 룰을 확인하고 있다.[11)

> 지방자치단체에게는 주 입법의 범위를 넘어서는 고유한 자치 권한은 없다. 지방자치단체는 주의 한 부서이며 주는 필요에 따라 권한을 부여하거나 하지 않을 수 있으며 또 회수할 수도 있다. 활동의 범위가 크든 작든 간에 지방자치단체는 주의 창조물로서 주 주권의 아래에서만 그 권한을 행사할 수 있다(Mead 1997: 35 재인용).

연방대법원은 주와 지방 사이의 관계는 단일적이어서 지방자치단체는 주정부로부터 독립할 수 있는 권한이 없으며, 시티, 카운티, 타운, 타운십 등과 같은 지방자치단체 단위도 주정부의 창조물이기 때문에 주의 통제 아래에 있다고 보았다.

하지만 딜런 룰은 단순하게 지방은 주의회의 통제를 받는다는 표면적인 것을 넘어 다음과 같은 확대된 의미를 갖는다고 하였다 (Libonati 1988: 113). 첫째, 지방의 권한은 주입법이 명시적으로 지방에 부여한 것으로 한정되어야 하며, 둘째, 주의회의 지방에 대한 권한 부여는 주권을 분산시키는 것이므로 그 범위는 매우 좁게 해석되어야 하고, 셋째, 지방은 주에 종속적이기 때문에 양자 간의 법적 분쟁에 있어서는 법원은 주에 유리한 판결을 해야 하며, 마지막으로, 주헌법에는 관련 규정이 없기 때문에 지방은 주의 주권에 대해 도전할 권리가 없다는 것이다.

---

11) 이 사건은 City of Trenton v. State of New Jersey(262 U.S. 182 [1923])이다.

Ⅲ. 쿨리와 쿨리 독트린

1. 생애

쿨리(Thomas Cooley)는 뉴욕 주의 애티카(Attica)에서 농부의 아들로 태어났다. 그는 애티가 아카데미에서 법학과 문학을 공부하던 중인 1842년 연방 하원 의원의 지도하에 법무 실습을 하였다. 이듬해 그는 미시건주로 옮겨 법학을 계속 공부하였으며, 1846년에는 그곳의 변호사가 되었다.

쿨리는 변호사로 활동하는 중에도 문학과 정치에도 많은 관심을 두었다. 변호사로서 점차 명성을 쌓은 그는 1859년에 미시건 대학의 법학 교수로 임용되었으며 교수 재임 중에는 법학전문대학원 원장(1871~1883)으로 대학원 발전에 크게 기여하였다. 1864년 미시건주 대법원판사로 선출되어 대법관과 대법원장으로 20년간 재임하였다. 대학교수와 대법관직을 상당 기간 겸임한 것으로 보인다.

쿨리는 공화당원이었지만 정치적 견해의 차이로 인해 클리블랜드 대통령 당시에 연방 대법원판사에 임명되지 못하였다. 하지만 1887년 미국 최초의 독립규제위원회인 주간통상위원회(Interstate Commerce Commission)의 위원으로 임명되었다.

자유주의자인 쿨리의 대표적인 저술은 1968년 출간된 『헌법적 한계론 *A Treaties on the Constitutional Limitations*』으로 이 책은 미국 헌법을 가장 심오하게 분석하였다는 평가를 받았다. 그러한 그의 분석은 '오래된 자유의 종에 새로운 멜로디를 불어넣는 것으로 애국 시민의 가슴을 설레게 하는 것'으로 칭송받았다. 여기서 그는 다음과 같이 주장하였다.

우리 종족의 관습에 의하면 지방의 기관들은 보통법상의 입법권을 가진다. 이와 반대되는 주의회에 의한 어떤 제한도 금지된다. … 모든 미국 헌법은 지방자치제도의 계속성과 영속성을 보장하기 위하여 제정되었다(Wickmar 1970: 43).

쿨리는 자연법적 논리와 역사적 사실에 근거하여 지방자치권은 보통법상 인정된다고 주장하였다. 그리고 영국에서 대헌장 이래로 지방자치가 불문헌법상 인정된 것을 미국이 수입한 것이라 하였다(Syed 1966: 54).

2. 쿨리 독트린

<그림 12-3> 쿨리와 그의 저서
(commons.wikimedia.org)

쿨리는 지방법에 대한 새로운 시각을 전개하였다. 그는 당시 새로이 등장한 헌법적 원칙을 정리한 방대한 저작인『헌법적 한계론』에서 판례의 중요성은 인정되어야 하지만 이를 그대로 답습해서는 안된다(Gere 1982: 282)고 하였다.

쿨리는 수정헌법 제10조(Tenth Amendment)의 '연방에 위임되지 않는 권리는 주와 인민들에게 권한이 유보되어 있다'는 규정을 근거로 지방자치권 역시 영국 식민 시대 이후로 주민에게 유보되어 있다고 주장했다. 그는 또한, '지방자치단체를 가지는 것은 주민들의 절대적인 권리이기 때문에 주의회가 이를 폐지할 수 없다'고 하였다(Stroud 2014: 591).

쿨리의 판결에는 자치권이 주민의 고유 권리(inherent right)라는 주민주권 사상을 배경으로 두고 있다. 이러한 인식은 카운티 또는 타운 연합을 토대로 하여 주가 창설되었던 식민지 시대의 역사적 사실로 인해 강화되었다. 그의 판결은 지방자치단체에 대한 토크빌의 정치사상적 해석을 법적인 논리로 보강하고 발전시킨 것이다(Viteritti 1995: 11). 그는 판결에서 '타운십은 주로부터 특권을 받은 것이 아니라, 그 반대로 그들의 권한 일부를 주에게 양도한 것'이라는 토크빌의 주장을 인용하였다(Syed 1966: 60).

쿨리 판결의 사회적 배경에는 딜런의 판결과 마찬가지로 당시의 만연한 권력 남용과 부패라는 문제가 깔려 있었다. 하지만 그가 주목한 것은 딜런과는 반대로 지방의 부패가 아니라 주정부의 부패였다. 사실 정치적 부패는 더 큰 권한을 가진 주의회에서 더욱 심각하였다.[12]

쿨리는 민간회사가 건설하는 철도에 대해서 지방자치단체가 그 자금을 지원하도록 하는 주의 법과 관련한 판결에서 공공부문의 자금으로 민간을 지원하는 이 법의 정당성을 인정하지 않았다. 그는 지방자치단체를 보호하기 위해 다음과 같이 강력한 논조로 판시하였다.[13]

---

12) 한 예로 캘리포니아 주의회는 스탁턴(Stockton)시에 그 지역의 철도 건설에 소요되는 30만 달러를 민영철도회사에 기부하도록 하는 특별법을 제정하였다. 민간회사의 사적인 용도에 기부하기 위해 시민들에게 추가로 세금을 부담하게 하도록 하는 주법의 합헌성 여부에 대한 1871년 소송에서 주법원은 딜런 룰에 따라 의회의 손을 들어 주었다. 사실 주의회는 딜런의 룰을 믿고 권한을 남용하였고 주법원은 이를 용인한 것이다(Stroud 2014: 595 재인용).

13) 사건은 People Exrel Droit & Howell Railroad v. Township Board of Salem(1864)이다.

주의 과세권은 단순한 사적 목적이 아니라 공적 목적으로 부과되어야 한다. 세금은 오로지 공공목적을 위해 수입을 조달하는 것이다. 공공의 이익이나 복지와 관련되지 않는 세금은 더 이상 세금이 아니라 약탈이다(Barron 1999: 525 재인용).

또 쿨리는 미시건 주의회가 특별법을 제정하여 디트로이트(Detroit) 시의 공공사업위원회(Board of Public Works)를 만든 후에 주의회 스스로가 그 위원회의 위원 임명권까지 행사하려는 것과 관련된 소송에서, 주의회는 위원회의 위원을 선출직 혹은 임명직으로 할 것인가에 대한 권한만 가질 뿐 의회가 직접 위원 임명권을 갖지 못한다고 판시하였다.[14] 이는 주의회의 지방인사 관여를 배제한 것으로 지방자치단체의 독자적인 자치조직권을 인정한 판례이다(Richardson, Zimmerman and Puentes 2003: 9). 이는 지방정부의 공직이 주의회나 정당의 전리품 (spoils)이 되는 것을 막기 위한 판결이기도 하다(Barron 1999: 533). 또, 쿨리는 주가 정책적 판단이나 편의에 따라 지방제도를 개편할 수 있지만 지방자치권은 절대적 권한이므로 이를 박탈할 수 없다고 하였다(Syed 1966: 16).

쿨리 판결의 사상적 배경에는 자유주의자로서 '주민의 자기지배능력'에 대한 그의 강한 믿음이 있었다.[15] 그는 지방자치단체가 지역의 사정을 가장 잘 알기 때문에 지방은 주정부의 정치인들이 공익을 위장한 사적인 이익 추구 여부를 식별할 수 있다고 보았다. 즉, 주에 속한 기관은 사익에 의해 지배받을 가능성이 큰 반면에 지방의 공공영역은 헌법적 원칙에 맞게 수호될 수 있다고 본 것이다

---

14) 우리의 경우 광역자치단체의 행정부시장, 행정부지사와 기획조정실장을 국가공무원으로 하여 국가가 인사권을 행사하는 것과 비슷한 맥락이다.

15) 대중에 대한 믿음은 흔히 잭슨(Jackson) 민주주의로 표현된다. 딜런도 자유주의자이지만 주민 (대중)의 능력에 대한 믿음이 쿨리보다는 약했다고 한다.

(Barron 1999: 515~521).

지방자치단체의 헌법상 권한을 인정하는 쿨리의 판결은 인디에 나, 켄터키, 텍사스, 아이오와 등에서 상당한 지지를 받았다. 하지만 딜런 룰이 연방대법원의 지지를 받은 것과 같은 폭넓은 지지는 얻지 못했다. 지방에서의 자치권이 지방의 고유한 권리라는 쿨리의 논리가 많은 법관들에게 생소하였기 때문이다. 이뿐만 아니라 당시 민간에 의해 건설되던 철도의 공공성과 더불어 사유재산을 중시하는 사회적 분위기도 한몫을 하였다(Gere 1982: 283~294). 그 결과 쿨리의 판결은 법적인 면에서 룰(rule)이 되지 못하고 독트린(doctrine) 정도에 머무를 수밖에 없었다.

하지만 쿨리 독트린은 홈룰 운동의 정신적 지주가 되어 엄청난 정치적 변화의 촉매제가 되었다. 여러 주에서 쿨리 독트린에 따라 헌법에 홈룰을 규정하기 시작했다. 헌법상에 규정된 홈룰은 미주리 (Missouri) 주가 1875년 주헌법에 '10만 이상의 모든 시'에 헌장을 부여할 것을 처음으로 규정한 이후에, 캘리포니아(1879), 미네소타 (1896), 워싱턴(1889) 등의 주에서도 주헌법에 이를 규정하였다.

주헌법상의 홈룰에 따라 많은 도시에서 홈룰 헌장이 만들어졌다. 이때 제정된 홈룰 헌장을 흔히 재산소유자(Freeholder) 헌장이라 한다. 이는 당시의 자유주의 사상을 반영한 것으로 정부규제를 최소화하여 지역 상공업자의 경제활동의 자유를 보장하는 보수적인 색채를 띤 것이다(Barron 2003: 2296). 또 이때 홈룰은 지방에 광범한 입법권을 주어 딜런 룰을 약화시키면서 지방의 사안에 대한 주정부의 간섭을 배제하여 지방자치단체에 자유를 준다는 의미를 담고 있다 (Spitzer 2015: 818~819).

IV. 홈룰과 포덤의 입법형 홈룰

19세기 후반에 시작된 홈룰 운동의 첫 번째 물결은 20세기 초반까지 지속되었고, 두 번째는 1950년대에 나타나 1960년대에 절정을 이루었다. 첫 번째 홈룰 모형이 임페리오형이고, 두 번째가 입법형이다.

1. 임페리오형

전통적 홈룰 모형인 임페리오(Imperio)형에서 'Imperio'는 라틴어인 'Imperium in Imperio'에서 나온 것으로 '하나의 정부 내의 또 다른 정부'라는 의미이다. 주정부 안에 있는 지방자치단체가 지방 사안에 대해서는 주권을 갖는다는 의미에서 명명되었다. 이 모형은 주가 지방자치단체를 창조하기는 하였지만 그럼에도 지방의 사안에 대해서는 지방이 독자적인 권리를 갖는다고 본다(Baker and Rodriguez 2009: 1342).

임페리오형은 19세기 후반에 홈룰이 헌법에 규정되기 시작할 때 나타난 것으로 캘리포니아, 오리건, 오하이오 주 등에서 채택되었고, 12개 정도의 주에서는 아직도 채택하고 있다. 이 모형은 지방의 사안과 주의 사안이 별개로 구분된다는 점에서 연방주의 모형 중 레이어 케이크(Layer-cake) 모형의 논리와 유사하다.16)

임페리오형은 주의 사안과 지방의 사안을 구분한 후에, 지방의 사안에 대해서는 지방의 이니셔티브와 주정부로부터의 면책을 인정함으로써 홈룰의 이상을 실현하고자 하였다. 법적 관점에서 이

---

16) 다른 이름으로 이중 연방주의(Dual Federalism) 모형이라고도 한다.

모형은 첫째, 지방은 지방 사안에 대해서만 권한을 행사할 수 있다는 견지에서 권한의 한계를 설정하는 동시에, 둘째, 주는 지방 사안에 대해서는 선점권을 행사할 수 없다는 내용을 담고 있다(Dalmat 2005: 104).

이 모형의 가장 큰 문제는 주헌법의 규정이 애매모호한 경우가 많아서 주와 지방의 사안을 구분하기 위해서 사법적 판단이 필요하다는 것이다. 주법원에서 주 전체적 사안과 지방 사안을 구분하는 데 보통 다음의 기준을 사용한다; ① 주 전체적으로 획일적 규제의 필요성, ② 외부적인 효과로 다른 지방자치단체에 미치는 영향, ③ 사안이 전통적으로 주의 것인지 아니면 지방자치단체의 것인지에 대한 역사적 고찰, ④ 주헌법에서 특정 사안의 처리를 주와 지방자치단체 중에 어디를 지목하고 있는가이다(Bake and Rodriguez 2009: 1351).

2. 포덤과 입법형 홈룰

홈룰을 인정하고자 하는 대부분의 주에서는 임페리오형의 방식으로 지방에 권한을 부여하는 것에 대해 거부감을 표시하였다. 이런 중에 1953년 AMA는[17] 포덤 교수에게 의뢰하여 새로운 홈룰 모형을 만들었다. 대도시권 문제 해결에 적합하다고 생각되는 새로운 홈룰 모형은 입법(Legislative)형이라 이름 붙여졌는데, '주와 지방이 입법의 범위에서 대등하다'는 의미를 담고 있기 때문이다(Dalmat 2005: 106).[18]

---

17) American Municipal Association의 약자이다. 이 단체는 후일 NLC(National League of Cities)로 개칭하였다.

18) 다른 이름으로 Zimmerman(1995)은 Fordham의 '주 권한의 광범한 이양 계획'이라는 의미에서 'Devolution of Power' 모형이라 명명하고 있다. 또 다른 이름으로는 이 모형을 만든 단체의 이름을 따서 NLC(National League of Cities) 모형이라고도 한다.

포덤(Jefferson Fordham, 1906~1994)은 노스캐롤라이나 대학에서 학사와 석사 학위를 그리고 예일 대학에서 박사학위를 받았다. 그 후 그는 워싱턴 DC에서의 공직생활, 뉴욕시에서의 변호사 활동에 이어 제2차 세계대전 때는 해군에도 복무하였다. 전역 후 오하이오 대학의 법학전문대학원 학장(1947~1952)과 펜실베이니아 대학의 법학전문대학장(1952~1970)을 역임하였다.

포덤의 저술 중 가장 잘 알려진 것은 『홈룰의 헌법적 모형 *Model Constitutional Provisions for the Municipal Home Rule*』과 『지방정부법 *Local Government Law*』이다. 전자는 지방정부에 입법권을 부여하는 것과 주 의회가 지방정부의 권한을 제한하는 것을 분명히 구분함으로써 임페리오 모형에서 혼란이 많았던 홈룰의 개념을 분명히 한 것이다. 후자는 법적 사례에 대한 책(case book)으로 종래 지방의 법적 문제가 도시단체(municipal corporation)에 한정되던 것을 지방정부 전체로 확대한 것이다.

포덤이 주장하는 홈룰 모형의 핵심은 정부의 일을 지방의 사안과 주 전체에 대한 사안으로 나눌 수 있다는 종래의 가정을 버리고 지방이 모든 어떤 사안이든지 우선하여 입법권을 행사할 수 있다는 것이다. 딜런 룰에서의 지방은 주에서 부여한 권한만 행사할 수 있다고 한 논리와는 정반대의 논리이다. 한편으로 입법형은 한때는 분명히 지방의 사안이더라도 시간이 지남에 따라 주 전체의 사안으로 바뀔 수 있다는 논리에 따른 것이기도 하다. 다시 말하면 산업화·도시화와 함께 공공부문이 확대되면서 종래의 지방의 관심사항이 주 전체의 관심사항으로 바뀔 수도 있음을 전제한 것이다.[19]

---

19) 한 예로, 중심도시 관할 바깥 구역의 편입(Annexation) 권능을 해당 중심도시에 부여하는 대신,

입법형이 지방의 이니셔티브를 확대하고 있다는 견지에서 보면 지방의 권한이 크게 커지는 것처럼 보이지만 사실 그렇지만은 않다. 다른 측면에서 보면 지방의 면책(immunity) 범위를 좁히는 대신 주의회의 선점권(preemption)을 폭넓게 인정하는 것이기 때문이다. 주가 선점권을 행사하여 사실상 지방에 주어질 권한의 범위를 정한다는 측면에서는 딜런 룰과 유사하다(Zimmerman 1995: 30). 따라서 이 모형에서 지방이 적절한 홈룰 권한을 가지기 위해서는 주의회가 선점권 행사를 자제하는 주의회의 지방에 대한 우호적인 정치적 분위기가 요구되기 때문이다.

입법형 홈룰은 1960년대와 그 후의 주헌법상 홈룰 도입에 큰 영향을 미쳤다. 매사추세츠(1965), 노스다코타(1966), 플로리다(1968), 펜실베이니아(1968), 일리노이(1970), 아이오와(1972), 몬태나(1972) 등 약 30여 개 주에서 입법형 홈룰을 채택하였다. 입법형이 제시되고 나서는 대부분 주의 주헌법에서는 이 모형을 채택하는 것이 대세가 되었다. 그럼에도 불구하고 오리건 주는 1958년 임페리오형을 채택한 적이 있고, 플로리다, 일리노이, 뉴욕 주에서는 양 모형을 혼합한 형태를 채택하였다(Zimmerman 1995: 45). 홈룰의 오랜 전통을 가진 주 중에는 미주리 주가 유일하게 종전의 임페리오형을 버리고 입법형으로 갈아탔다.

3. 홈룰 모형과 선점권 유형

오늘날 복지, 환경, 보건, 노동 등의 삶과 직접적 관련이 있는 분

주가 중심도시와 주변지역을 통합(Consolidation)할 수 있는 권한을 부여하는 것이다.

야는 주와 지방 모두의 관심 영역이고 각자의 필요에 따른 입법의 필요성이 있는 분야이다. 주의 선점권은 이런 분야에서 홈룰을 적용하는 데 있어 큰 제약으로 작동한다.

선점권은 입법형 홈룰의 적용에 있어 특히 이슈가 된다. 딜런 룰은 주에서 준 권한의 행사만을 허용하기 때문에 지방의 독자적인 입법권 자체는 아무런 문제가 되지 않고 오직 월권만이 문제가 된다. 한편 임페리오형 홈룰은 지방사무에 대해 지방이 온전한 권한을 갖는 것이 원칙이기 때문에 주의 선점권이 논리상으로 제약된다. 반면, 입법형에서는 모든 사무가 주와 지방의 입법 대상으로 주의회가 전체적 사안에 대해 명시적으로나 묵시적으로 선점권을 행사할 수 있기 때문이다.

선점은 몇 가지 형태로 구분할 수 있는데, 우선 명시적 선점과 묵시적 선점으로 나누어진다. 명시적(expressed) 선점은 주법에서 명시적으로 특정 사안에 대해 주법이 지방법에 우선한다는 것을 선언하는 것이다. 묵시적(implied) 선점은 규제 사안이 매우 세부적이고 미묘하여 어느 한쪽의 권한으로 정하기 어려운 경우에 사법기관에서 주의 선점권 존재 여부를 판단하게 하는 것이다.

묵시적 선점은 다시 상충선점과 영역선점으로 나누어진다. 상충(conflict)선점은 지방법과 주법을 적용해야 하는 경우에 그 법의 적용 자체가 서로 반해서 직접적으로 충돌하는 양태로, 주법은 허용하는데 반해 지방법은 금지하거나 그 반대로 지방법은 허용하는데 주법은 금지하는 경우이다. 이 경우 지방법의 집행은 불가능하다. 영역(field)선점은 지방법의 규정이 주법의 구체적이고 포괄적인 규정과 불일치할 경우 양자 간의 실제적인 충돌 여부에 관계없이 주법이 우선하는 것이다. 그러므로 묵시적 선점과 상충선점의 경우에는 모두 주정부의 권한이 우선한다.

입법형의 경우에는 영역선점이 일반적으로 인정된다. 반면, 임페리오형의 경우 그 사안이 주의 사안인지 아니면 지방의 사안인지를 살펴봐야 하는 추가적인 판단의 여지가 남아 있다. 영역선점의 경우 주가 특정한 분야에 대해서는 지방의 권한을 부정한다는 점에서 홈룰의 본래적 취지에 맞지 않는다는 주장이 많다.

묵시적 선점의 경우에는 성격상 주와 지방 간에 권한의 다툼이 많을 수밖에 없다. 예를 들어 뉴욕 주의 경우에는 지방법 중에서도 주가 묵시적으로 선점하고 있는 것들이 상당히 존재하는데, 그 예로 성범죄자(sex offenders)에 대한 주거 규제, 최저임금, 도로건설, 지방세, 술집 영업시간 규제, 낙태 지역 규제, 발전소 입지 등에 대한 것이 있다(NYSBA 2016).

V. 홈룰과 딜런 룰의 비교

1. 홈룰의 의의

홈룰이 무엇인지에 대한 명확한 규정은 없다. 그러나 분명한 것은 이 개념은 주-지방 사이에서 권한과 기능의 배분에서 정치적·법직 측면뿐만 아니라 정서적인 측면(state of mind)까지도 포함하고 있다. 홈룰은 주와 주에 속한 지방들과의 관계에서 '오로지 지방의 문제'에 있어 자치라는 의미이지 모든 지방의 문제에 대한 완전한 자치라는 의미는 아니다(Vanlandingham 1968: 279~280).

<그림 12-4> 홈룰의 이미지
(law. marquette.edu)

이에 법률적 측면에서 적극적으로 홈룰의 의미를 규정하려는 노력이 있었다. ACIR(1993)은 홈룰의 법적 요소를 ① 지방에 입법상 이니셔티브를 부여하고, ② 주의회의 간섭으로부터 자유로우며, ③ 주법원은 지방의 재량에 유리한 쪽으로 판결함을 규정한다. 하지만 위 세 가지 요소를 다 갖춘 홈룰 주는 찾아보기 쉽지 않다. 대부분의 주에서는 지방의 이니셔티브를 인정하고 있지만, 면책과 재량 인정에는 인색하기 때문이다.

그러나 홈룰은 다음 4개 영역에서 지방의 재량권이 어느 정도 인정된다(ACIR 1993). 첫째, 자치조직권으로 정부형태와 내부 조직에 대한 권한, 둘째, 자치사무권으로 지방이 수행할 기능을 선택하는 권한, 셋째, 자치재정권으로 지방세나 세외수입, 부채, 지출에 대한 권한, 넷째, 자치인사권으로 인력의 규모, 채용이나 근무조건 등이다. 홈룰은 지방에 이러한 권한을 보장함으로써 지방은 새로이 야기되는 지방 문제에 신속하게 대응할 수 있을 뿐만 아니라 주의회는 지방 문제를 해결해야 한다는 부담을 덜게 된다. 그뿐만 아니라 지방 스스로 지역의 문제를 해결하기 위해 애써야 하기 때문에 주민들의 참여의식과 창의적인 문제해결 능력도 높아지게 된다.

2. 비교

딜런 룰과 홈룰을 비교하면 다음 <표 12-1>과 같다. 등장 시기로
보면 딜런 룰과 홈룰의 임페리오형은 19세기 후반이고 입법형은
1950년대이다. 등장에 기여한 인물은 딜런 룰은 딜런 판사이고, 임
페리오형은 쿨리 판사이며, 입법형은 포덤 교수이다. 딜런 룰은 지
방에 대한 주의회의 통제, 임페리오형은 지방 사안에 대한 지방의
권한 인정, 입법형은 모든 사안에 대해서 주와 지방의 권한 인정을
법률적으로 규정한 것이 핵심이다.

딜런 룰하에서는 지방은 주에서 부여받은 만큼의 권한만 행사할
수 있기 때문에 이니셔티브나 면책, 그리고 주의 선점권이 처음부터
없거나 문제가 되지 않는다. 임페리오형에서 이니셔티브는 지방의
사안으로 그 권한의 범위가 한정되어 있기 때문에 그 범위가 좁다.
대신에 면책의 범위가 넓고 주의 선점권은 협소하다. 반면, 입법형

〈표 12-1〉 자치모형의 비교

	딜런 룰	홈룰	
		임페리오형	입법형
등장 시기와 주요인물	19세기 후반 J. Dillon	19세기 후반 T. Cooley	1950년대 J. Fordham
핵심	주의회 통제	지방 사안에 대한 지방 권한 인정	모든 사안에 대해 주와 지방의 입법권 인정
이니셔티브 (입법 범위)	없음	좁음-지방 사안	넓음-모든 사안
면책의 범위	없음	넓음	좁음
주의 선점권	-	협소함 (공동사무에만)	광범함
문제점	논리적으로 자치권이 보장될 수 없음	주의 사무와 지방 사무의 구분의 어려움	주의 선점권으로 자치권을 유명무실하게 함

출처: 필자가 작성

에서는 이니셔티브의 범위가 매우 넓은 대신에 면책의 범위가 좁고 주의 선점권의 폭은 넓다.

앞선 논의를 요약 정리하면 다음과 같다. 첫째, 딜런 룰이 갖는 논리적 한계에 따른 사법적 판단의 한계를 극복하기 위해 정치적 방법인 주헌법 개정을 통하여 홈룰을 도입하였다. 둘째, 임페리오형 홈룰의 한계로 드러난 주의 권한에 대한 논란을 피하고 지방의 광범한 입법권과 동시에 주의 광범한 선점권을 인정하는 입법형 홈룰이 고안되었다. 셋째, 홈룰 모형의 적용에서는 지방에 대한 주의 입법 통제나 사법 통제만 있지 행정적 통제는 찾아보기 어렵다. 넷째, 홈룰이 헌법상 도입되는 데는 쿨리 독트린에서 나타나는 주민의 자치 능력에 대한 신뢰가 큰 역할을 하였다. 마지막으로 입법형 홈룰은 지방에 광범한 이니셔티브를 인정하여 지방 문제해결의 여지를 넓힐 뿐만 아니라 오늘날 중시되는 지방 차원에서의 정책 실험을 용이하게 하는 이점이 있다.

VI. 딜런 룰과 홈룰의 유산

딜런 룰과 홈룰 등 지방자치권에 대한 상이한 견해는 미국의 독특한 지방자치제도를 발전시켰다. 여기서는 자치지역과 자치헌장의 종류를 살펴본다.

1. 지방자치지역의 탄생

지방자치단체의 헌장은 지방자치단체에서는 헌법과 같은 것이다.

통상적으로 이 헌장은 지방자치단위가 인정되면 주의회의 승인을 거쳐 부여된다.20) 주의 통치목적으로 만들어진 카운티 안에 있는 특정 지역이 도시화되어 자치의 필요성이 생겨나게 되고 동시에 자치에 대한 가능성이 인정된다면 그 지역을 법인화하여 자치시(municipality)로 만든다. 이런 지역은 보통 사람들이 많이 사는 고밀도 지역으로서 보통은 시(city), 드물게는 타운(town), 타운십(township)으로 불린다. 반면, 법인화되지 못한 지역은 비자치지역(unincorporated Area)으로 남게 된다.

비자치지역이 자치지역으로 전환되는 것은 지역적 필요에 의한 경우이다. 시골 지역이 도시화되면 상·하수도, 교통, 공원, 쓰레기 처리 등에서 카운티 정부가 제공할 수 있는 것보다 더 많은 공공서비스를 필요로 하게 된다. 이 경우에 주민들은 이러한 공공서비스 충족을 위해 그들만의 독자적인 지방정부를 원하게 된다.21) 물론 공공서비스 충족 외에도 지역 공동체의 정체성 보존, 지역경제발전, 중심도시에 의한 강제적인 편입 저지 등을 목적으로 새로운 지방정부를 만들기도 한다.

새로운 자치지역이 되는 것, 즉 독립된 지방자치단체의 지위를 인정받는 것은 통상적으로 지역사회 주민들의 청원(petition)으로부터 시작된다. 주법에 정해진 일정 수 이상의 주민의 서명 요건이 충족되면 그 청원은 카운티와 주의 심사기관에 넘겨지고, 자치능력을 심사받게 된다. 심사에서는 자체적인 재원 조달 능력, 토지사용, 다른

---

20) 주가 통치 목적으로 구역을 분할해 만들어진 카운티에도 헌장이 주어진 경우가 많다.

21) 통상적으로 카운티는 주민의 출생이나 사망 같은 인적 장부나, 집이나 토지 같은 부동산 등 물적 장부의 정리, 지방세 부과 및 징수, 선거관리, 카운티 경찰과 교도소 운영을 담당한다. 반면, 시의 경우 일상적 치안, 소방, 상수도, 하수도, 공원, 운동장이나 컨벤션 센터 관리 등의 서비스를 제공한다.

지방정부와의 관계 등을 고려하여 자치지역화, 즉 법인화가 바람직한 것인가를 판단한다. 이런 심사를 거쳐 자치지역이 되면 자치헌장에는 자치구역, 자치권, 자치사무, 자치조직 등이 규정된다.

미국에서는 이런 방식의 법인화를 통해 매년 상당수의 새로운 자치도시가 탄생하고 있다. 비자치지역이 자치지역으로 전환하는 것이다. 하지만 그 반대의 경우도 있다. 카바존(Cabazon, 인구 2,500여 명)시는 1955년에 자치시가 되었지만 인구감소, 부정부패, 지역경제 피폐 등의 사유로 1972년에는 비법인화(disincorporation)되어 자치단위로서의 지위가 상실되었다. 캘리포니아 주에서 가장 작은 자치시인 버넌(Vernon, 인구 100여 명)은 시정부의 심각한 부정부패 때문에 2011년 주의회가 버넌의 자치시로서의 지위를 박탈하는 것에 대해 논의하기도 하였다.

한편 흥미롭게도 살림이 극도로 어려워진 자치시가 재정적 부담을 줄이고 파산을 면하기 위해서 스스로 자치단체의 지위를 포기하려는 경우도 있다. 그 예로는 리오 비스타(Rio Vista, 인구 7,300여 명)와 발레이오(Vallejo, 인구 115,000여 명)시가 있다. 워싱턴 주의 스포캔 벨리(Spokane Valley)에서는 주민들이 세금과 시설사용료 인상에 반대하며 시정부의 비법인화, 즉 지방자치단체의 해체를 통해 그들의 부담을 줄이는 것을 추진하기도 했다(White 2009). 비자치지역이 되면 자치시에 납부해야 하는 지방세가 없어져 주민 부담이 줄기 때문이다.

2. 헌장의 종류

지방정부는 주의 창조물로 주정부는 자치헌장의 형식으로 지방에 권한을 부여한다. 헌장의 종류로는 특별법 헌장(Special Law Charter),

일반법 헌장(General Law Charter), 홈룰 헌장(Home Rule Charter)의 세 가지가 있다.

특별법 헌장은 주의회가 특정 도시에 개별적으로 부여하는 헌장이다. 이 헌장은 중세 봉건 영주가 도시에 특권을 부여하던 것에서 유래되었다고 할 수 있는데 미국에서는 역사가 오랜 동부나 서부의 주에서 채택되던 헌장이지만 지금도 여전히 남부의 몇몇 도시에서 볼 수 있다. 헌장을 제정 또는 수정할 경우에는 그때마다 주의회의 특별법이 필요하다.

일반법 헌장은 가장 널리 사용되는 것인데 주의회가 여러 지방정부에 공통되는 하나의 헌장을 부여하는 것을 의미한다. 카운티와 특별구(special district)에는 보통 이 헌장이 부여된다. 이 헌장은 특별법 헌장에 비하면 보다 덜 제한적이지만 홈룰과 비교했을 때는 자치권은 약하고 주 의존도는 높다는 특징을 보인다. 일반법 헌장의 범주에는 주정부가 일정한 기준을 가지고 만든 몇 가지 유형의 헌장 중에서 지방이 이를 선택하도록 하는 분류선택 헌장(Classified Charter)과 주정부가 2개 이상의 헌장을 제시하고 그중 하나를 주민투표를 통해 그들 지방의 헌법인 헌장을 직접 선택하도록 하는 선택 헌장(Optional Charter)이 있다.

홈룰 헌장은 19세기 후반에 등장하였는데 이는 주법의 일정한 한계 내에서 지방의 자치를 허용하는 독자적인 헌장을 지방 스스로가 만들 수 있게 한 것이다. 산업화와 도시화에 따라 도시가 더 많은 자치권을 필요로 하게 되면서 지역 스스로가 헌장의 초안을 만들게 하고 주정부가 승인해 주는 홈룰 헌장이 인기를 얻게 되었다.

VII. 우리 지방자치에 대한 시사점

미국의 지방자치제도는 매우 독특하다. 우리나라처럼 전국이 모두 자치지역으로 구성된 것이 아니라 자치지역이 아닌 비자치지역도 있다. 또 우리와는 다르게 대부분의 지방자치단체마다 별도의 헌장을 가지고 있고 동시에 각 지방정부의 조직형태도 다양하다. 미국의 자치제도에 대한 이해를 기반으로 우리나라의 자치제도, 자치권, 분권운동을 비교하고 그 시사점을 살펴본다.

1. 자치제도에 대한 시사점

역사적으로 주민자치가 발전한 미국의 경우에는 도시지역을 중심으로 주민들이 원하는 지역만이 자치단위로 법인화되고 헌장을 부여받을 수 있다. 이에 비해 우리는 대륙법계의 단체자치 전통을 따르고 있어 모든 지역은 자치단위가 되는데 이러한 자치의 근거는 국가의 일반법, 즉 지방자치법이다. 우리도 미국의 경우와 같이 지리적·재정적으로 실질적인 자치가 어려운 지역을 비자치지역으로 하고 그 대신에 이 지역에 지방세를 없애는 동시에 공공서비스는 광역자치단체에서 제공하는 방안을 생각해 볼 수 있다.[22]

또 지역의 실정에 맞는 지방자치 헌장 부여도 고려해 볼 수 있다. 자치헌장과 관련해 광복 1주기를 맞아 제정된 '서울시헌장(Charter of the City of Seoul)'과 1995년 조순 전 시장이 추진하려 했던 '서울특별

---

22) 현재 지방재정자립도가 15% 미만인 자치단체가 44개, 15% 이상 20% 미만이 51개이다. 일본의 마스다 히로야(전 일본 총무대신)가 쓴 책 『지방소멸』의 분석 방식을 차용해 우리나라의 시군별 인구를 전망한 결과 30년 후 인구가 사라질 위험이 큰 지자체는 전체의 1/3인 80곳에 달한다고 한다(중앙일보 2016. 5. 8.).

시법'은 주목할 만하다. 먼저 서울시헌장(1946년 8월 10일)은 당시 한국에 주둔하던 미군에 의해 제정되어 1946년 9월, 군정법령 106호로 공포되었다. 이로써 서울시는 경기도에서 분리되었고 각 도와 대등한 행정단위로 격상되어 특별시라는 명칭을 부여받았다. 헌장의 사진과 헌장내용, 특별시 명칭의 유래는 다음과 같다.

〈 문서 〉

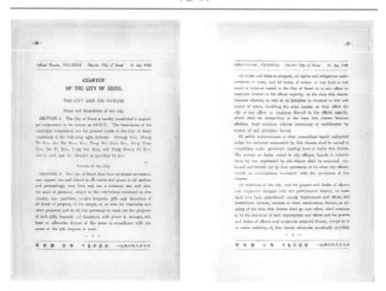

1. 서울시헌장 (1946. 08. 10) Charter of the City of Seoul

<그림 12-5> 서울시 헌장

서울시 헌장의 관련 자료와 주요 내용은 다음과 같다.

<서울시 헌장의 주요 내용>

1. 경성부를 서울시로 개칭하고 특별시로 승격, 8개 구 설치
2. 시정의 집행기관으로 시장, 행정장관, 공영부, 소방부, 학무부, 공영사업부, 보건위생 부, 후생부, 상공부의 설치
3. 입법기관인 참사회 설치: 15명의 회원은 시민투표로 선출
4. 교육회, 허가소원회, 공원위원회, 예술위원회, 도시계획위원회 설치
5. 각종 위원회와 법무관, 재정관리관, 회계검사관, 인사처 등 설치
6. 시장, 회계검사관, 법무관 및 재정관리관의 시민투표에 의한 선출

출처: 서울특별시사편찬위원회(1983). 시사자료Ⅱ(1945~1961.5.). 327, 475

손정목(2002)은 서울시 헌장은 샌프란시스코(San Francisco)시의 헌장을 모델로 하여 제정되었다고 한다. 그리고 'Seoul Established as Independent City'에서 'Independent City'가 '특별시'로 번역되었는데, 특별시(Special City)라는 명칭은 세계 어느 곳에서도 찾아볼 수 없다고 하였다(손정목 2002: 98). 미국에서 'Independent City'라는 말은 시가 카운티 구역 안에서 그 산하에 있지 않다는 말이고, 이런 시는 버지니아 주에서만 상당수 존재할 뿐이다. 샌프란시스코는 법적으로 카운티와 시가 하나로 통합된 곳으로서 시와 카운티 양자의 법적 지위를 모두 가지고 있다.

이런 서울시 헌장은 대륙법계 자치를 제도화한 지방자치법이 1949년 제정됨으로써 역사 속으로 사라지게 되었다. 하지만 1995년 당선된 조순 서울시장은 지방자치 시대가 개막됐지만 살림살이의 틀은 여전히 중앙집권 시대의 그 상태 그대로 유지되고 있음을 지적하며, 중앙정부의 획일적 지침에 구애받지 않는 독자적 행정의 필

요성을 강조하였다. 그러면서 그는 서울이 대한민국의 수도로서 세계 유수의 대도시로 발전하기 위해서는 특별시의 위상에 걸맞은 '서울특별법'을 되살려야 한다고 주장했다(동아일보 1995.9.5.).[23]

법적인 측면에서 자치권은 주나 국가의 주권 아래 있다고 모두 인정하지만, 그 범위의 설정에서 미국은 딜런 룰과 홈룰이 혼재하는데 비해 우리의 경우는 아직까지 이에 상응하는 홈룰을 찾아보기가 어렵다. 자치권의 범위와 관련해 미국의 경우에는 동일 사안에 대해 시헌장이 주 일반법에 우선한다. 이에 비해 한국의 경우에는 국가의 법률뿐만 아니라 행정부처의 명령까지도 지방의회가 제정한 조례에 우선하고 있다. 기능적 측면에서 보면 미국의 경우에는 지방은 지방 사안에 대한 광범한 권한을 가지는 데 비해 우리는 지방자치법에 기능이 예시적으로 열거되어 있음에도 불구하고 다른 법률이 지방자치법보다 우선하도록 하기 때문에 사실상 권한의 범위가 좁다.[24]

근래 복지사무에 있어 국가와 지방자치단체 간의 갈등의 심화로 인해 서울시와 성남시에서는 청년수당에 대한 문제를 놓고 헌법재판소에 '권한쟁의심판'을 청구한 상태이다.[25] 딜런 룰의 딜런과 같이 논리적으로 지방의 자치권을 인정하지 않는 판사가 아니라 홈룰의 단초를 제공한 쿨리 판사 같은 재판관이 나와야 우리 자치권이

---

23) 하지만 그 후 조순시장은 특별법 제정 자체보다는 기존 법률의 불합리한 점을 개선하는 노력을 우선시할 것이며, 또한 중앙정부의 거부 반응과 입법 정책상의 문제점으로 인해 그의 임기 중에는 이 법 제정을 추진하지 않겠다고 하였다(한겨레 1996. 3. 23.).

24) 이 점에서 지방자치법 개정론자들이 주장하는 것과 같이 시방사치법에서 예시적으로 열거된 자치사무에 대해서는 다른 법률이 지방자치법에 우선시될 수 없도록 하는 규정이 필요하다.

25) 국가는 법 개정을 통해 지방자치단체의 자체적인 복지제도 신설 시에 사회보장법상 협의·조정결과를 따르도록 하고 있다. 그리고 이에 따르지 않을 경우에 지방교부세를 삭감할 수 있도록 하고 있다. 이런 개정 '지방교부세법 시행령'에 대해 권한쟁의심판을 청구한 것이다. 성남시는 헌법·지방자치법이 보장하고 있는 지방자치권을 행정부의 시행령으로 무시하였다고 하며, 이는 위헌이라는 주장이다.

확대될 수 있다. 지방 사안에 있어 지방의 이니셔티브 인정과 함께 국가의 통제로부터 상당한 자유가 있어야 그것을 바탕으로 지방자치가 발전할 수 있다. 이상의 논의를 정리하면 <표 12-2>와 같다.

〈표 12-2〉 미국과 한국의 지방자치 제도 비교

		미국	한국
국가 내 자치지역 구성 정도		자치지역+비자치지역	자치지역
자치권 부여 형식		헌장이 대부분, 일반법은 예외	일반법(지방자치법)
자치권	근거 및 룰	주정부의 주권하에 딜런 룰 또는 홈룰	국가 주권에서 전래
	범위	동일 사안에 대해 시헌장이 주의 일반법에 우선	동일 사안에 대해서도 법령의 범위 내
기능과 사무 범위		지방사안에 대한 광범한 권한	지방자치법에서 예시적 열거 타 법률이 지방자치법에 우선

자료: 필자가 작성

2. 지방의 자치조직권에 대한 함의

지방정부 형태를 살펴보면 미국은 통합형, 분립형 등으로 매우 다양한 데 비해 우리의 지방자치법에서는 의회-단체장으로 이분화된 분립형으로 명문화해 획일적으로 규정되어 있다. 기구와 정원에 대한 권한을 살펴보면 미국의 경우에는 지방에 있는 데 비해 우리의 경우에는 행정부의 시행령인 '지방자치단체의 행정기구 및 정원 기준 등에 관한 규정'에 따라 기구와 정원이 정해지는데, 이는 행정입법을 통해 지방의 자치조직권이 엄격히 통제되고 있음을 의미하는 것이다.

지방의 인사에 대한 권한의 경우 미국은 지방의 독립성이 인정되어 의회의 관여가 금지되고 있다. 우리의 경우에는 법률인 지방공무원법을 적용하도록 되어 있다. 게다가 광역자치단체의 요직인 행정부시장(지사)이나 기획조정실장 자리에는 국가공무원을 반드시 배치하도록 하고 있다. 공무원 보수의 경우 미국은 지방정부가 자체적으로 결정하도록 되어 있으나 우리는 모든 지방자치단체에는 획일화된 단일의 지방공무원보수 규정을 적용하고 있다. 앞에서 본 바와 같이 홈룰 헌장 중 포덤에 의하여 만들어진 모형은 자치조직과 관련해서는 지방에 온전한 자치권을 부여하고 있다는 데서, 이 모형에 대한 더 깊은 고찰이 우리에게 요구된다고 하겠다.

지방세에 대해 살펴보면 미국은 제한적이지만 지방에 상당한 정도의 실질적인 과세권을 부여하고 있는 반면, 우리는 조세법률주의를 엄격하게 적용하여 지방에는 과세자주권이 없거나 미약하다. 지출에 관해서도 미국은 주의 간섭이 거의 없는 반면, 우리는 국가의 예산편성지침을 따르도록 하고 있다. 이를 정리하면 <표 12-3>과 같다.

〈표 12-3〉 미국과 한국의 자치조직권 비교

		미국	한국
기관과 조직	기관 형태	통합형, 분립형 등 다양	분립형으로 획일적
	기구/정원	자율적 결정	중앙정부 시행령에서 정함
인사	임면	독립, 주의회의 관여 금지	지방공무원법 적용
	보수	자체적 결정	공무원 보수 규정
재정	지방세	과세권의 제한적 인정	조세법률주의 - 불인정
	지출	자체적 결정	중앙의 예산편성지침에 따름

자료: 필자가 작성

3. 분권과 분권운동에 대한 함의

토크빌이 문명화된 사회는 지방의 독립을 달가워하지 않으며, 지방의 여러 가지 실수에 역겨워하며, 자치의 실험이 끝나지 않았는데도 성공 가능성의 기대를 저버린다고 지적한 바와 같이 지방의 자치권은 본래적으로 매우 취약하다.

이런 취약한 자치권을 쟁취하는 과정에서 홈룰 운동은 20세기 초의 임페리오형과 1950년대의 입법형 홈룰이 나타났다. 홈룰이 정착된 지금의 미국에서 많은 지방공직자들은 홈룰을 논의할 때 그들은 홈룰을 단지 헌장이나 헌장상의 권한에 대한 법적·기술적 문제로 보는 것이 아니라, 지역사회의 정체성과 자기지배라는 이념적 문제와 결부되어 있다고 보고 있다. 사실 지방분권은 국가와 지방 사이의 단순한 권한배분만의 문제가 아니라 지역 주민들의 자기의 권리를 찾을 수 있게 하는 권한이고 동시에 지역의 자유를 신장하기 위한 것이며 종국에는 민주주의를 정착시키기 위한 것이다. 이런 의미의 홈룰은 스스로 빛을 발하는 물체(talismanic aura)이기도 하다.

우리의 경우에는 지방자치가 부활한 이후인 2001년경에도 기초단체장 임명, 기초 부단체장의 국가직화 등의 주장에 맞서는 지방분권운동이 나타나 노무현 정부의 분권화 정책을 이끌었다. 최근 지방의 자체적인 복지사업에 반대해 중앙정부의 제재나 보통교부세의 인센티브/페널티제 확대 및 긴급재정관리제도 도입 등과 같은 재정적 압력에 맞선 지방분권의 목소리가 점차 커지고 있다. 이런 움직임은 19세기 중반의 영국의 툴민 스미스의 반중앙집권투쟁이나 미국의 홈룰 운동과 닮아 있다. 이것이 미국의 홈룰에 대한 논의가 필요한 이유이기도 하다.

VIII. 맺음말

미국은 오늘날 세계에서 가장 분권적인 나라 중 하나로 지방자치권에 대해 홈룰의 논리를 발전시킨 나라이기도 하다. 지역의 사정에 따라 지방자치지역과 비자치지역으로 나누어져 있고 자치지역에 맞는 자치헌장과 정부형태를 선택해 가질 수 있다. 이는 역사적 발전과정에서 지역의 자유를 존중하였기 때문에 가능해진 것이다.

우리도 지방에 권한을 부여함으로써 지방자치의 선택의 자유를 존중할 때가 되었다. 지방자치권이 갖는 한계로 법률적 문제를 살펴보면 이 땅에서의 현재 지방자치 상황은 19세기 말의 미국에서의 사정과 비슷하다고 할 수 있다. 그 당시 미국에서는 지방은 단순히 주의 창조물에 불과하다는 딜런의 법리에 따라 지방의 이니셔티브를 매우 제한하고 있었고, 또 지방 일에 대한 주의 간섭 또한 매우 심하였다. 우리의 경우에 자치권은 국가에서 전래된 것이라는 법리를 바탕으로 하고 있기 때문에 자치권은 법률뿐만 아니라 명령의 하위에 존재한다. 이런 이유로 국가는 가부장적인 지위에서 지방의 일에 대해 온갖 간섭을 할 수 있다. 이와 비슷한 상황에서 미국의 홈룰 운동이 시작된 것과 마찬가지로 우리도 지방분권운동에 이어 지방분권형 헌법으로의 개정이 추진되고 있다.

미국 홈룰운동의 배경에는 지방자치에 대한 정치이론을 법이론으로 발전시켜 실제 사건에 적용한 쿨리 판사의 업적과 이를 확산시킨 포덤 교수의 이론이 있다. 우리도 지방분권 운동을 발전시키고 이 것이 분권으로 이어지기 위해서는 지방자치에 대한 정치이론을 개발 하고 또 이것을 자치 법리로 발전시킬 필요가 있다. 이렇게 하여야만 우리의 분권운동이 더 탄탄한 기반 위에 설 수 있을 것이다. 나아가 최근 권한쟁의심판과 같은 국가와 지방 사이의 권한 다툼에서도 지 방의 권한을 인정하는 발전적 판결을 기대할 수 있을 것이다.

미국의 지방분권화된 체제, 특히 대도시권에서의 다수의 지방자 치단체가 공존하는 정치체제에서 생겨난 이론이 다음 장의 티부 모 형이다. 이 모형은 매우 미국적인 것이지만 지방분권화의 이점을 논 리적으로 분명히 제시하여 지방분권 이론의 출발점으로 여겨지기도 한다.

⟨주요 참고문헌⟩

Barron, David J.(1999). The Promise of Cooley's City: Trace of Local Constitutionalism. *University of Pennsylvania Law Review*. 147(3): 487 ~612.

Barron, David J.(2003). Reclaiming Home Rule. *Harvard Law Review*. 116(8): 2255~2386.

Frug, Gerald E.(1980). The City as Legal Concept. *Harvard Law Review*. 1057 ~1154.

Gere, Ewin A.(1982). Dillon's Rule and Cooley Doctrine: Reflection of Political Culture. *Journal of Urban History*. 8(3): 271~298.

Libonati, Michael E.(1988). Intergovernmental Relations in State Constitutional Law: A Historical Overview. *The Annals of the American Academy*. 496: 107~116.

Vanlandingham, Kenneth E.(1975). Constitutional Municipal Home Rule Since AMA(NLC) Model. *William and Mary Law Review*. 17(1): 1~ 34.

Zimmerman, Joseph. F.(1995). *State-Local Relations: A Partnership Approach*. Westport, CT: Praeger.

제13장

티부의 작은 정부와 효율성

미국의 LA 등 대도시권에는 전체를 관할하는 큰 하나의 정부가 존재하지 않는 대신에 파편화된 백여 개의 작은 지방정부가 흩어져 대도시권이 관할되고 있다. 우리의 상식으로는 납득이 되지 않는 이러한 지방정부체제를 합리화하는 주장은 티부 모형으로부터 출발한다. 이 이론은 '투표함에 투표'가 아니라 '발에 의한 투표'로 우리에게 잘 알려져 있는 티부의 다중심주의 이론이다.

티부는 완전경쟁시장에서 자원배분이 효율적으로 이뤄지는 것과 마찬가지로 대도시 내에서 다양한 조세와 공공서비스의 패키지를 제공하는 다수의 지방정부가 존재한다면, 주민들은 이주를 통해 그들의 선호를 표시할 수 있기 때문에 지방공공재의 공급이 효율적으로 될 수 있다고 하였다.

티부가 자원배분의 효율을 추구하며 만든 동질적 선호에 대한 정부모형은 작은 지방정부를 염두에 두고 있다. 이러한 지방정부는 주민들 간의 완벽한 동의로 공공문제에 대한 합의가 이루어지는 이상적인 정치공동체로 지방분권을 통해서만 이루어질 수 있는 것이다. 티부의 영향을 받은 학자들이 분권적인 체제와 작은 정부를 지지하는 것은 당연하다고 하겠다.

Ⅰ. 생애

'발에 의한 투표'로 잘 알려진 티부 모형은 원래는 공공재의 효율적 배분에 관한 순수 이론적인 논의이다. 공공경제학(혹은 재정학)의 창시자인 사뮤엘슨(Samuelson)과 머스그레이브(Musgrave)가 순수공공재는[1] 시장 메커니즘에서는 효율적으로 배분될 수 없다고 한 주장에 대해 티부(Charles Tiebout)는 지방공공재의 경우 다수의 지방정부가 있는 대도시권에서는 그렇지 않을 수도 있다고 한다.[2] 이런 아이디어는 티부가 미시건 대학 박사과정 재학 중일 때 머스그레이브의 공공경제학 세미나에서 제기하였다고 한다.

이런 아이디어는 티부가 자라난 환경과 무관하지 않다. 뉴욕시 교외의 부유한 지역인 코네티컷 주 그리니치(Greenwich)에서 자란 그는 교육, 치안, 위생 등에 있어 더 좋은 주거환경을 찾아서 자신이 사는 동네로 이주해 온 많은 중산층 사람들이 뉴욕시로 통근하는 모습을 보아 왔다. 그는 자녀가 없는 대학 동료가 초중등학교 때문에 비싼 지방세를 부담해야 한다는 불평을 듣고는 그에게 다른 지역으로 이주하도록 권고하기도 하였다고 한다. 이러한 그의 일화는 우리가 공공서비스에 대해 자신의 선호를 바탕으로 거주지를 선택할 수 있고, 또 그에 따라 이주가 가능하다면, 우리는 이주를 통해 공공서비스도 상품을 거래하는 시장에서와 마찬가지로 선택이 가능하다는 것을 보여 주는 것이다.

---

1) 순수공공재란 재화 중에서 성질상 비경합성(Non-rivalry)과 비배제성(Non-excludability)의 두 가지 특성을 지닌 재화로 정의된다.

2) Samuelson(1954)이 "No decentralized pricing system can serve to determine optimally these levels of collective consumption"이라고 한 데 비해 Charles Tibout(1956)는 "Spatial mobility provides the local public-goods counterpart to the privates market's shopping trip"이라 주장하였다.

티부는 이런 아이디어를 담은 논문을 노스웨스턴(Northwestern) 대학 조교수 시절인 1956년에 '지방 지출에 대한 순수 이론'이란 논제로 시카고 대학에서 간행되는 논문집(Journal of Political Economy)에 발표하였다. 그가 이 논문집에 투고한 이유는 시카고 대학교의 경제학과의 교수진 때문인데 그들은 거의가 다 시장 지상주의자들로 '정부가 아니라 시장 메커니즘에 의한 공공재의 효율적 공급'이라는 논리를 쉽게 받아들일 수 있는 곳이라 여겼기 때문이라 한다.

이 논문은 출간 이후 10여 년 동안 큰 주목을 받지 못하였다. 사뮤엘슨이나 머스그레이브도 그들의 논문에 대해 직접적인 반론을 제기하는 티부의 논문에 대해 '비현실적이고 규범적으로 매력적이지 않은 것' 혹은 '흥미는 있지만 특별한 경우' 정도로 평가하며 그의 논문을 무시했다(Fischel 2006). 티부 자신도 UCLA 부교수 시절 동료들과 함께 저술한 대도시권에 관한 논문(Ostrom, Tiebout and Warren 1961) 외에는 크게 주목받을 만한 후속 논문을 내놓지 못했다.

<그림 13-1> 티부의 묘비
(www.findgrave.com)

티부는 1962년 시애틀의 워싱턴 대학의 경영대학원과 경제학과 겸임 교수로 자리를 옮기면서 지역경제연구소 등을 설립하며 왕성한 활동을 하였다. 이때 위 논문의 공저자 와렌(Warren)도 워싱턴 대학 정치학과에 재직하고 있어서 그의 학제적인 연구에도 동참하였다. 하지만 티부는 1968년 겨우 43세의 나이로 강의 중에 심장마비로 생을 마감하였다. 사실 티부는 생존 당시에는 지역경제학자로서 더 명성을 날렸다. 투입-산출분석에 대한 책을 저술하였으며 국방과 우주산업이 지역경제에 미치는 영향을 분석하는 등 지역경제 정책에도 깊이 관여하였다.

티부의 1956년 논문은 1950~1960년대에 자본주의와 공산주의가 체제의 우월성을 놓고 대립하던 냉전 시대여서 논문의 주장에 큰 정치적 의미가 부여될 수도 있는 것이었다. 공공재의 효율적 배분은 시장을 통해서는 불가능하다는 사뮤엘슨과 머스그레이브의 주장은 공산주의국가의 중앙집권적 계획에 의한 자원배분을 합리화하는 것으로 오해될 소지가 있었다. 이런 상황에서 티부가 지방공공재만큼은 시장 메커니즘에서도 효율적으로 배분될 수 있다고 한 것은 자본주의의 약점을 보완하는 주장으로 여겨질 수 있기 때문이다. 하지만 이 시기는 지방정부에 대해 학문적 관심이 없던 시대라 티부의 대담한 주장도 세인들의 주목을 끌지 못했다.

티부의 1956년 논문이 크게 주목을 받게 된 것은 프린스턴 대학의 오츠(W. Oates)가 1969년 '지방세와 지방공공서비스의 차이가 주택가격에 반영된다'는 논문을 발표한 이후부터이다. 이 논문은 자본환원(capitalization)3) 현상에 대한 것으로 티부 가설을 경험적 검증을 한 것이다. 이 논문은 티부의 아이디어를 담은 논문이 폭발적으로 증가하게 하는 계기가 되었다. 티부 가설을 직접적으로 검증하는 논문에 이어 이를 확장하는 다양한 연구가 등장했다(Oates 2006).4) 그뿐

---

3) 자본환원은 서비스나 조세 등이 자본 가격에 반영되는 것을 의미한다. 서비스의 경우 예컨대, 학교 교육 서비스의 차이에 따라 지역별로 집값(임대료가 아닌)의 차이(서울의 강남과 다른 구, 대구의 수성구와 다른 구)가 나는 것을 의미한다. 근래 성남시장이 다른 지역에는 없는 복지혜택을 시행하면서 '집값이 오르기 전에 성남시로 이사 오라'고 한 말은 복지서비스의 차이가 집값에 반영되는 현상을 인지하고 있는 것으로 보면 된다.

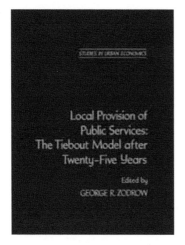

만 아니라 지방정부 문제를 다루는 다른 사회과학 분야, 정치학, 행정학, 지역학 등에서도 이 논문을 그들의 지방정부에 대한 연구의 출발점으로 삼았다. 이 논문은 경제학에서 가장 인용 횟수가 많은 논문이 되었다(Donahue 1997). 이 논문 출간의 25년과 50년을 기념하는 논문집이 각각 출간되었고,5) 2018년 9월까지 18,120회의 인용 횟수를 기록하고 있다.6)

<그림 13-2> 티부 모델 25년 기념 책
(www.amazon.com)

티부의 사진을 구하기 위해 인터넷 공간을 두루 뒤졌으나 허사였고, 단지 그의 평범한 묘비 사진을 찾을 수 있었다. 화려한 그의 지적 유산을 감안하면 아쉬운 일이 아닐 수 없다.

II. 티부 모형과 확장

1. 티부 모형

공공경제학과 더불어 지역경제학을 전공한 티부는 공공경제학에

---

4) 주택시장과 용도지역제(Zoning), 공공재 공급과 정치, 지방공공 부문의 생산함수, 불완전 계약, 클럽 이론 및 지역 모형 등이다.

5) 각각 Zodrow(1983)와 Fischel(2006)이다.

6) 2018. 9. 12. Google 검색 결과로 이는 2015. 12. 9. 검색 결과는 14,129로 3년도 안 되는 사이에 인용지수가 4,000여 개가 증가하였다.

'공간'이라는 새로운 요소를 접목하였다. 그가 주목하고 있는 메커니즘은 주민들이 경제적 유인에 따라 공간적으로 '이동'한다는 사실이다. 이런 공간적 선택, 즉 이주는 소비자가 시장에서 자기의 선호에 가장 적합한 물건을 고르는 것과 마찬가지로 기능하여 지방공공재 배분도 시장에서의 배분과 유사하게 효율적으로 될 수 있다는 것이다. 즉, 티부는 완전경쟁시장에서 자원배

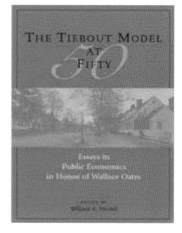

<그림 13-3> 오츠를 기념하는
티부 모델 50년 책
(www.amazon.com)

분이 효율적으로 이뤄지는 것과 같이 대도시 내에서 다양한 조세와 공공서비스의 패키지(tax and service package)를 제공하는 지방정부가 있다면 주민들은 이주를 통해 그들의 선호를 표시함으로써 지방공공재의 공급이 효율적으로 이루어진다고 보았다.

이 과정을 더 자세히 설명하면 <그림 13-4>와 같다. 대도시 내 주민의 선호가 이질혼합 상태에서 각자의 선호에 맞는 지방정부를 찾아가는 이주가 시작되면, 하나의 작은 지방정부에 사는 사람들의 선호가 점차 비슷해질 것이고 궁극적으로 동일한 선호를 가진 사람들이 하나의 지방정부를 구성하며 살게 된다. 즉, 지방정부 간의 이주는 주민들 선호에 따라 이뤄지기 때문에, 주민들의 이주는 지역을 주민들의 선호에 따라 분류(sorting)하는 기능을 하게 된다. 즉, 동일한 선호를 가진 사람들이 하나의 지방정부를 구성하고 있으면 주민들의 선호에 꼭 맞는 지방공공재의 공급이 가능해진다.

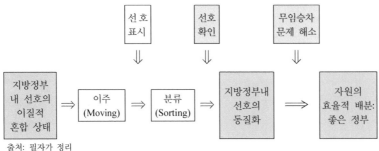

출처: 필자가 정리

<그림 13-4> 티부 모형: 자원배분의 효율화 과정

주민들이 그들의 선호에 꼭 맞는 지방정부로 이주할 수 있기 위해서는 이에 상응하는 다양한 지방정부가 있어야 한다. 선호가 다양하면 다양할수록 다양한 많은 수의 지방정부가 있어야 한다.[7] 이런 모형이 현실에 합당한 것이 되기 위해서는 작은 구역을 바탕으로 하는 각각의 특징이 있는 다양한 많은 지방정부가 있어야 한다.

이런 메커니즘이 작용하기 위해서는 티부가 다음과 같은 가정을 하고 있다.

① 주민들의 선호가 가장 잘 충족되는 지역으로의 자유로운 이주,
② 지방정부들의 지방세와 공공서비스에 대한 완전한 정보,
③ 선택 가능한 다수의 지방정부,
④ 고용기회 등에 따른 이주의 문제는 고려 대상이 아님,
⑤ 공공서비스 제공에 있어서 지방정부 간 외부성(Spill-overs)이 없음,
⑥ 최소비용으로 공공재 생산이 가능한 지방정부 규모,

---

7) 극단의 경우 몇 사람 또는 한 사람으로 구성되는 지방정부가 필요할지도 모른다. 이런 정부는 사무도 권한도 거의 없다는 점에서 정부로 보기 어려운 것이 사실이다.

⑦ 최적 규모가 아닌 경우 주민들의 이주라는 7가지 가정을 하고
있다(Tiebout 1956: 419).

위의 조건이 만족된다면 지방공공재에 대한 동일한 선호를 가진
사람들끼리 모여 그들은 그들의 선호를 충족시켜 주는 지방정부를
형성하게 되고 그 결과 주민들은 그들의 선호에 꼭 맞는 공공재를
제공하는 그 지역에 거주하게 된다. 지방공공재에 대한 선호가 동일
한 경우에는 지방공공재를 공급하기 위한 비용(즉, 지방세)을 동일하
게 징수할 수 있다. 이 경우에 선호를 표시하지 않고 무임승차자
(free-riders)가 되려는 사람들의 문제는 사라지게 된다. 무임승차자의
문제가 사라지면 지방공공재는 정부의 개입이 없이도 효율적으로
배분될 수 있게 되는 것이다.

2. 티부 모형의 확장

1) 오스트롬 등

UCLA 교수 시절에 티부는 오스트롬(V. Ostrom)이 관여하던 프로
젝트인 레이크우드 플랜(Lakewood Plan)의 이론적 논리 개발에 참여하
였다. 레이크우드시는 1954년 법인화가 되어 자치단체로 출범하면
서 자체 공무원을 직접 고용하지 않고 대부분을 LA 카운티와 계약
에 의해 공공서비스를 공급하는 방식을 취하였다. 즉, 카운티가 공
공서비스의 판매자가 되고 시는 구매자가 되는 계약이었다.

하지만 이 프로젝트에 참여한 다른 정치학자들은 오스트롬이나
티부의 준시장적 계약제(quasi-market contract system)에 내재한 경제논리

에 따른 주장을 이해하지 못하였다. 그 결과 이들 사이에 갈등이 유발되었고 결국에는 오스트롬과 티부 모두 이 프로젝트를 떠나게 되었는데, 이는 결국 그들이 UCLA를 떠나는 계기가 되었다. 하지만 오스트롬과 티부 등은 이 프로젝트에서의 다중심적(Poly-centric) 체제의 효율성에 대한 아이디어를 담은 논문(Ostrom, Tiebout and Warren 1961)을 『미국정치학회보 *American Political Science Review*』에 게재하였다. 이 프로젝트를 떠난 후에 오스트롬은 정부체제(institution)에 대한 연구를 계속 진행하면서 이때 제자이던 엘리나(Elinor Awan)와 결혼하였다. 그 후 1964년 이들은 인디에나 대학으로 자리를 옮겼다. 이들이 형성한 블루밍턴 학파(Bloomington School of Institutional Analysis)의 연구 성과는 후일 엘리나가 2009년 노벨상을 수상하게 되면서 더욱 빛나게 되었다.

2) 오츠

티부의 1956년 논문에 대한 관심을 크게 불러일으킨 오츠(Oates)는 그 후 지방분권화의 이점을 경제학적 모델로 설명하는 '분권화의 정리(Decentralization Theorem)'를 내놓았다. 이는 통합된 하나의 큰 정부보다는 다수의 작은 정부가 훨씬 더 주민들의 수요에 합치하는 공공서비스를 제공할 수 있어서 더 효율적이라는 것에 대한 정리이다. 큰 단일한 정부의 경우에는 한 정부 내에서 생산되는 공공재(public goods)가 한 가지 수준으로만 모든 주민에게 똑같이 공급되고 소비되므로 이에 다른 선호를 가진 주민들 중에는 공공재의 과잉 혹은 과소 공급으로 인한 불이익을 어쩔 수 없이 받게 된다. 이런 현상은 지방정부의 수가 적으면 적을수록, 즉 집권화되면 될수록,

구역이 넓으면 넓을수록, 그 가능성이 커진다.

Ⅲ. 티부와 지방자치

1. 지방분권

티부 가설은 매우 분권적인 체제에서만 성립된다. 동질적인 선호를 가진 사람들끼리 지방정부를 구성할 수 있도록 허용해야 하기 때문이다. 그렇다고 티부가 직접적으로 분권을 주장하지는 않아 보인다. 하지만 그가 대도시 내에서 시장 메커니즘과 같은 다수의 공공서비스 공급자를 제시한 것을 통해 보면 아마도 그가 시장과 같이 분권화된 체제를 전제로 하고 있었음을 유추할 수 있다. 공공선택론자들은 대도시권의 이런 지방정부 체제를 지방공공경제(Local Public Economy)라 명명하고 있다(ACIR 1987). 지방공공경제에서는 다수의 지방정부, 즉 지방정부의 파편화는 개인의 선택의 폭을 넓히는 수단이며, 또한 민주정부의 핵심적 가치인 효율, 평등, 반응성, 책임성, 자기지배를 배양하는 수단이라 할 수 있다(Norton 1994: 400). 자유주의자의 태두인 하이에크(F. Hayek)는 이런 분권화된 지방정부 체제야말로 시장 다음으로 좋은 효율적인 배분체계(the next best solution)가 될 수 있다고 하였다(Sharpe 1970: 157).

2. 다중심적(Polycentric) 정부형태

티부 논리를 대도시권에 적용한 것이 바로 Ostrom, Tiebout 그리고 Warren(1961)의 논문이다. 이 논문은 대도시권에 존재하는 다수의 파편화(fragmented)된 지방정부를 병리적이라고 진단하는 것은 잘못이라 지적하고, 다중심적인 대도시권 정부체제의 효율성을 주장하였다. 이들은 권위와 계층을 대표하는 단일한 대도시정부(Gargantua)보다 다수의 작은 정부가 더 효율적이고 민주적이라 주장하였다. 그뿐만 아니라 구역이 점점 커짐에 따라 참여하는 데 비용이 많이 들게 되는 경우라면 주민들이 참여하지 않는 것이 더 합리적이라고 하였다. 즉, 주민들의 합리적 무시(rational ignorance)가 더 적절한 선택이 된다는 것이다. 그리고 지방정부 간 협력과 협상, 조정 등으로 대도시권 문제를 해결하는 LA 지역의 지방정부를 그 예로 설명하면서, 즉 소구역을 영역으로 하는 작은 지방정부 체제를 바람직한 거버넌스로 본 것이다.

3. 경쟁과 협력

티부는 대도시권에 있는 지방정부를 기업과 유사한 존재로 볼 수 있고, 이들 간의 경쟁은 '시장의 보이지 않는 손'과 유사한 효과를 가져올 수 있다고 하였다. 즉, 지방정부가 다양하고 그 수가 많아질수록 지방정부는 주민들의 선호와 요구에 더 잘 반응하지 않을 수 없게 되는데, 만약 그러지 않으면 주민들은 그들의 선호를 충족시키는 지방정부로 이동하기 때문이다. 이런 다양한 주체의 공공서비스 생산은 독점의 문제를 해결하고 경쟁의 이점을 살릴 수 있다는 것을 의미하는 것이다.

티부 등 공공선택론자는 지방정부의 책임은 공공서비스를 제공

(provision)하는 것이지 그것의 생산(production)에 있는 것이 아니라고 주장하였다. 그리고 작은 정부로 인해서 제기되는 생산에 있어서의 비효율의 문제는 다음 두 가지 방법으로 해결할 수 있다고 보았다. 첫째, 지방정부 간 협력으로 대도시권 전체를 포괄하는 지역계획, 광역교통, 지역경제발전 등의 기능을 담당할 광역 특별 지방정부의 구성 등과 같은 방법이다. 둘째, 공공서비스의 생산을 위탁하거나 구매(out-sourcing)와 같은 방법을 통해 규모의 경제를 기하는 것인데 이를 위해서는 이웃 지방정부나 민간에게 생산을 위탁하는 방식의 채택이다. 즉, 이들은 지방정부와 지방정부 사이뿐만 아니라 지방정부와 민간 간의 협력과 경쟁의 이점까지 제시하고 있는 것이다.

4. 티부 주장에 대한 반대 논리

전통적으로 생활권이나 경제권이 동일한 대도시권에 단일 도시정부를 구성한다는 논리는 특정 이론을 근간으로 했다기보다는 상식에서 출발한 것이라고 보아도 무방할 것이다. 이렇게 19세기 말에는 뉴욕, 보스턴, 필라델피아 등의 대도시 지역에서 주(state) 주도로 통합이 이루어졌고, 또한 많은 다른 지역에서도 주변 지역이 중심도시에 편입(annexation)되었다.

이런 통합의 논리적 무장은 미국에서 1900년대 초부터 시작된 진보개혁운동(Progressive Movement)의 흐름과 연결된다. 19세기 후반의 윌슨(W. Wilson)과 20세기 초의 굿노(F. Goodnow) 등의 행정 이론과 테일러(Taylor)의 과학적 관리론을 기반으로 한 개혁론자들은 부패하고 비능률적인 파편화된 지방정부를 통합하여 단일의 다기능 대도시권 정부를 만들자고 주장하였다.

이러한 전통을 이어받은 학자들은 티부 등 공공선택론자의 주장을 다음과 같이 비판하고 있다. 지방정부에 관한 정보는 주민들이 쉽게 얻을 수 있는 것이 아니고, 작은 정부라고 하더라도 주민들이 직접 지방정부의 일에 참여하기도 쉽지 않으며, 작은 지방정부가 제공하는 서비스라고 해서 주민들이 더 큰 만족을 얻는 것도 아니라는 것이다(Lyon and Lowery 1989).

많은 사람들이 대도시 내에서 조각조각 나눠진 다수의 작은 정부가 아니라 그것들이 모두 하나로 통합된 형식의 단일한 정부를 주장한다. 이들은 중심도시와 교외지역 간의 사회·경제·인종적 분리와 격차를 해소하고 지역경제를 발전시키기 위해서는 광역권이 하나의 정부로 통합되어야 한다고 한다. 즉, 인근 지역을 편입하거나 통합하여 경계가 탄력적인 시(Elastic City; 즉 교외가 없는 시)가 된다면, 이들은 비탄력적인 시에 비해 상대적으로 균등한 소득분배의 달성과 더불어 빈곤층의 집중이 완화되면서 범죄율 또한 낮아지고 주거와 학교에서 차별적으로 분리되는 현상이 덜해진다고 부연한다. 나아가 그들은 세계화된 경제체제에서는 도시지역 사이의 경쟁력을 갖추기 위해서는 도심과 교외지역이 통합된 대도시정부가 불가피하다고 한다.

사실 생활권 또는 경제권이 일치하는 대도시권에 다수의 지방정부가 존재하는 것이 바람직한가를 두고 관련 학자들 간의 뜨거운 논쟁이 지속되어 왔다. 20세기 초의 개혁론자들은 대도시권에 단일한 일원적 정부를 두는 것을 주장한 반면, 1960년대에 티부를 중심으로 등장한 공공선택론자는 파편화된 다원적인 정부체제를 옹호하고 있다.

Ⅳ. 우리 지방자치에 대한 시사점

티부 모형은 우리 학계에도 잘 알려져 있으나 정책 입안자들은 아직 이를 수용하지 못하고 있다. 그 단적인 예를 여전히 지금도 추진되고 있는 구역통합에서 찾을 수 있다.

지금까지 우리의 구역개편은 전통적인 통치의 논리에 입각해 중앙정부가 마음대로 지방자치단체의 구역을 개편해 왔다. 제1·2공화국에서의 기초지방자치단체는 서양이나 일본의 자치단위와 비슷한 규모의 시·읍·면이었다. 그러던 것이 5.16 쿠데타 후 지방의회가 해산되고 난 뒤에 제정된 「지방자치에 관한 임시조치법」(61년 9월 시행)에 의해 읍·면 자치제이던 것이 군(郡) 자치제로 전환되었다. 이로써 85개 읍, 1,407개 면으로 구성되었던 기초지방자치단체가 140개 군으로 대폭 감소하게 되었다. 지방자치를 싫어했던 군사정부가 기초지방자치단체의 숫자를 10분의 1로 감소시킨 것이다.

1961년 군이 자치단체가 된 후에 군 소속의 읍이 인구 5만 이상이 되면 이를 시(市)로 승격시킨다는 도시와 농촌 분리 정책으로 인해 1961년 30개이던 시가 1993년에는 67개로 2배 이상 증가하게 되었다. 그러다 갑자기 1994년에 시·군 통합으로 정책 방향을 선회하여 1993년 204개이던 시·군의 숫자가 1996년에는 165개로 39개 감소하게 되었다.8) 이런 과정에서 우리는 기초자치단체는 세계

---

8) 그 후 2009년에는 161개로 2010년에는 159개로 감소하였다.

에서 개별 규모가 가장 크고 자치단체의 전체의 숫자는 가장 적은 나라가 되었다.

하지만 권위주의 시대에 추진된 중앙정부 주도의 하향적인 구역 개편은 점차 한계에 도달하였다. 지방자치단체장을 민선으로 선출하기 시작한 해인 1995년 이전의 시·군 통합으로 대상지역의 75% 정도를 성공적으로 통합하였지만[9] 민선이 실시된 이후의 경우에는 성공률이 50% 미만이다. 더구나 2009~2010년 자율통합에서는 전국의 18개 신청지역 중에 1개 지역만 통합되어 성공률이 겨우 5.5% 였다. 이는 민주화된 시대의 구역개편을 보여 주는 단편적인 사례로, 구역개편은 더 이상 단순히 중앙정부의 개편의도와 의지에 따라 성공적으로 추진되는 일이 아니라 주민의 선호를 반영해야 하는 더 복잡한 정치과정으로 변모되었음을 보여 준다.

우리의 현재 지방행정체제는 전통적인 개혁론자들이 주장하는 일원적 체제에 가깝다. 잇단 구역개편으로 대도시권은 미국의 파편화된 체제와 달리 광역정부와 기초의 계층적 체제로 정비되어 있고, 농어촌 지역은 일본의 정·촌(町·村)같이 작은 단위가 아니라 군(郡)이라는 큰 단위이다. 우리의 계층과 구역은 세계에서 가장 잘 정비된 일원적인 체제를 가지고 있다. 그럼에도 불구하고 지방행정체제 개편 추진자들은 존재하지도 않는 '최적 규모의 지방정부'를 전국적으로 만들려는 환상에 사로잡혀 있다. 아마도 지금의 우리의 지방행정체제를 티부가 본다면 거버넌스 시대에 19세기적인 이론에만 매달려 있는 통합 마니아(Merger Mania) 같은 사람들이 정책을 입안하고

---

9) 1차 통합 대상인 47개 시와 43개 군 중 주민 의견 조사 등을 거쳐 33개 시와 32개 군에서 통합을 찬성하였다.

있다고 말하지 않을까 하는 생각이 든다.[10]

V. 맺음말

공공 부문은 독점 체제이고 이 때문에 내생적으로 효율적인 운영이 되기 어렵다는 것이 정설이었다. 하지만 티부는 한 도시 안에 다수의 지방정부가 있고, 주민들은 자기가 선호하는 조세와 서비스 패키지를 제공하는 지방정부로 이주할 수 있는 메커니즘이 작동한다면 지방 공공 부문에서의 서비스 역시 효율적일 수 있다고 하였다. 민간의 시장에서 작동하는 '보이지 않는 손'과 같은 아이디어로 지방 공공경제나 정치시장(political market)의 아이디어를 제공한 것이다.

하지만 티부의 주장과 같이 주민들의 이주에 의한 지방정부의 공공재 제공에 대한 정책 결정과 서비스 항목에 대한 선택이 이루어지는 경우라고 해도 이상적인 것만은 아니다. 주민의 소득수준에 따라 지방정부의 선택, 즉 정부 사이의 소팅이 이루어져 대도시 내에서 가난한 사람이 사는 도심 지역에 있는 지방정부와 부유한 사람들이 사는 교외 지역의 지방정부로 나누어져 지역 간 격차가 증대될 우려가 다분하다. 이런 점에서 티부는 그의 논리 전개에서 지역 간의 형평성을 논외로 했다고 볼 수 있다.

또 티부는 공공재 수요 측면의 효율성만을 강조하고 공공서비스의 생산 측면에서의 효율성을 무시하고 있다. 공공재의 생산에 있어

---

10) 70년대 초부터 캐나다와 미국의 대도시구역 문제를 연구해 온 Bish(2001)는 지방정부 통합을 추진하는 것은 19세기적인 지적 유행인 획일적 조직과 중앙통제의 확실한 믿음에 대한 망령이 21세기에 나타난 것이라 비판하고 있고, Sancton(2005)은 통합이 세계화 시대에 경쟁력을 높이는 방법도 아니라고 한다.

서는 지방정부를 최적 규모라고 가정하고 있지만, 하나의 정부나 모든 지방공공재 생산에서 최적 규모가 되기는 어렵다는 것을 고려하지 않았다. 또한 그는 계약을 통해 공공서비스를 생산한다면 공공재 생산이 갖는 비효율성의 문제를 극복할 수 있다고 주장했지만 이것 또한 제한적이라는 것을 고려하지 않았다.

정치 체제가 비효율적인 경우에 그 체제는 점차 쇠약해지고 마침내 멸망하게 된다. 소련 등 공산주의의 해체가 이를 증명하고 있다. 반면, 한 체제 내에서의 형평성이 무너지면 그 체제에 대한 불만은 증대된다. 우리나라의 수도권과 비수도권의 경제적 격차에 대한 분노가 그 예이다. 양자를 적절히 조정하고 균형을 맞추는 일이 정치권의 임무이다.

하지만 티부의 주장은 오늘날 지역 간 형평성이나 균형발전에 대한 논리를 가지고 중앙집권을 강화하려는 시도에 대해 지방분권적인 체제를 지지하는 최고의 이론적 보루가 되고 있다. 그는 주민들의 자유로운 선택과 지방의 자유를 다중심적 정치체제를 통해 보장할 수 있음을 논리적으로 보여 줌으로써 분권화 시대에 필요한 확고한 이론으로 뒷받침하고 있다.

〈주요 참고문헌〉

Fischel, William A.(2006). Footloose at Fifty: An Introduction to the Tiebout Anniversary Essays. in W. Fischel, ed. *The Tiebout Model at Fifty*. Cambridge, MA: Lincoln Institute of Land Policy. 1~20.

Ostrom, Vincent, Charles Tiebout, and Robert Warren.(1961). The Organization of Government in Metropolitan Areas: A Theoretical Inquiry. *American Political Science Review*. 55: 831~842.

Tiebout, Charles.(1956). A Pure Theory of Local Expenditure. *Journal of Political Economy*. 64: 416~435.

제14장

마무리:
지방자치에 대한 규범적 이론을 모색하며

이 장에서는 앞에서 다룬 내용들을 정리하고 규범적 측면에서 지방자치에 대한 이론을 모색한다. 지방주의자로서 아리스토텔레스, 알투지우스, 몽테스키외의 저술에서 지역적 다원주의를, 토크빌, 루소, 제퍼슨의 저술에서 주민주권을, 툴민 스미스의 저술에서는 지역적 자유를, 마지막으로 티부의 저술에서는 지방공공재의 효율적 배분이라는 규범적 가치를 조명한다. 그리고 이들의 주장을 플라톤, 보댕, 홉스에서 랭그로드 등의 국가주의자들의 관점에 대비한다.

　　그리고 지방자치는 국가 통치의 도구로서 단순히 기술적인 제도만을 의미하는 것이 아니라 민주주의 원리와 같이 인민의 자기 지배를 용이하게 한다는 점에서 그 자체를 바람직한 가치라고 보고 지방자치의 가치에 대한 규범적 연구를 심화시킬 것을 주장한다.

Ⅰ. 지방주의자들에 대한 정리

1. 지역적 다원주의: 아리스토텔레스와 그 후계자들

1) 아리스토텔레스의 정치적 동물이 사는 폴리스

이상국가를 추구한 플라톤과는 달리 아리스토텔레스는 폴리스의 상호 다른 헌정체제를 분석하면서 현실적으로 가능한 최선의 정치 체제를 모색하였다. 아테네를 중심으로 한 폴리스 정치에 대한 그의 연구는 국가와 같이 큰 단위가 아니라 도시와 같은 작은 정치공동 체에 초점을 맞추고 있다.

아리스토텔레스는 '사람은 정치적 동물'로서 정치에 참여하는 것이 권리인 동시에 의무라는 주장과 함께 폴리스에서는 모든 시민이 피지배자인 동시에 공직자로서 지배자라고 덧붙였다. 그리고 이러한 정치공동체가 제대로 그 기능을 다하기 위해서는 국가와 같이 규모가 큰 단위가 아니라 지역처럼 작은 단위라야만 가능하다고 하였다. 이뿐만 아니라 그는 폴리스가 국가보다 앞서는 주권적 존재라 보고 여러 폴리스의 정치체제가 갖는 장단점을 실증적으로 분석하였다. 그는 폴리스의 적정규모에 대해 논한 후 작은 폴리스의 연합체를 영토 방위를 위한 이상적인 체제로 제시하였다

아리스토텔레스는 폴리스의 도움이 없다면 개인은 자신의 자연적 능력을 충분히 발휘할 수 없다고 하면서 폴리스는 개인보다 우선한 다고 하였다. 그리고 폴리스와 같은 정치공동체에 속하지 않는 사람 은 진정한 인간이 될 수 없다고 보았다. 그는 다양한 형태로 존재하 는 폴리스는 그리스라는 민족에 포함되지만 그 안에서 야기되는 지

역 간 다름을 인정하고 각각의 폴리스마다 각기 다른 방식의 생활 형태와 정부형태를 인정할 것을 주장하였다.

이렇게 아리스토텔레스는 이미 오래전에 지방자치체의 운영 모습을 제시하였다. 그렇지만 폴리스를 주권적 관점이나 도시국가의 문제로만 한정해서 보았기 때문에 이를 지방자치와 관련시키는 일을 등한시해 왔다. 특히나 그의 『정치학』이 페르시아제국, 알렉산더대왕의 제국, 그리고 아테네가 마케도니아왕국의 지배하에서 자치권만을 인정받던 시대에 집필된 것이라는 것을 감안하면 그의 연구를 지방자치와 관련해서 해석하지 못했다는 점은 더욱 아쉬운 일이라 아니할 수 없다.

아리스토텔레스가 경험적·역사적 사실에서 귀납적으로 도출한 이론은 플라톤이 추상적 논리를 바탕으로 상상 속의 철학자 왕이 지배하는 국가를 상정하면서 한 주장과는 분명히 대립된다. 아리스토텔레스의 민주제-귀족제의 혼합정치체제는 계층적인 지시·명령의 질서정연한 사회가 아닌 중용의 정치체로서, 그가 꿈꾼 이상적 폴리스는 오늘날의 지방자치 모델이 될 수 있다.

2) 알투지우스의 공동체로 구성된 국가

중세를 마감하고 르네상스 시대로 넘어오면서 새로운 정치질서를 모색하려는 노력이 대두하기 시작하였다. 마키아벨리나 보댕이 그 시대의 대표적인 사람이다. 마키아벨리는 현실 정치에서 군주 권위의 중요성을 역설하였고, 보댕은 당시의 영토적·종교적 갈등과 혼란을 중앙집권적인 절대주의 체제로 극복하고자 군주주권론을 주장하였다.

보댕의 절대주의 체제를 비판하면서 그와는 완전히 다른 체제로 당시의 혼란을 극복하고자 한 사람이 알투지우스이다. 그는 중세의 분권적 체제를 기본적으로 인정하면서 새로운 정치질서를 모색하였다. 그는 정치질서를 공생체의 문제로 보고 공생체 간의 합의와 계약, 상호 연대에 의한 사회질서를 모색하였다. 공생체로서 이런 국가를 구성하는 공동체 또는 단체는 자치권을 가진다고 하였다. 그리고 그가 34년간 지도자로 있었던 독일의 북해 연안에 위치한 자치도시인 엠덴의 자치를 수호하려 하였다.

알투지우스는 정치 사상적으로 칼뱅교의 언약 정치이론, 아리스토텔레스의 다원주의 정치이론, 그리고 독일의 전통적인 공동체주의에서 큰 영향을 받았다. 그는 사회구성의 기초를 계약에서 찾고자 하였다. 그리고 사회단체를 가족·조합·도시·주(州)·국가의 5단계로 나누었는데, 각 단위의 단체가 작은 단체의 계약적 연합이 되는 것이라고 전제하면서 국가를 다원적 사회 구성물의 하나로 생각하였다. 그리고 그는 인간다운 삶을 가장 잘 실현할 수 있는 사회의 질서를 보충성과 연방주의의 원리에 기초하는 아래로부터 위로의 분권적 사회 구조로 인식하였다.

이러한 알투지우스의 주장은 400여 년간 망각되었다가 유럽연합 창설 당시부터 세계적인 조명을 받게 되었다. 그의 보충성 원칙과 관련하여 1990년대 초 EU 창설을 주도한 들로(J. Delor)는 "모든 기능은 각각의 고유한 기능을 가장 잘 수행할 수 있는 단위에 배분하는 것이고, 이것은 각각의 단위가 그의 능력을 최대한 발휘할 수 있는 방법으로 이루어져야 한다"라고 주장하였다. 보충성의 원칙은 스위스 헌법에 규정되어 있으며 우리의 분권형 헌법 개정 논의에서도 지방분권의 주요 원리로 논의되고 있다.

3) 몽테스키외의 '3+1' 권력 분립

몽테스키외의 3권 분립론은 잘 알려져 있다. 하지만 그의 국가와 지방 간 권력분립론은 거의 알려져 있지 않다. 국가수준에서 입법·사법·행정의 기능적이고 수평적인 분립은 널리 수용된 반면에 국가와 지방 간의 수직적인 권력분립은 거의 주목을 받지 못했던 것이다.

몽테스키외는 중세 프랑스에서의 국왕-영주들이 권력을 공유함으로써 견제와 균형을 이룬 헌정체제를 『법의 정신』의 마지막 부분에서 기술하였다. 그는 절대왕정에서의 견제되지 않는 권력 행사를 치유하는 방법으로 3권 분립과 함께 국가와 지방 간의 권력분립을 주장하였다. 또 그는 18세기 영국이 중앙정부로의 권력의 집중을 완화하기 위해 지방이나 지역정부에 권한을 이양했던 사례에 견주어 프랑스 부르봉 왕정에서 국왕의 권한을 절제하는 방안으로 중세식의 지방제도를 부활시킬 것과 더불어 삼부회와 같은 대의제도를 확립도록 제안하였다.

하지만 몽테스키외의 주장은 중세 시대의 제도로 회귀하자는 것도 아니었고 그 반대로 급격한 정치적 변화를 주도하기 위한 것도 아니었다. 단지 그는 영국이나 프랑스의 헌정제도 고찰을 통해 역사적으로나 문화적 환경에 맞는 적실한 제도를 제안한 것뿐이었다. 즉, 그는 홉스 이래 발전한 개인주의로 인해 무시되던 중앙권력에 대한 견제 장치로서 중간단위 단체의 중요성을 역설했던 것이다. 그의 국가와 지방 사이의 권력 공유에 대한 주장은 오늘날 연방주의나 지방분권의 논리로 연결된다.

몽테스키외의 주장은 미국에서 연방주의자와 반연방주의자에게 모두 환영을 받았지만 그의 나라 프랑스에서는 주목받지 못하였다. 그 결과 프랑스의 지속된 중앙집권화로 인해 결국에는 지역 공동체는 붕괴되어 갔다. 전통적인 삶의 터전을 잃은 시민들은 절망 속에서도 절대왕정을 타도하기 위해 혁명의 대열에 동참하게 되었다. 프랑스 대혁명 초기에는 지방분권화 시도가 없던 것은 아니었지만 '공화국은 하나'라는 기치 아래 자코뱅당이나 나폴레옹에 의해 중앙집권화는 더욱 가속화될 뿐이었다. 몽테스키외가 주장한 분권화된 작은 공화국이란 그의 충고를 무시한 프랑스는 200년 이상 정치적 소용돌이에 휘말리게 되었다. 프랑스를 지방분권의 모델로 보려는 시각도 있지만, 프랑스에서는 지금도 지방은 국가조직의 일부로 취급받고 있다.

2. 인민주권과 사회계약 – 루소, 제퍼슨, 토크빌

1) 루소의 일반의사 형성이 가능한 정부

루소는 계몽사상가 중에서도 가장 심도 있는 인민주권 사상을 전개하였으며, 또 가장 이상적인 사회의 모습을 제시하였다. 그는 자연 상태에서 문명사회로 전환되는 과정에 나타난 타락한 사회를 정화하기 위한 방법으로 모든 인민들이 개인 각자의 자유를 공동체에 기탁하는 사회계약이 필요하다고 하였다. 그리고 사회계약으로 형성된 일반의사가 지배하는 사회에서 개인은 공동체 안에서 도덕적 자유를 가진다고 하였다.

루소는 일반의사의 지배가 가능한 최상의 정치체제는 그 규모가 작아야 한다고 주장하였다. 그는 정치체로서 민주제, 귀족제, 군주제를 들고 민주제가 실현 가능한 단위로는 고대 그리스의 아테네 같은 도시국가와 그가 태어난 자유도시 제네바 공화국과 같은 작은 정부라고 하였다. 이런 그의 주장은 프랑스 인권선언을 기초한 지롱드파 투레의 지방권 사상에 영향을 미쳤을 뿐만 아니라 연방제 사상의 기초를 놓았다고 평가된다. 루소의 작은 공동체를 통한 민주제는 다음에 보는 제퍼슨이나 토크빌의 지방정부 논리에 큰 영향을 주었다.

2) 제퍼슨의 미니 공화국

몽테스키외나 루소의 사상에 정통했던 미국 제3대 대통령인 제퍼슨은 로크의 사상에 따라 독립선언문의 기초를 마련했다. 이뿐만 아니라 그는 몽테스키외의 논리에 따라 반연방주의자로 주의 권리를 지킴으로써 연방의 독재를 방지하고 개인의 자유를 지키고자 노력하였다. 또 주 내에서는 인민과 가장 가까운 단위로 당시 농촌지역의 미니 공화국을 주장하였다.

제퍼슨의 이상적 미니 공화국은 루소가 주장한 일반의사가 실현될 수 있는 정치단위에서 영감을 받았다. 미니 공화국으로서 워드는 카운티를 다시 분할한 작은 규모로 워드 미팅에 모인 사람들이 개별적으로 접촉할 수 있는 규모이다. 그는 주민들이 지방정부에 적극적으로 참여하는 것을 통해 공화정에 대한 헌신과 독립에 대한 의지를 높이고, 사소한 일에 대한 카운티 정부의 부담을 줄여 줄 수 있다고 하였다. 이런 작은 정부에 대한 그의 주장 때문에 그는 공공선택론자의 원조로도 간주되고 있다.

3) 토크빌의 인민주권의 표상으로서 지방정부

루소의 인민주권 사상에 심취한 토크빌은 그 표상을 미국의 뉴잉글랜드 지방의 타운십에서 찾은 것같이 그 내용을 『미국 민주주의』에서 서술하고 있다. 그는 '인민주권이 인정되는 나라에서는 모든 개인이 동등한 지분의 권한을 가지고 동등하게 국정에 참여한다'고 기술하면서 인민주권과 개인주권은 동일하다는 것을 전제로 해 개인주권의 연장선상에서 개인으로 구성된 법인체인 타운도 주권을 가진다고 주장하였다.

그는 대혁명 후에 민주주의 정착에 실패한 프랑스와는 다르게 미국의 민주주의가 정착될 수 있었던 이유를 프랑스에서는 찾아볼 수 없지만 미국에는 존재하는 타운미팅에서 찾았다. 토크빌의 주장은 19세기 후반에 시작된 미국의 홈룰 발전에 크게 기여하였다.

이뿐만 아니라 토크빌은 『앙시앵 레짐 혁명』에서 대혁명 후에 더욱 강화된 중앙집권화가 수도인 파리에 인적·물적 자원을 집중시켰을 뿐만 아니라 각 사회 계급 간 틈새를 더 벌려 놓았다고 그 폐해를 지적하면서 중앙집권화를 비판하였다.

3. T. 스미스의 반중앙집권화와 지역자유주의

T. 스미스는 19세기 중반 벤담의 제자들이 공리주의에 입각해 국가가 주도하는 지방개혁에 반대하며 반집권연대를 결성하였다. 그리고 중앙집권적인 국가운영보다는 패리시를 기본으로 하는 전통적인 분권체제를 옹호하였다. 그는 『지방자치정부와 집권화』에서 중앙집권의 폐해와 지방자치정부의 장점을 상세히 기술하였다.

여기에서 그는 중앙집권화는 중세 이래 영국의 전통적 자치라는 불문 헌법을 위배하는 것이며 이는 동시에 지방민들의 정치 참여 의지를 말살하는 것이라 하였다. 그는 지방자치권을 지방의 고유한 권리라고 여겨 지방민의 참여와 책임으로 운영되는 패리시가 국가 의 기본 단위라고 주장하였다. 그가 수행한 영국에서의 지방정부에 대한 역사적 고찰이나 정치적 참여에 대한 심리적 분석, 중앙집권화 로 인한 거대 정부의 문제점에 대한 분석은 오늘날에도 적실하다. 이뿐만 아니라 그의 반중앙집권화 투쟁과 주민 모두가 참여하고 상 부상조하는 작은 단위의 지방자치에 대한 주장은 오늘날 지방분권 화를 추진하는 우리에게 큰 가르침을 준다. 그의 지역 자유주의에 대한 주장은 챈들러에게서 새로이 조명을 받고 있다.

4. 쿨리와 포덤의 홈룰

쿨리는 미국 수정헌법 제10조에 '연방에 위임되지 않는 권리는 주와 인민들에게 권한이 유보되어 있다'는 규정을 근거로 지방자치 권 역시 주민에게 유보되어 있고 주장했다. 그는 '지방자치권을 가 지는 것은 주민들의 절대적인 권리이기 때문에 주의회가 이를 폐지 할 수 없다'고 덧붙였다. 쿨리의 이런 주장의 배경에는 자치권은 주 민의 고유 권리라는 인민주권사상이 자리 잡고 있는 것으로 토크빌 의 자치사상을 법적인 논리로 발전시킨 것이다. 그는 판결에서 '타 운십은 주로부터 특권을 받은 것이 아니라 그 반대로 그들의 권한 중 일부를 주에게 양도한 것'이라는 토크빌의 주장을 인용하였다.

쿨리 독트린은 홈룰 운동의 정신적 지주가 되었고 여러 주에서 쿨리 독트린에 따라 헌법에 홈룰을 규정하였다. 이때 홈룰 모형은 주의 사안과 지방의 사안을 구분한 후에, 지방의 사안에 대해서는 지방의 이니셔티브와 주정부로부터의 면책을 이론화한 임페리오형이었다. 하지만 주의 사안과 지방의 사안에는 그 차이의 명확한 구분에는 현실적으로 애매한 것들이 많아 상당수의 주에서는 이 모형을 채택하는 것을 주저하였다.

이런 가운데 포덤은 새로운 홈룰 모형을 제시하였다. 그가 주장하는 입법형의 핵심은 정부의 일을 지방 사안과 주 전체의 사안으로 나눌 수 있다는 가정을 버리고 지방은 모든 사안에 대해 입법권을 행사할 수 있다는 것이다. 입법형은 한때는 분명히 지방의 사안이더라도 시간이 지남에 따라 주 전체의 사안으로 바뀔 수 있다는 논리에 따른 것이다. 포덤의 입법형 이후 많은 주가 홈룰을 채택하였다.

5. 티부의 다중심적 도시

LA 등 미국의 대도시권에는 전체를 통할하는 하나의 정부가 없이 수백 개의 작은 지방정부가 흩어져 각각의 일을 처리하고 있다. 이를 지도에서 보면 헝겊 조각을 이어 붙인 '누더기 이불'의 모습이다. 일견 납득이 되지 않는 이러한 지방정부체제를 합리화하는 주장이 티부, 오스트롬, 와렌 등의 다중심주의 이론이다.

이 이론은 우리에게 '투표함에 투표'가 아니라 '발에 의한 투표'로 잘 알려져 있는 티부 모형에서부터 시작했다. 티부는 완전경쟁시장에서는 자원배분이 효율적으로 이뤄진다는 고전 경제학에서의 논리와 같이 대도시 내에서 다양한 조세와 공공서비스의 패키지를 제공하는 다수의 지방정부가 있다면 지방공공재가 효율적으로 배분될 수 있다고 보았다.

티부가 자원배분의 효율을 추구하며 만든 동질적 선호를 바탕으로 한 정부 모형은 모두 작은 지방정부를 염두에 두고 있는데, 이러한 지방정부는 공공문제를 해결하는 것에 있어 주민들 간의 완벽한 동의를 바탕으로 이루진다. 티부의 영향을 받은 학자들이 근래에 추진되는 구역통합이나 자치구 폐지에 반대하는 것은 당연하다고 하겠다. 지방주의자들의 논의를 정리하면 <표 14-1>과 같다.

〈표 14-1〉 지방주의자 요약

		철학적 기초	주요 개념	계승
지역적 다원주의	아리스토텔레스	공동선	정치적 동물 정치 참여	알투지우스 몽테스키외
	알투지우스	캘빈주의의 사회사상	연방주의, 보충성의 원칙	자치론자 EU 창설자
	몽테스키외	공화주의	절제된 정부 3+1 권력 분립	미국의 연방주의자 반연방주의자
인민주권 이론	루소	사회계약	인민주권, 일반의사	투레의 지방권
	제퍼슨	로크의 정부론	미니 공화국	공공선택론자
	토크빌	루소의 사회사상	민주주의 학교	홈룰 지지자
T. 스미스의 지역 자유론		밀의 자유론	규범적 자유	챈들러
쿨리와 포덤		인민주권 토크빌	자치 고유권 입법형 홈룰	지방주의자
티부의 다중심주의		시장적 경쟁	자원의 효율적 배분	공공선택론자

자료: 필자가 정리

II. 국가주의자들에 대한 정리

1. 국가주의자의 뿌리 - 플라톤, 보댕, 홉스

1) 플라톤

소크라테스가 인민법정에서 사형을 언도받은 일로 인해 아테네의 민주주의에 실망한 플라톤은 정치가의 길을 버리고 철학자의 길로 갔다. 그의 국가론은 그의 상상 속에서의 이상국가에 대한 그림이다. 그 국가는 민주적인 국가가 아니고 가장 총명하고 교육을 잘 받은 사람, 즉 현명한 사람인 철학자가 다스리는 국가이다. 이런 국가에서는 철학자의 지시에 따라 공공의 정책 결정이 이루어지기 때문에 정치 그 자체가 필요 없다. 플라톤에서 시작한 국가주의 사상은 근세 초기의 혼란 속에서 보댕의 군주주권론이나 홉스의 리바이어던 논리로 이어지게 된다.

2) 보댕

보댕은 『군주론』에서 프랑스 종교전쟁 등으로 인한 사회 혼란을 극복하기 위한 방안으로 군주의 절대 권력이 필요하다고 주장하였다. 당시에는 귀족 및 영지, 성직자 및 교회, 길드, 대학 등이 국왕으로부터 독립적인 지위에서 그들의 권한을 행사하였는데 보댕은 이들의 권한을 파당적인 것으로 보았다. 즉, 이들 때문에 사회적 질서가 파괴되고, 또 혼란이 야기되었다고 본 것이다. 이에 이런 혼란을 극복하는 논리로 그는 주권은 절대적이며, 분할될 수 없는 영속적인 것으로 군주에게 귀속된다고 주장하였다. 그리고 귀족이나 영주가 가진 권한은 그들 본래의 것이 아니라 군주로부터 유래된 것이라고 하였다.

보댕은 도시, 교회, 대학, 길드 등과 같은 국가와 개인 간의 중간 단위는 파당적 권력 투쟁의 근원이 되기도 하지만 동시에 사회적 안정을 위해서 필요하다고 보았다. 이는 군주가 타락하는 과정에서 지역이나 도시 등 중간단위의 권한을 박탈하는 것을 우려하였던 것이다. 그의 주장을 종합하면 파당적 권력 투쟁을 봉쇄하기 위한 정치적·절대적 집권과 사회적 안정을 위한 조치로 행정적 분권을 주장한 것이라 할 수 있다. 이런 주장은 부르봉 왕조의 절대왕정을 거치면서 약 250년이 경과한 후 프랑스 혁명 당시 자코뱅당과 나폴레옹의 중앙집권적 국가로 완성된다.

3) 홉스

홉스는 17세기 중반 영국이 국왕과 의회 간 내전을 겪으면서 야기된 사회적 혼란을 극복하는 방법으로 권력이 한곳에 집중되는 체제를 주장하였다. 그는 자연 상태의 '만인 대 만인의 투쟁' 상태를 불식하기 위해서는 절대 권력을 가진 자가 필요하다고 보았다. 그는 '정치적 동물로서 인간'이 정치에 참여하는 공화정이나 직접민주주의는 혼란만을 야기할 뿐이라고 인민의 정치 참여를 비판하였다. 또 당시 진보적인 사상의 요람이었던 개신교 교회나 아리스토텔레스의 사상을 가르치는 대학도 혼란을 불러일으키는 존재로 간주하였다.

홉스는 『리바이어던』에서 인민들이 사회계약을 통하여 그들의 주권을 리바이어던에게 위탁하였다고 서술했는데 이런 점에서 그는 당시에 유행하던 절대왕정의 왕권신수설을 부정하고 있다는 것을 알 수 있다. 그는 국가의 절대 권력의 근거로서 통치자는 인민과의 계약을 통하여 그 권력의 정당성을 부여받았다고 주장한 것이다. 절대 권력 아래서 국가 관리들은 통치자의 손발이 되어 계층적 질서에 따라 주어진 임무를 수행한다고 서술한 것에서 그가 획일적 중앙집권체제를 지지한 것으로 보인다.

홉스 이래 개인주의가 확대되면서 전통적인 지방단위를 경시하는 경향이 커졌다. 국가와 개인 사이의 중간단위가 사라지면 통치권자를 견제할 사회적 힘이 사라지게 된다. 이런 중간단위의 권한이 사라지면 국가는 대중국가나 독재국가 중 하나로 전락할 우려가 크다. 그렇다고 그가 중앙집권적 국가에서 절대 권력의 남용을 우려하지 않는 것은 아니다. 그는 자연법은 실정법으로 되어야 하고 실정법은 정치과정을 통하여 참여자들의 합의에 의해 만들어져야 한다고 하였다. 또 실제 권력을 위임받은 자의 권력행사에서는 견제와 균형의 원리가 작동되어야 한다고 주장하였다.

2. 대륙계 전통

1) 헤겔

헤겔은 나폴레옹에 패전한 독일민족의 통일을 염원하며 국가를 '지상에서의 신의 행진'이라고 묘사하였다. 이런 국가지상주의는 헤겔이 살았던 19세기 전후 독일의 시대적 요구에 부합하는 것이었다. 그렇다고 그가 중간단위의 가치를 인정하지 않은 것은 아니다. 하지만 헤겔의 절대적 공동선을 실현하는 이상적 존재로서 국가라는 사상적 전통을 이어받은 그나이스트나 랭그로드는 일반 주민이 참여하는 오늘날의 지방자치에 대해 매우 부정적인 견해를 보이고 있다.

2) 랭그로드의 지방자치 자멸설

랭그로드는 '지방자치와 민주주의 간의 상관관계 부정설'로 지방자치학도들에게 비교적 잘 알려진 사람이다. 하지만 그는 단순히 양자의 관계가 없다는 정도가 아니라 민주주의가 완성되면, 지방자치는 사라지고 지방행정만 남을 것이라는 지방자치 자멸설을 주장하였다. 랭그로드가 유럽 대륙계 학자들의 지방자치에 대한 견해를 상당 부분 대변하고 있다는 점에서 또, 많은 사람들이 그를 암묵적으로 따르고 있다는 점에서 그의 주장은 주목할 만하다.

1953년 랭그로드는 자신의 논문을 통하여 "현대의 지방자치는 지역에서 시대착오적 특권을 누리고자 노력해 왔고, 지방에서의 소수지배, 정치적 패거리, 반민주적 폭력을 행사해 오면서 민주주의 기본원리인 평등주의, 다수결의 원리, 통합체제 등과 대립되는 차별화·개별화와 분리 등을 추구함으로써 민주주의에 역행하고 있다"고 신랄하게 지방자치에 대해 비판하였다.

3. 딜런 룰

딜런은 아이오와 주 대법관이던 시절인 1968년 판결에서 "지방자치단체의 존재 자체나 그 권한은 전적으로 주의회로부터 나온다. 주의회는 지방자치단체가 생존할 수 있도록 생명의 숨결을 부여한다. 주의회가 지방자치단체를 창조한 것과 마찬가지로 지방자치단체를 제거할 수도 있다. 또 제거할 수 있다는 것은 권한을 축소하거나 통제할 수 있다는 것이다"라고 판시하였다.

오늘날 딜런 룰로 알려진 이 판결은 지방자치단체는 주에 의해서 위임된 권한만을 행사할 수 있고 위임받거나 받게 될 권한은 반드시 법원에 의해서 엄격히 해석되어야 한다고 한다. 또, 자치권은 보통법(관습법)상으로 인정되지 않으며, 지방자치단체는 주의회의 재량으로 창조되거나 제거될 수도 있으며 지방은 주의회의 단순한 대리인으로서 명시적으로 부여된 권리만 행사할 수 있고 또 행사해야 한다는 것이다. 딜런 룰은 주와 지방 사이의 권한 관계가 법률상 불명확한 경우에 나타난 판례로서, 유사한 사건이 있을 경우 이를 따르게 하는 법률 형성적 룰로 정립되어 주법원은 물론 연방법원 등에서 폭넓은 지지를 받고 있다.

4. 밀의 국가편의주의

오늘날 영국에서 지방자치에 대한 지배적인 견해는 존 스튜어트 밀로부터 유래되고 있다. 19세기 자유주의자들이 루소의 인민주권 사상이나 토크빌의 미국 민주주의에 대한 해석에 심취해 있던 당시에도 정작 밀은 그의 주저 『자유론』에서 유추할 수 있는 것과는 정반대의 주장을 하고 있다.

그는 자기 일을 잘 알고 관심이 있는 주민들이 참여하여 지방의 일을 처리하도록 하여야 한다고 주장하면서도 지방에서는 인재들의 미숙한 일 처리가 나타날 우려가 크다고 시적하였다. 세다가 지방에도 각 지방의 고유한 일이 있지만 상당히 많은 일들은 지역적이기보다는 전국적으로 영향을 미치기 때문에 한 지역에서의 미숙한 일

처리가 다른 지역에 나쁜 영향을 미칠 수 있음을 지적하고, 이에 대한 해결방안을 위해서는 더 큰 능력을 가진 중앙정부가 지방의 일을 지도하고 통제하지 않을 수 없다고 보았다.

이런 '지식의 집중과 집행의 분산' 논리는 오늘날에도 그대로 이어지고 있는데 호사가들은 (대영제국) '의회의 마지막 식민지는 지방'이라고 하였다. 이런 생각에 대한 사례는 대처 수상 시대에 일어났던 일에서 볼 수 있다. 대처가 그녀의 정치적 적이던 런던시장을 몰아내기 위해 런던시의 본청을 폐지하고 자치구만 남겨 두었고 또, 지방의 사정을 고려하지 않고 모든 가구가 동일한 지방세를 부담하게 하는 카운슬세를 도입한 사건이다. 카운슬세의 도입은 결국 영국의 몇몇 지역에서의 폭동의 원인이 되었고 결국에는 대처 수상의 퇴진을 가져왔다. 2011년 영국은 로컬리즘법의 도입으로 분권화를 추진하고 있으나 그 성과는 아직 미미하다고 한다. 이상의 국가주의자들의 논의를 정리하면 <표 14-2>와 같다.

〈표 14-2〉 국가주의자 요약

		철학적 기초	주요 개념	계승
뿌리	플라톤	공공선	철인 왕	루소, 헤겔
	보댕	계층적 질서 (반 아리스토텔레스)	군주주권론	절대왕정 지지자
	홉스	계층적 질서 (반 아리스토텔레스)	만인 대 만인의 투쟁 리바이어던 사회계약	절대왕정 지지자 로크, 루소
대륙계 전통	헤겔	역사주의	국가지상주의	랭그로드
	랭그로드	평등 민주주의	지방자치 자멸	대륙계 자치학자
미국	딜런	주 우선주의 법리	지방의 주의회의 창조물	법조계 다수
영국	밀	벤담의 공리주의	국가편의주의	사프 등

자료: 필자가 정리

5. 국가주의에 대한 반격: 다원주의적 국가주의와 현실

국가주의에 대한 반격이 없는 것은 아니다. 20세기 초 영국의 라스키 등의 다원적 국가론은 헤겔류의 '국가절대론'에 대한 반격으로 시작되었다. 이 이론은 19세기 후반 알투지우스의 논리를 발굴한 독일의 법학자 기르케가 정립한 '단체이론'에서 영향을 받았다. 이들은 국가도 복잡하게 얽혀 있는 사회단체 중 하나에 해당될 뿐이라는 논리로 국가의 주권도 분할하거나 분할될 수 없는 절대적인 것이 아니라고 보았다. 게다가 국가 역시 무조건적으로 존속할 수 있는 것이 아니고 그 존속에 대한 동의를 끊임없이 획득해 나가야 하는 존재라고 주장하였다.[1] 그렇지 못한 경우에는 기존 국가가 분열되어 새로운 국가가 생겨난다고 보았다.

사실 국가나 영토는 불변이 아니다. 국가 안에서 지역을 기반으로 하는 지방정부도 정태적이 아니라 동태적인 것이다. 제2차 세계대전 직후 전 세계 국가의 수는 약 50개라고 한다. 이런 국가의 수가 현재는 약 200개 이상으로 늘어났다. 종래 제국의 식민지에서 독립하여 새로운 국가가 생기고, 소련연방이나 유고연방이 해체되면서 새로운 국가가 생겨났다.[2] 2014년에서는 스코틀랜드의 분리독립투표가 있었고, 2017년에는 스페인의 자치지역인 카탈루냐의 독립선언이 있었다. 두 경우 모두 독립이 현실화되지는 못했으나 여전히 불씨는 남아 있다. 현실에서도 국가나 국가주권은 절대적인 것만은 아닌 것이다.

---

1) 이런 국가다원주의가 지방주의와 바로 연결되는 것은 아니지만 지방의 권리를 분명히 한다는 점에서 지방주의를 지지하는 것은 틀림없다.

2) 소련연방은 15개 국가, 유고 연방은 6개 국가로 해체되었다.

III. 비교 및 규범적 이론을 모색하며

1. 지방주의와 국가주의 비교

지방자치의 규범적 이론을 모색하는 데는 지방주의와 국가주의를 비교하는 것이 도움이 된다. 양자는 여러 측면에서 대비된다. 첫째, 지적 전통에서 전자는 현실정치에 근거하여 실용적 지혜를 추구한 아리스토텔레스의 지적 전통을, 후자는 상상 속의 이상국가를 추구한 플라톤의 전통을 이어받은 것이다. 아리스토텔레스의 전통을 이어받은 알투지우스나 몽테스키외는 16~18세기의 사회 구조를 개선하는 방식으로 분권적인 정치체제를 제시한 반면, 플라톤의 전통을 이어받은 보댕, 홉스, 헤겔 등은 사회적 혼란을 극복하는 방안으로 중앙집권적 국가를 이상화하였다.

둘째, 지방주의자는 지역적 다원주의적 정치체제에 기반을 둔 반면에, 국가주의자는 국가 차원에서의 일원주의적 정치체제를 선호한다. 지방주의자들은 국가와 국민 사이에 있는 중간단위로서 지방의 정치적 권리를 인정하는 반면, 국가주의자들은 그런 중간단위의 독자적 지위를 인정하지 않고 국가의 손발 정도로만 취급하는데, 그들은 중간단위에 정치적 권한을 주는 경우에 야기될 수 있는 지역보스(Boss)에 의한 지방 지배를 우려한 것이다. 아래 그림에서 보는 바와 같이 보댕은 군주만, 홉스의 경우에는 국가와 국민만을 정치적 존재로 인정하였다. 반면, 알투지우스의 경우에는 국가와 사회적 모임이, 쿨리의 경우 주와 지방, 그 개인이 모두 정치적 존재이다.

셋째, 지방주의자는 주권을 국가와 지방이 함께 공유하는 것이라고 보는 반면, 국가주의자는 국민주권에 근거하여 국가만이 주권을 가진다고 보았다. 전자는 역사적 사실을 바탕으로 지역의 작은 단위들이 모여짐으로 인해 국가가 형성되었다고 보는 반면에, 후자인 국가주의자들은 이런 역사적 사실을 무시하고 국민과 국가 간의 가상적인 사회계약에 의해 국가가 형성되었다고 보고 있다.[3] 전자는 정치단위로서 커뮤니티 또는 사회단체를 중시하는 반면에, 후자는 개인에만 초점을 둔다. 전자가 공동체주의에 기반을 둔 반면, 후자는 개인주의를 바탕으로 하고 있다.

넷째, 지방주의자는 정치적 참여가 용이한 소규모 정치단위가 이상적 통치형태라고 보고 있지만 후자는 대표를 통한 참여가 가능하므로 대규모 단위라도 통치구조상 문제가 되지 않는다고 보고 있다. 전자는 주민의 선호를 중요시하여 자치단위 통합에 반대하지만 후자는 국가적 편의를 중시하여 자치단위의 통합에 적극적이다.

다섯째, 자원배분의 효율성 문제에 있어서 지방주의자들은 주민

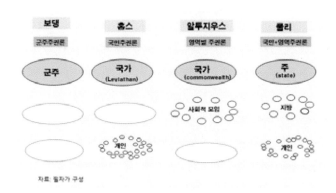

자료: 필자가 구성

<그림 14-1> 정치적 존재에 대한 인정

---

3) 국가가 전쟁과 정복에 의해 인위적으로 만들어진 것이라 보면 이런 지역 간 권한 공유의 논리가 정당화될 수 없다. 이런 입장에서는 중앙정부가 절대적 권한을 가지는 반면 지역적 단위는 그 손발에 불과한 존재이다. 이런 논리는 근세 초기 절대국가에서 주권이론이 발전하면서 국가의 권한을 분할 불가능한 것으로 간주하는 바탕이 되었다.

의 선호에 맞는 공공재를 제공하는 수요자 중심의 효율성을 중요시하지만 반면에, 국가주의자들의 경우에는 공공재 생산에 있어서는 규모의 경제와 같은 생산의 효율을 강조한다.

여섯째, 지배의 형태에 있어서 지방주의자는 상향적 합의 내지 다층 거버넌스를 이상적이라 보는 데 비하여, 국가주의자는 하향적 지시와 계층적 질서를 중요시한다. 즉, 지방주의자들인 전자는 정치적·집단적 결정과정에 있어서의 참여와 협상, 그리고 타협을 중요시하는 데 비해 국가주의자들은 철인 왕의 지배 같은 시스템을 이상으로 여긴다. 철인 왕의 지배하는 시스템에서 필요한 것은 결정된 것을 집행하는 관리 내지 행정뿐이다.

〈표 14-3〉 지방주의 대 국가주의 비교

지방주의	비교 기준	국가주의
아리스토텔레스	지적 전통	플라톤
지역적 다원주의 지역주권	이념 (중간단위 인정)	국가 일원주의 국가주권
지역 간 공유-주민주권 공동체 주의	주권 소재	국민주권-국가 독점 개인주의
소규모, 직접적 참여 통합 반대	정치단위 규모 및 자치구역 통합	대규모, 대표를 통한 참여 통합 찬성
수요자 중심 효율 주민의 선호 중시	경제적 효율성	공급자 중심 효율 국가적 편의
집단적 결정에 의한 지배 참여, 협상 및 타협을 중시 상향적 합의-다층거버넌스	거버넌스	철인 왕의 지배 관리 내지 행정만 필요 하향적 지시-계층적 질서

자료: 필자가 정리

이상에서 보면 지방주의는 다원성·다양성의 바탕 위에 자율적인 체제를 추구하는 반면에, 국가주의는 일원적이고 획일적이며 계층적 체제를 선호한다. 국가주의는 국민국가 형성을 위한 수단으로써 필요한 논리로 시대적 의무를 다하였다고 할 수 있다. 21세기는 국가주의를 넘어서는 신지방분권화의 시대로 국가와 지방 사이의 공동 거버넌스의 시대이기 때문이다. 그러면 지방이 어떻게 국가와 동반자가 되는 논리를 구성할 수 있을까?

2. 규범적 이론을 모색하며

국가와 지방이 동반자가 되는 지방자치는 왜 당연시되어야 할까? 아리스토텔레스는 폴리스에서 시민들이 피통치자인 동시에 통치자가 되어야 공화국의 미덕을 키울 수 있다고 하였다. 알투지우스는 근세 초기 새로운 질서에 대한 거대구상으로서 다층 거버넌스와 사회 계층 사이의 보충성의 원칙을 제시하였고, 몽테스키외는 절제된 정부의 이상을 실현하기 위하여 국가수준에서 3권 분립에 더하여 국가와 지방 사이의 권력분립을 주장하였다.

루소는 주권재민에 대한 원칙을 바탕으로 일반의사를 형성할 수 있는 정치단위로 당시의 제네바와 같은 작은 도시를 이상적 단위라고 제시하였고, 제퍼슨은 농촌지역에서의 작은 단위를 이상적인 정치단위로 보았다. 토크빌은 뉴잉글랜드 지방의 타운을 인민주권을 실현하는 단위이자 민주주의의 학교로 보았다. 스미스는 당시 중앙집권화에 항거하며 전통적 패리시가 주민참여를 활성화하는 단위라고 여기며 지역의 자유를 내세웠다. 티부는 대도시에서 주민들이 선택할 수 있는 다수의 작은 지방정부가 있어야 지방공공재의 효율적 배분이 가능함을 보여 주면서 다중심적 체제가 일원적 체제보다 효율적이라 주장하였다.

지방주의자로 분류한 이 철학자들은 한결같이 인민들과 가장 가까운 거리에 있는 작은 정부단위에 더 큰 권한이 주어져야 한다고 주장하였다. 이는 자기지배의 이상으로 지방자치의 규범적 이론을 구성할 수 있다고 보는 것이다. 지방에 속한 지방의 권한은 국가의 호의나 자의에 의해 주어지는 것이 아니라 본래부터 지방이 그 권한을 가지고 있었다는 주권 공유의 논리에 근거하여야 한다. '국가의 모든 권리는 국민으로부터 나온다'는 주권재민의 원칙에서 보면 국민의 소모임으로 간주할 수 있는 지방 주민에 대해 이와 상응하는 권한을 인정하지 않는 것은 모순이다. 인민주권의 원칙에 근거하고 있는 민주주의처럼 지방자치 역시 주민주권의 원칙에 근거하고 있다고 할 것이다.

Ⅳ. 맺음말

지방자치는 국가발전을 위한 단순한 도구가 아니라 독자적인 가치를 가진 제도라는 관점에서 지금까지 아리스토텔레스 이후 여러 지방자치 철학자의 주장을 일괄적으로 요약하면서 지방자치의 규범적 이론을 모색하고자 하였다. 구체적으로 지역적 다원주의(아리스토텔레스, 알투지우스, 몽테스키외), 주민주권(토크빌, 루소, 제퍼슨), 지역적 자유(스미스), 지방공공재의 효율적 배분(티부)이라는 규범적 가치를 재확인하고자 하였다.

하지만 이들에 대한 연구는 아직 미진함을 밝히지 않을 수 없다.

보댕의 연구자로 유명한 맥래(Kenneth D. McRae)는 캐나다 정치학회장 퇴임 연설에서 국가주권의 논리 아래에 이와 대치되는 다양한 서구의 정치사상을 바보스러울 만큼 무시하였다는 주장과 같이 지방주의자에 대한 연구는 아직 일천하다고 할 수밖에 없다.

20세기가 국가주의를 근거로 한 통치의 시대라면 21세기는 다원주의를 근거로 하는 거버넌스 시대로 변화하고 있다. 이런 흐름에 따라 국가와 지방 사이의 관계도 더 이상 종래의 계층적 관계가 아니라 새로운 수평적 관계로 전환되고 있다. 지방에서 보면 스스로의 자기지배라는 이상이 새 시대의 흐름이 되고 있는 것이다.

문제는 우리의 제도나 의식은 이런 흐름에 제대로 따라가지 못하고 있는 것이다. 지금 우리 법체계에서 지방자치단체는 하나의 공공단체로서의 지위밖에 인정되지 못하는 존재이다. 헌법상 국가의 '법령의 범위 안에서 자치에 대한 규정'을 정할 수 있을 뿐이어서 4천여 개가 넘는 법령 아래 지방입법이 가능할 뿐이다. 이런 상황에서 국가주의에 대한 환상을 깨고자 하는 지방분권형 헌법 개정이 추진되고 있지만 구체적인 내용을 담아내는 각론에서는 의견이 분분하다. 이는 지방자치의 규범적 이론이 제대로 정립되지 못하였기 때문이라고 하지 않을 수 없다.

토크빌은 '민주주의는 경험해 보지 않고서는 정착시킬 수 없고, 또 시행과정에서 그 잘못을 알기 전에는 좌절될 수 있다'고 하였다. 솔직히 민주주의도 많은 결함을 가지고 있고 그래서 제대로 정착되기도 어렵다. 민주주의처럼 지방자치도 마찬가지이다. 우리의 민주주의는 반세기가 넘는 시련 속에서 발전하였고 다행히도 근래에는 적어도 제도적인 면에서 정착되었다. 마찬가지로 4반세기 전에 부활한 우리의 지방자치도 앞으로 상당한 시행착오의 시간을 거쳐야 정착할 수 것이다.

처칠(W. Churchill)은 '민주주의는 지금까지 시도된 다양한 다른 모든 통치체제를 제외하고 나면 남는 최악의 통치체제이다'라고 하였다. 지금까지 인류가 고안한 최상의 정치제도라 해석되는 말이다. 지방자치도 민주주의와 마찬가지로 많은 결함을 내포하고 있지만 민주주의와 같이 인류가 고안한 최상의 제도라고 아니할 수 없다. 지방자치는 민주주의와 같이 인민의 자기지배를 용이하게 하는 제도이기 때문이다. 따라서 지방자치는 민주주의에 상응하는 제도로서 그 가치가 인정되어야 한다.[4]

토크빌은『미국 민주주의』에서 문명화되는 사회가 지방의 독립을 원하지 않으며, 지방의 실수에 역겨워하며, 자치의 성공 가능성을 폄하하는 데 비해 지방정부는 중앙 권력에 맞설 힘이 없다고 하였다. 나아가 그는 중앙집권은 자연적으로 다가오는 통치의 형태이기 때문에 민주사회가 나이가 먹을수록 그 정부는 더욱 중앙집권화된다고 보았다. 그리고 민주주의 시대에 개인의 독립과 지방의 자유는 노력해서 지켜야 할 과제라고 천명하였다. 사실 토크빌의 예언대로 중앙집권화가 심화된 오늘날 우리의 과제는 그의 처방대로 노력해서 지방자치를 지키는 것이다.

루소는『사회계약론』의 마지막 부분에서 일반의사에 의해 지배되는 정치체제가 현실에서 자리 잡기 위해서는 정서적 측면에서 '시민들의 믿음'이 필요하다고 하였다. 볼테르(Voltaire)는 '세상을 바꾸는

---

4) 근래 단체 민주주의(Consociational Democracy)나 협의체 민주주의(Associative Democracy)가 이런 논리를 발전시키는 데 참고가 될 것이다.

것은 특정 사상의 힘이고, 긴 시간 동안 이런 사상을 형성하는 힘은 철학자들로부터 나온다'고 하였다. 아리스토텔레스는 '사람은 정치적 동물'이라 하였고 브라이스경은 '지방자치는 정치적 본능의 발현'이라 하였다.

이제 민주주의의 필수적 구성요소로서 독자적인 가치를 가진 지방자치에 대한 규범적 이론에 더 큰 관심을 가질 때라 하지 않을 수 없다. 맥래의 주장처럼 국가에 대한 연구가 아니라 지방에 대한 연구에 이제라도 더 많은 노력을 기울여야 할 때이다. 이 책이 담고 있는 지방주의자뿐만 아니라 여기서 담아 내지 못한 지방주의자에 대한 보다 심층적인 연구가 필요하다고 하겠다.

참고문헌

국순옥 지음, 김도균 옮김(2014), 「헤겔과 슈타인에 있어서 독일 관념론 국가 사상」, 『민주법학』, 55: 177~207.

김도창(1962), 「지방자치의 방향」, 『법제』, 법제처.

김배원(2008), 「헌법적 관점에서 본 지방자치의 본질」, 『공법학 연구』, 9(1), 219~251.

김석태(2006), 「과시적 분권과 기술적 집권 - 90년대의 지방분권화」, 『행정논총』, 38(1): 111~134.

김석태(2015), 「공동세를 재원으로 하는 수평적 재정조정: 국가-지방 간의 동반자 관계를 위한 재정적 구상」, 『지방정부연구』, 19(2): 247~271.

김석태(2016a), 「지방분권 사상과 한국의 지방자치」, 『지방정부연구』, 19(4): 1~24.

김석태(2016b), 「지방자치의 이념형 모색: Rousseau와 Tiebout 모형을 중심으로」, 『지방정부연구』, 20(1): 1~24.

김석태(2016c), 「홈룰(Home Rule)의 발전과정 및 모형과 지방자치권 확대에 대한 시사점」, 『한국지방자치학회보』, 28(4): 1~23.

김석태(2017a), 「알투지우스(J. Althusius)의 정치사상과 지방분권형 헌법개정」, 『지방정부연구』, 21(1): 315~337.

김석태(2017b), 「툴민 스미스(T. Smith)의 반중앙집권화 투쟁 논리와 지방자치」, 『한국지방자치학회보』, 29(2): 65~89.

김석태(2017c), 「아리스토텔레스의 폴리스와 지방자치」, 한국정부학회 추계 학술대회 논문집.

김석태(2018), 「지방자치의 규범적 이론 모색」, 한국지방자치학회 동계 학술 대회 발표 논문집.

김영일(2002), 「알투시우스(Johannes Althusius)의 연방주의 연구-지방자치의 이념적 기초로서의 연방적 사회구성」, 『지방정부연구』, 6(4): 275~296.

김영일(2004), 「연방주의 비교연구: 보조성의 원리에 기초한 새로운 공동생활의 패러다임 모색」, 『국제정치논집』, 44(3): 217~237.

김용래・김보현(1967), 『지방행정의 이론과 실제』, 법문사.

민유기(2005), 「프랑스 좌・우파의 지방분권 담론과 관련 정책에 대한 역사적 고찰(1946～2003)」, 『서양사론』, 203～236.

백윤철(2000), 「헌법적 관점에서 본 지방자치의 본질」, 『공법연구』, 28(3): 156～175.

서울특별시사편찬위원회(1983), 『시사자료 II (1945～1961.5.)』, 서울특별시.

손정목(2002), 「특별시와 직할시의 유래」, 『도시문제』, 37(401): 95～102.

오재일(2014), 『지방자치론』, 도서출판 오래.

이기우(2005), 「지방자치 기반강화를 위한 헌법개정」, 『한국지방자치학보』, 17(4): 5～25.

이승종 편(2014), 『지방자치의 쟁점』, 박영사.

임석진 옮김(2008), G. W. F. 헤겔, 『법철학』, 한길사.

최진혁(2012), 「프랑스의 지방자치의 이해」, 『자치행정연구』, 4(1): 47～55.

최진혁(2015), 「21세기 지방자치의 현대적 경향: 영국과 프랑스의 지방자치의 진화」, 『한국지방자치학보』, 27(3): 1～30.

허영(2000), 『한국헌법론』, 서울: 박영사.

Wikipedia의 관련 정보

ACIR.(1987). The Organization of Local Public Economies. *Advisory Commission on Intergovernmental Relations' Report* A-109. Washington, D.C.

ACIR.(1993). *Local Government Autonomy.* Advisory Commission on Intergovernmental Relations. Washington, D.C.

Althusius, Johannes.(1603). *Politica [1614]* translated by Frederick S. Carney. (oll.libertyfund.org).

Aristotle.(BCE 350). Translated by Benjamin Jowett. *Politics.* The Internet Classics Archive.

Aristotle.(BCE 335～323). Translated by T. A. Sinclair and revised by Trevor J. Saunders. *The Politics.* Penguin Books.

Ashford, Douglas.(1975). Theories of Local Government: Some Comparative Considerations. *Comparative Political Studies.* 8(1): 90～107.

Bache, Ian and Matthew Flinders.(2004). *Multi-level Governance.* Oxford University Press.

Baker, Lynn A. and Daniel B. Rodriguez.(2009). Constitutional Home rule and Judiciary Scrutiny, *Denver University Law Review.* 86(4): 1337~1424.

Barron, David J.(1999). The Promise of Cooley's City: Trace of Local Constitutionalism. *University of Pennsylvania Law Review.* 147(3): 487~612.

Barron, David J.(2003). Reclaiming Home Rule. *Harvard Law Review.* 116(8): 2255~2386.

Benoist, Alain de.(1999). The First Federalist: Johannes Althusius. *Krisis.* 2~34.

Bergman, Matthew P.(1991). Montesquieu's Theory of Government and the Framing of the American Constitution, 18 Pepp. L. Rev. 1 (digitalcommons. pepperdine.edu).

Breton Albert, Alberto Cassone, and Angela Fraschini.(1998). Decentralization and Subsidiarity: Toward a Theoretical Reconciliation. *Journal of International Economic Review.* 19(1): 21~51.

Brilhante, A. A. and Rocha, F. J. S.(2011). Some Remarks on John Stuart Mill's account of Tocquevill's concern with the masses in democratic societies. ethic@-Florianopolis. 10(1): 43~63.

Bryce, James.(1921). *Modern Democracy.* vol. 1. chapter Ⅶ. (oll. libertyfund.org/ titles/2084).

Bryce, James.(1888). *The American Commonwealth.* Online Library of Liberty.

Carney, Frederick S.(1964). *Politica [1614].* translation. (oll.libertyfund.org).

Chandler, James A.(2007). *Explaining Local Government: Local Government in Britain Since 1800.* Manchester University Press.

Chandler, James A.(2008). Liberal Justification for Local Government in Britan: The Triumph of Expediency over Ethics. *Political Studies.* 56: 355~373.

Chandler, James A.(2010). A Rationale for Local Government. *Local Government Studies.* 36(1): 5~20.

Christensen, Terry and Tom Hogen-Esch.(2006). *Local Politics: A Practical Guide to Governing at the Grassroots.* NY: M. E. Sharpe.

Clark, Gordon L.(1984). A Theory of Local Autonomy. *Annals of the Association of American Geographers.* 74(2): 195~208.

Clayton, Edward.(1995). *Aristotle: Politics.* The Internet Encyclopedia of

Philosophy (IEP) (ISSN 2161-0002).

Cole, James D.(2012). Constitutional Home Rule in New York: The Ghost of Home Rule. *St. John's Law Review.* 59(4): 713~749.

Dahl, Robert A.(1967). The City in the Future of Democracy. The American Political Science Review. 61(4): 953~970.

Dahl, Robert A. and Edward R. Tufte.(1973). Size and Democracy. CA: Stanford University Press.

Dalmat, Darin.(2005). Bringing Economic Justice Closer to Home: The Legal Viability of Local Minimum Wage Laws Under Home Rule. Columbia Journal of Law and Social Problems. 39~93.

Damrosch Leo.(2007). *Jean-Jacques Rousseau Restless Genius.* Mariner Books.

Damrosch Leo.(2011). *Tocqueville's Discovery of America.* Farrar, Straus and Giroux.

De Dijn, Annelien.(2008). *French Political Thought from Montesquieu to Tocqueville.* Cambridge University Press.

De Dijn, Annelien.(2008). The Intellectual Origins of Tocqueville's L'Ancien Régime et la Révolution. *Modern Intellectual History.* 5(1): 1~25.

Donahue, John D.(1997). Tiebout? Or Not Tiebout? The Market Metaphor and America's Devolution Debate. *Journal of Economic Perspectives.* 11(4): 73~81.

Elazar, Daniel J.(1990). Althusisus and Federalism as Grand Design. (www.jcpa.org/dje/articles2/althus-fed.htm).

Ellwood Sheila, Mike Tricker & Piers Waterston.(2000). Power to the parishes ⎯a (missed) opportunity. *Local Government Studies,* 26(2): 7~22.

Endo, Ken.(1994). The Principles of Subsidiarity: From Johanes Althusisus to Jacques Delors. 北法 44. (eprints.lib.hokudai.ac.jp).

Erlingsson, Gissur O. and Jorgen Odalen.(2013). A Normative Theory of Local Government: Connecting Individual Autonomy and Local Self-determination with Democracy. *Paper Prepared for the American Political Science Association Annual Meeting and Exhibition.* Chicago, Illinois.

Fischel, William A.(2006). Footloose at Fifty: An Introduction to the Tiebout Anniversary Essays. in W. Fischel, ed. *The Tiebout Model at Fifty.*

Cambridge, MA: Lincoln Institute of Land Policy. 1~20.

Follesdal, Andreas.(1998). Survey Article: Subsidiarity. *The Journal of Political Philosophy.* 6(2): 190~218.

Frey, Bruno S. and Reiner Eichenberger.(1996). "FOCJ: Competitive Governments for Europe", *International Review of Law and Economics* 16: 315~327.

Friesen, Mark.(2003). Subsidiarity and Federalism: An Old Concept with Contemporary Relevance For political Society, *Federal Governance:* A Graduate Journal of Theory and Politics. 1(2): 1~18.

Frug, Gerald E.(1980). The City as Legal Concept. *Harvard Law Review.* 1057 ~1154.

Gabor, Andrea.(2000). *The Capitalist Philosophers: The Geniuses of Modern Business - Their Lives, Times, and Ideas.* Crown Publishing Group.

Gere, Ewin A.(1982). Dillon's Rule and Cooley Doctrine: Reflection of Political Culture. *Journal of Urban History.* 8(3): 271~298.

Gray, Andrew and Bill Jenkins.(1999). Democratic renewal in local government: Continuity and change. *Local Government Studies.* 25(4): 26~45.

Greenleaf, W. H.(1975). Toulman Smith and the British Political Tradition. *Public Administration.* 25~44.

Gutchen, Robert M.(1961). Local Improvement and Centralization in Nineteenth-Century England. T*he History Journal,* 4(1): 85~96.

Hegel, G. W. F.(1820). *Philosophy of Right.* (socserv2.socsci. mcmaster.ca).

Hueglin, Thomas O.(1999). *Early Modern Concepts for a Late Modern World: Althusius on Community and Federalism.* Wilfrid Laurier University Press.

Hueglin, Thomas O.(2003). "Federalism at the Crossroads: Old Meanings", New Significance. *Canadian Journal of Political Science.* 369(2): 275~294.

Hueglin, Thomas O.(2008). *Classical Debates for the 21st Century: Rethinking Political Thought.* Broadview Press.

Huegrin, Thomas.(2013). Two (or Three) Tales of Subsidiarity. (www.cpsa-acsp.ca).

Keith-Lucas, B.(1961). In Defence of Gneist. *The Canadian Journal of Economics and Political Science.* 27(2): 247~252.

Krane, Dale.(1998). Local government autonomy and discretion in the USA.

Paper prepared for the international conference on the challenge to new governance in the 21th century, in www.napawash.org

Langrod, Georges.(1953). Local Government and Democracy. *Public Administration.* 31(1): 25~34.

Libonati, Michael E.(1988). Intergovernmental Relations in State Constitutional Law: A Historical Overview. *The Annals of the American Academy.* 496: 107~116.

Lieber, Francis.(1853). *On Civil Liberty and Self-Government.* (oll.libertyfund.org).

Lyons, W. E. and David Lowery.(1989). Governmental Fragmentation Versus Consolidation: Five Public-Choice Myths about How to Create Informed, Involved, and Happy Citizens. *Public Administration Review.* 533~543.

Mackenzie, William.(1961). *Theories of local government.* London School of Economics and Political Science.

Maselnik, Stanislav.(2009). Althusius's Societal Federalism: A model for the EU? in (faustianeurope.wordpress.com: 2016. 10. 7. 검색).

McKenzie, Chris.(2014). Why Home Rule Is the Birthright of California's Cities. *Western-City.* 1~4.(westerncity.com).

Mead, Timothy. D.(1997). Federalism and state law: legal factors constraining and facilitating local initiatives. In J. J. Gargan (Ed.), *Handbook of Local Government Administration.* (Chp. 3). New York: Marcel Dekker, Inc.

Meijer, Gerrit.(2012). 200 Years of Local Autonomy: The Relevance for Today. in J. G. Backhaus ed. *Two Centuries of Local Autonomy.* Springer. 69~77.

Merriam, C. E.(1902). The Political Theory of Jefferson. *Political Science Quarterly.* 17(1): 24~45.

Micklethwait John and Adtian Wooldridge.(2015). *The Fourth Revolution: The Global Race to Reinvent the State.* Penguin Books.

Mill, John S.(1681). *Considerations on Representative Government.* Grindl Press.

Montesquieu, Baron de.(1748). *The Spirit of Laws.* (socserv2.socsci.mcmaster.ca).

Moulin, Leo.(1954). Local Self-Government as a Basis for Democracy: A Further Comment. *Public Administration.* 32(4): 433~437.

Nakano, Koichi.(1998). Nationalism and localism in Japan's political debate of the 1990s. *The Pacific Review.* 11(4): 505~524.

Naiki, Shigeru.(2012). *The Real Face of the Homeland of Local Democracy.* Japan Center for Cities.

Newton, N.(1982). Is Small Really Do Beautiful? Is Big Really So Ugly? Size, Effectiveness, and Democracy in Local Government. *Political Studies.* 30(3): 190~206.

Norton, Alan.(1994). *International Handbook of Local and Regional Government: Comparative Analysis of Advanced Countries.* Edward Elgar Limited.

NYSBA.(2016). *Report and Recommendations concerning Constitutional Home Rule.* The Committee on the New State Constitution.

Oates, Wallace E.(1969). The effects of property taxes and local public spending on property values: An empirical study of tax capitalization on the Tiebout Hypothesis. *Journal of Political Economy.* 77: 957~971.

Oates, Wallace E.(2006). The Many Faces of the Tiebout Model. in W. Fischel, ed. *The Tiebout Model at Fifty.* Cambridge, MA: Lincoln Institute of Land Policy. 21~45.

Ooms, Teri and Sherry Tracewski.(2009). *A Prier on Home Rule.* The Institute for Public Policy & Economic Development.

Ostrom, Elinor.(1998). A Behavioral Approach to the Rational Choice Theory of Collective Action: Presidential Address, American Political Science Association. *The American Political Science Review.* 92(1): 1~22.

Ostrom, Vincent, Charles Tiebout, and Robert Warren.(1961). The Organization of Government in Metropolitan Areas: A Theoretical Inquiry. *American Political Science Review.* 55: 831~842.

Palmowski, Jan.(2002). Liberalism and Local Government in Late Nineteenth Century Germany and England. *The Historical Journal.* 45(2): 381~409.

Panter-Brick, Keith.(1953). Local Self-Government as a Basis for Democracy: A Rejoinder. *Public Administration.* 31(4): 344~348.

Peppin, John C.(1941). *Municipal Home Rule in California: I,* 30 Cal. L. Rev. 1. (scholarship.law.berkeley.edu).

Pollit, Christopher.(2009). Decentralization: A Central Concept in Contemporary Public Management. in *The Oxford Handbook of Public Management*. Oxford Handbook Online. 1032.

Redlich, Josef.(1903). Local Government in England. London: McMillian.

Richardson, Jesse J.(2011). Dillon's Rule is From Mars, Home Rule is From Venus: Local Government Autonomy and the Rules of Statutory Construction. *Publius*. 41(4): 662~685.

Richardson, Jesse J., Meghan Zimmerman Gough and Robert Puentes.(2003). *Is Home Rule The Answer? Clarifying The Influence Of Dillon's Rule On Growth Management*. (brookings.edu/research/reports).

Roscoe, Martin.(1957). *Grass Roots*. University, Alabama: University of Alabama Press.

Rousseau, Jean-Jacques.(1762). *Social Contract*. ebooks. adelaide.edu.au.

Rousseau, Jean-Jacques.(1762). *Emile, or Education*. (oll.libertyfund.org/titles/2256).

Russell, Bertrand.(1946). *History of Western Philosophy* (Routledge Classics).

Russell Jon D. and Aaron Bostrom.(2016). *Federalism, Dillon Rule and Home Rule. White Paper*. A Publication of the American City County Exchange.

Ryan, Alan.(2012). *On Politics: A History of Political Thought: From Herodotus to the Present*. Allen Lane.

Scott, Kyle.(2011). Federalism: *A Normative Theory and its Practical Relevance*. The Continuum International Publishing Group.

Sebree, Michael. M. K.(1989). One Century of Constitutional Home Rule: a Progress Report? *Washington Law Review*. 155. 1~18.

Sharpe, L. J.(1970). Theories and Values of Local Government. *Political Studies*. 18(2): 153~174.

Singleton, John D.(2013). Sorting Charles Tiebout: The Construction and Stabilization of Postwar Public Good Theory. (www.aeaweb.org/conference/2014).

Smith, J. Toulmin.(1951). *Local Self-Government and Centralization*. (London).

Smith, J. Toulmin.(1857). *The Parish: Its Powers and Obligations at Law*. 2nd ed. (London).

Smith, J. Toulmin.(1859). *The Parliamentary Remembrancer*. Vol. II. (archive.org/

details/parliamentaryre00smitgoog).

Spitzer, Hugh D.(2015). 'Home Rule' vs. 'Dillon's Rule' for Washington Cities. *Seattle University Law Review.* 38(3): 809~60.

Stein, Michael.(2008). *The Concept of Multi-level Governance in Studies of Federalism* (paperroom.ipsa.org).

Stroud, Brett A.(2014). Preserving Home Rule: The Text, Purpose, and Political Theory of California's Municipal Affairs Clause. *Pepp. L. Rev. Iss.* 3: 587~632.

Syed, Anwar H.(1966). *The political theory of American local government.* NY: Random House.

Tiebout, Charles.(1956). A Pure Theory of Local Expenditure. *Journal of Political Economy.* 64: 416~435.

Tocqueville, Alexis de.(1835, 1840). *Democracy in America.* Bevan G.(2003) (역) Penguin Classics.

Tocqueville, Alexis de.(1856). *The Old Regime and the Revolution.* Bevan G.(2003). (역) Penguin Classics.

Toonen, Theo A. J.(1990). The Unitary State as a System of Co-governance. *Public Administration.* 68(3): 281~296.

Treisman, Daniel.(2007). *The Architecture of Government: Rethinking Political Decentralization.* Cambridge University Press.

Vanlandingham, Kenneth E.(1968). Municipal Home rule in the United States. *William and Mary Law Review.* 10(2): 269~314.

Vanlandingham, Kenneth E.(1975). Constitutional Municipal Home Rule Since AMA(NLC) Model. *William and Mary Law Review.* 17(1): 1~34.

Viteritti, Joshep P.(1995). Municipal Home Rule and the Condition of Justifiable Secession. *Fordham Urban Law Journal.* 23(1): 1~71.

Ward, Lee.(2007). Montesquieu on Federalism and Anglo-Gothic Constitutionalism. *Publius: The Journal of Federalism.* 1~27.

Weinstein, Ben.(2008). Local-Self Government Is True Socialism: Joshua Toulmin Smith, The State and Charter Formation. *English Historical Review.* 123(504): 1194~1218.

Whalen, Hugh.(1960). Ideology, Democracy, and the Foundations of Local Self-Government. *Canadian Journal of Economics and Political Science.*

26(3): 377~395.

Whalen, Hugh.(1961). Mr. Keith-Lucas on Gneist and Redlich: A Reply. *The Canadian Journal of Economics and Political Science*. 27(2): 251~256.

White, Bobby.(2009). Towns Rethinks Self-Reliance as Finances Worsen, *The Wall Street Journal* (May 27, 2009).

Wickwar, William H.(1970). *The political theory of local government*. The University of South Carolina Press.

Wilson, David.(1998). From local government to local governance: Re-casting British local democracy. *Democratization*. 5(1): 90~115.

Witte, John Jr.(2009). A Demonstrative Theory of Natural Law: Johannes Althusius and the Rise of Calvinist Jurisprudence. *Ecclesiastical law Journal*. 248~266.

Wolfe, Christopher.(1977). The Confederate Republic in Montesquieu. *Polity* 9: 427~45.

Wolf, James R. and Sarah H. Bolinder.(2009). The Effectiveness of Home Rule: A Preemption and Conflict Analysis. *The Florida Bar Journal*. 83(6): 92.

Wraight, Christopher D.(2008). *Rousseau's The Social Contract*. Cornwall: UK.

Yoshdia, Yoshiaki.(1986). The Guarantee of Local Autonomy: -from the viewpoint of tradition and modernity in constitutionalism. *Meiji Law Journal*. 11~40.

Zimmerman, Joseph. F.(1995). *State-Local Relations: A Partnership Approach*. Westport, CT: Praeger.

Zodrow, George R. ed.(1983). *Local provision of public services: the Tiebout model after twenty-five years*. New York: Academic Press.

김석태

현재 경북대학교 명예교수이다. 동 대학 행정학과를 졸업하고 미국 Syracuse대학에서 행정학석사(MPA)와 경제학박사 학위를 받았다. 영국 New Castle대학과 미국 UC Berkeley의 방문교수로 연구하였다. 행정고등고시(22회)로 공직에 입문하여 문교부 (현 교육부)에 근무하다 대학으로 자리를 옮겼다. 경북대학교 교수 시절 법과대학장 겸 행정대학원으로 재임하였으며, 한국정부학회장을 역임하는 등 학회활동을 하였다. 저서로는『지방자치 구역개편의 경제학』등이 있으며, 행정학, 지방자치, 지방재정, 공공선택론 분야에 50여 편의 학술 논문이 있다. 지방재정 관련 논문으로 2015년 한국지방정부학회 학술상을 받았다.

지방자치
철학자들
그리고 한국의 지방자치

초판인쇄 2019년 4월 1일
초판발행 2019년 4월 1일

지은이 김석태
펴낸이 채종준
펴낸곳 한국학술정보㈜
주소 경기도 파주시 회동길 230(문발동)
전화 031) 908-3181(대표)
팩스 031) 908-3189
홈페이지 http://ebook.kstudy.com
전자우편 출판사업부 publish@kstudy.com
등록 제일산-115호(2000. 6. 19)

ISBN 978-89-268-8768-4 90340